高等院校财政金融专业应用型教材

投资行为学
(第2版)

陆剑清　主　编

清华大学出版社
北　京

内 容 简 介

投资行为学是一门以人类投资活动的心理特征与行为规律为研究对象的新兴学科。本书首先系统地介绍了投资行为学的学科起源以及理论体系，然后以分析诸多市场异象为主线，通过专题形式对引发投资行为失误的 13 项决策陷阱逐章进行深入的理论阐述与案例评析。

本书既可作为高等院校财政金融专业应用型教材，又可作为投资实务操作的指导与培训手册，还可作为新兴学科知识的普及读本，从而有效满足广大读者的需求。

本书封面贴有清华大学出版社防伪标签，无标签者不得销售。
版权所有，侵权必究。举报：010-62782989，beiqinquan@tup.tsinghua.edu.cn。

图书在版编目(CIP)数据

投资行为学/陆剑清主编. —2 版. —北京：清华大学出版社，2020.3（2024.1 重印）
高等院校财政金融专业应用型教材
ISBN 978-7-302-54693-1

Ⅰ.①投⋯ Ⅱ.①陆⋯ Ⅲ.①投资行为—高等学校—教材 Ⅳ.①F830.59

中国版本图书馆 CIP 数据核字(2019)第 293941 号

责任编辑：孟　攀
封面设计：杨玉兰
责任校对：王明明
责任印制：宋　林

出版发行：清华大学出版社
网　　址：https://www.tup.com.cn, https://www.wqxuetang.com
地　　址：北京清华大学学研大厦 A 座　　邮　编：100084
社 总 机：010-83470000　　邮　购：010-62786544
投稿与读者服务：010-62776969, c-service@tup.tsinghua.edu.cn
质量反馈：010-62772015, zhiliang@tup.tsinghua.edu.cn
课件下载：https://www.tup.com.cn, 010-83470236

印 装 者：涿州市般润文化传播有限公司
经　　销：全国新华书店
开　　本：185mm×260mm　　印　张：19.5　　字　数：475 千字
版　　次：2012 年 8 月第 1 版　　2020 年 4 月第 2 版　　印　次：2024 年 1 月第 5 次印刷
定　　价：59.00 元

产品编号：079335-01

第2版前言

当年，原美联储主席格林斯潘曾将引发金融风暴的缘由归结为"人性的贪婪"。其实，人类的思想和情绪非常复杂，仅用"贪婪与恐惧"这五个字并不能概括影响人们投资行为的全部。心理偏差往往会影响人们作出正确的投资决策。只有通过了解心理与行为偏差，人们才可以克服心智局限，提高投资水平。所以，如果不能优化你的决策思维，就无法实现财富最大化。因此，作者写作本书的目的在于深入解析人性的弱点对于投资心理与行为的影响，从而警醒广大投资者，帮助其战胜自身人性中的弱点，进而真正达到超越自我的投资新境界。

基于上述考虑，笔者在本书的写作过程中一改以往传统的渐进式体系，转而大胆尝试，采用系列专题式结构，力求使读者耳目一新、易于理解。具体而言，笔者首先在本书的导论中对于投资行为学的学科起源与背景、发展轨迹、理论基础、内涵界定以及发展前景进行了全面概述，其后则对纷繁复杂的各种投资决策活动进行了分析和梳理，从而筛选归纳出了引发投资行为失误的13项决策陷阱，并通过专题的形式分章节逐一进行深入的理论阐述与案例分析，期望能对广大投资者起到传道、答疑、解惑的作用。

另外，在此次修订中，《投资行为学》第2版在继承了第1版的基本框架以及相关内容的基础上增添了新的一章"机会成本与投资行为"，以使《投资行为学》所涉及的领域更为全面、分析更为深入。这样，《投资行为学》第2版内容扩充至14章，分别为：第一章"导论：市场异象与投资行为"、第二章"锚定效应与投资行为"、第三章"心理账户与投资行为"、第四章"机会成本与投资行为"、第五章"沉没成本与投资行为"、第六章"蝴蝶效应与投资行为"、第七章"过度自信与投资行为"、第八章"后悔厌恶与投资行为"、第九章"框定偏差与投资行为"、第十章"代表性偏差与投资行为"、第十一章"禀赋效应与投资行为"、第十二章"羊群效应与投资行为"、第十三章"黑天鹅效应与投资行为"、第十四章"心智控制与投资行为"。上述各章之间在内容上既相对独立，又彼此呼应，前后具有内在的逻辑联系。

同时，为了便于读者深入理解与掌握，本书还在各章内容前设置了"学习要点""章前导读"与"关键词"，在各章结尾附以"案例分析与实践"(第一章除外)以及"思考与探索"，以供读者回味和思考，因而具有极强的学习指导性。

本书理论严谨、文献翔实、分析透彻、案例生动，既可读更耐读，在保证学术严谨性与规范性的同时，真正达到了"专业性与趣味性相融合，学术性与可读性相统一"。因此，该书既可作为高等院校的特色课程教材，又可作为投资实务操作的指导与培训手册，更可作为新兴学科知识的普及读本，从而有效满足社会各层次读者的广泛需求。

编　者

第一版前言

近年来，伴随着中国经济的持续发展，国人的投资需求日益强烈，投资意识正不断提升。由于投资行为究其本质是人类的一种决策活动，因而广大投资者应充分了解和掌握投资活动的心理特征与行为规律，以有效厘清心中的种种疑惑，从容跨越行为决策的误区。当年，原美联储主席格林斯潘曾将引发金融风暴的缘由归结为"人性的贪婪"，因此，写作本书的目的在于深入解析人性的弱点对于投资行为的影响，从而警醒广大投资者，帮助其战胜自身人性中的弱点，进而真正达到超越自我的投资新境界。

正是基于上述考虑，在本书的写作过程中一改以往传统的渐进式体系，转而大胆尝试，采用系列专题式结构，力求使读者耳目一新、易于理解。具体而言，首先在本书的导论中对投资行为学的学科起源与背景、发展轨迹、理论基础、内涵界定以及发展前景进行了全面概述；其后对纷繁复杂的各种投资决策活动进行分析和梳理，从而筛选归纳出了引发投资行为失误的12项决策陷阱，并通过专题形式分章节逐一进行深入的理论阐述与案例分析，以期能对广大投资者起到传道、答疑、解惑的作用。

本书共分13章，具体内容为：第一章"导论：市场异象与投资行为"、第二章"锚定效应与投资行为"、第三章"心理账户与投资行为"、第四章"沉没成本与投资行为"、第五章"蝴蝶效应与投资行为"、第六章"过度自信与投资行为"、第七章"后悔厌恶与投资行为"、第八章"框定偏差与投资行为"、第九章"代表性偏差与投资行为"、第十章"禀赋效应与投资行为"、第十一章"羊群效应与投资行为"、第十二章"黑天鹅效应与投资行为"、第十三章"心智控制与投资行为"。各章之间在内容上既相对独立，又彼此呼应，前后具有内在的逻辑联系。

同时，为了便于读者深入理解与掌握，本书还在各章内容前设置了"学习要点""章前导读"与"关键词"，在各章结尾附以"案例分析与实践"和"思考与探索"，以供读者回味和思考。

本书理论严谨、内容翔实、分析透彻、案例生动，既可读更耐读，它在保证学术严谨性与规范性的同时，真正达到了"专业性与趣味性相融合，学术性与可读性相统一"。因此，本书既可作为高等院校财政金融专业应用型教材，又可作为投资实务操作的指导与培训手册，更可作为新兴学科知识的普及读本，从而有效满足社会各层次读者的广泛需求。

本书的主编为陆剑清博士，其他编写人员(以姓氏笔画为序)为：乐征楠、卢娜、杨晓燕、胡涛。此外，在本书的编写过程中难免会存在各种缺点及不足，敬请广大读者批评、指正。

编　者

目 录

第一章 导论：市场异象与投资行为 1
  第一节 传统投资学的理论困惑 2
    一、对"理性人"假设的质疑 2
    二、对有效市场假说的质疑 4
  第二节 投资行为学的学科背景 7
    一、行为经济学的兴起 7
    二、经济学与心理学的渊源 10
    三、认知心理学促进行为经济学的发展 14
  第三节 投资行为学的发展轨迹 17
    一、投资行为学与心理学的逻辑渊源 18
    二、投资行为学的诞生与发展 19
  第四节 投资行为学的理论基础 21
    一、投资行为学与行为科学 21
    二、投资行为学与实验经济学 22
    三、投资行为学与行为经济学 24
  第五节 投资行为学的内涵界定 26
    一、投资行为学的定义 26
    二、投资行为学对传统投资理论假设的修正 27
    三、投资行为学的研究方法 31
  第六节 投资行为学的发展前景 34
    一、投资行为学研究方法的拓展 34
    二、投资行为学研究领域的拓展 35
  思考与探索 36

第二章 锚定效应与投资行为 39
  第一节 锚定效应的行为分析 41
    一、锚定效应的基本内涵 41
    二、锚定效应的理论分析 41
  第二节 投资决策中的锚定效应 43
    一、锚定效应的形成条件 43
    二、锚定效应与调整不充分 44
    三、锚定效应的认知作用 45
    四、锚定效应与股票交易 46
    五、锚定效应与市场套利 47
  第三节 案例分析与实践 48
    一、大地震引发日元升值的奥秘 48
    二、"文革"系列收藏品投资中的"锚定效应" 49
  思考与探索 51

第三章 心理账户与投资行为 53
  第一节 心理账户的行为分析 54
    一、心理账户的基本内涵 54
    二、心理账户的理论分析 55
    三、心理账户的行为表现 56
  第二节 投资决策中的心理账户 59
    一、心理账户中的合账与分账 59
    二、心理账户对收入来源与消费倾向的分析 61
    三、心理账户在投资领域的应用——BPT理论 66
    四、心理账户在消费领域与证券市场中的体现 68
  第三节 案例分析与实践 70
    一、心理账户与税收政策 70
    二、心理账户的可替代性与不可替代性 71
    三、心理账户对股民决策的奇妙影响 72
  思考与探索 74

第四章 机会成本与投资行为 77
  第一节 机会成本的行为分析 78
    一、机会成本的基本内涵 78

二、机会成本的理论分析……79
　　三、机会成本的行为表现……83
第二节　投资决策的机会成本……83
　　一、机会成本与镜像效应……84
　　二、机会成本与羊群效应……85
第三节　案例分析与实践……86
　　一、大立科技重组案……86
　　二、2007年的投机风潮……87
思考与探索……88

第五章　沉没成本与投资行为……89

第一节　沉没成本的行为分析……90
　　一、沉没成本的基本内涵……90
　　二、沉没成本的理论分析……92
　　三、沉没成本的行为表现……94
第二节　投资决策中的沉没成本……96
　　一、尽量返本效应……96
　　二、协和效应……96
第三节　案例分析与实践……98
　　一、摩托罗拉公司的铱星项目……98
　　二、史玉柱的巨人大厦项目……99
思考与探索……102

第六章　蝴蝶效应与投资行为……103

第一节　蝴蝶效应的行为分析……104
　　一、蝴蝶效应的基本内涵……104
　　二、蝴蝶效应的理论分析……106
　　三、蝴蝶效应的行为表现……108
第二节　投资决策中的蝴蝶效应……110
　　一、投资组合的蝴蝶效应分析……110
　　二、货币政策的蝴蝶效应分析……112
　　三、次贷危机的蝴蝶效应分析……114
第三节　案例分析与实践……116
　　一、巴菲特与蝴蝶效应……116
　　二、中国股市与蝴蝶效应……116
思考与探索……118

第七章　过度自信与投资行为……119

第一节　过度自信的行为分析……120
　　一、过度自信的基本内涵……120
　　二、过度自信的理论分析……121
　　三、过度自信的行为表现……123
第二节　投资决策中的过度自信……124
　　一、过度自信与频繁交易现象……124
　　二、投资中的事后聪明偏差……125
　　三、爱冒风险及分散化不足……126
　　四、赌场资金效应……127
　　五、一月效应……127
第三节　案例分析与实践……128
　　一、过度自信与美国在线时代华纳公司并购案……128
　　二、中国上市公司并购中的过度自信分析……131
思考与探索……133

第八章　后悔厌恶与投资行为……135

第一节　后悔厌恶的行为分析……136
　　一、后悔厌恶的基本内涵……136
　　二、后悔厌恶的理论分析……138
第二节　投资决策中的后悔厌恶……143
　　一、投资中的确认偏差……143
　　二、投资中的隔离效应……145
　　三、投资中的损失厌恶……147
　　四、投资中的认知失调……150
第三节　案例分析与实践……152
　　一、别把鸡蛋放在同一个篮子里——马科维茨为何知行不一……152
　　二、后悔厌恶的行为表现分析……152
思考与探索……156

第九章　框定偏差与投资行为……157

第一节　框定偏差的行为分析……158
　　一、框定偏差的基本内涵……158
　　二、框定偏差的理论分析……160

三、框定偏差的行为表现..............164
第二节　投资决策中的框定偏差..............169
　　一、投资中的乐观编辑..............169
　　二、投资中的诱导效应..............170
　　三、投资中的货币幻觉..............171
　　四、投资中的现状偏见..............171
　　五、投资中的熟识性偏差..............172
第三节　案例分析与实践..............173
　　一、经济学家的CPI预测..............173
　　二、框定偏差的影响因素分析..............175
思考与探索..............176

第十章　代表性偏差与投资行为..............177
第一节　代表性偏差的行为分析..............179
　　一、代表性启发法的基本内涵..............180
　　二、代表性偏差的理论分析..............181
第二节　投资决策中的代表性偏差..............189
第三节　案例分析与实践..............191
　　一、代表性偏差的主要形式及启示..............191
　　二、"6124绝不是顶"的2008年中国A股市场..............200
思考与探索..............202

第十一章　禀赋效应与投资行为..............203
第一节　禀赋效应的行为分析..............205
　　一、禀赋效应的基本内涵..............205
　　二、禀赋效应的行为学解释——前景理论..............209
第二节　投资决策中的禀赋效应——处置效应..............218
　　一、处置效应的含义..............218
　　二、处置效应的检验方法和结果..............219
　　三、处置效应的成因分析..............222
第三节　案例分析与实践..............223
　　一、基于禀赋效应的投资行为决策模型..............223

二、意料之外与情理之中..............231
思考与探索..............232

第十二章　羊群效应与投资行为..............233
第一节　羊群效应的行为分析..............234
　　一、羊群效应的基本内涵..............234
　　二、羊群效应的理论分析..............238
　　三、羊群效应的理论探索..............245
　　四、启示与意义..............247
第二节　投资决策中的羊群效应..............248
　　一、中小投资者的羊群效应..............248
　　二、机构投资者的羊群效应..............252
　　三、证券市场中的羊群效应..............254
第三节　案例分析与实践..............256
　　一、荷兰郁金香的"投资泡沫"..............256
　　二、股市中的羊群效应及启示..............257
　　三、楼市中的羊群效应及启示..............258
　　四、我国投资者从众行为的实证研究..............260
思考与探索..............263

第十三章　黑天鹅效应与投资行为..............265
第一节　黑天鹅效应的行为分析..............266
　　一、黑天鹅效应的基本内涵..............266
　　二、黑天鹅效应的理论分析..............269
　　三、黑天鹅效应的行为表现..............270
第二节　投资决策中的黑天鹅效应..............271
　　一、狙击"黑天鹅"策略..............271
　　二、股票市场中的黑天鹅..............272
　　三、黑天鹅之灾与投资机遇..............274
第三节　案例分析与实践..............275
　　一、欧债危机：又一只"黑天鹅"来临..............275
　　二、中国股市中的医药"黑天鹅"..............276
思考与探索..............277

第十四章　心智控制与投资行为 279

第一节　心智控制的行为分析 280
一、心智控制的基本内涵 280
二、心智控制的认知偏差 281
三、心智控制的偏差效应——皮格马利翁效应 285

第二节　投资决策中的心智控制 286
一、心智控制效应与投资者的情绪 286
二、心智控制效应与投资者的心态 287
三、投资者如何实施心智控制 289

第三节　案例分析与实践 290
一、投资家巴菲特的成功之道 290
二、经济学家教会你心智控制 293
三、成功投资者的心理素质研究 295

思考与探索 299

参考文献 300

第一章　导论：市场异象与投资行为

【学习要点】

- 了解"理性人"假设的由来与内涵。
- 掌握有效市场假说及其对有效市场的分类。
- 了解投资行为学的学科背景。
- 掌握有限理性的内涵。

【章前导读】

长久以来，投资决策似乎与理性严谨有着与生俱来的紧密关系，建立在理性基础之上的一系列严格的理论假设成了传统投资学的理论基石。例如，建立在"理性人"假设和有效市场假说基础之上的传统投资学形成了由资产组合理论、资本资产定价模型(CAPM)、套利定价模型和期权定价理论等经典理论组成的投资理论框架。一切都近乎完美！然而，自20世纪80年代以来，诸如规模效应、均值回复、期权微笑、反应不足和过度反应等金融市场异常现象(即市场异象)的大量出现，使得人们对于建立在"理性人"假设和有效市场假说基础之上的传统投资学理论产生了怀疑。

【关键词】

"理性人"假设　有效市场假说　投资行为学　有限理性

第一节　传统投资学的理论困惑

一、对"理性人"假设的质疑

"理性人"假设是传统投资学赖以建立的最重要的理论基石。"理性人"假设源于"经济人"假设，而"经济人"假设是现代经济学思想体系中的前提性和基础性假设，并被作为该体系全部理论构架的逻辑起点以及方法论原则。

(一)"理性人"假设的由来

1. "经济人"假设

200多年前亚当·斯密(Adam Smith)提出了"经济人"的原始含义，他提出了以下著名的言论："每个人都在力图应用他的资本来使其生产的产品得到最大的价值。一般来说，他并不企图增进公共福利，他也不知道他所增进的公共福利是多少。他所追求的仅仅是他个人的安乐，仅仅是他个人的利益。"显然，古典经济学家认为个人利益是唯一不变的、普遍的人性动机。所以，经济人的理性体现在个体是否出于利己的动机，是否力图以最小的经济代价获取最大的经济利益。"经济人"假设主张以下三点。

(1) 人是有理性的，每个人都是自己利益的最好判断者，并在各项利益的比较过程中选择自我的最大利益。

(2) 利己是人的本性，人们在从事经济活动中追求的是个人利益，通常没有促进社会利益的动机。

(3) 个人利益的最大化通常只有在与他人利益的协调中才能得以实现。交换是在"经济人"的本性驱使下自然而然地发生的，人类的交换倾向是利己本性的外在形式和作用方式。

这种意义上的"经济人"假设一问世便受到了不少人的指责，其理由是人并非在任何时候、任何条件下都是自私自利的。针对这种指责，"经济人"假设逐渐演化成为"理性人"假设，强调经济主体总是追求其目标值或效用函数的最大化，至于这种目标是利己的还是利他的则不作具体的界定。追求自身欲望的满足或追求快乐，作为人类从事各种活动的基本动机，并不意味着人必然是损人利己的。这种基本动机既可以表现为利己动机，通过利己但不损人的方式或者损人利己的方式来实现；也可以表现为利他动机，通过利他不损己的方式或舍己为人的方式来实现(即人们在某些特定场合中的舍己为人行为同样是源于行为者追求欲望的满足)。基于基本动机的行为逻辑，通常可以把经济人分为两种表现类型：利他主导型和利己主导型。但在分析具体经济问题时，一般假设经济主体的目标或效用函数的主要内容是自私自利。因此，经济学的"经济人"假设事实上有两层含义，根本的含义是理性人，通常的含义则是自利人。

2. "理性人"假设

"理性人"包含了两层含义：其一是投资者在进行投资决策时都是以效用最大化作为目标；其二是投资者能够对已知信息作出正确的加工处理，从而对市场趋势作出无偏估计。效用最大化是经济学家对于人类天性的抽象和概括，使得"理性人"假设具体化为一整套以效用最大化为原则的现代经济理论体系，完全理性的经济人几乎成为标准理论的分析基础。效用最大化原则构成了现代投资学理论中最基础、最重要的前提假设，是微观经济学中各种经济主体的目标函数。经济学中的"理性人"假设进入现代投资学的各个领域，"理性人"假设又有其特定的内涵，具体如下。

(1) 套利理论中的套利者根据资产的期望收益来估计每种资产，而期望收益是未来可能收益率的概率加权平均，在套利过程中，套利者以客观和无偏的方式设定其主观概率，即按"贝叶斯定理"不断地修正自己的预测概率以使之接近于实际。除此之外，套利者还是最大效用追逐者，他们会充分利用每一个套利机会来获取收益。

(2) 现代投资组合理论中的投资者是回避风险型的理性人，他们在理性预期的基础上，以期望收益率和方差度量资产的未来收益和风险，并根据收益一定、风险最小或风险一定、收益最大的原则寻求均值和方差的有效性。

(3) 资本资产定价模型中的投资者除了具有现代投资组合理论中理性人的所有行为特征外，还强调了投资者具有同质期望性(homogeneous expectation)，即所有的投资者对于资产以及未来的经济发展趋势具有相同的客观评价。

(4) "理性人"假设假定投资者除了能对各种可获取的信息作出无偏估计外，还能迅速作出行为反应。

综上所述，传统投资学中投资者的心理与行为具有理性预期、风险回避和效用最大化三个特点，即投资者是理性人。

(二)对于"理性人"假设的质疑

"经济人"或"理性人"作为一种高度抽象的理性模型，固然使得传统投资学理论研究的公理化、体系化、逻辑化成为可能，然而，基于心理学视角的行为经济学研究结果则不认同这一经济人理性。

首先，它不承认"经济人"这一前提。传统投资学理论把自利置于理论考察的中心，但事实表明，利他主义、社会公正等客观上也是广泛存在的，否则就无法解释人类社会生活中大量存在的非物质性动机(或非经济性动机)。行为经济学研究认为，人类行为不只是自私的，它还会受到社会价值观的制约，从而作出不会导致个体利益最大化的行为决策。

其次，传统投资学理论认为由于人们会理性地自利，因而社会经济运行也具有其自身的理性。然而，行为经济学研究则认为由于人本身就不是理性的，因而社会经济活动也不是理性的。例如，证券市场中的股票价格通常并不是对公司的经营业绩作出反应，而是对投资者的市场情绪作出反应，因此，投资者的表象思维、心理定式、环境影响等行为因素往往会导致非理性的决策错误的出现。当然，这里所谓的非理性是指非经济人理性，而不是彻底否定理性。

英国经济学家霍奇勋(Hodgson)从哲学、心理学角度论证了人的行为决策不可能达到全知全能的理性程度。他认为，经济学家在理性与非理性问题理解上的偏见是源于其对于人脑信息加工处理原理缺乏认识和了解；"经济学家们常常在口头上对'信息问题'给予关注……但是，它是对信息本身的一次容易引起误解的、错误的处理，最终导致了错误和混乱。"[①]

二、对有效市场假说的质疑

有效市场假说是资本资产定价模型、套利定价理论等现代投资学理论的重要基础。假说成立与否直接关系到投资者对证券市场进行基本分析、技术分析、投资组合的管理作用。因此，有效市场假说一经提出，便立即引起了人们的广泛关注和深入研究。20世纪六七十年代的研究者对于有效市场假说多持肯定的态度，然而也有一些实证结果与有效市场假说不相符。20世纪80年代以来，与有效市场假说相矛盾的实证研究结果不断涌现，金融市场中出现了一些与之相悖的异常现象，即市场异象。市场异象说明有效市场假说在大多数情况下不再是有效的。

(一)有效市场假说的内涵

有效市场假说认为，市场信息对于每一个投资者都是均等的，证券市场的竞争将驱使证券价格充分及时地反映所有相关信息。因此，投资者只能赚取风险调整后的平均市场收益率，而不可能持续获得超额利润。有效市场指的就是这种市场能够充分及时地反映所有相关信息，证券市场价格代表着其真实价值的情形。按照这一假说，如果投资者所接受的市场信息具有随机性，股票价格就会呈现出随机性，而这正是导致股票的市场价格背离其基本价值的主要原因。

1. 有效市场假说的形成

最早涉及有效市场假说这一问题的学者可以追溯到吉布森(Gibson)，尽管当时还没有有效市场这一提法，但他曾描述过该假说的大致思想。班切勒(Bachelier)于1900年描述和检验了随机游走模型，认为证券价格行为的基本原则应是公平游戏，投机者的期望利润应为零。其后30年，关于证券价格行为的研究并没有取得很大的进展，直到1953年，肯德尔(Kendall)才给出了有力的实证证据，他通过序列相关分析发现，股票价格序列就像是在随机游走一样，下一周的股票价格是由前一周的股票价格加上一个随机数所构成。然而，他们

---

① G. M. 霍奇勋. 现代制度主义经济学宣言[M]. 向以斌，等，译. 北京：北京大学出版社，1993.

并没有对这些现象进行合理的经济学解释。十几年后，萨缪尔森(Samuelson)和曼德尔朋特(Mandelbort)通过研究随机游走理论，解释了预期收益模型中的公平游戏原则。法码(Fama)是有效市场假说的集大成者，为该假说的最终形成和完善作出了卓越贡献，他不仅对有效市场假说的相关研究做了系统的总结，还提出了一个完整的理论框架。此后，有效市场假说蓬勃发展，最终成为传统投资学的理论支柱之一。

2. 有效市场的基本形态

法码把证券市场上的信息分为三类：一是历史信息，通常指证券过去的价格、成交量、公司特性等；二是公开信息，如红利公告等；三是内部信息，指非公开信息。依据证券价格所反映信息的不同，有效市场可以分为以下三种基本形态。

1) 弱式(weak form)有效市场

在弱式有效市场中，投资者无法利用过去证券价格所包含的信息，评估错误定价的证券，获得超额利润，此时的技术分析无效。

2) 半强式(semi-strong form)有效市场

半强式有效市场反映了所有公开可用的相关信息。这些相关信息不仅包括以往证券价格和收益率，还包括所有的公开信息，诸如财务报告信息、经济状况的通告资料以及其他公开可用的有关公司价值的信息、公开的宏观经济形势和政策信息等。根据半强式有效市场假说，信息只要一公布，所有投资者就会立即作出反应，从而使得价格反映所有的公开信息。因此，投资者不仅无法从历史信息中获取超额利润，而且基于公开资料所进行的基本面分析也毫无用处。

3) 强式(strong form)有效市场

在强式有效市场中，所有公开和未公开的信息都反映到了证券价格中。这些信息包括所有相关的历史信息以及所有公开信息，还包括仅为少数人(如董事、经理等)所知的内部信息。因此，在强式有效市场中，尚未公开的内部信息事实上早已泄露出来并反映在证券价格中。在这种情况下，投资者即使拥有内部信息，也无法获得超额利润。此时的投资者会采取消极保守策略，只求获得市场平均收益率。当然，事实上这是一种无法达到的理想状态。

3. 有效市场假说的理论基础

施莱弗(Shleifer)认为有效市场假说是基于以下三个基本理论假设的。

第一，假设投资者是理性的，因此可以理性地评估资产价值。此时，有效市场假说是由理性投资者相互竞争的均衡结果。如果投资者是理性的，就能够将资产价格确定为其基本价值。一旦投资者获得了关于基本价值的任何信息，就将据此进行积极交易。这样，在市场无摩擦、交易无成本的理想条件下，信息迅速地融入价格之中，价格必然反映所有信息，投资者根据信息所进行的交易将无法获利。萨缪尔森和曼德尔朋特指出，由于在一个由理性的投资者所组成的竞争性市场中，证券的基本价值和价格遵循随机游走规律，因而投资收益不可预知。此后，经济学家又具体分析了风险规避型投资者对证券价格的影响：①风险水平随着时间的变化而变化；②风险水平随着投资者承受风险能力的变化而变化。而在更为复杂的模型中，证券价格则不再被认为是服从随机游走规律。可见，在完全由理性投资者组成的市场中，有效市场假说意味着一个竞争性市场出现均衡时所得到的结果(事实上，有效市场假说成立与否并不依赖于投资者的理性)。

第二，即使部分投资者不是理性的，但由于其交易具有随机性，通过相互冲抵而不至于影响资产价格，这样，就不会因为投资者的理性人假设不成立而致使有效市场假说不成立。在许多情况下，虽然部分投资者并非完全理性，但市场仍然是有效的。这是因为非理性投资者的交易是随机的，如果市场中存在大量的非理性投资者，且其交易行为并不相关，那么其交易行为对于市场的影响与干扰则会相互冲抵。即在这样的有效市场中，由于非理性投资者相互交易，即使交易量很大，也不影响资产价格。

第三，即使投资者的非理性交易行为并非随机且具有相关性，然而其在市场交易过程中将遇到理性套利者，后者将自然消除前者对于价格的影响。可见，即使与投资者的交易策略相关，有效市场假说也成立(事实上，第二个假设的前提条件是非理性投资者的交易策略之间不具备相关性，这与实际情况并不吻合，因而具有一定的局限性)。可见，第三个假设是根据投资者之间的交易相关性提出的，其成立的前提是理性套利行为对于非理性投资者的交易影响具有冲抵作用。

总之，有效市场假说的理论逻辑性很强。如果投资者是理性的，市场根据逻辑推理自然是有效市场。即使部分投资者不理性，但由于大量交易是随机的，因而也不会形成系统性价格偏差。套利者的竞争行为保证了市场价格即使产生了系统性偏差，也会回归其基本价值。如果非理性交易者在非基本价值的价位进行交易，最后受损失的只能是自己。可见，不仅是理性投资者，而且金融市场的系统自身也会为其带来有效性。

(二)对于有效市场假说的质疑

在投资者是理性人这一基本假设下，传统投资学理论获得了巨大发展，建立起了明晰而严谨的科学化的理论体系。如果这些理论成果能够通过实证检验，获得市场认可，当然是一个相当完美的结果。然而，实际情况与传统投资理论的分析结果在某些方面相差甚远，甚至截然相反。这些领域的研究结果包括股票市场价格异常、股票市场上投资行为异常等，致使有效市场假说的三个基本理论假设都受到了严峻的挑战。

1. "理性人"假设的非合理性

"理性人"假设是有效市场假说的基本前提。然而，由于并非所有的投资者都能严格地满足"理性人"的假设条件，因而建立在"理性人"假设之上的有效市场假说的正确性受到了前所未有的质疑。

2. "非理性投资者投资决策相互冲抵"假设的非合理性

有效市场假说认为，即使存在着非理性的投资者，由于其交易行为亦将随机进行，因而交易行为对于市场的影响则会相互冲抵。然而，心理学家卡尼曼(Kahneman)和特维斯基(Tversky)等人的研究结果表明，个体的行为并不是偶然地偏离理性，而是经常地以同样的方式偏离理性。入市不深的投资者在多数情况下是按照自己的理念来买卖股票的，其交易行为之间具有很大的相关性。例如，由于受市场传言的影响，投资者会模仿周围人的交易行为，因而会犯下相同的决策错误。即在大致相同的时间内，大家都试图买入或卖出相同的股票，从而表现为投资者的从众行为，致使非理性投资者的投资决策呈现出一边倒的倾向。

除了个人投资者在投资决策上不符合理性要求之外，机构投资者表现得更为明显。因为在金融市场中，绝大部分资金是由被个人以及企业投资理财的基金经理人所掌控，受托理财的职业角色使其在进行投资决策时更容易表现出从众行为。例如，这些基金经理人所选择的投资组合会非常接近于评估基金业绩的指数所使用的资产组合，从而最大限度地避免因业绩水平低于该标准组合所造成的职业风险。即他们会随大溜，买进其他经理人所买的投资组合，以免业绩水平低于他人。基金经理人会在投资组合中增加近期表现不错的股票，抛弃那些表现欠佳者，以便在公布投资报告时给投资者留下良好的印象。因此，无论是个人投资者还是机构投资者，其投资决策都表现为明显的趋同性，而非相互冲抵性。

3. "套利者纠正市场偏差"假设的非合理性

有效市场假说认为，由于理性的套利者不存在心理偏差，因而其将消除非理性投资者的交易行为对于市场价格的影响，从而将证券价格稳定在其基本价值上。然而，事实上套利行为不仅充满风险，而且纠偏作用有限。

套利行为的纠偏作用是否有效，关键在于能否找到被非理性投资者(俗称"噪声交易者")错误定价证券的合适替代品。由于在大多数情况下，证券产品并没有充分合适的替代品，因而一旦出现了"定价偏差"，套利者将无法进行无风险的对冲交易，只能是简单地卖出或减持风险已高的股票，以期获取较高的收益。当一个套利者依据相对价格的变化买进或者卖出某只股票后，他就要承担与这只股票相关的风险。例如，某行业存在三家主要的上市公司，套利者认为 A 公司相对于 B 公司、C 公司来说股价已经高估，于是他卖空 A 公司的股票而增持另外两家公司的股票。尽管其化解了该行业的一般风险，但却无法避免 A 公司会有出人意料的利好消息以及 B 公司、C 公司会有出人意料的利空消息所引发的风险及损失。正是由于没有充分合适的替代品，套利活动也就充满了风险而并非有效市场假说所认为的无风险套利。

另外，即使能够找到充分合适的替代品，套利者也将面临其他风险。这种风险来自于未来卖出股票时其价格的不可预知性，价格偏差有可能长期持续，即价格偏差的持续性风险。换言之，即使是两种基本价值完全相同的证券产品，价高者有可能持续走高，而价低者有可能持续走低。尽管两种证券产品的市场价格最终会趋同，但套利者在交易过程中将不得不遭受暂时的损失。如果套利者无法承受这一损失，其套利活动就将面临很大的约束。可见，表面近似完美的套利行为，实质上风险重重，因而其纠偏作用也相当有限，所以"套利者纠正市场偏差"假设并不具有现实的合理性。

总之，上述分析结果对于有效市场假说中最为关键的三个基本理论假设提出了挑战与质疑，随着时间的推移，投资行为理论和实践的进展已经在深刻地动摇着有效市场假说在现代投资学领域中的绝对主导地位。

第二节　投资行为学的学科背景

一、行为经济学的兴起

多年以来，经济学界的不少学者对于经济学中人性假设的不现实性提出了持续而严谨的批评，并提出了更贴近于社会经济生活现实的人性假设。这一将更正视人类本性真相的研究理念引入现代经济学科的工作在 20 世纪 90 年代得到了很大的发展，从而导致了行为经济学思潮的兴起，并最终促成了行为经济学的诞生。

(一)行为经济学的发端

行为经济学的发端是由一些看似偶然的因素所促成的，其中一个主要因素是"贴现效用模型"(discounted utility model)和"期望效用理论"(expected utility theory)受到广泛质疑。在 20 世纪中期，一方面"期望效用理论"和"贴现效用模型"分别作为在"不确定条件"以及"跨时期选择"条件下计算效用值的工具，已经被众多的主流经济学家所接受；另一方面，一般意义上的效用概念非常宽泛，而"期望效用理论"和"贴现效用模型"建立在众多精确假设之上，这就使之很容易成为行为经济学家攻击的对象。在这一论战中，有的论文是针对"期望效用理论"的反常规推论而写的，比如"风险、不确定性与原始的公理"[1]和"财富的效用"[2]等；另一部分对"贴现效用模型"指数形式的贴现函数提出异议，如"动态效用最大化中的近视行为和不连续性"。[3]这些论文都对后来的行为经济学的发展产生了深刻影响。到 20 世纪后期，卡尼曼和特维斯基的"预期理论：一种风险决策分析方法"[4]及塞勒(Thaler)的"动态非一致性的实验证据"等论文，不仅对"期望效用理论"和"贴现效用模型"提出了相似的异议，还设计了有说服力的实验，从而使新的理论在一定条件下易于被重复。这标志着行为经济学的创立。

另一个促进行为经济学发展的因素是现代认知心理学的发展。过去心理学家曾认为"大脑"是一个"刺激-反馈"的机器，但从 20 世纪 60 年代开始，旧的比喻被逐渐舍弃，而将大脑比作一个"信息处理器"(information-processing device)的理论开始主导认知心理学的研究。"信息处理器"的比喻又引出了诸如"问题解决""决策过程"等新的研究课题，而这些新的心理学方面的研究课题与经济学中"效用最大化"的概念相关性颇大。随后有一大批的心理学家投身到经济学模型与心理学模型的对照研究之中。其中，影响最大的无疑是卡尼曼和特维斯基的"预期理论：一种风险决策分析方法"和"不确定条件下的判断：启发式偏向"[5]两篇文章。

继这两篇文章之后，行为经济学发展的另一个里程碑是 1986 年在美国芝加哥大学举办的一次学术论坛，很多优秀的行为经济学论文在这次论坛上发表。十年后，一本以收录行为经济学论文为主的杂志《经济学季刊》(*Quarterly Journal of Economics*)诞生。值得一提的是，尽管卡尼曼和特维斯基被人们认为是行为经济学研究领域的开创者，但他们两位都只承认自己是心理学家，而非经济学家。真正将卡尼曼和特维斯基的行为学研究与金融学、经济学很好地结合起来的是芝加哥商学院的金融学教授理查德·塞勒(Richard Thaler)。他早期的两篇论文"推进一个消费者选择的新理论"和"股市是否反应过度？"备受学术界

---

[1] D. Ellsberg. 1961. Risk, ambiguity, and the savage axioms. Quarterly Journal of Economics, 75, 643~669.

[2] H. Markowitz. 1952. The utility of wealth. Journal of Political Economy, 60, 151~158.

[3] R.H. Stroz. 1955. Myopia and inconsistency in dynamic utility maximization. Review of Economic Studies,23, 165~180.

[4] D. Kahneman, & A. Tversky.(1979). Prospect Theory:An analysis of decision under risk. Econometrica, 47, 263~291.

[5] A. Tversky , & D. Kahneman.1974. Judgement under uncertainty: Heuristics and biases. Science, 185(4157), 1124~1131.

推崇。

纵观行为经济学的发展史,可以得出这样一个结论:行为经济学是经济学和心理学联姻的产物,这两门学科都有其各自的发展历史,200多年来分分合合,在20世纪下半叶终于相互撞击出了火花。所以说行为经济学不是经济学的一个独立分支,它是一种思想——一种因引入心理学而引导经济学研究更贴近于现实世界真相的思想。

(二)行为经济学的进展

近年来的行为经济学发展已经进入了被称为"第二波行为经济学研究思潮"的新阶段。此次行为经济学研究进展与开创初期相比,两者在研究内容与研究环境上都有了质的差异。

从研究内容上看,行为经济学在其第一阶段主要是关注于传统经济学假设的不足,而目前行为经济学发展的第二次浪潮,不仅仅局限于对传统人性假设的挑战,还进一步借用传统经济学的分析工具,将修正后的理论假设融入经济学模型之中,致使行为经济学由一颗"假设"的种子,渐渐冒出了"变量""模型"的枝丫。新的一批行为经济学家已经将行为经济学慢慢渗入当前经济学研究的各个领域之中。如果说在发端阶段,因较多的心理学家介入行为经济学研究领域而受到传统经济学家的指责,那么在第二阶段的发展过程中,经济学家则肩负起了不可推卸的责任。例如,戴维德·赖柏松(David Laibson)教授运用经济学分析工具讨论宏观经济问题的时候,加入了一些心理变量;恩斯特·费尔(Ernst Fehr)在分析劳动力市场经济学核心问题时,将"人们不是100%自私"的假设融入了经济学模型。可见,在这些研究之前,Kahneman和Tversky等学者更关注于对传统经济学中人性假设本身的批判,而这些出现在行为经济学第二波思潮中的研究内容,则更注重于心理学与传统经济学两者在建模、应用等领域的融合。换言之,第二波行为经济学研究思潮,沿用了传统经济学的分析工具,以努力增强经济学对现实社会经济生活的解释力和预测力。在构筑行为经济学模型的过程中,行为经济学家进一步证明,传统经济学模型中很多典型的假设(诸如100%自私、100%理性、100%自我约束以及其他很多假设)并不为社会经济现实所支持。

从研究环境上看,在美国一些顶尖的经济学系中,教授们为研究生专门开设了行为经济学的课程,博士生在行为经济学领域中寻找毕业论文的选题。随着越来越多的学者投入到这一研究领域中,一个良好的学术环境被营造出来了,行为经济学家的听众已经不局限于心理学家和经济学家。尤其值得指出的是,行为经济学研究不仅建立在承认主流经济学研究方法的前提之上,同样也建立在接受主流经济学的大多数理论假设的前提之上。可见,行为经济学并未抛弃传统经济学中的正确观点。

总之,第二波行为经济学研究思潮继续沿用了主流经济学的研究方法,然而它表明沿用传统经济学方法以研究行为经济学问题并不应基于特定的理论前提,诸如完全自利、绝对理性、完全的心智控制以及其他许多主要用于经济模型但尚未得到行为证据支持的辅助性假设。当前,行为经济学思想已经逐渐地融入到传统经济学的研究领域之中,如宏观经济学领域的戴维德·赖柏松和劳动经济学领域的恩斯特·费尔都已经确立了他们在主流经济学中的地位。

尽管尚有争议,但是行为经济学已经接近"进入主流",特别是在美国一流大学中更是如此。近年来,行为经济学研究人员的聘用、终身教职的授予以及召开行为经济学术会议的数目增长都反映出它正日益为人们所接受。

二、经济学与心理学的渊源

经济学和心理学有着共同的起源[①]，它们都是发轫于17世纪至19世纪期间的英国经验主义哲学流派。这一时期各个学科之间的界限并非泾渭分明，经济学与心理学在它们各自成为具有特定研究对象和研究方法的独立学科之前，两者相互交融在一起，谈论经济问题时会涉及心理因素，谈论心理学问题时则会涉及经济因素，彼此之间并不存在与生俱来的矛盾、排斥和对立。然而，伴随着人类认识的不断发展，经济学或心理学的研究对象开始日益明确(即研究对象不再是社会中人们所遇到的全部问题，而是某些看似专属于经济学或心理学的问题)。当一门学科在它专业的问题上积累了越来越多的知识和观点时，它的研究者就会把全部的注意力投入其感兴趣的特定问题中，这样该学科与相关学科的联系自然就被削弱了[②]。与之相应，经济学和心理学的研究领域也就逐渐趋向分离和专业化。

(一)古典经济学家的行为经济学思想综述

(1) 古希腊哲学家柏拉图最早思考经济单位中人的欲望及其作用问题。他在《理想国》一书中指出："一国……的兴起……是出于人们的需要；没有人可以自给自足；但我们中所有的人都有许多欲望。"[③]可见，柏拉图把国家看成一个经济单位，而不是一个政治实体，决定这一单位兴盛的乃是人的欲望和需要。他认为在对财产的占有欲与支配欲这一经济现象的背后是人类欲望的存在。

(2) 早期重商主义经济学者和古典政治经济学家都曾注意过心理因素在社会经济生活中的作用。法国的杜尔哥(A.R.J. Turgot)、孔狄亚克(E.B.Condillac)、巴斯夏(F.Bastiat)以及英国的巴尔本(N.Barbon)等人先后尝试运用主观心理感觉来评价物品价值。例如，西尼尔在其主要著作《政治经济学大纲》中，把劳动和资本都归为纯粹主观心理感觉的范畴，认为劳动是工人放弃自己的安乐和休息所做的牺牲，而资本是资本家为了获得生产资料和流通资料而对个人消费所得到的享乐和满足所做的牺牲。既然劳动和资本都是一种牺牲，那就要得到报酬。劳动的报酬是工资，而资本的报酬是利润[④]。

(3) 以著有《国富论》而闻名于世的经济学家亚当·斯密(Adam Smith)曾写过一本关于人类情感和行为的专著——《道德情操论》。他在该书中关于人类行为方面的心理学理论的深远意义丝毫不亚于他在经济学方面的建树，而其中不少关于人类心理的见解使其成为了当代行为经济学发展的先驱。比如，他在该书中提到"当我们从一个较好的环境转入较差的环境所感到的不适程度，将大于从一个较差的环境转入一个较好的环境所感到的舒适

[①] K. G. Myrdal. 1968. Asian Drama: An Inquiry into the Poverty of Nations. 3 vol. N-Y, Twentieth Century Fund.

[②] B.M.Young, S.E.G. Lea, p. Webley(LEds). 1992. New Direction in Economic Psychology. Cheltenham: Edward Elgar Press.

[③] 柏拉图. 理想国[M]. 郭斌和，张竹明，译. 北京：商务印书馆，1986.

[④] 西尼尔. 政治经济学大纲[M]. 蔡受百，译. 商务印书馆，1977.

第一章 导论：市场异象与投资行为

程度"[1]（即所谓"由俭入奢易，由奢入俭难"）——这完全是卡尼曼和特维斯基所述的"损失规避"概念的通俗描述。

(4) 另一位从事人类行为研究的早期著名经济学家是与亚当·斯密同时代的杰里米·边沁(Jeremy Bentham)，他最早提出了"效用"的概念，并做了大量基于人类心理规律分析的效用理论研究，他也因此被称为"效用主义哲学家"(utilitarian philosopher)。边沁的效用概念主要侧重于人们心理上的真实感受，包括快乐、痛苦等情感因素。之后的新古典经济学则机械地借用了"效用"这一概念，认为理性人可以通过行为选择得以最大化其自身的效用，并由此构筑了新古典经济学的理论基础——效用理论，这就致使人们对于"效用"的理解，离其初始的定义越来越远。

(5) 少数经济学家在对社会经济现象的研究过程中也逐渐认识到心理因素的作用和影响。例如，经济学家门格尔(C.Menger)早在1871年就提出要认识经济机制中的需求、价值和判断等，只有通过内省的心理分析[2]。

(6) 米尔(J.S.Mill)和杰文思(W.S.Jevons)等古典经济学家都与同时代的心理学家有着密切的联系，米尔甚至自认为是一名心理学家。他提出了"干扰因素"这一概念，认为干扰因素是理性所无法直接把握的种种情感、习俗、意志、动机等非理性心理因素的总和。米尔指出："干扰因素影响没有学习科学而只是学习政治经济学的纯粹的政治经济学家，当他企图把他的科学运用于实践时他就会失败。"其原因就在于"干扰因素"能经常揭示出我们理性思考中的差异和错误，这种差异和错误显示了我们原有理论基础自身的局限性，显示了在理论所概括的范围之外还存在着不可忽视的重要因素的影响。米尔所谓的"干扰因素"事实上隐含着对于市场行为者偏离理性最大化原则的承认。

(7) 边际效用学派的经济学家则更注重研究人的心理欲望，倾向于运用心理学方法来研究经济学理论。边际效用学派把分析个人的欲望作为自己研究的出发点，认为人类的欲望是社会经济生活中"最原始的要素"，经济学的研究对象是个人欲望与满足欲望的社会财富之间的关系。该学派将孤立的个人从社会关系中抽象出来，以孤立的个体经济作为其理论考察的对象。在他们的论著中，资本主义生产关系变成鲁宾逊式的神话，出现了"原始森林中的居民""荒岛上的漂流者""沙漠中的旅行者"等孤立的人物，而他们在分析这些孤立的个体时，又进一步抛开了个体在社会生产中的活动方式以及人与人之间的社会关系，以对消费者个体的心理分析作为其理论研究的基础，认为社会生产是满足人们欲望的一种手段，是从属于消费的。他们还以"享乐心理"来说明欲望，认为人的欲望就是追求享乐、避免痛苦的心理。边际效用学派从受享乐心理所支配的个人欲望中，去寻找社会发展的经济规律，将一切社会经济范畴都说成是人们心理的一种反映和表现。其主要代表人物是英国经济学家边沁、杰文思等。

(8) 经济学家庞巴维克(Ponbawick)和马歇尔(A.Marshall)也形成了自己的心理学思想。

经济学家庞巴维克一方面声称自己不应该研究心理学问题，但他同时又指出真正的心理学家还没有研究如此复杂的问题。他以主观价值论为基础，研究了客观交换价值即价格

---

[1] Adam Smith. 1759/1892. The theory of Moral Sentiments. New York:Prometheus Books, 311.

[2] C. Menger. 1976 Reprint of 1871, Principles of Economics. Translated by James Dingwall and Bert F.Hoselitz. New York: New York University Press,Chapter Ⅷ.

的形成问题。庞巴维克认为主观价值必须有两个条件,即必要条件效用性和充分条件稀缺性,价值是效用性和稀缺性相结合的产物。他还提出了著名的"边际对偶"理论来解释价格决定,他认为人们只有当换进的物品的主观价值大于换出的物品的主观价值时才愿意进行交换。他进一步区分了三种交换形式,即孤立的交换、单方面的竞争和双方面的竞争,并说明了各自的内容。庞巴维克认为双方面的竞争不仅是社会经济生活中最普遍的现象,而且对于价值规律的发展十分重要,他的研究结论是:在市场竞争中,价格只是在很窄的范围内被确定,市场价格是由两对边际对偶的主观评价所限制和决定的。在利息理论方面,庞巴维克以边际效用理论为基础,提出了时差利息论。他把物品分为现在物品和未来物品两类,现在物品是满足人们现在消费需要的物品,未来物品则是满足人们未来消费需要的物品。他认为利息存在的根本原因是源于人们的时间偏好,即对现期产品的偏好大于对未来产品的偏好。人们对于消费品的时间偏好,一方面是因为人们高估了未来消费品的数量,从而导致其边际效用下降;另一方面是人们对于未来的欲望以及满足此欲望的生产资料价格的低估。庞巴维克还进一步把利息分为借贷利息、企业利润和耐久物品利息三种[①]。庞巴维克的行为经济学思想不仅在经济学史上有着独特的地位,而且对于奥地利学派也有着深刻的影响,如布伦塔诺(F.Brentano)等人的意动心理学研究便深受庞巴维克的行为经济学思想的影响。

经济学家马歇尔则从市场消费心理的角度论述了人的欲望与市场消费趋向之间的机制,提出了消费者欲望饱和规律或效用递减规律,从市场经济的角度把不可分割的消费者欲望做了近似数学性质的有效的、严密的分析和度量,从而提出了由消费者欲望和需要的变化所引起的市场价格信号变动的原因解释。他还进一步提出了个人消费欲望随着价格变化而变化的需求函数曲线,为商品销售者提供了较为准确的个别商品价格与商品销售量之间的关系信号。马歇尔进一步认识到个体消费欲望的非理性特征,并提出"对许多种类的东西的需要不是正常的,而是偶然的和不规则的""个人活动的多样性和易变性"等观点。在此基础上,他运用统计方法,对市场的总需求规律做了有意义的概括和表述,认为商品"出售的数量越大,为了找到购买者,这个数量的售价就必然越小;或者,换句话说,需要的数量随价格的下跌而增大,并随着价格的上涨而减少",从而为销售者通过合理确定商品价格与其数量之间的关系以获取利润最大化提供了有效的理论依据。

由此可见,早期的哲学家或心理学家、经济学家之间的研究界限并不是泾渭分明的。边沁的"享乐痛苦的算术",以及门格尔的"只有内省才能了解各种经济行为人的需要和主观评价"等研究初步构成了一门"没有心理学家的行为经济学",这就印证了我们的观点,即心理学和经济学之间并不存在不可跨越的历史鸿沟。换言之,行为经济学思想早已蕴含在早期经济学研究之中,并与经济学一起发展。

(二)现代经济学家对行为经济学思想的探究

(1) 被称为"制度主义运动"领袖的经济学家凡勃仑(T.B.Veblen)认为,经济学的研究

---

① E.V. Böhm-Bawerl. 1890. Capital and Interest: A Critical History of Economic Theory. Smart translation. 1959 translation printed as Capital and Interest:Volume I-History and Critique of Interest Theories, South Holland,Libertarian Press.

对象是人类社会经济生活赖以实现的各种制度,而制度是通过由人们的心理动机和生理本能所决定的思想和习惯形成的,"从心理学方面来说,可以概括地把它说成是一种流行的精神状态和一种流行的生活理论"。凡勃仑的思维的逻辑起始点和分析的概念性工具不是理性经济人,而是人的"本能"和人的"习惯",他认为人的本能树立起人类行为的最终目标,并推动人类为达到这一目标而努力;理性只不过是达到该目标的一种方法,而个人乃至社会的行为都受到本能的支配与指导;这种行动逐渐形成思想和习惯,进而形成制度;而制度一经形成,就会对人类活动产生约束力,这样,本能所产生的目标也就在已经形成的制度中获得实现。此外,凡勃仑还对奥地利学派和古典经济学的"鲁宾逊方法"以及边沁"享乐主义"的哲学思想进行了批判,他认为经济学理论发展到19世纪中叶为止,一直都是在对享乐主义心理学进行理论翻版。享乐主义心理学把人看作"快乐和痛苦的计算者,俯仰浮沉于刺激力推动之下,好像一团性质相等的快乐欲望的血球",其行为主要为追求快乐和避免痛苦的冲动所支配,这与心理学规律不相符。据此,他得出结论:以往经济学的前提和理论体系不可能正确。

(2) 英国经济学家霍奇勋(Hodgson)从哲学和心理学的角度出发,认为人的行为决策不可能达到全知全能的理性程度。他认为,经济学家之所以对理性和非理性产生理解偏见,其深层原因在于他们对于人脑信息加工原理缺乏认识,即所谓"经济学家们常常口头上对'信息问题'给予关注,但是,由于他们对信息本身的一次容易引起误解的处理,因而最终导致了错误和混乱"。

(3) 莱宾斯坦的经济非理性"X-低效率"理论在当代西方经济学界有着很大的影响。其主要观点如下。

其一,新古典理论所描述的企业营运方式与现实并不相同,市场普遍存在着偏离最大化原则的非配置型低效率现象。

其二,任何经济行为者都存在着非理性行为,新古典经济学所谓的完全理性的经济人只能是一种极端的和个别的情况。在大多数情况下,人们的决策往往依赖于习俗、惯例、模仿等形式(这些形式明显具有偏离最大化的特征)。因此,应该采用极大化、非极大化(理性和非理性)假设来替代新古典经济学的唯一极大化假设。

其三,任何企业内部都存在着非理性现象。企业生产过程不是一种预先理性设定的机械过程,企业也不是一部将投入转换为产出的高效率的理性转换器。在企业运营过程中,上司、同事以及传统等因素都会对企业中个人的努力水平产生影响,从而导致个人行为偏离最大化的目标。

(4) 英国经济学家庇古(A.C.Pigou)[①]和凯恩斯(J.M.Keynes)等人都强调不合理的心理因素对于经济周期的各个阶段起着重大作用。他们认为,经济周期的形成是与人们的心理预期分不开的。当经济高涨时,人们对于获利前景预期乐观,致使乐观情绪在市场中弥漫,从而导致投资过多,产生"乐观下的错误";然而,当过度乐观的心理预期所造成的决策错误被人们察觉以后,又逆转为过度悲观的心理预期,悲观情绪在市场中弥漫,以致"乐观心理和悲观心理相互轮替",并导致了经济危机的爆发以及随之而来的经济衰退。凯恩

---

① A.C. Pigou. 1924. The Economics of Welfare. London: Macmillan, 2nd. Ed.

斯在《就业、利息和货币通论》中认为，有效需求不足导致了经济危机的爆发[①]。他认为，对就业量起决定作用的影响因素主要为"消费倾向""对资本资产未来收益的预期"以及"流动性偏好"这三个基本心理因素以及货币量。其中，"对资本资产未来收益的预期"决定了资本边际效率；"流动性偏好"和货币量决定了利息率；而资本边际效率和利息率则决定了投资需求。经济危机爆发的原因在于资本边际效率的突然崩溃，由于资本市场通常受到投机心理的影响，因而资本边际效率会在很大程度上受到投机心理的影响，而并非是基于对未来收益的合理估计。由于消费倾向这一基本心理因素的作用，当人们收入增长时，其消费增长通常赶不上收入的增长，这就引起了消费需求不足，致使市场供给和消费需求之间的差距增大(与此同时，由于影响投资的基本心理因素的作用，投资需求往往弥补不了上述差额)。这样，由于有效需求不足，就业量在未达到充分就业之前就停止了增长，造成了大量的"非自愿性失业"。按照凯恩斯的理论分析，这三大心理规律的存在，使得宏观经济在完全自由的市场经济体系中无法自动得到平衡，其结果就会出现经济危机。如果要解决经济危机，就必须由政府出面对社会经济的运行进行干预，以增加全社会的有效需求，抵消三大心理规律对于宏观经济的负面影响。毫无疑问，经济主体的心理会影响其经济行为，然而凯恩斯的失误在于把这些心理因素看成"先验的人性"，似乎具有永恒的性质。

(5) 集经济学家、心理学家和人工智能专家于一身的著名学者、诺贝尔经济学奖的获得者西蒙(Simon)专门提出了"有限理性"的概念，以强调在经济学研究中考虑心理因素的重要性。他认为，经济行为人的决策情境的不确定性、不完备性以及复杂性，致使全面理性不可能实现，同时作为信息处理者，其自身认知能力的局限性决定了经济行为人在真实决策过程中是以近似代替精确，是有限理性而非完全理性，是"寻求满意"而非"寻求最优"。经济行为人偏离最大化的反映形式是由人的认识本质所决定的，那种无限放大经济行为人的理性能力的完全理性假说是对市场的无知和对人性的误解。因此，他认为应将理性经济人改为有限理性人(或称"管理人")，管理人关心的只是在他看来最重要、最关键的因素，因而要比理性经济人更贴近社会现实、更贴近经济行为人的内在本质。

上述行为经济学思想尽管显得凌乱和浅显，但是正是这些散见于各位经济学家学说中宝贵思想的不断涌现，为行为经济学的最终诞生做好了理论准备。

三、认知心理学促进行为经济学的发展

人类是如何认识世界、理解世界的呢？尽管人类拥有发达而奇妙的大脑，但是正如美国心理学家艾略特·阿伦森(E.Aronson)在其著作《社会性动物》(*The Social Animal*)中所指出的，人类大脑的"不尽完美之处如同它们的奇妙之处一样多。这种不完美的结果就是，许多人们自以为最终搞清楚的事情也许并不正确"。作为行为经济学理论基础之一的认知心理学则很好地揭示了人们在判断和决策中大脑的信息加工过程。

(一)认知心理学概述

认知心理学是以人类心理现象中的认识思维过程为主要研究对象的一门科学，它是广

[①] J.M. Keynes. 1936. The general theory of employment, interest and money. London:Macmillan.

义的认知科学(包括计算机科学、通信科学、语言学、逻辑学、人类学)的一个重要分支。认知心理学有广义和狭义之分：广义的认知心理学包括结构主义心理学、心理主义学派和信息加工心理学；狭义的认知心理学仅指信息加工心理学。它们的共同特点是强调研究意识、研究认识的高级过程。其中，结构主义心理学起源于欧洲大陆，主要代表人物为瑞士著名认知心理学家皮亚杰(J.Piafet)；心理主义学派的主要代表人物有布鲁沃(W.F.Brewer)、约翰·D.布兰恩福特(J.D.Bransford)，他们研究了对单词、语句等复杂现象的知觉和记忆，强调了图式和对材料的重新建造在记忆中的作用。

狭义的认知心理学即信息加工心理学(information processing psychology)是当代认知心理学的主流。信息加工心理学把人和计算机进行类比(计算机从周围环境接收输入的信息，经过加工并储存起来，然后产生有计划的输出)，认为人的认识思维系统和计算机一样，人对于知识的获得也就是外界信息的输入、转换、存储和提高的过程。

认知主义(cognitivism)与联结主义(connectionism)则是认知心理学研究的重要范式。认知主义也被称为符号的研究范式，它的指导思想是将人的信息加工和计算机相类比，把人看作信息加工系统，对符号进行接收、编码、储存、提取、变换和传递。而联结主义的研究更偏重于自然的智能，是以神经系统作为研究对象，通过对神经网络的并行分布加工从而建立起智能模型。联结主义不是把认知解释成符号运算，而是看成网络的整体活动。网络是一个动态的系统，它是由类似于神经元的基本单元(units)或节点(nodes)所构成。

在研究方法上，认知心理学家认为，在把人看成计算机式的信息加工器的前提下，需要运用较为抽象的分析原则去研究人的认知过程，而不能试图通过了解人的行动赖以发生的生理机制去达到目的。因此，在具体研究中采用实验、观察(包括自我观察)以及计算机模拟等方法，其中以反应时作为指标的实验法尤其受到重视，而利用被试的出声思考的观察法也获得了发展。

(二)认知心理学研究在行为经济学中的应用

1. 决策过程的认知心理学分析

在认知心理学中，人被看作是一个系统，它以一种明智的和理性的方式对所获得的信息进行编码和破译；但同时也假定其他不明智的因素是以一种系统的方式控制着人的行为。卡尼曼和特维斯基从认知心理学的视角出发，提出一个行为决策过程应该分为两个阶段：编辑和评价。首先，问题"被编辑"以建立起一个合适的参照点，并为目前的决策服务。此时，这种选择判断被称为"编码"，如果判断结果超过该参照点时即为收益；反之则为损失。紧接着，就是对编辑结果进行评价。

(1) 编辑(editing)阶段的基本内容

① 编辑：要找到一个适当的参照点，通常以现状为参照点，它可以根据决策者的意图以及所提供的最初信息而定。

② 组合：将相同的后果组合，其状态概率相加，使得前景(prospect)简单化。

③ 分解：将前景中的肯定后果部分分离出来。

④ 删减：将前景中一些共同的部分删减出去。

(2) 评价(evaluation)阶段

此阶段是对已经编辑过的前景进行评价，在前景理论中决策按照期望价值函数去选择方案，它主要包括以下内容。

① 决策权重：它是主观概率的函数，反映主观概率对前景价值的影响，它并非概率，不服从概率的运算规则，是一种特殊的权重，具有以下性质。

- 通常对于小概率的估计偏高，而对较大概率则估计偏低。
- 亚正确性。

② 价值函数：它反映了前景的主观感受，参照点的价值取零。价值函数是用来度量前景相对于参照点偏差的价值，以代替直接后果或传统的效用值。

2. 启发式思考

直到 20 世纪 80 年代，信息加工认知心理学一直把自然认知作为研究的主要对象。这是因为自然认知涉及的多是一些逻辑性强、思路清晰的良性结构问题，即计算机最善于处理的问题。但是进入 20 世纪 80 年代以后，部分认知心理学家把社会认知问题也纳入了信息加工认知心理学的研究范畴。在过去几十年中，社会心理学家一直把概率理论以及其他一些统计模式作为标准，对人的社会认知结果进行评价。随着人的社会认知研究的深入，社会心理学家越来越多地发现，人的社会认知并不符合这些模式，即由于个体在社会认知过程中并不是完全精确地运用其所获得的信息，因而导致其在社会认知、社会判断中出现了大量的偏差[1]。

认知心理学研究指出，由于人们在社会认知过程中所面临的信息通常是不确定的、不完全的、复杂的，因而在对信息进行加工的过程中，要达到理性的最优化是困难的。即人的认知资源是有限的，个体在其社会认知的过程中通常偏爱策略性捷径，而非采用精细的统计学分析，以尽量节省时间和加工资源[2]。

卡尼曼和特维斯基的早期研究就是关于在不确定条件下的人为判断和决策规律。他们通过实验展示了人的决策是如何异于传统经济理论所预测的结果。这些从认知心理学研究中所得出的深刻见解，有助于人们更好地理解制定经济决策时的行为特点。

卡尼曼和特维斯基认为，一般情况下人们通常不能充分准确地分析涉及经济和概率的情境。在这样的认知情境下，人类的判断主要依赖于某种捷径或具有启发性的因素即启发式思考(heuristics)，这样难免会造成系统性的偏差。卡尼曼和特维斯基[3]曾于 1972 年报告了这样一个实验，给被试提供关于某一个人的描述：他对政治和社会问题没有任何兴趣，而花费大量的时间于他的许多嗜好，包括木工家具、航海、数学难题。告诉被试这个人来自于一个包括工程师和律师的样本，让被试确定这个人的职业。结果发现，虽然被试判断这个人是工程师的概率不同，在 30%～70%之间，但是大多数被试都认为这个人是工程师。这表明，被试的判断依赖于价值较少的个性方面的信息，却忽略了更具价值的概率信息，这与判断的统计模式不一致。

---

① G.A. Akerlof and J. Yellen. 1985. Can Small Deviations from Rationality Make Significant Differences to Economic Equilibralia? American Economic Review, September.

② H.A.Simon, C.A.Kaplan. 1989. Foundations of cognitive science. In M.I. Posner, Foundations of Cognitive Science, Cambridge, Mass: MIT Press.

③ D. Kahneman, A.Tversky. 1972. Subjective Probability: A Judgement of Representative. Cognitive Psychology, 3, 430～454.

3. 易得性

认知心理学研究认为,与不熟悉的信息相比,较熟悉的信息更容易被人从记忆中找到,并被视为真实的信息,且更容易与其他事件相联系。因此,熟知性和易得性(availability)成了人们探求准确性和相关性的线索①。因此,不管信息的准确性如何,只要它在媒体中被反复播放,它就更容易被人利用并被错误地当作正确信息。

在行为决策中,这一点表现为决策的易得性,即人们是通过容易记忆的事来判断其概率,结果造成了较高的权重被分配给显著的或者容易记忆的信息。因此,如果与某个被袭者交往过的话,即使人们知道很多具体的统计数字,他仍会夸大一个城市暴力犯罪的概率。又如,大部分人认为交通事故造成的死亡人数高于糖尿病的死亡人数,但事实上后者造成的死亡人数要远远高于前者。造成这一认知的主要原因在于交通事故经常得到报道,而后者却没有。

4. 认知不协调

认知不协调(cognitive dissonance)理论最早是由利昂·费斯廷格(Leon Festinger)于1957年②提出的,它描述了人们的认识与情绪之间的关系。认知就是从外界获取的知识(相当于经济学中的主观概率),认知不协调是指当一个人同时持有在其心理上不一致的认识(如思想、态度、信念、意见等)时所产生的一种情绪紧张状态。人具有保持其认知一致性的倾向,当两个认知内容相互矛盾时,人们就会产生心理上的紧张感,进而努力减少这种不适的感觉。认知不协调对于人类的行为决策有着重要影响,一旦人们作出了某种决策,在某些事情上投入了努力,即使最初的决策、信念并非是最优的选择,人们也不会轻易放弃。因此,认知不协调会加剧人类的非理性程度。

认知不协调理论说明人们对于如何感知外界的状态同样是有偏好的。当改变自己的行动需要一定的心理成本时,人们倾向于选择自己偏好的认知状态来最大化自己的利益。这一点得到了认知心理学实验和观察结果的支持,比如人们愿意相信自己已经作出的决定是正确的。一个典型的例子是:在赛马场赌马的人中,刚刚离开下注窗口的人(已经确定自己要赌马的人)对"他们的马"愿意赔上更高的胜率,这远远高于还在等候下注的人所判断的胜率。显然,这种信念会影响人们作出正确的判断。

第三节　投资行为学的发展轨迹

传统经济学研究依赖于理性人这一基本假设(即人是受自我利益的驱动,并且有能力在不确定性条件下作出理性判断和决策),许多经济学家认为研究人的心理、情绪是不科学的,并认为经济学是一种非实验科学。然而,越来越多的学者开始尝试运用实验的方法来研究

---

① D. Kahneman, A.Tversky. 1974. Judgement Under Uncertainty – Heuristics and Biases. Science,185(3). D.Kahneman, A.Tversky. 1975. Availability: A Heuristic for Judging Frequency and Probability. Cognitive Psychology, 5, 207～232.

② L.Festinger. 1989. Extending Psychological Frontier: Selected Works of Leon Festinger. Rusell Sage Foundation Press.

经济学，修改和验证各种基本的经济学假设，这使得经济学的研究开始越来越多地依赖于实验和各种数据的收集，从而变得更加真实可信。

一、投资行为学与心理学的逻辑渊源

经济学家阿尔弗雷德·马歇尔(1890)认为："经济学是一门研究财富的学问，同时也是一门研究人的学问。"换言之，心理学和经济学之间存在着内在天然的逻辑渊源。从经济学的视角来看，仅就心理学对于经济学的影响而言，"心理学对经济学就似乎像 Boethius 神一样——是道路、动机、指导与终点"(Wicksteed，1987)。

1902 年，法国经济学家垂德(Trade)出版了《经济心理学》一书，书中强调了经济现象的主观方面，并提出了主观价值论和心理预期的观点，从而标志着经济心理学的诞生。经济心理学[①]是关于经济心理和行为研究的学科，它强调经济个体的非理性方面及其重要影响。1942 年，雷诺(Reynaud)在其著作《政治经济学和实验经济学》中提出：人的行为并不是严格合乎逻辑的，而往往存在着非理性因素。然而直到 20 世纪 80 年代，经济心理学的研究也未引起人们的广泛重视，仅有少量研究成果面世，而且这段时期的研究主要集中在消费者心理与行为的研究上，理性人假设仍然在整个经济学界占据着主导地位。

考察投资行为学、行为经济学与经济心理学，它们的历史根源和发展变迁过程各不相同，并且它们在研究方法和研究视角上存在着很大的差异，而这种差异来源于西方心理学流派对于经济学的影响。其中，经济心理学起源于欧洲，更多地受到了传统欧洲式的结构主义心理学流派的影响；行为经济学起源于美国，更多地受到了根植于美国的行为主义心理学流派的影响；投资行为学更多地受到了现代认知心理学(cognitive psychology)的影响[②]，它是将心理学方法作为分析投资问题的一种研究工具，它对投资行为和证券市场效率的研究起源于对一般经济主体心理和商品市场价格的研究。

在西方社会中，心理学对经济学的影响由来已久，并体现在心理与行为分析方法在经济学研究中的广泛运用上。纵观经济学说史我们可以发现：无论是主流的古典政治经济学和新古典经济学，还是非主流的其他各种经济学派，从中都可以发现心理与行为分析方法的影响。尤其是凯恩斯之后的现代经济学各流派，开始普遍尝试运用心理与行为分析方法，具体包括以下内容[③]。

---

① 经济心理学是应用社会心理学的一个重要分支，它的研究对象为个体及群体在经济活动中的心理现象和心理规律，所涉范围较广。从现有学科分类的角度来看，经济心理学可以有广义和狭义两个层次。广义的经济心理学包括管理心理学、劳动心理学、认识心理学、就业心理学、广告心理学、工业心理学等。狭义的经济心理学则以直接以拥有货币之后产生的心理与行为为主要研究对象，它主要包括消费心理学、投资心理学、税收心理学、保险心理学、储蓄心理学、赌博心理学、慈善心理学等具体领域。

② Statman Meir 认为，投资行为学与传统投资学本质上并没有很大的差别，它们的主要目的都是试图在一个统一的框架下，利用尽可能少的工具构建统一的理论，解决金融市场中的所有问题。唯一的差别就是投资行为学充分运用了与投资者信念、偏好以及决策相关的情感心理学、认知心理学和社会心理学的研究成果。

③ 俞文钊，鲁直，唐为名. 经济心理学[M]. 大连：东北财经大学出版社，2001.

(1) 金融市场中的经济心理与行为。如有关对投资心理与行为的分析(塞勒)、有关税收心理和逃税行为的分析(刘易斯·罗本)、有关地下经济行为的研究(威伦斯基(Wilensky)；菲戈(Feige))，有关通货膨胀的经济心理和行为分析(理查勒(Ratchlor)；凯普(Kemp))等。

(2) 产品市场中的经济心理与行为。如有关企业家的经济心理与行为(克里兰德(Clelland))、有关消费者的经济心理与行为(范雷伊加(Van Raij)；安德里林(Andreason))等。被誉为美国经济心理学之父的卡托纳(Katona)在20世纪50—60年代通过对消费者心理的研究指出，消费者动机、倾向和期望是影响经济周期性波动的重要因素，并提出消费感情指标(consumption sentiment index，CSI)这一心理预期指标。此外，Dichter、户川行男分别对人类行为的非理性和商品购买行为的动机进行了研究。

(3) 劳动力市场中的经济心理与行为(厄尔(Earl)；弗恩海姆(Furnham))。

(4) 家庭中的经济心理与行为分析(贝克尔(Becker)；卡托纳(Katona))。

上述心理学研究发现，现实中人的决策行为与传统经济学中的理性人假设存在着系统性偏差。而对于这些非理性心理与行为的研究几乎与市场效率的研究起始于同一时间。

与投资行为学关系最为密切的现代认知心理学是以信息加工为核心的心理学，又可称作信息加工心理学(information processing psychology)，或狭义的认知心理学。它是用信息加工的理论来研究、解释人类认知过程和复杂行为的科学。其核心思想是：人是一个信息加工系统，该系统的特征是用符号的形式来表示外部环境中的事物，或者表示内部的操作过程。该系统能够对外部环境以及自身的操作过程进行加工。换言之，人通常被看作是以有意识的、理性的方式来组织和解释可得信息的系统。但是，其他一些下意识的因素也可以系统地影响人类行为。从这一基本的理论框架出发，认知心理学企图研究人类智能的本质、人类思维过程的基本心理规律及其特点。

比如，认知心理学家认为决策是一个交互式的过程，受到许多因素的影响。这些因素包括按自身法则发挥作用的感知(perception)，用以解释其发生条件的信念或心理模式；一些内在动因，如感情(emotions，指决策者的心理状态)、态度(attitudes，即在某种环境下个体对某一现象的相应心理趋势)或者对以前决策及其结果的记忆(memory)等，也会对当前的决策产生重要影响，并构成特定的认知模式。该理论将人类的行为看作是对给定环境的适应过程，即人类的行为是典型适应性的，是以对因果关系的判断和短暂的知觉条件为基础的。

现代认知心理学的研究领域除了认知过程之外，还发展到了人格、情绪、发展心理、生理心理等研究领域，从而为投资行为学的深入发展提供了心理学基础。

二、投资行为学的诞生与发展

如果把心理学和投资学研究相结合的起点作为投资行为学研究的开端的话，那么19世纪古斯坦夫·勒庞(Gustave Lebon)的《群体》(*The Crowd*)和麦基(Mackey)的《非凡的公众错觉和群体疯狂》(*Extraordinary Popular Delusion and Madness of Crowds*)则是两本最早研究投资市场群体行为的经典之作。而凯恩斯是最早强调心理预期在投资决策中的作用的经济学家，他基于心理预期最早提出了股市"选美竞赛"理论和"空中楼阁"理论，强调了心理预期在人们投资决策过程中的重要性。他认为决定投资行为的主要因素是心理因素，投资者是非理性的，其投资行为是建立在"空中楼阁"之上，证券价格的高低取决于市场中投资者的心理预期所形成的合力,投资者的交易行为充满了"动物精神"(animal spirit)。

1951年,美国奥兰多商业大学的布鲁尔(O.K.Burell)教授发表了《一种可用于投资研究的实验方法》一文,率先提出了用实验方法来验证理论的必要性,文章提出构造实验来检验理论的思路,由此开拓了一个将量化的投资模型与人的行为特征相结合的新领域。在1967年和1972年,该大学的教授巴曼(Bauman)在《人类判断行为的心理学研究》一文中,呼吁关注投资者非理性的心理,更加明确地批评了投资学片面依靠模型的治学态度,并指出投资学与行为学的融合应是今后投资学发展的方向。追随他们理论的投资学家也陆续有一些研究成果问世,但都是分散的,没有系统化,因而没有引起人们足够的重视。

心理学家卡尼曼和他的合作者特维斯基于1979年发表了论文《前景理论:风险状态下的决策分析》,从而为投资行为学的兴起奠定了坚实的理论基础,成为投资行为学研究史上的一个里程碑。1982年,卡尼曼、特维斯基和斯洛维斯(Slovic)在著作《不确定性下的判断:启发式与偏差》中研究了人类行为与投资决策经典经济模型的基本假设相冲突的三个方面,即风险态度、心理账户和过度自信,并将观察到的现象称为"认知偏差"。

20世纪80年代中后期以后,芝加哥大学的塞勒(Thaler)、耶鲁大学的希勒(Shiller)成为研究投资行为学的第二代核心人物。1985年,德布朗特(Debondt)和塞勒(Thaler)发表的《股票市场过度反应了吗?》正式拉开了投资行为学迅速发展的序幕。塞勒主要研究了股票回报率的时间模式、投资者的心理账户,希勒主要研究了股票价格的异常波动、股票市场的羊群行为、投机价格与人群流行心态的关系等。卡尼曼和特维斯基的研究指出:投资者对风险的态度并不是按照传统效用理论所假设的以最终财富水平进行考量,而是以一个参照点为基准看待收益和损失,每次的决策都会因情况不同而改变,决策并不是按照贝叶斯法则进行的,决策时会受到框定效应的影响。欧登(Odean)对于处置效应(disposition effect)的研究、里特(Ritter)对于IPO的异常现象的研究,以及卡尼曼等对过度反应和反应不足之间转换机制的研究等,都对投资行为学的进一步发展起了十分重要的推动作用。

进入20世纪90年代中后期,投资行为学更加注重投资者心理对最优组合投资决策和资产定价的影响。谢夫林(Shefrin)和斯塔德曼(Statman)提出了行为资本资产定价理论(behavioral assets pricing model,BAPM),2000年两人又提出了行为组合理论(behavioral portfolio theory,BPT)。

目前,公司金融行为(behavioral corporate finance)作为投资行为学的一个重要分支日益受到学者的重视。在理性人假设和有效假说的条件下,1958年,莫迪利亚尼(Modigliani)和米勒(Miller)提出了企业价值与资本结构无关的命题。其后,投资行为学产生了一系列新的理论和模型,如詹森(Jensen)和麦克林(Meckling)的代理模型、罗斯(Ross)、勒兰德(Leland)和派尔(Pyle)的信号模型、迈尔斯(Myers)和迈基里夫(Majluf)的信息不对称及优序融资理论等。这些理论和模型都是从资本市场有效性假设角度来讨论公司财务行为的,其研究思路和方法体现在"基于价值的管理"(value-based management),即建立在理性行为、资本资产定价模型和有效市场三个理论基础之上。然而,大量的实践观察和实证分析表明,心理因素会干扰这三个传统的理论基础。投资行为学对公司理财的实践有着重要的含义,公司金融行为研究也应运而生。公司金融行为研究结果认为,公司管理层的非理性与股票市场的非理性,对公司投融资行为产生重要影响。

我国对于投资行为学的研究始于20世纪90年代末。沈艺峰、吴世农对我国股票市场是否存在过度反应进行了实证检验。王永宏、赵学军对中国股市的"动量策略"和"反转策略"进行了实证分析。赵学军、李学对中国股市的"处置效应"进行了实证分析。宋军等针对目前中国证券市场中普遍存在着个人投资者对机构投资者的羊群行为这一特殊现象,建立了一个头羊-从羊模型,并用个股收益率的分散度指标对我国证券市场的羊群行为进行了实证研究。孙培源通过构造股票收益率的截面绝对偏离和市场收益率的非线性检验验证了中国股票市场羊群效应的存在。冯玉明在《市场的非理性与组合投资策略》一文中验证了中国股市中不存在"动量效应",但存在一种"轮涨效应"或"补涨效应"。

在公司金融行为研究方面,我国学者较多地对上市公司的融资行为偏好进行分析,文宏、黄少安、张岗等通过实证研究探讨了我国上市公司的股权融资偏好,并用股权融资的实际成本低于债权融资成本解释造成这种偏好的原因。朱武祥从融资、投资、并购、股利分配等公司金融行为的研究方面进行了理论综述。

总之,目前国内学者所进行的研究大多集中在传统投资学与投资行为学的比较分析、投资行为学的实证研究、市场的有效性和非有效性等方面,尚缺乏在国际领域内的自主理论建立、对公司金融行为等分支系统理论分析以及强有力的数理分析工具应用等方面的突破性研究成果。可见,系统研究投资行为学理论、实证与应用,对于构建投资学科发展的新体系,构建健康均衡、稳定发展的中国证券市场以及建立优良的公司治理环境具有重要的理论意义和现实紧迫性。

第四节 投资行为学的理论基础

传统投资学研究依赖于理性人假设,即人是受自我利益的驱动,并有能力在不确定条件下作出理性判断和决策。传统投资学家认为研究人的心理与行为是不科学的,并认为投资学是一门非实验科学。然而,越来越多的学者开始尝试运用实验的方法来研究投资学,修改和验证各种基本的理论假设,这使得现代投资学的研究越来越多地依赖于实验以及各种数据的收集处理,从而变得更加真实可信。这些研究理论与方法大多数是扎根于两个相辅相成的领域,即认知心理学家有关人类判断和决策的实验研究,以及实验经济学家对于投资学理论的实验检验。因此,与投资行为学的产生和发展有着密切联系的相关学科主要包括心理学、行为科学、实验经济学和行为经济学等。

一、投资行为学与行为科学

行为科学在 20 世纪 20 年代曾有过"飞跃"式的发展,之后则停滞了近半个世纪。1974 年,当代行为科学大师乔治·霍曼斯(George Homans)发表了一篇演说,提出了五条行为学原理[①]。2001 年,诺贝尔经济学奖获得者乔治·阿克洛夫(George Akerlof)在其获奖演讲中以"宏观行为经济学与宏观经济学"为题,提出把行为科学假设引入经济学分析框架,并在自己的研究论文中大量运用了行为科学和社会学的核心概念。自此之后,行为科学又开始

---

① Homans, C. George. 1974. Elementary Forms of Social Behavior (2nd Ed.). New York: Harcourt Brace Jovanovich.

成为主流经济学家关注的热点。一般而言，行为科学具有以下三条基本原则[①]。

(1) 回报原则。那些给行为主体带来回报的行为要比那些不带来回报的行为更有可能被行为主体所重复。

(2) 激励原则。那些曾诱发回报行为的外界激励要比那些不曾诱发回报行为的外界激励更容易诱发行为主体的同类行为。

(3) 强化原则。如果行为主体没有获得对其行为的预期回报，甚至为此而遭到惩罚，那么行为主体将会被激怒，进而强烈地要求实施能够补偿其损失的行为。相反，如果某类行为给行为主体带来了超出预期的回报，或者没有带来预期的惩罚，那么行为主体将会更主动地实施同类行为。

上述行为科学基本原则是与传统经济学不相容的，因为它与"理性人"假设相悖。低于预期水平的回报或高于预期水平的惩罚可以惹恼、激怒行为主体，从而导致"过火"行为的发生，"过火"行为的价值会随着行为主体不悦程度的增加而不断上升。当然，这是把人降低到动物的层面进行分析，经济学家认为这种行为是不理性的，因为它是"不经济"的。而高于预期的回报或低于预期的惩罚则可以让行为主体"高兴"，从而上调行为后果的价值，表现为情绪波动。凡是感性(emotional)的都不是理性(rational)的，因而都不包括在理性选择的范围之内。

行为科学的基本原理为人类行为实验的设计以及行为结果的解释提供了方法上的借鉴，同时也为投资行为学研究投资者的行为决策提供了重要的研究思路。

二、投资行为学与实验经济学

尽管投资学在传统上被视作是仅依赖于现实经济数据的非实验科学，但是许多学者认为投资学进一步发展受到制约的原因也在于此。如果无法进行可重复性的实验研究，那么投资学理论与模型的检验必定会受到限制(因为仅凭现实经济数据将难以客观判断投资学理论与模型的有效性)。通常，自然科学所遵循的研究原则是理论创新与实验检验之间的交互推演：新的实验发现推动了理论创新，理论创新则要求有新的实验设计用于检验其客观真实性。于是，当"理性人"假设无法揭示现实人的经济生活和投资行为时，越来越多的研究者便开始尝试用心理学的实验方法来研究人的投资行为，并试图以此来验证和修改已有的理论假设。这就使投资学研究开始依赖于行为实验设计以及各种实验数据的收集处理，依赖于对现实人的投资心理与行为的分析和了解。因此，认知心理学家对人的行为决策与判断的分析以及实验经济学家对投资学理论的实验检验，正是这一新兴研究领域经典成就的体现，而这些研究成果也为投资行为学的发展提供了研究思路和方法启示。

实验经济学(experimental economics)通常是在可控的环境条件下，针对某一经济现象，通过操控某些条件变量，观察决策者的行为并分析实验结果，以检验、比较和完善经济理论，目的是通过设计和模拟实验环境，探求经济行为的因果机制，验证经济理论或帮助政

---

① Akerlof, George. 1970. The Market for "Lemons": Quality Uncertainty and the Market Mechanism. Quarterly Journal of Economics, 84(3), 488~500.

第一章 导论：市场异象与投资行为

府制定经济政策[①]。因此，经济学的实验方法就是给予经济学家一种直接的责任，即把可控的实验过程作为生成科学数据的重要来源，而这些过程也可以在其他实验室中重现。

实验经济学的发展经历了两个阶段。第一个阶段是20世纪30—50年代，有三大标志性的经济实验类别[②]：第一类是个人选择实验，试图通过实验手段了解影响个人效用偏好的因素和规律。瑟斯顿(Thurstone)提出实验，用来研究偏好的无差异曲线[③]，随后其他学者通过设计实验检验了以消费者行为为研究基础的效用理论的正确性；沃利斯(Wallis)和弗里德曼(Friedman)对此实验提出了重要批评，在该批评的基础上，罗西斯(Rousseas)和哈特(Hart)、莫斯特勒(Mosteller)和罗基(Nogee)做了后续实验，阿莱(Allais)在其1953年的著作中提出了"阿莱悖论"(Allais Paradox)和一般效用理论。第二类是关于博弈论的实验。有关博弈的实验已经格式化为著名的囚徒博弈(弗鲁德(Flood))[④]。以著名的囚徒博弈为起点，其他还有信誉效应、公共品抉择、议价过程等方面的博弈研究。第三类是关于产业组织的实验，主要特征是构建虚拟市场和组织形式，在不同的信息和市场条件下，研究人的行为、组织结构的变化以及对市场价格的影响。Alvin E. Roth曾进行过有关行业结构的早期调查，其后则有钱伯林(Chamberlin)以及西格尔(Siegel)、福尔柯(Fouraker)的著作问世。

第二个阶段是20世纪60年代至今，实验经济学得到了飞速的发展，随着实验设计和构思的不断创新，研究方法和手段不断完善，研究结果和证据则与传统经济学研究结论相去甚远，从而对传统经济学理论提出了挑战。1962年实验经济学回顾[⑤]问世。20世纪60年代末，学者们开始思考实验方法中存在的问题，如豪格特(Hogatt)、伊舍利奇(Esherich)和惠勒(Wheeler)描述了一个计算机化的实验室。20世纪80年代以后，弗农·史密斯(Vernon L.Smith)、普洛特(Plott)、格雷瑟(Grether)等开创了一系列新的研究方向并取得了富有革命性的成果[⑥]。弗农·史密斯的经济实验包括拍卖、公共品提供、航班时刻表设计、能源市场设计、政府采购、国有资产拍卖、规制设计等，从而大大丰富了人们对社会经济关系的认识，他也因此获得了2002年的诺贝尔经济学奖。

实验经济学对社会经济问题与现象的研究过程如下：构造模型—设计实验—进行实验—归纳统计—获得结果。实验经济学的基本原理是把社会中的人作为被试者，所要验证的是人的行为命题，因而需要借助心理和行为分析的研究方法。具体而言，一是运用行为理论来完善和改进实验。例如，针对行为人对重复行为有厌烦的心理，在实验设计中运用

---

① Sauermann,Heinz(editor). 1967. Contributions to Experimental Economics (Beitrage zur Experimentellen Wirts chafts for schung),1,Tubingen,J.C.B.Mohr. 其中包括了Sauermann和Selten(1967), Tie(1967)以及Becker(1967)的文章。

② Roth,Alvin E. 1993. On the Early History of Experimental Economics. Journal of the History of Economic Thought, 15, 184~209.

③ Thurstone(1931)首创用实验方法来研究关于偏好的无差异曲线，随后设计实验检验效用理论的学者包括Mostell和Nogee(1951)对不确定性状态下个人的偏好决定试验，张伯伦对市场行为实验等。

④ 随后的实验参见Kalisch、Milnor、Nash、Nering(1954)，以及Schelling(1957)的著作。

⑤ Rapoport and Orwant(1962)在撰写实验经济学回顾时，最早评述说："这样一种实验性的研究方法有广泛的文献基础，但是尽管如此，其主要思想还是可以在一篇文章中得到体现。"

⑥ Vernon L. Smith. 1982. Microeconomic System as on Experimental Science. American Economic Review,72.1.

价值诱导方法，并把实验时间控制在三个小时以内。二是运用行为理论来解释实验结果。许多实验结果与理论预测出现差异，其原因是传统经济学理论假设行为人是理性的，然而被试的行为却是理性与非理性的结合，所以只有运用行为理论来分析被试的非理性行为，才能很好地解释实验结果。可见，实验经济学的重要性在于(正如弗农•史密斯所强调的)：一项未经实验验证过的理论仅仅是一种假设，大部分经济学理论被接受或被拒绝的基础是权威、习惯或对假设的看法，而不是基于一个可以重演的严格证实或证伪的实验过程。然而，实验经济学则可以把验证过的知识引入经济学领域，从而使人们了解真实的市场运行模式。同时，实验中的可控过程作为生成科学数据的重要来源，其数据采集的严格标准也正受到经济学界的日益重视。

由于实验经济学的研究过程是可控的，因而为这类研究模式提出了数据采集过程的严格标准，同时，实验经济学的研究过程作为研究模式也为投资行为学提供了研究方法与路径，主要包括：①根据实验现象推测假设模型；②对假设模型进行实证检验；③采用合适的理论模型对异常现象做出有效解释。目前，人们越来越多地对投资决策，特别是涉及金融市场的有效性和稳定性的投资决策内容，诸如金融市场的定价机制等进行实验设计和模拟分析。

三、投资行为学与行为经济学

投资行为学是由行为经济学(behavioral economics)衍生出来的众多分支学科中成果最为丰硕的研究领域之一，它的基本观点以及所采用的研究方法大都源于经济学。行为经济学是一门研究在复杂的、不完全理性的市场中投资、储蓄、价格变化等诸多社会经济现象的新兴学科，它是经济学和心理学的有机组合[①]。

自 20 世纪 50 年代起，行为经济学在美国等西方发达国家迅速发展起来。行为经济学具有以下三个重要特征：①其理论出发点是研究一个国家中某个时期的消费者和企业经理人员的行为，以实际调查为根据，通过对在不同环境中所观察到的行为进行比较，然后加以概括并得出结论；②其研究是集中在人们的消费、储蓄、投资等行为的决策过程，而不是这些行为所完成的实绩；③它更重视和研究人的行为因素，注重分析经济活动中人的心理过程，如人们在作出经济决策时的动机、态度和期望等[②]。

20 世纪 70 年代以后，以 Kahneman 和 Tversky、Thaler、Shiller、Shleifer 等为代表的行为经济学家，基于现代认知心理学的启示，分别对传统经济学中"经济人"的无限理性、无限控制力以及无限自私自利等三个假定进行了修正[③]，并进一步提出了既非完全理性，又不是凡事皆自私的"现实人"假定。这样，以此为立论基础而专门研究人类非理性行为的

---

① Sendihil Mullainathan, Richard H. Thaler. 2000. Behavioral Economics. Working paper 7948. http://www.nber.org/papers/w7948.

② Matthew Rabin. 1999. Risk Aversion and Expected Utility Theory: A Calibration Theorem[J].

③ 传统经济理论认为，经济行为人具有完全理性，并依据效用最大化原则进行决策。然而近几十年来，心理学家却一直在收集"现实人"的证据。他们认为，人的情绪、性格和感觉等主观心理因素会对行为人的决策构成重要的影响，而预期效用理论、贝叶斯学习和理性预期无法对个体行为人的决策过程进行有效描述。

行为经济学便应运而生。如赖伯松(Laibson)运用经济学分析工具讨论宏观经济问题时，加入了一些心理变量；恩斯特费尔(ErnstFehr)在分析劳动力市场经济学问题时，将非完全理性融入经济模型①；拉宾(Rabin)把人的非理性引入博弈理论与经济学中，提出了混合公平的概念，即共同最大化或者共同最小化的"公平均衡"(fairness equilibria)，而不仅仅是折中双赢的"纳什均衡"(nash equilibria)②。拉宾(Rabin)通过系统地分析心理和经济的关系，以务实的态度讨论了偏好、信任偏差、认知的选择等，从而向传统经济学的理性概率分析方法提出了挑战③。拉宾的研究领域还包括为何有的人会入不敷出、会吸毒成瘾、会三心二意等，而传统经济学则根本无法解释人类为何会做出这些不理性的行为。这些研究成果为行为经济学的发展提供了坚实的理论基础。拉宾等指出，当存在自我约束(self-control)的局限时，人们会出现"拖延"(procrastination)和"偏好反转"(preference reversal)等行为。拉宾将这些心理因素纳入了传统经济学分析模型，得出了一系列有趣的研究结果，而这些研究结果对储蓄、就业等经济领域具有有益的启示。

行为经济学认为，每一个现实的决策行为人都不是完整意义上的理性人，他们的决策行为不仅受到其自身固有的认知偏差的影响，同时还会受到其所处的外部环境的干扰。由于理性的有限性，在决策判断过程中，决策者的启发式思维(heuristics)、心理框定(mental frames)和锚定效应(anchoring effect)往往发挥着决定性作用；而在决策选择过程中，对问题的编辑性选择(choice of problem editing)、参考点(reference points)、风险厌恶(loss aversion)和小概率效应(small probability effects)也会产生关键性影响。

行为经济学的研究集中在决策领域，主要分为两类研究对象：判断(judgment)和选择(choice)。判断是研究人们估计某一事件发生概率时其整个决策过程是如何进行的；选择则是人们面对多个可选事物的情况下是如何进行筛选的。路文斯汀(Loewenstein)将行为经济学的研究过程概括为以下四个步骤④。

(1) 识别传统经济学理论所运用的假设、模型。

(2) 识别反常现象。例如，找出人的心理因素所导致的、与传统经济模型假设相违背的情况，并努力排除他因。

(3) 改造原有模型，使之普适性更强。例如，通过增加一个变量使模型在原有基础上也能解释特定的反常现象。

(4) 检验新的行为经济模型。寻找该模型的新推论，并论证其对谬。这是行为经济学特有的研究过程。

行为经济学通过将心理学引入经济学，增加了经济学对现实生活中各种社会经济现象的解释能力。尤其是随着互联网的兴起，新经济在各行各业中正呈现出主流化发展趋势，

---

① L.ErnstFehr. 2001. Some Economists Call Behavior A Key. New York Times, Business, Feb 11th.

② M.Rabin. 1993 .Incorporating Fairness into Game Theory and Economics Literature, American Economic Review. American Economic Association, Vol., 83(5), 1281～1302.

③ M. Rabin. 1998. Psychology and Economics, Journal of Economic Literature. American Economic Association,Vol., 36(1), 11～46.

④ C. Loewenstein. 1999. Experimental Economics from the Vantage-point of Behavioral Economics. Economic Journal Controversy Corner: What's the use of experimental economics?, 109, 25～34.

致使美国股市脱离基本面而表现出非理性繁荣与非理性恐慌，这是传统经济学理论所无法解释的。

2001年美国经济学学会将两年一度的有小诺贝尔经济学奖之称的克拉克奖(clark medal)颁给拉宾，这是第一位研究行为经济学的经济学家获得这一奖项。2002年度的诺贝尔经济学奖授予了卡尼曼(Kahneman)和L.史密斯(Smith)。这一殊荣促进了经济学的后现代转向，现代经济学体系开始从以理性为核心的现代性逐渐向理性之外的后现代性转变，海市蜃楼般的"经济人"角色也渐渐地被普通的"社会人"所替代。然而，行为经济学所谓的非理性并非是指口语意义上的非理性，而是指理性不及。即仍然承认经济人理性在传统解释范围内的有效性，所不同的是仅把它视为一种特例，认为理性要与理性之外的非理性部分充分结合起来，才能构成人类行为的完整统一体。因此，卡尼曼提出自己的工作并非否认人的理性，而是更科学、更客观地对人的认知过程加以研究，以期达到对人的行为的科学认识，是更高层次理性的体现。

第五节 投资行为学的内涵界定

一、投资行为学的定义

作为一个新兴的研究领域，投资行为学至今还没有为学术界所公认的严格定义，因而在此只能给出几种由投资行为学领域一些颇有影响的学者所提出的定义。虽然这些定义无法避免其局限性，但各有其独到的见解，可以作为投资行为学研究的基础性概念。

(1) 投资行为学是研究人类理解信息并随之行动，作出投资决策的学科。通过大量的实验模型，他发现投资行为并不总是理性、可预测和公正的，实际上，投资者经常会犯错。(Thaler，芝加哥大学教授)

(2) 投资行为学是从对人们决策时的实际心理特征研究入手讨论投资者决策行为的，其投资决策模型是建立在人们投资决策时的心理因素的假设基础上的。(当然这些关于投资者心理因素的假设是建立在心理学实证研究结果基础上的)(Shiller，耶鲁大学教授)

投资行为学的研究思想相对于传统投资学是一种逆向的逻辑。传统投资学理论是首先创造理想然后逐步走向现实，其关注的重心是在理想状况下应该发生什么；而投资行为学则是以经验的态度关注实际上发生了什么及其深层的原因是什么。这种逻辑是一种现实的逻辑、发现的逻辑。从根本上来说，投资行为学所研究的是市场参与者表现出的真实情况是什么样的，以及从市场参与者所表现出的特性来解释一些投资现象。投资行为学认为：①投资者是有限理性的，投资者是会犯错误的；②在绝大多数时候，市场中理性和有限理性的投资者都是起作用的(而非传统投资理论中的非理性投资者最终将被赶出市场，理性投资者最终决定价格)。

美国威斯康星大学的著名投资行为学教授德朋特认为，投资行为学的主要理论贡献在于打破了传统投资学中关于人类行为规律不变的前提假设，将心理学和认知科学的成果引入金融市场演变的微观过程中来。投资行为学家和经济心理学家们通过个案研究、实验室研究以及现场研究等多种实证研究方法的运用，使人们对于经济行为人的各种经济行为的特征及其原因有了进一步的认识。

第一章 导论：市场异象与投资行为

与一些所谓的纯学院理论不同，投资行为学理论具有显著的实践指导意义。索罗斯堪称投资行为学理论的成功实践者，这位获得巨大成功的投资家所倡导的"反射性"理论的核心内容完全符合投资行为学理论。他认为投资者的认知是金融市场不可忽略的重要有机组成部分，投资者通过"认知函数"和"参数函数"与市场价格相互影响，市场的客观表现与投资者的主观预期互为对方的函数变量，从而形成了一个循环过程。此外，索罗斯还认为人的决策始终不会是完备条件下的决策，也就是说人的决策始终是会有偏差的，金融市场上资产的价格是其价值的有偏差反映。与索罗斯相对应的，美国证券市场中的LSV投资公司、Fuller&Thaler投资公司以及大卫·梦(David Dream)和肯·费舍尔(Ken Fisher)等基金管理人均是以投资行为学理论为指导，管理着相当规模的投资基金。

迄今为止，投资行为学的研究主要集中在金融市场中大量存在的"异常现象"，如规模效应、均值回归、期权微笑、反应不足、过度反应、心理账户等。其中，证券市场中的从众行为("羊群效应")也日益受到研究者的高度关注，并成为一个新的研究热点。投资者认为，从众行为作为证券市场中一种重要的投资现象，它的产生与发展对于证券市场起着不可低估的作用，然而它同样也背离了传统投资学理论。

二、投资行为学对传统投资理论假设的修正

"经济人"和"理性人"假设作为一种高度抽象的理性模型，固然使投资学研究的公理化、体系化、逻辑化成为可能，然而，结合了心理学的投资学研究结论则不承认"经济理性"。

传统投资学的一个重要理论假设是经济行为人的"经济理性"，然而，现实经济生活的参与者并不严格遵循"经济理性"假设，这就使投资学研究越来越偏离现实。在这样的背景下，现代投资学研究的理性假设已逐步从"经济理性"向"有限理性"演变。

(一)投资行为学对理性人假设的修正

1. 经济理性的含义

新古典经济学研究的重点是经济行为人如何把稀缺的资源配置到效率最高的地方去，强调个体行为在资源配置中的作用。经济行为人的决策行为是通过高度复杂的思维活动作出的，为了更好地解释资源配置问题，新古典经济学借用了哲学的"理性"概念对复杂的人类行为进行了抽象假定。换言之，经济理性是一种行为方式假定，即经济行为人对其所处环境的各种状态以及不同状态对于自己支付的意义都具有完全信息，并且在既定条件下每个行为人都具有选择以使自己获得最大效用的意愿和能力。

具体而言，经济理性包括以下三方面的基本含义。

第一，自利性假设。自从斯密的研究开始，自利性就与社会性并列为人的双重本性。根据贝克和阿尔钦的观点，人的社会性归根结底是在自利性基础上的所谓"启蒙了的利己主义"，而人的自利性是生存竞争和社会进化的结果。换言之，经济学家所观察到的幸存者似乎都是按照"自利原则"行事的人，而不按"自利原则"行事的人则在竞争和进化中消亡了。

第二，一致性假设。一致性假设是指每一个人的自利行为与群体内其他人的自利行为

之间是保持一致的。这一假设为存在于群体中的每一个人的自利行为提供了合理的存在空间，从而避免了"自利"与"损人"之间的可能冲突。

第三，极大化原则。极大化原则起源于马歇尔对"经济学原理"的研究，也是奥地利学派发起的"边际革命"的结果。个体对最大幸福的追求(或者等价追求最小化痛苦)，形成了逻辑上的"极大化原则"。这一原则要求经济理性应将幸福扩大到"边际"平衡的程度，即个体为使幸福增进一个边际量所必须付出的努力等于这一努力所带来的痛苦。

可见，经济理性含义中的"自利性假设"和"一致性假设"实际上是"极大化原则"的铺垫，前者为极大化的动机提供了完美的解释，为极大化的客体划定了明确的范围；后者则为极大化的存在假定了合理的空间。在这个意义上，许多研究者将经济理性等同于极大化原则也不无道理。经济学研究所默认的经济理性认为，经济行为人可以完全认识自然与社会，并基于这一完全认知能够实现自身效用的极大化，而极大化的实现则包含两个递进的隐含假设：其一，特定决策的所有可能性都明确可知；其二，特定决策主体具备了在所有可能性中进行比较择优的完全认知能力。然而，随着经济学研究的深入发展，上述经济理性的三个基本含义都受到了不同程度的质疑。

(1) 对自利性假设的证伪。自利性假设认为与利益密切相关的社会竞争幸存者都遵循"自利原则"。然而，在现实生活中存在的无法用亲缘理论和互惠理论所解释的纯粹利他行为却直接反证了自利性假设的缺陷，其中最重要的是被桑塔菲学派的经济学家称为"强互惠"的行为。"强互惠"行为被发现存在于经典公共品博弈实验中，其特征是：在团体中与别人合作，并不惜花费个人成本去惩罚那些破坏合作规范的人(哪怕这些破坏不是针对自己)，甚至在预期成本得不到补偿的情况下也这样做。"强互惠"能抑制团体中的背叛、逃避责任以及搭便车行为，从而有效地提高了团体成员的福利水平。由于实施"强互惠"行为需要个人承担成本，并且不能从团体收益中得到额外补偿，因而"强互惠"是一种存在于经济现实中的明显具有正外部性的纯粹利他行为，它与经济学研究的自利性假设南辕北辙。

(2) 对一致性假设的否定。尽管一致性假设为存在于特定群体中的个人的自利行为提供了合理的存在空间，回避了"自利"与"损人"之间的可能冲突，但是囚徒困境博弈模型表明，个人理性决策的交互作用则会导致群体无理性的后果。囚徒困境博弈模型中的行为人在全面考虑了各种行为的可能性后，通过精确的计算比较，作出了完全符合个人理性的行为选择。然而事实上，博弈行为人符合个人理性的决策造成了行为人群体福利的最大损失，这样，博弈行为人不仅没有完全保障个人利益，其个体理性行为的存在还直接影响了群体内其他成员的利益获取。可见，囚徒困境博弈模型所表现的个体理性与群体理性之间的冲突实际上是对一致性假设的否定，表明了经济现实中个体自利行为在群体社会环境中所受的客观限制。

(3) 对极大化原则的怀疑。极大化原则以自利性假设和一致性假设的成立为前提。如果自利性假设不成立，那么极大化的动机就无法得到完美的解释，极大化的客体也就失去了明确的范围；如果一致性假设不成立，那么极大化的存在也就没有了合理的空间。因此，自利性假设和一致性假设所受到的质疑动摇了极大化原则存在的逻辑基础。此外，极大化原则对于决策条件和决策主体绝对化的理想假设与可直观感知的经济现实相去甚远，而这一差距必然会影响极大化原则的有效性。

第一章 导论：市场异象与投资行为

2. 有限理性理论的提出

在传统投资学研究赖以成立的经济理性假设受到质疑的背景下，以西蒙的研究为代表的有限理性理论逐渐得到学术界的重视。

1) 有限理性的心理机制

西蒙的有限理性理论首先探讨了有限理性的心理机制，他认为人类理性在一定的限度之内起作用，但理性的适用范围是有限的。实际上，这是对经济理性极大化原则所隐含的假设"特定决策主体具备在所有可能性中进行比较择优的完全认知能力"提出了质疑，正如西蒙所言："一切管理决策都有一个内在约束，即可用资源的稀缺性。"在真实的决策环境中，有限的计算能力和对环境的认知能力必然意味着人类理性是有限的，而有限理性的心理机制正是人类有限的信息加工和处理能力。

2) 实质理性和过程理性

西蒙通过解释"实质理性"和"过程理性"这两个概念以及二者之间的区别对有限理性作出了进一步说明。所谓实质理性，是指"行为在给定条件和约束所施加的限制内适于达成给定目标"；所谓过程理性，是指"行为是适当的深思熟虑的结果"。现实中的"过程理性"在理论表达时却被大多数经济学家默认为更偏向于结果的"实质理性"。有限理性是对理想的"实质理性"的否定，是对现实的"过程理性"的回归。实际上，理性的载体应当是"思维的程序"，而非"思维的结果"。换言之，个体并不拥有超出其认知能力之外的复杂计算能力，而只拥有进行合理行动步骤的资源，只能追求决策过程在逻辑上的无矛盾，而无法完全实现价值的最终"极大化"。

3) 满意化原则

西蒙通过有限理性的理论分析，完成了对经济理性含义中极大化原则的修正。具备经济理性的经济行为人必须具备一系列的"理性"特征，具体而言：他们具备所处环境的完备知识(至少也相当丰富和透彻)；他们具备有序稳定的偏好体系；他们具备能计算出备选方案中哪个可以达到最优的计算能力。然而，现实中经济行为人由于心理资源的稀缺，无法满足完全信息、稳定偏好和全面精确比较择优的理性要求，只能选择满意原则以替代极大化原则。通过从稻草堆中寻针为例，西蒙具体说明了经济理性的极大化原则与有限理性的满意原则的差别：经济理性的行为人企图找到最锋利的针，即寻求最优；而有限理性的行为人找到足可以缝衣服的针就满足了，即寻求满意。可见，西蒙的有限理性研究和满意化原则的提出，迅速拉近了理性选择的预设条件与现实生活的距离。

(二)投资行为学对有效市场假设的修正

"市场是否有效"是投资行为学与传统投资学争论的核心命题，即有效市场理论认为："当人们是理性时，市场是有效的；当有些投资者是非理性时，交易的随机产生，使其对市场不会造成系统的价格偏差；而非理性交易者以非基本价值的价格进行交易时，他们的财富将逐渐减少，最后在市场不会有生存的空间。"

作为有效市场假说的创始人之一，著名经济学家法码(Fama)认为，尽管大量文献证明了股价长期回报异常(long term return anomalies)的存在，但市场仍是有效的，因为股价对市场信息的过度反应和反应不足同时存在，异常只是一种"偶然结果"(chance results)，并且大部分异常与研究的方法和模型有关，选择适当方法就可以消除异常。

希勒(Shiller)反对法码的观点，他认为不能简单地把过度反应与反应不足当成偶然结果，而忽略其背后的心理学依据。他认为投资行为学并不是要取代传统投资学，而有效市场假说在投资学研究中仍有其重要地位，在一定的条件下市场仍是令人惊奇地有效；对许多研究而言，预期效用理论仍能起到很好的解释作用；传统投资学中逻辑严密的数学模型仍然能够指导投资实践。

奥尔森(Olsen)认为投资行为学提供了对股价波动性的令人信服的理论解释。塞勒(Thaler)也具体指出了传统投资学在五个方面与实际情况不符。这显示了传统投资学的尴尬：传统投资理论只提供了一系列没有实证支持的资产定价模型以及一系列没有理论支持的实证观察结果。塞勒(Thaler)还指出，投资行为学的观点方法将逐渐深入现代投资学研究的各个层面，随着时间的流逝，纯理性的模型将被纳入一个更为广泛的心理学模型中去，其中完全理性将作为一个重要的特例。

斯塔德曼认为，"市场有效性"具有两层含义：其一是投资者无法系统地掌握市场价格的走向；其二是证券价格是理性的。投资行为学应该接受"市场有效性"的第一层含义而拒绝第二层含义。换言之，证券价格并不是理性的，但也不能指望投资行为学就可以帮助人们击败市场(beat the market)。

富勒(Fuller)认为证券市场中典型的行为偏差可以分为两大类：一类是"非财富最大化行为"(non wealth-maximizing behavior)，理性人行为观点假设投资者的行为目标是追求他们投资组合的预期价值最大化，然而现实中的投资者可能把最大化的其他某些因素看得比财富更重要。另一类是"系统性的心理错误"(systematic mental mistakes)，启发式偏差以及其他认知偏差导致投资者犯系统性的心理错误，从而对其所获信息做出错误的处理，即在作出某个投资决策之前，投资者认为他们已经正确地理解和加工了信息，并以其预期财富最大化进行投资，之后他们才可能发现认知上的错误，甚至根本意识不到这种错误。

交易的随机性以及理性套利者的存在是否会消除投资者非理性行为对资产价格的影响呢？卡尼曼和特维斯基在前景理论中指出：非理性投资者的决策并不完全是随机的，人们通常会朝着同一个方向运作，或具有相同的投资行为，所以不会彼此冲抵。希勒(Shiller)认同上述观点并指出，当这些非理性投资者的行为社会化，或大家都听信相同的谣言时，这个现象会更加明显，所以，投资人的情绪因素并非随机产生的错误，而是一种很常见的系统性的判断错误[①]。

卡尼曼(Kahneman)和瑞柏(Riepe)指出，人们的行为偏差其实是系统性的。许多投资者倾向于在相同的时间买卖相同的证券，当噪声交易者通过"流言"或者跟从他人的决策而决策时，这种状况将更加严重。投资者的情绪实际上反映了许多投资者的共同判断误差。个人投资者不是唯一的非理性投资者，在西方发达的金融市场中，大量的资金是由代表个人投资者和公司的共同基金、养老基金的专业管理人员所控制，他们一方面会产生个人投资者可能产生的误差，另一方面由于他们是管理他人资金的代理人员，因而存在着代理矛盾致使其在决策中会出现更大的偏差。

---

① R.J. Shiller. 1984. Stock Prices and Social Dynamics. Brookings Papers on Economic Activity, 2, 457～498.

尽管投资者存在非理性的一面，但是投资者在经历几次相同的错误经历后，是否会经由"学习"而学会正确的评价呢？穆莱纳桑(Mullainathan)和塞勒(Thaler)对此作出了否定的结论，他们认为由于学习的机会成本高于投资者所愿意负担的程度，或者学习正确的评价所需的时间会非常长，而且有些决策并没有很多的学习机会，所以"学习"的效果并没有得到很充分的证据支持①。

施莱弗(Shleifer)和维什尼(Vishny)认为，套利行为对市场价格修正的力量受到一些条件的限制，套利的作用实际上是有限的②。穆莱纳桑和塞勒的研究表明，套利本身具有风险，不仅取决于是否具有完美的替代品存在，还取决于套利期限的长短，如果这两个条件不具备，套利行为就会失败。典型的案例就是以传统投资理论为经营理念的 Long-Term Capital Management 投资基金的亏损事件③。

总之，投资行为学理论认为，金融市场中的经济行为是社会人在相互作用过程中以客观形式外显出来的对经济刺激的主观反映。经济刺激(如价格指数、通货膨胀、税收以及经济信息媒介等)是经济行为产生的必要条件，而非充分条件。因此，投资行为学不仅要讨论人们应该如何决策(最优决策)，而且还要建立一整套能够正确反映投资者实际决策行为和市场运行状况的描述性模型，以讨论投资者实际上是如何决策的，实际上"金融市场价格是如何确定的"正是投资行为学所要解决的问题。

尽管投资行为学修正了有效市场假说，但它并非是对传统投资学理论的全盘否定，而是以传统投资学理论为基础，批判地继承了其中科学合理的部分。

三、投资行为学的研究方法

投资行为学在研究方法上的突出贡献就是将实验室研究导入了投资学研究，并提出了与传统投资学的实证研究方法和规范研究方法所不同的划分实证研究和规范研究的新标准。

(一)实验室研究

在研究方法上，自从经济学成为一门独立学科以来，几乎所有的主流经济学家都认为，实验室研究是自然科学研究者的专利，而经济学则一直拒绝实验室研究方法的引入。因为经济学研究人的经济行为，经济学家无法像物理学家控制温度那样控制消费、产出、价格等经济变量，更无法在实验室里进行经济学实验。诺贝尔经济学奖获得者弗里德曼(Friedman)等人都持有这种观点，萨缪尔森(Samuelson)就曾认为经济学家只能像天文学家或气象学家一样进行观察。因为在检验经济法则的时候，经济学家是无法进行类似于化学家或生物学家所做的受控实验的。

---

① Mullainathan, Sendhil & Richard H. Thaler. 2000.Behavioral Economics. NBER Working Paper No.7948 Forthcoming in the International Encyclopedia of the Social and Behavioral Sciences.

② A.Shleifer and R.Vishny. 1997.The limits to arbitrage. Journal of Finance, 52, 35～55.

③ A.Shleifer, Andrei. 2000. Inefficient Markets：An Introduction to Behavioral Finance. Oxford：Oxford University Press, Ch. 2, 107～111.

新古典经济学的理性人假说、边际决策的分析方法、供求形成市场均衡价格、有效市场假说等都是基于经验观察和假设而得出的结论，均未经过实验室检验。但是用实验方法研究经济问题的传统几乎比经济学作为一门独立学科的历史还要悠久，可以追溯到1738年的贝努利对圣彼得堡悖论的解答[①]。20世纪30年代后已经有一些经济学家零星地进行了一些对个人选择理论进行实验检验的经济学实验。1948年张伯伦在哈佛大学的课堂上进行了首次市场检验。张伯伦第一个提出经济学实验的目的就是要严格剔除无干扰变量，从而观察实验参与人在特定环境下的真实经济行为。张伯伦当时的一个学生弗农·史密斯(Vernon L. Smith)于1956年开始了一系列的经济学实验，到1962年发表了被称为实验经济学奠基之作的论文《竞争市场行为的实验研究》，这标志着实验经济学作为一门学科正式成立。一般均衡理论、博弈论、有效市场理论的不断成熟为经济金融现象的解释提供了许多模型，这使得对不同理论的检验变得更为重要，从而推动了经济学实验的产生和发展。随着经济学实验的不断运用，其实验方法逐渐完善，实验经济学成了经济学科中一个非常活跃的分支。2002年，弗农·史密斯作为实验经济学的先驱与行为经济学家卡尼曼一起分享了该年度的诺贝尔经济学奖，从而标志着主流经济学已经接受了实验经济学。

所谓实验经济学研究，即在可控制的实验条件下，针对某一现象，通过控制某些条件，观察决策者行为和分析实验结果，检验、比较和完善经济理论，并提供经济决策和投资决策的依据。经济学实验研究借鉴了心理学的实验研究，但两者也有不同之处。在心理学实验中，参加实验的被试者一般会得到少量的被试费，每个被试者得到的被试费是相同的；而在经济学实验中，被试者得到的报酬则取决于他们在实验中的决策和行为表现。心理学实验中的被试者通常不知道实验者的真实目的，但在经济学实验中则不然。因此，很多经济学家认为实验经济学的结果更符合人的市场经济决策行为。

弗农·史密斯于1982年统一了以前许多经济学实验所采取的个别方法，界定了经济学实验应该遵循的步骤，建立起了一整套标准的研究设计和分析系统。他认为，每一个实验都应该由三大元素组成：环境、规则和行为。环境给定了每位参加者的偏好、初始的货品禀赋以及现有的技术水平，而规则则界定了实验术语和规则。环境和规则为可控制变量，它们会影响最终所观察到的行为。但要在实验中控制环境和规则变量，必须满足一些条件。史密斯总结为以下五个条件：①非饱和性，是指人们对商品和金钱的欲望永无止境，"多多益善"，即常言所说的"多比少好，少比无好"；②突出性，是指个人的回报只取决于其行为和策略，不受其他因素的影响；③支配性，是指实验结果应该尽量客观，不被参与者的主观成本或效益所左右；④隐私性，是指每位参与者只被告知他本人的回报程序，对他人一无所知，以避免互相影响，操纵结果；⑤平行性，是指实验所得出的结论在非实验室的现实环境中也成立。

实验经济学的研究领域主要集中在市场实验、个体选择行为实验和博弈实验。市场实

[①] 这是一个博弈，掷硬币直到有头像那面出现为止。当头像出现时，如果投掷次数为 x，则奖励金额为 2^{x-1} 元；当头像第一次出现时，则赌博结束。被问及愿意支付的参赌费时，很多参与者都只愿意支付 2~3 元，没有人愿意支付高于20元的参赌费，而事实上这个赌博的期望收益无穷大。由于提出这一悖论的论文刊登在圣彼得堡大学的刊物上，因而该论文后来被称为"圣彼得堡悖论"。

验包括拍卖实验、讨价还价实验，其中与投资行为学联系较为密切的是资本市场的实验研究。弗农·史密斯的第一批实验是在20世纪50年代中期完成的，那时他在普度大学和哈佛大学任教。他以自己的学生为被试者，检验最基本的经济学理论——供求关系定律。被试者被随机分配成买方和卖方角色。他发现，即使有很少的信息和为数不多的参与者，被试者也能很快地建立起均衡价格，而且这个价格和理论价格很接近。弗农·史密斯的实验证明，具备完备信息和大量的经济主体并不是市场有效性的前提。

个体选择行为实验主要是不确定情况下的个体选择实验，如阿莱悖论、风险偏好反转等，主要是针对预期效用理论的检验。根据实验结果形成的前景理论构成了投资行为学的主要基础。经典的博弈实验是囚徒困境实验、最后通牒实验，其中最后通牒实验的结果表明人们并不总是追求最大利益，还会追求公平等目标。

现代经济学发展的一个显著趋势就是越来越注重理论的微观基础，越来越注重对个体行为的研究，正如博弈论、信息经济学和企业理论的发展所揭示的那样，投资行为学打开了现代投资理论中所忽视的决策黑箱，从人类真实的心理和行为模式入手分析问题。作为一种研究经济行为和现象的分析方法或框架，投资行为学为人们提供了新的视角和参照系，并引入了新的分析工具。投资行为学在继承传统投资分析的规范与实证研究方法的基础上，从思想实验和自然观察开始走向实验室实验，借助于一系列精心设计的实验探讨关于人类的认知以及投资行为方面的特点。

实验室研究的主要优点在于能够很好地控制无关变量，而实验优劣的区别就在于变量的有效选择和操纵。在实验室研究中，自变量就是被实验者所操纵的变量；因变量是指被实验者观察和积累的随着自变量的变化而变化的被试者行为；控制变量则是由实验者控制在实验之中保持恒定的潜在变量。在实验室研究中，自变量被操纵，因变量被观察，控制变量保持不变。比如在前景理论所揭示的风险态度反转的实验中，自变量是"得"和"失"，控制变量是"得"和"失"的数值保持不变，而被试者的选择就是因变量。

(二)划分实证研究和规范研究的新视角

通常，经济学家根据研究方法的不同把经济学划分为实证经济学和规范经济学。实证经济学是描述性的，研究"是什么"的问题，实证研究所形成的理论模型既可以解释经济现象，也可以在一定条件下预测会出现什么经济现象；规范经济学则研究"应该是什么"的问题，如房地产价格是高还是低的问题就是规范性问题。

投资行为学则认为以理性人假设为基础的传统投资学属于规范性的理论研究，因为传统投资学假设所有的人都应该是理性的，而不是以真实的人、正常的人作为研究前提。因此，投资行为学才是真正在从事实证研究，而传统的投资学实际上只是在进行规范性研究。

这种划分来源于心理学。心理学家区分两种理论：规范性的和描述性的。对他们来说，规范性理论刻画理性选择的特征，如期望效用理论原理和贝叶斯法则等；而描述性理论则刻画真实选择的特征，如前景理论。按前景理论作出选择的代理人违反理性选择的基本原理，如在确定环境下他们会选择 A 而不是 B，即使 B 比 A 更优，只要优势不是很明显即可。

通常，经济学家使用一种理论来为规范性和描述性两种目的服务。例如，期望效用理论是理性模型，即规范性理论，经济学家也把它作为描述性模型使用。只有在少数情况下，经济学家才明确提出描述性理论模型，如经理人在保证一定利润的约束下使销售收入最大化。然而，这些描述性模型并没有被广泛接受。而描述性理论的另一个特点是：描述性理论是以数据和事实为基础。销售收入最大化假说就是在与经理人谈话时得到启发而提出的，卡尼曼的前景理论则来自对数百对赌博的选择的检验。

投资行为学已经开始成为金融研究中一个十分引人注目的领域，它对于原有理性框架中的传统投资理论进行了深刻的反思，从人的角度来解释市场行为，充分考虑到市场参与者的心理因素的作用，为人们理解金融市场提供了一个全新的视角。投资行为学是第一个较为系统地对有效市场假说提出挑战并能够有效解释市场异常行为的现代投资理论。投资行为学以心理学的研究成果为依据，以人们的实际决策心理为出发点探讨投资者的投资决策对于市场价格的影响。它注重投资者决策心理的多样性，突破了传统投资理论只注重最优决策模型，简单认为理性投资决策模型就是决定证券市场价格变化的实际投资决策模型的理论假设，使人们对金融市场投资行为的研究由"应该怎么作决策"转变到"实际是怎样作决策"，使得研究更接近实际。因此，尽管传统投资学是对市场价格的理想描述，但是投资行为学的研究无疑更有现实意义。

第六节　投资行为学的发展前景

一、投资行为学研究方法的拓展

投资行为学以认知心理学为研究基础，认知科学的智能化发展为人类对自身认知过程的研究以及投资行为学的研究提供了重要的工具和手段。20世纪60年代至70年代，认知心理学受行为主义和格式塔心理学、现代通信技术以及乔姆斯基心理语言学特别是计算机科学迅猛发展的影响而发展起来。1960年，纽韦尔和米勒等人分别出版了《行为的计划和结构》和《关于一般问题解决程序的报告》的著作，从此开始了现代认知活动信息加工方法的研究。他们探讨了以计算机为理论基础的控制论概念与心理学的关系，提出了关于认知的信息加工理论——计算机类别的理论，也提出了建立和验证这种理论的方法论——计算机模拟法。20世纪70年代至80年代，纽韦尔和米勒提出了较为完善的物理符号系统理论，认为无论是有生命的(人)还是人工的(计算机)信息加工系统都是操纵符号的。信息加工系统就是物理符号系统，它具有输入、输出、储存、复制、建立符号结构和条件性迁移等特征。这一理论成为信息加工心理学的理论基础。由此，人们运用对计算机的模拟预测和人类行为结果的比较，探讨人类心理活动的规律，从而形成了现代心理学的信息加工理论。它适合运用控制论、自动机理论模型、遗传算法、人工生命等科学解决环境交互型运动控制问题。作为一门融合了投资学、心理学、社会学、认知科学等多个学科的投资行为学，在其发展中更需要工具的创新和范式的构建。

(一)人工心理及情感计算的运用

人工心理与情感计算(affective computing)是关于心理模拟、情感、情感产生以及影响情感方面的计算，人工心理与情感计算是研究怎样通过抽取生物现象中的基本动力规则来理解情感与心理，并且在物理媒体上重建这些现象，使它们成为一种新的实验方式和受操纵的物理表现手段，从而辅助进行投资系统的分析与研究。在信息科学，人工心理和情感计算在国际上正逐步兴起并且大有愈演愈烈之势。人类对自然现象的科学规律的寻求的热情已经超乎人们的想象。当科学家在对人的心理和情感进行数理方法度量和计算机模拟的同时，投资行为学这一具有投资学史上划时代意义的研究非理性的学科便注定有了科学的工具可以依赖。

在人工心理与情感计算中，情感机理是情感计算的基础，情感机理的研究主要是指情感状态判定以及与生理和行为之间的关系，涉及生理学、心理学、认知科学等，为情感计算提供基础。任何一种情感状态都可能伴随几种生理或行为特征的变化，而某些生理或行为特征也可能起因于数种情感状态。因此，确定情感状态与生理或行为特征之间的对应关系是情感计算理论的一个基本前提。目前，情感计算还主要应用在利用情感信息的模型、数量化来设计和开发具有情感的计算机这一主要方向上，人工心理与情感计算在管理学、市场学等方面有一定的理论探索与实际应用。投资行为学所关注的一个重要元素就是人类情感在投资领域里究竟有多大的作用，虽然情感计算的发展才刚刚起步，走向成熟还需要一段漫长的路，但是这种可以直接对人的情感信息进行收集、处理、建模，然后加以计算、模拟的设计思想的确可以给投资行为学未来的发展提供一定的借鉴和启示。

(二)行为自动机理论的运用

人的行为相当复杂，包括人为了适应环境所作出的相互关联的各种反应体系，对外界刺激的动作、言语和情绪的反应。投资行为学研究的工程化理解，可以认为是通过计算机等辅助分析工具来进行人的行为的分析与数据提取，在建立的智能化仿真模型的基础上，通过复杂的计算来重构人的认知与行为能力。但是，标准的人工智能系统在求解真实世界内的运动和控制问题方面尚显得无能为力，于是引起了学术界对有机体的行为能力的研究兴趣。

行为自动机理论是人工智能研究领域的一个重要分支，可以实现人的行为机理和投资系统的结合，从而可以构建起投资行为学的认知结构模型和机器仿真策略，为投资行为学研究开创"机器学习"的先河。行为自动机理论主要是通过对个体认知过程中的感知、分类、记忆、识别、学习、条件反射等大脑活动的特性分析，通过神经元群的选择理论和综合神经模拟方法来构造模型，实现行为过程与行为组合，继而在计算上模拟人的行为。在这个理论的基础上，可以通过对人在特定的投资系统中的认知数据模拟人的行为，实现投资者在市场环境中的行为模拟。

二、投资行为学研究领域的拓展

目前，投资行为学研究大多集中在传统投资学与投资行为学的比较分析、市场非有效性的实证研究、个体或群体心理实验研究等方面，而学科的发展需要在缺乏范式和框架支撑的情况下，积极跟踪科学前沿，进行跨学科的拓展。投资行为学大师理查德·塞勒在审视了投资行为学的发展路程之后，由衷地发出感叹：结合人的行为的投资学分析才是合乎真实的理性分析，投资行为学必将走向前台，不再是一个充满争议和疑惑的话题；投资行为学的概念性外衣必将脱去，演变成投资学研究的主流。

毋庸置疑，投资行为学的研究内容主要来源于资本市场，所以其最广阔的应用前景仍然在资本市场。随着全球经济的发展以及贸易、市场、经济等的交流与合作，资本市场将会不断地吐故纳新、向前发展。当然，随着资本市场的前进，新的矛盾、新的现象也随之而来，所以必须不断拓展投资行为学的研究领域。

(一)通过科学的手段与理论继续挖掘新的市场异象

既然金融市场存在异象，那么对这些异象的认识就要因地制宜、因时制宜地不断赋予新的研究内涵和新的辅助工具；同时，随着市场的不断扩大与发展、世界经济格局的不断变化以及经济全球化的趋势，各种新的未被人类所认识或尚未表现出来的异象需要用新的思维去认识与探讨。研究与探讨的范围也不仅仅局限于知、情、欲等心理学因素，还涉及环境变迁、政策制度约束以及在研究手段上的突破。市场波动性、可预测性、风险溢价、股利政策等众多领域的研究虽然已经是百花齐放，但是仍留有很大的研究空间待开发。许多理论文献和资本市场的实践者都持有这样一种观点：认识市场异象从而利用这种异常来获取利益。很多金融大鳄的实践也证实了这一点。然而，金融市场异象分析并非仅仅用来套利，探索和发觉金融市场新的异象，把握金融市场内在规律是投资行为学研究的出发点之一，其研究的目的和归宿在于寻求人类经济发展的客观规律，做到持续有序地发展。

(二)投资行为学研究有助于加强资本市场的安全以及风险防范

资本市场的发展制造了繁荣，繁荣的背后却隐藏着太多的意外与风险。就风险而言，有内部风险与外部风险之分。内部风险体现在现实的资本市场体系自身的不确定性上。金融危机、热钱等不稳定因素对一个经济体的影响之大绝不是耸人听闻，而其中的很多诱因却是由人的心理及行为所导致的，世界上的很多案例都可以证明这一点。因此，投资行为学应该从更广阔的视野上，站在金融系统稳定的高度，分析金融系统的安全要素以及防范措施，研究影响金融安全的心理、社会、道德等因素，保护金融系统和经济体的健康发展。

(三)投资行为学可应用于资本市场的制度设计

资本市场的存在目的就是追求经济资源配置的最优和价值的创造，而资本市场存在的首要问题就是如何确保公平交易下的交易效率。从投资行为学的研究成果来看，如果不能保证资本市场交易过程中的信息对称，就容易导致道德风险、逆向选择等问题的出现。投资者自身的认知偏差、框定依赖、对市场的过度反应等，也容易引起错误决策以至于导致市场价格偏离价值，既降低了市场的效率，也容易滋生金融犯罪。作为资本市场交易的监管当局或者交易制度的制定者，应该把握投资行为学所阐述的投资者的认知规律与心理特征，充分研究引发市场异象出现的诱因，制定切实可行的政策、制度、法律、法规，提高金融市场的有效性与投资者的理性，维护金融秩序和金融稳定。

思考与探索

1. 试述"理性人"假设的由来与内涵。
2. 关于"理性人"假设的质疑表现在哪些方面？
3. 试述有效市场假说及其对有效市场的分类。

4. 关于有效市场假说的质疑表现在哪些方面?
5. 试述投资行为学的学科背景。
6. 试述投资行为学与心理学之间的关系。
7. 试述投资行为学对传统投资学的修正表现在哪几个方面?
8. 试述有限理性的内涵。
9. 试述投资行为学研究方法的拓展表现在哪几个方面?
10. 谈谈你对投资行为学发展前景的看法。

第二章　锚定效应与投资行为

【学习要点】

- ◆ 掌握锚定效应的基本定义与内涵。
- ◆ 掌握锚定效应产生的基本前提和必要条件。
- ◆ 了解锚定参考点的形成原因及其作用。
- ◆ 了解相关的金融套利理论及噪声交易理论。
- ◆ 了解锚定效应的认知作用。

投资行为学(第2版)

【章前导读】

让我们从斯科特·普劳斯(Scott Plous)的小实验①开始本章的内容。首先实验者找到三个小脸盆，然后在三个盆中分别倒入清水，不同之处在于：第一个盆中倒入的是热水，第二个盆中倒入的是温水，而第三个盆中倒入的则是冰水。接着，实验者找来许多参加实验的被测试者，并要求他们将自己的左手浸入第一个盛有热水的脸盆中，而将右手浸入第三个盛有冰水的脸盆中，要求同时放入，并要经过相同的30秒钟时间。30秒钟过后，那些被测试者的双手已经分别适应了冷热两种不同的水温。于是，实验者要求他们先将左手(即原先浸在热水中的手)取出，并立刻放入第二个脸盆中去；5秒钟后，再要求他们将自己的右手(即原先浸在冰水中的手)取出，也同样放入第二个脸盆中去。最后，实验者向那些被测试者们提出一个问题，最后放入的那"第二个脸盆"中的水，是冷还是热的呢？

实验的结果相信聪明的读者朋友已经猜了出来，几乎所有的被测试者的感觉都是：先前浸在热水中的左手会告诉他们这盆温水是凉的；可5秒钟后，原先浸入在冰水中的右手却又告诉他们这盆温水是热的。

如果聪明的读者非常顺利地猜出了刚才那个实验的结果的话，那请您再来看一下如下这个有关数学题的小实验②：实验者找来两组被测试者，并分别请两组人各自在5秒钟内估算出下面两个式子的乘积。

(1) $9 \times 8 \times 7 \times 6 \times 5 \times 4 \times 3 \times 2 \times 1 = ?$

(2) $1 \times 2 \times 3 \times 4 \times 5 \times 6 \times 7 \times 8 \times 9 = ?$

现在，聪明的读者朋友，如果也分别让您来估算，您给出的答案又将分别是多少呢？

实验的结果发现，第一组被测试者在做第(1)题的时候，不同的人所给出的不同的估计值的平均数为2250；而第二组被测试者做第(2)题时，给出的答案的平均数为512；如果我们用计算器计算，得到的正确答案则应该是40320。

实际上，第一个实验考察并证实的是：人们的身体在对不同情况作出调整的时候，无论是感觉还是观念，都会受到初始情况的影响，而且其调整修正在绝大多数情况下是不完全、不到位的。第二个实验则主要聚焦于人的理性思维方面，因为时间限制的原因(要求5秒钟内作答)，人们普遍只能按照式子的头几个数字的乘积来做一个对全部连乘的推论和估算，因此不可避免地会对开头数字较大的(1)式给出相对较大的估计值，而对(2)式给出平均仅为512的相对偏小的估计值。而无论偏大还是偏小，一旦与正确答案相比，其差距还是相当巨大的。这种情况，也正是理性思维不自觉地找到一个参照点(开头几个数字乘积)，依次调整但并不到位的特点。

【关键词】

锚定效应　锚定的参考点　调整的不充分性

---

① Scott Plous. 1993. The Psychology of Judgment and Decision Making. MacGraw-Hill.

② A.Tversky, D.Kahneman. 1982. Judgment of and by representativeness.

第二章　锚定效应与投资行为

第一节　锚定效应的行为分析

一、锚定效应的基本内涵

所谓锚定效应(anchoring effect)，是指人们在平时的生活与投资决策中，习惯于根据某一个初步的资料来预测评估事件。也就是说，要对某一特定对象作出评估或预测就倾向于选定一个起始点或者参考点，并由此开始去考虑进一步的信息，然后通过可能获得的反馈来调整自己初始时刻的决策，从而获得事件的最终解决办法。例如，两家卖粥的小店，每天顾客的数量和粥店的服务质量都差不多，但结算的时候，总是一家粥店的销售额高于另一家。探其究竟，原来效益好的那家粥店的服务员为客人盛好粥后，总问："加一个鸡蛋还是两个？"而另一家粥店的服务员总问："加不加鸡蛋？"接收到第一个问题的客人考虑的是加几个鸡蛋的问题，而接收到第二个问题的客人考虑的是加不加鸡蛋的问题。考虑的问题不同，答案自然也不同。通过不同的提问方式，第一家粥店不知不觉地多卖了鸡蛋，增加了销售。

又如，罗贯中的《三国演义》中曾有如下精彩描述。关羽战败后，以"降汉不降曹"的方式归入曹操麾下。对关羽青睐有加的曹操偶与关羽论及天下英雄，关羽言及自己的三弟张飞："于百万军中取上将首级，如探囊取物。"及至曹操在荆州击败刘备欲追而歼之，在当阳桥头遭遇张飞时，只见张飞睁圆环眼，厉声大喝曰："我乃燕人张翼德也！谁敢与我决一死战？"声如巨雷。曹军闻之，尽皆战栗。曹操急令去其伞盖，回顾左右曰："我向曾闻云长言，翼德于百万军中，取上将之首，如探囊取物。今日相逢，不可轻敌。"言未已，张飞睁目又喝曰："燕人张翼德在此！谁敢来决死战？"曹操见张飞如此气概，颇有退心。张飞望见曹操后军阵脚移动，乃挺矛又喝曰："战又不战，退又不退，却是何故！"喊声未绝，曹操身边的夏侯杰惊得肝胆碎裂，倒撞于马下。曹便回马而走。于是诸军众将一起望西奔走。可见，曹操正是落入了"锚定效应"的陷阱。首先，他对关羽的钟爱导致他对关羽的话不加分析地全盘接受；其次，关羽如此勇武绝伦地激赞张飞，直接左右了曹操的认知判断，决定了他的后继行动。

这里需要强调指出的是，锚定效应的关键在于首先获得的信息或者资料。从行为决策角度出发，人们对于这个初始信息会自然而然地形成一个定位，也可以将这个定位称为一个"锚"，这个定位所造成的结果就是在人们的心目中形成一个制约，制约其对需要作出决策事件的估计。在大多数情况下，理性的人会通过自身的阅历、学识、判断和推测对该估计作出一定程度的调整，不过可惜的是，这样的调整往往是并不充分的。这也就最终导致了决策不能达到预期的理想效果。此外，"锚"的出现，既可以是有意识的，有一定参考意义与价值的，也可以是与实际所作决策无关的。有意思的是，即使这个首先获得的信息对实际判断并无任何价值，绝大多数人还是会受到一定的影响。

二、锚定效应的理论分析

研究表明，在实际生活与决策过程中，人们习惯于用这种先锚定、后调整的策略来解决那些需要被估计和猜测的问题。最先将锚定概念引入决策制定研究的是早期描述偏好转化理论的文章。早在20世纪70年代，心理学家阿莫斯·特维斯基(Amos Tversky)和丹尼尔·卡尼曼(Daniel Kahneman)就在该领域进行了有关锚定与判断决策的一系列研究，发现其在经济领域的一系列偏差[①]。卡尼曼也正是由于将这种心理学的研究成果与经济学融合在一起，才获得了2002年的诺贝尔经济学奖[②]。

上述两位专家是在1974年通过经典的"幸运轮"实验发现了著名的"锚定效应"[③]。当时的受试者们都被要求对各种数字进行估计，典型问题如：非洲国家在联合国中占多大比重？当标有0~100的幸运轮转动后，指针会随机地停在某一个数字处。不同的受试者得到不同的数字，然后受试者被要求首先回答轮盘上的数字是高于还是低于他们估计的数字，然后说出确切答案。实验发现：估计值受到幸运轮产生的随机数的深刻影响——当幸运轮停在65处时，受试者给出的平均估计值是45%；而当幸运轮停在10处时，受试者给出的平均估计值则为25%。

可见，不同的初始值会对以后的数值估计产生影响，且估计值将偏向于初始值，高初始值将使估计值偏高，低初始值将使估计值偏低。而更科学的说法即是：个体的判断是以初始值，或者说是以"锚"为依据，然后进行不充分的向上或向下调整，并最终在此基础上得到最后的结论。特维斯基与卡尼曼这两位心理学家则将"锚定效应"简单地概括为一个估测的过程，也就是说：通过调整已有的、可得的参考数值来获得最终的结果，但有趣的是，通常这样的调整并不太正确。如果我们从心理学层面上来分析"锚定效应"的产生过程，则可以配合图2-1进行如下解释。

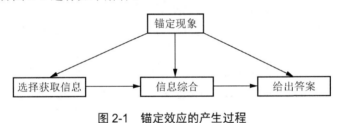

图2-1 锚定效应的产生过程

人们预测某件事情时的思考过程主要分为三个步骤，而锚定效应在其中的每一个过程中都会发生。首先，为了找到一个与目标相关的信息，人脑会自动从自身的经历记忆中或外界可获得的信息中进行广泛的联想与检索，希望找到可以直接帮助解决问题的类似参考答案(这的确是一种在现实生活中被普遍运用的方法。例如，在司法界有两大主要法律体系，即成文法系和判例法系，而其中的"判例法系"就是根据之前的相似案例及其判罚结果来决定现在案件的审判结果)。在这一过程中，锚定效应会影响信息获取的过程，与"锚"相近的信息更加容易被选中。

其次，人们会把这些信息进行综合，并同时从整体上对目标进行一个判断。通常在这

---

① A. Tversky, D. Kahneman. 1974. Judgment under uncertainty: Heuristics and Biases. Science.

② 2002年10月9日，瑞典皇家科学院决定将本年度的诺贝尔经济学奖，授予美国普林斯顿大学的丹尼尔·卡尼曼(Daniel Kahneman)教授和美国乔治梅森大学的弗农·史密斯(Vernon Smith)教授，以表彰他们对心理经济学和实验经济学作出的开创性贡献。诺贝尔经济学奖公告指出，卡尼曼"把心理学研究的成果与经济学融合在了一起，特别是在有关不确定情形下人们如何作出判断和进行决策方面"。

③ A. Tversky, D. Kahneman. 1974. Judgment under uncertainty: Heuristics and Biases. Science.

一步中，人们可能会更多地考虑与"锚"相一致的信息，或者有时候"锚"的本身也成为综合考虑的因素之一。也就是说，人们倾向于与"锚"越近似越好。

最后，人们会把所得到的判断，在经过自己的一番调整后，通过一定的形式表现出来，并成为最终结果，即人们更容易给出一个与"锚"相同或者相似的答案(这样就省去了烦琐的计算过程)。

由上可见，锚定效应作为一种心理状态，通常是潜意识的。而我们研究其产生的轨迹，主要也是为了更好地了解，并希望因此而有助于找到相应的方法来减弱这种效应，从而最终减小偏差。

第二节 投资决策中的锚定效应

一、锚定效应的形成条件

一般而言，"锚"只要受到人们的注意，那么无论其数据是否夸张、前例是否有实际参考效用，又或是对决策者是否有提醒或奖励，该锚定效应都会起作用。当然，如果参照物与估测答案的相关性、相似性越大，则锚定效应越显著。锚定效应的形成条件具体如下。

(1) 参照物是否能够引起决策者的足够注意。大多数的锚定试验都分为两部分，先比较后估计。这样做是为了保证被测者能够注意到那个"锚"或参照物。事实上，这个第一步的比较在绝大多数的时候并不是必需的，对于被试验者而言，只要确保那个参考物能够被引起足够的重视就算达成了目的。

(2) 参照物与目标之间的相似性。参照物与估测答案或者目标之间是否需要有一定的共性？心理学实验证明，锚定效应只有在参照物与目标答案是相同单位时才会产生。比如，投资决策中的到期收益率是一定数量的百分比"%"，而现金红利则是一定数量的金钱"元"。试验表明，如果给的"锚"是一定数量的金钱，而问题却是要估算一个百分比的数字，那么就不会产生锚定效应。当然，即使是相同单位，但某些其他因素不同也会对其产生影响。比如说"锚"是一个长度数值，而问题却是某个宽度数值；或者"锚"是一个北京市人口数量，而问题却是非洲所拥有的野生大象的数量。在这种虽然单位相同但特质相差太大的情况下，锚定效应也会大打折扣。

(3) 极端型的参照物。研究发现，即便是很极端的参照物(极大或者极小)，也会产生一定的锚定效应。当然，其越是极端，则锚定效应越小。

(4) 被测者的认知能力和学识程度。即使被测者被告知或被暗示不要受到参照物的影响，甚至被测者在测试之初也已明确表示其自身判断不会受参照物影响，但实际的情况却是锚定效应仍然会发生，并没有因此而有丝毫的减弱。可见，知晓程度并不能帮助改善锚定效应。

(5) 奖励的效果。如果对被测者能够给出精确答案实施某种奖励的话，是否会对锚定效应有一定的影响？实验证明，不论是物质上的奖励还是精神上的褒奖，都不会减少锚定现象，即便有也相当微弱。

综上所述，锚定效应在绝大多数情况下，是潜意识里自然生成的，是人类的一种天性，正是这种天性的存在，才导致人们在实际决策过程中容易形成偏差，从而影响最终的结果。

二、锚定效应与调整不充分

人们通常把给出的参照物做一定的调整并以此得到答案。问题在于,或是由于锚本身的相关性问题,或是由于调整得不够充分,最终的答案总会产生一定的偏差,使其不尽如人意。

心理学家们对于"为什么无法做到充分调整"这个问题进行了研究,目前所得到的结论有三种:对真正价值的不确定,缺乏足够的知识,以及过高地估计自己的能力。

第一种结论认为,当基于参照物所做的调整进入一定范围之后,就不会再继续下去了。也就是说,最终的答案会在这个范围中。因此,如果参照物数值大,那么调整后的结果就是这个区间的上限;反之,则可能就是下限了。对于真实价值的不确定使得这个范围通常无法准确界定,因而其结果就是,范围越大,锚定效应就越明显。

我们回过头来再看一下前文中那个数字连乘的例子,它实际上客观地体现并且说明了:从小的数字乘到大的数字,即使人们根据自身的能力进行一定的调整,可实际调整并估算后所得到的结果,与从大的数字乘到小的数字那一组试验中同样得到的结果相比较而言,还是相差非常大。这就是一定范围给人们的限定效果。实际同样的数字连乘,就因为其开头几个数字的大小,"锚定"住了人们的思维,决定了最终的估算结果。

第二种结论认为,缺乏相关知识,会使得调整过早地停止,这样的话,结果就会与参照物非常接近。比如投资者王先生有一笔闲钱,他希望将其用于投资。王先生对证券市场几乎一无所知,在专业人士的介绍下,王先生倾向于用购买开放式证券投资基金的方式来投资,并且购买了专家向其推荐的 A 基金。现在,王先生当然希望知道,投资这个基金的年收益率大概是多少。专家很热情地向其解释:根据过去一年的数据显示,在前一阶段股市整体牛市上升的时候,该基金平均每季度都有将近15%的净收益率,那么一年下来也有70%左右的收益率。王先生听了很高兴,他觉得即使接下来的大环境不如前一阶段那么好,打个折扣的话,一年下来也会有 60%左右的收益率。可实际情况呢?最终王先生购买 A 基金的年收益率不到20%。

可见,正是由于王先生缺乏相关知识,错误地估计了股市的走势,低估了其调整的深度。他可能认为,即使打个 10%左右的折扣,已经是保守估计了。可实际上,股市的波动性远不止这些,他的调整是不足的。正因为这样,估计值距离原来那个"锚",即上几个季度的收益率数值相对比较近,而这与实际结果之间的偏差就比较大。

第三种结论也就是所谓的"高于平均值"现象。人们通常拿自己作参照物,通过一定调整得出其他人的水平;或者以别人为参照物,通过调整后以一定的比例提高对自身的估计。心理学家们已经达成基本共识,锚定是人们的一种自发判断行为,其准确与否主要取决于调整和判断的精度。事实上,人类普遍存在的"利己性"通常会使其过高地估计自己的能力。就好像几乎所有的股票投资者都觉得自己有能力跑赢大市,可实际情况却是真正跑赢大市的比例不会高于 30%。

此外,锚定效应的强弱程度,不一定与个体认知资源的多少以及认知限度的大小成正比。例如,专家会运用专业知识给出更准确的结果,其锚定现象应该比较弱。可实际上的结果却远非如此,特别是在金融投资领域,这一现象就更为普遍。

三、锚定效应的认知作用

锚定效应的存在会使投资者在预测某一交易对象的未来价值时，不可避免地受到被他们视为初始值的那个变量的影响。即使他们自己也意识到这个初始值的准确性并不是太高，即使他们也会不断地进行调整与改善，可是如果要求投资者按照自己的想法为其概率预测值给出一定的置信区间，那么这个区间通常会显得过于狭窄。同时，不同的初始值也会带来不同的预测结果，而不同的结果对于初始值的偏离情况也是不尽相同的。

投资行为学家斯蒂芬(Stephan)和克依尔(Kiell)曾经以专业的投资者作为研究对象进行过一个试验[①]。他们给这些参加试验的测试人员每人分发了一张数据图表，图表的内容是德国证券市场最有代表意义的 DAX 股价指数在过去 20 个月内变化的情况。在被测试人员看过这张图表之后，将他们随机平均分成两组，并让第一组的人员回答如下问题：再过 12 个月，DAX 指数是否会低于 4500 点？同时，让第二组的人员回答另一个问题：再过 12 个月，DAX 指数是否会高于 6500 点？接着，再让这些人员对同一时期(如未来 3 个月内)的指数变化给出具体的预测数值。试验的结果比较有趣，因为开始时的定位值的指示方向不同，同时数值又相差较大，这直接导致这些专业的投资者们对于后一个问题的预测值产生了比较大的差异。在第一组中，平均的预测数值仅为 5648 点，而第二组的平均预测值则达到了 5930 点。由此可见，尽管第一个问题所给定的初始值实际上与第二个问题的相关性并不是非常大，但事实上还是对被测试者起到了很明显的锚定效应影响。

接着，斯蒂芬(Stephan)又进行了一系列的进一步实验，但是在实验之前，他首先向那些参加测试的专业投资者详细解释了锚定效应的存在。接着这些试验者同样得到了一张统计图表，上面分别记录了近 6 个月以来德国马克兑美元的汇率、Xetra DAX 股价指数和黄金价格的变动情况，接着让被测试者预测 2 个月后这些数据的情况。同样的，在得出具体的预测数据之前，把他们分成两部分，要求一部分被测试者先进行一个粗略直觉估计：汇率是否会低于 1.50 或者高于 1.70(即分别给出了一个低水平和一个高水平的锚定值)，同理，Xetra DAX 指数的值是否会低于 1600 或者高于 1800，而一定量黄金的价格是否会低于 16 000 马克或者高于 18 000 马克。而另一部分作为参照组的人员，则不进行粗略直觉估计而是直接预测。

实验的结果不出所料，即使事先已经被告知会有锚定效应的现象存在，可参加试验的被测试者仍然普遍表现出了这种效应，而且效应很明显。在粗略估计的时候，那部分给予较高粗略估计值的人员，得到的具体预测值的平均数也较高；相反，给予较低粗略估计值的那部分被测试者，给出的具体预测值的平均数也较低。同时，没有进行粗略估计的参照组最终得出的估计值就在两者之间(具体数据见表 2-1)。

表 2-1 Stephan 用于体现锚定效应的试验数值

	高初始值下的估计值	低初始值下的估计值	参照组的估计值
美元兑马克汇率	1.58	1.51	1.53
Xetra DAX 指数	1764	1719	1748
黄金价格	17 082	16 670	16 795

---

① Stephan, Kiell. 1996. Explorations in Anchoring: The Effects of Prior Range.

由此斯蒂芬(Stephan)得出结论：锚定值(即粗略估计值)距离那些未受影响的参照组的估计值越远，则锚定值对于具体预测的导向作用就越强。而且，即使被测试人员知道有锚定效应的存在，但在实际操作预测过程中，仍将不可避免地受此影响并对此作出反应。

在此之后，斯蒂芬也曾经证实，即使与关键预测毫无关系的给定锚定值，如在电子显示屏幕上不断闪现一串数字，让被测试者挑选出某个特定数字，接着在不同获取数字的条件下预测未来的 DAX 值，那些被测试者同样会体现出锚定与调整的情况。这一系列的研究结果充分表明：在投资决策过程中，锚定的定位与调整是一个不可忽略的重要影响因素。

四、锚定效应与股票交易

经过上述分析，笔者希望，当投资者们怀揣着自己辛苦劳动多年所得的积蓄，兴冲冲想要投身股市的时候，能够冷静清醒地意识到：由于锚定效应的存在，某家公司股票的定价很可能是不合理的。当公司某些不利情况(诸如原材料的上涨，竞争对手的施压等)使得效益突然出现较大下滑的时候，由于分析师们一般将注意力放在对其过去业绩水平的评估分析上，即他用以分析评论的数据统计只可能来源于以往的统计报表，因此，其研究结论往往会与实际的变化情况相脱离，并且修改降低预测值的决策也会显得比较滞后，从而使得按照其预测估算值进行交易的投资者遭受一定的风险和损失。

另外，广大投资者也需要认识到：根据投资行为学研究发现，股票市场中占大部分比例的投资者都倾向于过高地估计所谓"利好消息"可能出现的概率，这是一种普遍存在的"心理锚"。这时候，人们的收益定位普遍过高，尤其是那些在大牛市背景中入市且渴望尽快致富的年轻投资者们，投资知识的相对缺乏加上拥有过于乐观、自信的心态，最终的结果往往使其遭受一定程度的亏损。而作为一个成熟的投资者，应该有意识地避免这种情况的发生，尽可能地做到谋定而后动，时刻保持谨慎与客观的态度来对待自己的每一个交易决策。

此外，值得一提的是，如果懂得了锚定效应的存在，那么投资者就可以防止轻易地接受那些购买股票的建议。一个不负责任的客户经理(在国内则更多的是证券公司的开户服务人员、股评分析人士)可能会向他的客户推荐一些超过客户购买能力的股票，当客户有自己的基本判断和思考，从而提出一个不同的意见时，客户经理常常会表示将回去作进一步的分析和研究，并在不久之后再次推荐一个与前次有一定区别且价格相对合理的投资组合。

请注意，如果以第一次的推荐股作为锚定标准，那么第二次的推荐毫无疑问会更加吸引投资者。另外，由于互惠需求的存在，客户本身也承担着需要接受推荐的压力，很显然，当客户经理放弃了第一种投资方案而推出第二种投资方案的时候，他已经在某种程度上作出了一定的让步，人际交往讲究妥协，在这种情况下，作为客户方的投资者自然也有作出让步的心理压力存在。

于是，事态发展的结果很有可能变成：客户经理达到了他最基本的目的，即增加他手下客户的交易量，提高其交易的活跃程度(要知道证券公司员工的薪酬与其个人的业绩挂钩非常紧密)。而客户呢？从某种意义上说，他"被迫"购入了一个"看上去"更优的投资组合。可见，如果没有高价股这一前期锚定值的存在，投资者很可能是不会购买这些股票的。

五、锚定效应与市场套利

在投资决策中，投资者的理性判断显得十分重要，因为即使是真正的专家，在很多情况下其理性行为也会因为锚定效应的存在或多或少地发生一定的改变，即专业人士在进行自认为十分理性的投资决策时，同样也不能做到十分准确。首先，专家需要在某个领域掌握大量的相关知识与实际经验；其次，需要对自己的专业能力拥有充分的自信，相信自己的判断和估计是相对正确而又有效率的；最后，专家不但需要有超越常人的知识和技能，还应表现出拥有一种应变能力，即能够随不同场合的变换而随机应变的技能特征。

在金融市场上，因为影响最终成交价格的信息铺天盖地而又瞬息万变，是否真正能够从中抓住重点作出理性决策，可以说是一件具有极高难度而又高风险性的事情。一般而言，无论是在证券市场、外汇市场还是期货期权等衍生品交易市场上，投资者都被分为理性套利者和噪声交易者(非理性套利者)[①]两大类。前者掌握比较完全的基础信息，并能够根据手头所拥有的信息在经自己的分析判断之后指导自己的交易决策；而后者则根据某些与基础价值无关的噪声信息进行交易，他们并不按照诸如资产组合理论等理性工具来进行实际的操作，而只是简单地盲从某些小道传言与消息就作出买卖决定。

不过，也正是因为噪声交易者的存在，那些市场上的理性投资者们不但要面对基础性的市场风险，同时还要应对噪声交易者所创造的风险。因为后者的存在，实际上干扰了理性投资者的判断，同时也确实对交易品的价格走势产生一定的影响。比如，当 M 公司股票的价格下跌时，某位专家作为一个理性的投资者，会根据该公司的基本面情况以及传统的估值理论作出判断，认为这只是一种暂时的调整现象，不值得大惊小怪，甚至认为在一定程度上这是一种筑底并准备反弹上攻的走势。于是，该投资者开始买入 M 公司的股票。可是很不幸，大量噪声交易者却因为非正规渠道所流出的某些消息，而对 M 公司持比较悲观的态度，并大量反向抛售 M 公司股票。最终的结果就是导致理性投资者蒙受损失。于是，作为专家的理性投资者就会"理性地"减弱对于基本面信息的分析，而加强对噪声交易者行为的预测，并希望通过利用噪声交易者的反应为自己谋取一些收益。

可见，理性的投资者一方面始终受到自身理性估值判断的影响，由于其潜意识被股票的初始值信息所锚定，因而制约了其对于噪声交易背景下股票价格的合理估计。另一方面他又会进行一定调整，希望借此调整能有效地降低自身损失，并能在与噪声交易者的对决中获取一定的收益。

这样一来，最终的结果就会变得很有趣，专家有可能因调整不足而敌不过那些噪声交易者，坚持买入股票，可股价却是不断地下滑，最终受到损失；也有可能调整过度，使市场上所谓的"专家"在一定程度上转化为噪声交易者，跟着一同打压股价，而这一行为又无疑加大了 M 公司股票的价格波动，给整个市场增加了交易风险，同时削弱了市场效率。

总之，在复杂的市场条件下，当自身受到锚定效应的干扰，面对现实市场的非效率状况而不得不调整决策的时候，所谓的"专家"同样也有可能一脚踏空，遭受损失。因此，投资者在作投资决策时，不能完全听信别人的意见。人性的弱点决定了在绝大多数情况下，人们只会炫耀自己的成功事例，而不会将自己的决策失误和惨痛损失的经历拿出来"与人

---

① Fischer Black. 1986. Noise. The Journal of Finance.

共赏",专家同样如此,他们的预测绝对不是百分之百的正确。因此,投资者要想真正在证券市场(尤其充斥着众多非效率噪声的市场)上挖到"真金白银",专家的意见仅供参考,而不能全信。

第三节 案例分析与实践

一、大地震引发日元升值的奥秘

2011年3月11日发生的日本大地震,是人们始料未及的;然而,更令人意想不到的是,日元却在灾难降临的那一刻开始大幅快速升值,这不得不让我们重视"锚定效应"对于金融市场的影响。

锚定效应告诉我们,当投资者需要作出决策的时候,往往倾向于选定一个参考点或者参考事件,进而作出非理性的选择。日本空前的灾难始于2011年3月11日,日本东北部发生里氏九级强烈地震,引发日本福岛第一核电站的放射性物质泄漏;继福岛第一核电站的一号、三号机组发生氢气爆炸之后,该站二号、四号机组也在15日上午相继爆炸;16日福岛第一核电站4号与3号机组再次出现安全问题,先后起火、爆炸;20日受损的核电站得到基本控制。

在地震、海啸与福岛核电站核泄漏发生之后,东京股市3月14日与15日大幅下挫。14日,东京股市的日经指数下跌633.94点,跌幅达6.2%;15日日经指数比前日收盘价暴跌1015点,创下历史上第三大跌幅,跌幅高达10.55%。16日日元兑美元汇率一度升破77,创历史新高。

传统经济学原理告诉我们:一国货币是一个国家经济实力的晴雨表,货币强劲,说明这个国家的"价值"增加了。但是这次日本地震之后,日元汇率不跌反升,使得许多经济学家也是一头雾水,传统的经济学理论似乎无法解释其背后的动因。市场普遍给出并接受的解释是:日本灾后重建需要大量日元资金,引发对日元极大的需求。因此,此后几个交易日日元继续大幅升值,一度创出历史高点。

事实上,早在1995年日本发生阪神大地震的时候,同样的一幕也发生过。当1995年1月17日阪神地震发生后,日元兑美元非但没有出现贬值反而持续升值,直到当年4月份才重新走软,该次升值的幅度相对较大,在阪神地震后的长达3个月左右的时间里,美元兑日元的汇率呈现单边下行的趋势,幅度达到20%。可见,上述两次日元升值的动力皆源于地震及海啸等自然灾害发生后,日本民间资本有集中地汇回需求,这一点在阪神地震之后日本的外汇储备上得到了非常清晰的体现,即较为平稳的外汇储备在地震之后出现了明显的抬升。

图2-2和图2-3显示了两次地震发生之时和之后日元汇率的反应和走势。在图2-2中,阪神地震发生之前日元走势处于96~100的横盘震荡区间,3月2日,向下突破阻力96一线,正式展开大幅度升值的走势。直至4月20日创出新高后,日元才停止升值的步伐。在图2-3中,2011年3月11日发生东日本大地震当天,美元/日元数值跳水,当日跌幅1.25%。随后四天日元接连大幅度升值,创出数值新低后,才停止非理性升值。

第二章 锚定效应与投资行为

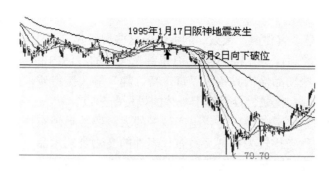

图 2-2　美元/日元的日 K 线图(1995 年阪神地震时期日元升值)

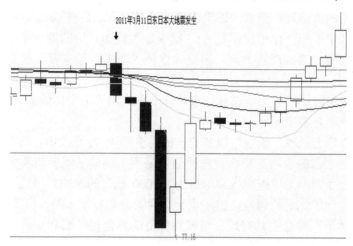

图 2-3　美元/日元的日 K 线图(2011 年日本地震时期日元升值)

通过对图 2-2 和图 2-3 进行比较可以发现，日元在阪神地震发生之后并没有立即作出升值的反应，而是横盘整理长达一个月才向下破位，进入升值的通道之中。也正是在这一个月中，市场才逐步接受和消化日元回流需求激增所导致日元升值的这一事实。而此次日本地震事发之后，日元迅速作出反应，连续几个交易日日元兑美元大幅升值，反应之迅速、力度之坚定令人难以置信。显然，这其中有 1995 年阪神地震时日元升值这一"参考之锚"在投资者的头脑中"作祟"。

可见，正是当年阪神地震日元升值这个"锚"，使得投资者以此作为参考，从而使得日本地震之后日元走势单边升值，反应迅速，一举突破历史点位，使市场作出了一次看似意料之外、实则情理之中的"锚定效应"的精彩表演。

二、"文革"系列收藏品投资中的"锚定效应"

随着我国社会经济的不断发展，人民生活水平的不断提高，越来越多的普通百姓的钱袋子开始鼓了起来，随之而来的则是全社会投资理财意识的普遍提高。现在的人们早已经不满足于将自己的现金资产简单地存放在银行之中，而是将其通过多种渠道、多种手段进行投资理财，股市汇市热火朝天，黄金期货方兴未艾，邮票、钱币、瓷器、字画等的收藏和交易也同样越来越有市场。在此，笔者主要介绍"文革"系列的收藏品及其投资过程中的"锚定效应"。

　　毛主席像章、瓷器、宣传画、粮票、烟标……这些曾经见证了十年"文革"历史的"文革"物品，到了21世纪后，早已经不再具有单纯意义上的政治内涵，相反，作为一个特殊时代的文化遗存，这些物品恰恰具备了"奇、特、趣"等关键特质，从而一跃成了时下一种集跨世纪怀旧、赏玩、收藏、投资等于一体的投资新热点。

　　在"文革"物品中，影响最广泛、出产最多的大概要数毛泽东像章了，它集政治、历史与艺术于一体，堪称当代较为典型又具有代表性的文物类艺术品。而现在，其投资收藏价值也在被众多爱好者所挖掘。一枚最普通的像章价格在20元左右，特殊一点的，则价值不菲。例如，一枚直径100厘米、重50千克的搪瓷像章的市价至少要达到30 000元。再如，还有一种极其少见的"绝版"像章，即毛主席的脸是朝右边的(要知道，在"文化大革命"中发行的像章，几乎千篇一律地面朝左边)，据说这种脸朝右边的像章刚一面市，就被立即收回，而设计者还曾经遭到严厉批判，因此，这种"绝版"像章存世极少，价值极高，甚至一度有价无市。

　　讲到这里，我想问您，如果现在让您来估计一下这种"毛主席脸朝右边"的像章价格，您所给出的答案大概是多少呢？

　　两年前香港市场上这种"绝版"像章的价格为整整30万元港币，而且还有价无市！要知道，这还是两年之前的价格。那么，您的估价是不是偏低了呢？事实上，在这个小测试中，您的潜意识会受到上文"搪瓷像章市价为30 000元"的影响，被这一数字所锚定，即使您在此基础上进行了一定的调整，但还是会与现实答案有很大的一段距离。

　　此外，在"文革"物品中具有投资与理财价值的还包括邮票和烟标。据统计，中国人民邮政总共发行了19套80枚"文"字邮票，虽然在当时的发行量并不算少，但由于"文"字邮票具有极为浓厚的政治色彩，又没有鲜明的艺术特色，再加上当时的时局动荡，集邮的人相对也比较少，因此，绝大多数的邮票都被贴用流通了，真正存世至今的就很少了，市场价格也相对较高，具有良好的投资和收藏价值。例如，1969年国庆日发行的"文17知识青年在农村"这套四枚装邮票，尽管当时发行量高达5000万套，可现在市面上的流通量却不多，价位高达500多元。

　　由于烟标无论从名称、图案设计到文字说明都带有十分鲜明的时代特征，因此"文革"期间的烟标也就具有了较高的史料价值与投资收藏价值。普通品相的语录烟标现在的价格在30元左右，而品相较佳的烟标价格则在50～500元不等，并且随着时间的推移，其价格也在不断地提升之中。

　　尤其值得一提的是，"文革瓷"如今成了交易拍卖会上的抢手藏品。由于出产于那个特殊的年代，"文革"瓷器无论是在制作工艺、图案造型还是在题款铭文等方面，都与之前历代的瓷器有着较大的差别。同时，这时期的瓷器品种也相当繁多，诸如塑像、像章、瓷盘、瓷碗、瓷杯、瓷壶、花瓶、笔筒等可谓应有尽有。而其中的某些珍贵品种，则具有相当大的投资与收藏价值。例如，1997年在佳士德冬季拍卖会上，一套"主席用瓷"四季花卉小碗，当时就被某海外收藏家以8.8万元的价格竞得。而在瀚海的一次秋季拍卖会上，一对高62厘米的粉彩"支农拥军"大瓷瓶，也以6万元的高价易主。而1975年出品的景德镇主席用瓷更是受到众多投资者的追捧，一对景德镇主席用瓷碗曾以178万元的天价成交，还曾经有收藏家以超过800万元的总投资一口气购入67件景德镇主席用瓷，而至今的最高纪录则是一匿名投资收藏家以 1143 万元的天价购入 59 件景德镇主席用瓷，由此可见"文革瓷"受追捧的程度及其升值的潜力有多大了。

综上可见，无论是邮票、烟标还是"文革瓷"，都可以是很好的投资收藏、保值增值的对象，不过就像刚才小测试中所揭示的，笔者在此想提醒广大的投资者：无论您是纯粹为了兴趣还是抱着投资增值的目的去接触收藏品这一领域，也无论是涉及"文革"物品、邮票、瓷器，还是字画、钱币、饰品等不同种类的藏品，最关键的是您需要把握好自己的投资心态，多熟悉了解各类收藏品的相关知识和情况，多关心同类收藏品的交易或者价值的变动情况，千万不要在不了解特定对象的情况下盲目地给出自己的价值判断，尤其不要被一些不相关的或者弱相关的因素所"锚定"。

思考与探索

1. 简述锚定效应的基本定义与内涵。
2. 回顾锚定效应产生的基本前提条件，谈谈个人对其效应的认识与体会。
3. 什么是锚定的参考点？它是如何形成的？起到什么作用？请举一个日常生活中的例子。
4. 寻找自己在日常生活中所犯的锚定错误的例子，有何启发？并相互讨论。
5. 查找并学习相关金融套利理论及噪声交易理论，指出锚定效应对投资者造成的行为偏差和影响。
6. 谈谈对锚定与调整这种决策思维过程的看法，理解调整的不充分性所带来的不利后果。
7. 何谓锚定效应的认知作用？
8. 怎样在实际投资决策过程中尽早意识到自己所犯的锚定效应的偏差并予以纠正？
9. 如何利用投资博弈过程中市场或者对手所犯的锚定效应行为偏差错误来为自己获取收益？
10. 试寻找锚定效应在当今证券投资市场上相关实证方面的研究，并结合自身的学习对其作出自己的评价。

第三章　心理账户与投资行为

【学习要点】

◆ 掌握心理账户效应的定义与内涵。

◆ 了解行为生命周期理论(BLCH 理论)的相关内容。

◆ 了解"得失框架"与"享乐主义编辑假说"的相关内容。

◆ 掌握 S 型价值函数的特点与含义。

◆ 掌握心理账户效应中的"分账与合账"的内涵。

◆ 了解行为投资组合理论(BPT 理论)。

【章前导读】

让我们先来做这样一个心理小测试：今天，你所生活的城市中最好的音乐厅即将上演一场由世界著名交响乐团演奏的古典音乐会，作为一个非常喜欢交响乐的乐迷，你早就期待这样一场听觉盛宴的来临，尽管票价相对比较昂贵，需要 800 元，但是你仍早早就买好了票。不幸的是，当你兴冲冲地做好一切准备，并赶到音乐厅时，却突然发现票在半路上弄丢了。现在的你开始了激烈的思想斗争，如果还想要听音乐会，就不得不去售票点再花 800 元钱买一张票。请问：你是否会再掏一次钱呢？

请先将你的答案隐藏在心底，让我们再来看另一种情况：同样是一场你期待已久的音乐会，你也早已做好了所有准备，并且已经预订好了票。可是，当你赶到音乐厅，正准备付钱拿票时，却忽然发现自己公司上午才发的、价值同样是 800 元的公交一卡通丢失了，此时此刻的你还会不会付钱去拿原先预订的那张音乐会门票呢？

这一心理测试题目的研究结果表明：绝大多数人在前一种情况之下，都会决定不再欣赏音乐会而扭头回家；而在后一种情况下，则会选择仍旧去音乐厅欣赏演出。亲爱的读者朋友，你是否也是这样的想法呢？

让我们来仔细分析一下上述两种情形，事实上两者的内在含义几乎是等价的——即在你愿意付出 800 元聆听音乐会的时候，却突然遭受到了价值相当于 800 元金钱的损失，而你在这时所面临的问题就是是否再花 800 元钱来继续自己的音乐旅程。前后两种情形仅仅是损失的形式不同，前者是因为丢票而遭受损失；后者则是因为丢钱而遭受损失(由于公交一卡通可以支付多种交通工具的票款，因而也就相当于等价的现金)。

有意思的是，虽然损失的实际结果相同，但由此给你带来的心理影响却大不相同，也就直接导致了你作出完全相反的两个决定。这也正是本章所要讲述的"心理账户"效应给读者带来的行为决策误区。

【关键词】

心理账户　行为生命周期理论　得失框架　享乐主义编辑假说　S 型价值函数　行为投资组合理论

第一节　心理账户的行为分析

一、心理账户的基本内涵

在投资行为学领域，"心理账户"(mental accounting)的概念最早是由美国芝加哥大学教授理查德·塞勒(Richard Thaler)在 1980 年提出的[①]。当时他在一本名为《经济行为与组织》的期刊上，发表了一篇题为《消费者选择的实证理论》的论文，在这篇论文中，他首次将传统金融理论意义上的消费者与投资者，与现实生活中受到诸多心理因素影响的消费者与投资者的行为与决策进行了比较，并提出了一种"心理账户"效应的全新概念。

---

① Richard Thaler. 1980. Toward a positive theory of consumer choice. Journal of Economic Behavior and Organization,1.

1985 年，塞勒教授又在《营销科学》杂志上发表了一篇题为《心理账户与消费者选择》的文章，并在这篇文章中提出了有关心理账户的基本理论框架[1]。他认为：普通人在进行消费与投资决策时，往往并不能对复杂事态的全局给予周到而全面的通盘考虑，而是在心理上无意识地把一项决策分成几个部分，即作为几个心理账户来看待。同时，对于每个不同的心理账户，投资者往往会有不同的看法，作出不同的、有时甚至是自相矛盾的决策。

特维斯基(Tversky)和卡尼曼(Kahneman)这两位著名教授同样在有关"心理账户"的研究中颇有建树，他们发现：在投资者个人行为过程中，财产与货币并不具有完全的可替代性，人们习惯于将不同来源、不同种类、不同用途的货币视为相互之间独立性很强的不同财富，并在心目中按照不同的账户将其分门别类地进行安置。于是，事实上几乎每一个人都会存在"心理账户"效应[2]。

到了 20 世纪 90 年代，德布朗特(De Bondt)与华纳(F.M.Werner)两位学者根据心理账户的相关定义指出，投资者通常会按照资金的用途而将其分别归类，一些属于流通资产，如现金、支票账户；一些资金归类于流通财富，如股票、债券、证券投资基金；而另一些则属于家庭产权以及未来收益，比如个人退休金账户、养老保险等[3]。

最近，在对人们如何进行心理账户活动的知识总结中，芝加哥大学的塞勒教授(Thaler)说道：心理账户的三个成分受到了人们的最大关注。第一个成分反映了人们是如何观察和体察到结果的，以及决策是如何被制定出来的，后来又是如何被评价的。它可以看作是一个主观的描述系统。第二个成分的任务是将不同的活动用相应的心理账户表示出来。支出可以被分成不同的种类(住房、食品等)，同时，消费在某些时候会受到明确的或不明确的预算规则的限制。心理账户的第三个成分涉及记账被评估和限定选择范围的频率大小。账目可以每天评估一次、每周评估一次、每年评估一次等。而对于账户的定义也是可宽可窄[4]。

总之，心理账户影响了人们的决策选择，是人们在心理上对结果(主要是经济结果)的编码、分类和评估的过程。换言之，它之所以如此重要，是因为它揭示了人们在进行投资(消费)决策时的心理认知过程，每一个组成成分都改变了传统经济学里的货币完全可替代原则，并在此基础上前进了一大步。

二、心理账户的理论分析

谢夫林(Shefrin)与斯塔德曼(Statman)两位投资行为学家也曾解释过这个概念：人们总是根据所处理的心理账户的类型，来决定他们将要承担风险的类型，即所谓"来得容易，去得快"。此外，他们还以心理账户概念为基础，提出了一种新兴的 BLCH 理论(behavioral life cycle hypothesis)，即"行为生命周期理论"(亦称为"行为生活循环假说")[5]。

---

[1] Richard Thaler. 1985. Mental Accounting and Consumer Choice. Marketing Science.

[2] A. Tversky, D.Kahneman. 1981. The framing of decisions and the psychology of choice. Science.

[3] De Bondt, F.M.Werner. 1995. Investor Psychology and the Dynamics of Security Prices. In Behavioral Finance and Decision Theory in Investment Management.

[4] Richard Thaler. 1999. The End of Behavioral Finance. Financial Analysis Journal. Charlottesville.

[5] Shefrin, Statman. 1985. The Disposition to Sell Winners Too Early and Ride Losers Too Long: Theory and Evidence. Journal of Finance.

传统的生命周期假说与持久收入假说作为经济学领域的经典理论认为：作为理性的人，能够统筹安排，根据自己一生的总财富来考虑并合理安排每个阶段的消费，最终使一生的总效用达到最大。然而，实际情况与理论的假定相比具有较大的差异，因此，两位学者提出了 BLCH 理论，以便更好地描述现实生活中人们的消费行为。

该理论认为，人们一般会根据生命周期中不同财富的来源与形式，将其收入来源分为三类，即现有的可支配收入、现有的资产以及未来收入。而在这三种不同的心理账户中，个体花费每一边际单位货币的消费倾向是不同的。其中，现有的收入是最容易被消费的，即现有收入的特征是它具有最高的消费倾向；其次是现有资产；最后才是未来收入。从心理账户效应的角度来分析，这是因为第一部分现有的可支配收入的消费诱惑力最大，随之而来的因不消费而转为储蓄的心理成本也会最大；现有资产消费的诱惑力与将其储蓄的心理成本居中；而未来收入则最小。

此外，需要补充说明的是，不仅不同的心理账户对于消费者的诱惑力不同，即便是在同一个账户中，如果财富余额不同，那么诱惑力也是不同的。财富的余额越多，诱惑力也就越大。

行为生命周期理论的消费函数可以简单地表示为：$C=f(I, A, F)$，其中 I 代表现有可支配收入；A 代表现有资产；F 代表未来收入。其中 $1 \approx C/I > C/A > C/F \approx 0$。与传统生命周期理论相比，从行为视角出发的 BLCH 理论在分析消费者行为时，更多地强调和突出了心理因素的影响，并通过心理账户效应来加以表述。

根据某咨询公司在美国证券市场上对近 5000 名投资者所进行的一项随机调查结果的统计数据显示：约 76.3%的投资者承认，他们更愿意消费平时靠工作赚来的钱，而不是股票的现金股利分红。对于后者，他们更愿意继续投资在股市中。这项调查结果也证实了 BLCH 理论：消费红利(作为资产)的倾向要低于消费现有收入的倾向。

该理论稍微转一个角度，同样适用于投资过程。普通投资者常将组合放在若干个心理账户中，而不太在意彼此之间的关系，这样的话，很多情况下也会作出非理性的决策。

心理账户的存在不一定是坏事，但也容易产生某些非效率的情况。人们普遍拥有这种心理账户效应，事实上是制定了两种"标签"并以此影响消费或者投资的决策。首先，人们将货币等同于某一层次的商品；其次，将商品等同于一定数量的货币。这分别被称为"设置预算过程"和"跟踪消费过程"，后果很可能在某种程度上直接导致消费与投资的不均衡(过度消费或投资某些商品，同时却对其他一些商品不足)。这是因为在实际操作之前，预算就已经设置好了，而这种事先的预算很可能过高或者过低地估计某件事情所需要的货币量的多少，或者说偏离了消费或投资收益能够获取最大化的那个合适的量。

三、心理账户的行为表现

如上所述，决策者会把与交易相关的各种支出成本计入不同的心理账户，那么这些经济行为在人们心目中，又是如何被评估和体验的呢？

让我们回顾一下本章开头章前导读中的那个有趣的心理测试题吧。事实上，在这个经典案例中，被测试者心中都不自觉地拥有两个心理账户：一个是音乐会(娱乐)账户，而另一个则是公交卡(现金)账户。

第三章 心理账户与投资行为

第一种情况,即票丢失时,相当于是本来的娱乐账户中忽然遭受损失,好像成本加倍了,你的感觉更可能是"我如果继续坚持要看音乐会,就相当于花了1600元买了一张票"。娱乐账户"超支"严重,支出代价太高,最终导致大多数人选择放弃欣赏演出。

而第二种情况,即公交卡丢失时,则相当于你的现金账户受到了意外损失,这个损失尽管毫无疑问同样会让人感到不愉快,但你心目中却会认为:这个是现金支出方面的损失,与娱乐账户以及欣赏音乐会本身并没有关系,既然没有影响到娱乐账户的原先预算,自然也就没有理由不参加音乐会。这就是为什么大多数人在这种情况下最终选择不放弃而继续欣赏演出的原因。

可见,由于人们的行为决策往往会受到"心理账户"的影响,从而显示出异于传统经济理论的解释和结果。

针对这种情况,理查德·塞勒创造性地提出了"得失框架"(the framing of gains and losses)这一概念,指出人们在进行各个账户的心理运算时,实际上是对每一种选择的收益与损失作出评判和估价,而在这种心理运算的过程中,普遍特点是人们并没有追求理性认知范畴中的"效用最大化"(maximized utility),而是追求情感层面上的"满意最大化"(maximized satisfaction)[①]。这种强调情感的决策倾向所形成的心理运算规则被塞勒称为"享乐主义编辑假说"(hedonic editing hypothesis)。

在此基础上,卡尼曼教授则在他的前景理论中提出了经典的S型价值函数(value function),以此来更深入地探讨心理账户的价值运算规则是如何影响投资者的行为决策过程的。该理论强调每个心理账户都有各自的用S型价值函数所描述的决策参考点(reference point),而该参考点才是人们根据自身所处的位置和衡量标准来判断效用大小的依据[②]。

与传统经济理论中的"效用函数"相比,投资行为学所提出的S型价值函数主要有以下三个重要特征。

首先,S型价值函数强调的是一个相对的概念。即人们在进行具体的投资决策行为时对于某个决策参照点相对得失的说明。"得失框架"并非传统期望效用理论中的绝对概念,而是一种基于比较的、受心理情绪影响而不断变化的相对情况。投资者对于某一个决策结果的主观判断是基于某个参照点而言的,并不是根据绝对的财富多少或收益损失的具体数值。因此,当参照点发生变化时,人们的主观估价会随之一起发生变化。事实上,人们更关心的是围绕这个参照点所引起的改变,而不是单纯数量上的绝对水平。

其次,无论是盈利还是亏损,"得失"都表现出一种"敏感性递减"的规律(diminishing sensitivity)。通过观察S型价值函数的实际曲线(见图3-1)我们可以看出,右上方第一象限的盈利曲线为上凸形(convex),而左下方的亏损曲线则为下凹形(concave)。距离坐标交叉原点(参照点)越近,每一点差额越让人们敏感;反之,离得越远就越不敏感。举例说明,所有的人都会认为从20元减到10元的差额要比从510元减到500元的差额大(尽管绝对意义上前后两者都是减少10元钱),这就是S型价值函数曲线的边际递减特征。

---

① Richard Thaler. 1979. Toward a Positive Theory of Consumer Choice. Journal of Economic Behavior and Organization.

② D.Kahneman, A.Tversky. 1979. Prospect Theory: An Analysis of Decision Making under Risk.

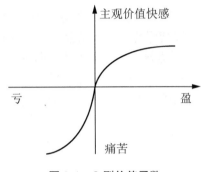

图 3-1　S 型价值函数

最后，收益与损失虽然同为 S 型，但是损失曲线的斜率比获益曲线的斜率更大。这就是所谓的"损失规避"。卡尼曼教授曾经指出：研究发现，同等数量的损失比获益对人们的影响会更大一些，因此在作投资决策时，人们尽量会去回避损失。如果用公式来表示的话，为 $V(X)<-V(-X)$。举例说明：损失 500 元钱的痛苦一般会比获得 500 元钱所带来的愉悦更加强烈。因此，卡尼曼教授进一步得出结论：在面临损失时，人们普遍是风险偏好的(即愿意冒更大的风险来试图挽回损失甚至扭亏为盈)；而在面临收获时，人们普遍又变成风险规避型的心态(即对待自己的财富收益，不愿意冒大风险产生损失)。

下面我们举一具体事例来说明 S 型价值函数在投资决策中的应用。假设张先生拥有一个自己的公司，近阶段公司主要在做两个投资项目 A 和 B。相应的，在张先生心中自然会分别开设两个心理账户。上个月末的会计结账显示：第一个投资项目 A 按照原定计划进行得相当顺利，已经获得了 10 000 元的利润；但另一个项目 B 却因为某些不可抗因素导致进度跟不上计划，到目前为止已经亏损了 10 000 元。

现在，张先生必须作出决定，在接下来的一段时间内，他需要在哪个项目上投入更多的时间和精力。假定调研和评估结果显示：经过努力，张先生能够从 A 项目中再获得 20 000 元的利润；另外，如果将重心放在现在亏损的项目 B 上，那么经过努力的话，虽然能够最终扭亏为盈，但总共也只能再获得约 15 000 元的收益。单纯从经济收入的多少上来说，选择 A 项目所带来的收益将比选择 B 项目要多出 5000 元，那么，张先生是否就一定会这么选择呢？

从投资行为学的角度出发，我们首先将亏损的投资项目设置为一个亏损账户，而把盈利的投资项目设置为一个盈利账户。因为心理账户是不同的，那么实际上张先生对于两个账户同样也是区别对待的。

S 型价值函数表明决策人的主观价值判断与其具体收益和亏损之间的相互关系。一般来说，评判的决策参考点原本应该在图中的原点位置。但是在这个例子中，对于亏损账户，张先生的决策参考点已经从最初的原点位置转移到了价值函数曲线上所对应的-10 000 元的位置；同样的，对于盈利账户，其决策参考点则从原先的原点位置转移到了价值函数曲线上所对应的 10 000 元的位置。

根据前文介绍的"敏感性递减"的概念，在此，损失的敏感性递减意味着投资者对于最初的损失会感觉非常不快，但随后这种感觉会逐渐降低；同样，盈利的敏感性递减则意味着随着收益的不断增加，它所带给人们的愉悦感觉也会不断降低(即边际效用的递减)。

而张先生的决策主要是依据其投资行为实施之后两个账户各自的主观增加值的多少来

判断。对于盈利账户来说，由于敏感性递减效应的存在，增加 20 000 元的收益在主观上并不会被认为有理论上的这么多，因为离原点越远，增加同样收益的主观增加值会越小。而对于亏损账户来说，首先因它更靠近参照点原点，而我们知道距离原点越近，该函数的斜率越大，体现出的主观价值感受就越强烈；其次，它是从原来的亏损状态转变到后期的盈利状态，"扭亏为盈"的成就感使得即使在亏损区域增加少数的收益，都会显得非常突出，由此带给他的主观上的收益会比实际经济数值所体现出来的收益要大很多(图 3-2 中的矩形面积很清楚地体现出两个不同心理账户的主观增加值)。

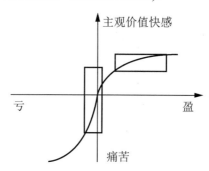

图 3-2　不同情况下心理账户价值增加情况

最后，因为决策参照点与敏感性递减的共同作用，再进一步配合上"损失规避"心态的暗示，张先生有极高的概率选择那个开始亏损的 B 投资项目。因为相对于盈利项目中的利润增加两倍来说，选择扭亏为盈会给他带来更高的主观价值增加，从而忽略实际上 5000元的利润差额。显然这样一种在绝大多数现实情况下会发生的投资行为决策，给张先生这一类投资决策者们带来了更多的主观愉悦感，从而自愿付出了 5000 元所谓传统投资学意义上的"非理性"牺牲。

第二节　投资决策中的心理账户

一、心理账户中的合账与分账

在介绍了 S 型价值函数曲线及其含义和应用之后，我们再来分析塞勒的"享乐主义编辑假说"。这种基于情感的决策倾向于所形成的心理运算规则，把价值函数在"得失"不同组合结果中的偏好情况做了逐一详细的分析。

"享乐主义编辑假说"指出，目前针对享乐主义编辑假说所进行的研究和检验相对来说还比较少。例如，林维尔(Linville)和费舍尔(Fischer)两位教授曾做了一个比较大样本容量的研究，结论是人们普遍会在同一天内用一个正面的事件来抵消另一个负面事件的影响。而赫斯特(Hirst)、乔伊斯(Joyce)则在研究与消费有关的心理状态时得出如下结论：绝大多数人有意愿使用按揭贷款的方式来购物，尤其是大宗商品(典型如汽车)，因为只要消费者的购买行为是属于自愿的，那么商品的成本(相当于货币财产损失)从感觉上就会小于其所带来的占有的满足感(相当于实物财产收益)。

从理论上说，对于不同的心理账户，投资者在进行综合评估判断时，总是从潜意识里希望自己能够取得最大的主观价值感受，也就是能够有最好的状况。"享乐主义编辑假说"

据此得出论点:人们会根据各自的爱好,"编辑"一个给予他们自身以最大限度满足的架构。

塞勒教授认为,对于最简单的两个事件的分析(两个以上事件的分析以此类推),如果将其看作(X, Y),那么,如果合并起来进行判断所产生的价值高于分开判断时的价值,即$V(X+Y) > V(X) +V(Y)$时,人们就会合并这两个事件;如果分开判断带来的价值更高,即$V(X+Y) < V(X) +V(Y)$时,人们就会选择将事件分开分别进行判断。正是基于这个前提,塞勒教授推导出了投资者在选择合账(integration)还是分账(segregation)时的心理账户规律[①]。具体可以观察图3-3以及以下四部分内容。

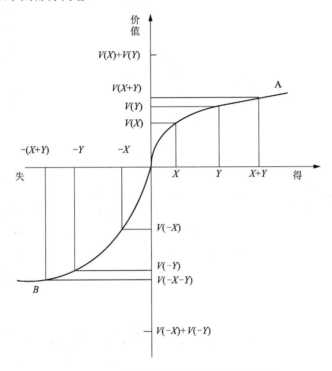

图3-3 S型价值函数曲线的得失效用分析

(一)两件盈利的事件应该分账

假定有两笔收入X、Y都是正的,分开价值为$V(X)+V(Y)$,合并值则为$V(X+Y)$。因为价值曲线在右上象限为凸形,所以$V(X+Y) < V(X) +V(Y)$,人们普遍更倾向于分开进行体验。例如,过年遇到小朋友,如果你既有红包又有玩具要送的话,不妨分成两次来送。这样的话,小朋友能高兴两次,每一次送一份礼物所带来的心理体验要比你一次性把两份礼物全部送出的心理体验高不少。

(二)两份损失最好能进行合账处理

如果同时有两笔支出或者同时有两个损失,那么,由于价值曲线在左下象限呈现出凹形特征,所以$V(-X-Y) > V(-X)+V(-Y)$,人们普遍更加偏好能够整合起来一起经历。例如,在

---

① R.Thaler. 1985. Mental Accounting and Consumer Choice. Marketing Science.

每年新学期开学的时候,在向学生们收取各类学杂费、书籍费等款项时,最好能够一次性给他们一个整数,而不要每种费用都分开收,因为即使每次都只是几十元钱,但隔三差五地要求学生交钱的话,他们仍然会牢骚满腹、抱怨不堪。相反,如果一次性收齐,干干脆脆,学生们一般也不会有什么不满的情绪。

(三)大赢小输最好能合账处理

如果同时有两件事情发生,而最终的结果是一盈利一亏损,但合起来的话总的余额为正,用公式表示即 $X, -Y, X>Y$。那么,我们可以从价值曲线上观察到:$V(X-Y) > V(X) +V(-Y)$。因此,人们更倾向于共同接受这两个事件。例如,李先生在股票 A 上遭受了 10 000 元的损失,不过在股票 B 上却盈利了 20 000 元。接下来,他有两种选择:一是继续保持分开独立的两个账户,接受一个盈利但另一个亏损的现状,也就是选择分账。在这种情况下,由于递减敏感性的存在,盈利账户再得到 10 000 元的愉悦感要远小于亏损账户损失 10 000 元的痛苦。二是李先生也可以选择合账,即把两个账户进行合并,亏损将会抵消部分盈利,但最后实际感受到的感觉却是盈利了 10 000 元。盈利的快感要远远大于损失所带来的痛苦。所以,我们知道,由于 S 型价值曲线的影响,李先生最终一定会选择第二种思路。也就是说,大赢小输取合并,不快就会被快乐所冲淡,负面效应要小得多,可以给投资者带来更大的满足感。

(四)小赢大输则需要具体地加以分析

同样的,如果两个事件同时发生,造成的结果是一个盈利一个损失,但加总后的余额却是负数,即 $X, -Y, X<Y$。这种情况下是相对最为复杂的。因为有两种情况:一是小赢大输,而且悬殊很大,这种时候,就应该分开估计,即分账。因为观察 S 型曲线,我们可以看出 $V(X-Y) < V(X) +V(-Y)$,这种情形被研究者称为"银衬里"(sliver lining)规则。例如(50,-7500),人们更愿意分开体验,因为价值曲线在-7500 处相对更平缓,而 50 元的获利与-7500 元的损失相比,又几乎没有任何减少损失感受的作用,因此,还不如分开来体验,因为这样,人们至少还能得到 50 元收益的好感觉。"杯水车薪"的话,这水用来救火,还不如用来给自己解渴。二是小赢大输,但绝对值相差并不大,这种时候,就应该合并体验,即合账,因为这种整合的作用能够得到体现。例如(50,-75),人们直接就把损失降低到了 25 元,这种小损失会让人们感觉更好。

因而,塞勒教授把以上四条规则高度概括为:分离收益;整合损失;把小损失与大收益整合在一起;把小收益从大损失中分离出来①。这种心理账户的运算规则,对于理解和解释现实经济决策行为有着重要的指导意义。

二、心理账户对收入来源与消费倾向的分析

无论是在消费还是投资领域,财富的获取方式决定了人们对财富增加值的消费倾向。例如,意外的收入或者按月支付的奖金,通常会被看作现有收入来处理,于是大部分会被相对轻易地消费掉。而如果是一次性支付较大的金额,它就有可能会被划入现有资产的账

---

① R. H. Thaler. 1985. Mental Accounting and Consumer Choice. Marketing Science.

户中，仅有少部分会被轻易地消费掉。有许多研究证实，绝大多数人对于不同来源的财富收入是进行不同配置的。在日本有一个典型实验研究，主要是考察普通日本工薪一族的情况，结果显示：对于获得的一次性支付的大额奖金，日本人会有比较强烈的储蓄倾向，而如果将大额奖金分割成几个小部分，人们的储蓄倾向就会立刻降低不少。

不得不强调的是，"心理账户"是投资行为学中最普遍存在的效应之一。想一想，自己是否也有"零钱用得飞快，而百元整钞却往往能在皮夹里多留一段时间"这种情况发生呢？有句俗话说："要致富，三分靠赚钱，七分靠储蓄。"虽然到了今天，人们早已经不再像以前那样重视储蓄和存款，但其中所包含的原始因果关系还是没有改变，即要想投资致富，首先必须要有一定的本金，而本金的来源，主要还是依靠工资收入与日常储蓄。因此，对于人们对待收入的心理研究，同样是投资行为学家们研究的重点。我们从以下三个方面来详述普通人对于不同收入设置心理账户的情况。

(一)人们习惯于根据收入的来源和时间段来分置不同账户

加州理工大学心理学教授科林·卡默勒(Colin Camerer)研究发现，人们普遍将不同来源、不同时间的收入放入不同的心理账户中[1]。以出租车司机这一职业人群为例，作为一个出租车司机，工作的性质和特点决定了他们可以随意安排每天的时间，同时，在某种程度上也类似于靠天吃饭：在晴天的时候，大部分人愿意在外面多走走或乘坐公交车，这样的话对于出租车司机来说，他们的生意就很一般。但是在雨天，人们更倾向于乘坐出租车，这就给司机们带来了巨大的需求量，他们的生意就会变得很好，甚至于在高峰时间段，"再有钱也很难拦到一辆空车"。说到这里，聪明的读者朋友们应该已经意识到，怎样做才能最有效率地去当一个出租车司机呢？没错，最好的情况就是在晴天生意不好的时候，早点收工；而在雨天生意好的时候，多工作几个小时，理由很简单，这么做的话，在工作时间相同的情况下，一定能够赚到更多的钱。

然而，事实上司机朋友们大部分都没有这么做。统计结果表明：出租车司机们为了保证每个月都能有一笔大致固定数目的收入，往往会给自己制订一个日收入计划，比如一个在纽约工作的司机，他很可能会要求自己每天的工作任务是赚到 600 美元，赚不到规定的数目就不能收工回家休息。这样虽然保证了司机的大概收入，却也会造成一种尴尬局面：晴天生意不好的时候，他们工作的时间会过长，通常要做到很晚才能揣着计划收入回家；而在雨天生意好的时候，他们又会很快地就赚满规定的 600 美元而过早地回家休息。

其实，卡默勒教授在与司机们交谈时发现，尽管出租车司机自己也知道，雨天多工作一个小时往往比晴天工作两个小时赚得要多，可实际操作起来，却往往受到人为设置的心理账户的影响，从而使得"今天的工资"和"明天的工资"似乎不可以相互替代。这不得不说是一个比较有意思的现象。补充说明一下，从这个事例中我们能够进一步引申出关于工作效率的一个道理：虽说做任何事情需要有一个比较完善的计划，但是如果完全循规蹈矩地按照每日的计划定量行事的话，也并不一定能够达成完美的效果。因为人的工作状态是有起伏和周期性的，往往会存在低潮期和高潮期。有时候，兴致好、状态好时效率自然就高，就像出租车司机在雨天，工作一个小时就能赚到很多钱；而另一些时候，状态不佳，

---

[1] Colin Camerer. 1998. Prospect Theory in the Wild: Evidence From the Field Journal of Psychology.

或身体欠佳或情绪受扰,就好像出租车司机的晴天,工作效率就相对比较低。因此,如果我们的工作没有那种非常严格的时间性限制,或者某个项目距离最后完成的期限还有一段时间,那么就完全可以根据自己的精神状态来适当地调整工作时间。或者设计一个可伸缩的日工作量计划,在精神状态好的时候,一鼓作气多干一些,干好一些;而碰到情绪欠佳、思路混乱时,那就先休息一下,待调整好状态再继续努力工作。相信这样做,既能克服心理账户效应所造成的非效率情况,又能最大化我们的工作成果。

(二)人们会因为收入来源的差异而导致消费倾向与风险偏好的不同

卡默勒教授曾去过美国著名的赌城拉斯维加斯,当然教授此行并非是为了亲身体验一下赌博的快感与一夜暴富的期待,而是为了调查在现实生活中,普通人的消费倾向与风险偏好是如何因为心理账户效应的存在而发生有趣的改变。他发表在《心理科学》杂志上的一篇文章中介绍了一位具有相当典型意义的被调查者凯文·理查德森(Kevin Richardson),让我们来看一下发生在他身上的故事。

理查德森是一位负责建筑施工的中层管理人员,家里有三个孩子。妻子作为全职家庭主妇并没有工作与收入,全家主要靠他的收入生活。这次,理查德森先生跟随他的公司来到拉斯维加斯,为的是建造希尔顿酒店管理集团下属的一家超豪华五星级大酒店,经过了基本不间断的半年多的辛苦工作,他才获得一个带薪假期与 6 万美元的酬金。这时,当地的一个酒店管理人员热情地邀请他去赌城最大赌场之一的 Palazzo 赌场游玩。理查德森先生很犹豫,虽然他也很喜欢赌博时那种刺激的感觉,但他同时也知道去赌场的话必定输多赢少,而自己还要靠辛苦所得的收入养家糊口。去还是不去?他难以下定决心。

最终,理查德森先生没有答应他这位新朋友的邀请,在谈及为何没有去的原因时,他对卡默勒教授说:"那天,正当我犹豫不决,为是否要去好好地娱乐放松一下而苦恼的时候,我接到了家人从明尼苏达州打来的长途电话,电话中,我 6 岁的小女儿 Cindy 对我说,'爸爸,你什么时候回家啊?上次你答应我回来以后给我买芭比娃娃的,我好想你啊。'在那一刻,我当即作出决定,谢绝了酒店管理人员的好意,赶第二天最早的一班飞机回家。"

故事到此远没有结束,三个星期之后,理查德森先生度完假期,又回到了拉斯维加斯的工地。一年多以后,在庆祝顺利完工的晚宴上,理查德森先生非常幸运地抽到了公司为员工准备的"辛勤工作特别大奖",获得了约 1 万美元的额外奖金。朋友们纷纷向其表示祝贺,并再次邀请他一起去赌场游玩。这一次,理查德森先生并没有过多地犹豫,而是与朋友们一起在 Palazzo 度过了"疯狂的一晚"。

卡默勒教授在分析这个故事的时候谈到,理查德森先生的行为选择充分体现出普通人的普遍心态。事实上,无论你的钱是工作赚来的,还是抽奖赢来的,这笔钱都已经实实在在地属于你了,尽管在本质上这两种来源的钱并没有任何不同,但是人们还是会情不自禁地把两者归于不同的心理账户。因为大家都会坚持认为,靠自身劳动辛苦赚来的钱,与靠幸运女神眷顾赢来的钱这两者的性质是不同的,从而在对待它们的时候,态度也就有着天壤之别。

卡尼曼与特维斯基两位教授曾提出过所谓的"赌场的钱效应"(house money effect)[①],

---

① A. Tversky, D. Kahneman. 1974. Judgment under uncertainty: Heuristics and Biases. Science.

指的正是上文中这种类似的情况,认为当人们对待依靠赌博(或者摸奖、抽奖、寄售馈赠等)方式赚来的钱与通过靠工作所赚来的钱时,两者在消费倾向、风险偏好等方面都存在着巨大差异。对于通过前一种方式所获得的钱财,人们往往敢于冒大风险,花费起来也很"大手大脚,钱不当钱用";而对于工作所得就"患得患失,一分钱最好能变成两分钱来花"。

两位中国学者李爱梅和凌文辁所做的相关研究结果也表明:不同来源的财富是有着不同的消费结构和资金支配方向的[①]。我国普通百姓对收入的支配顺序和去向详情如表 3-1 所示。

表3-1 不同资金来源的支配顺序

资金来源\支配方向	第 一	第 二	第 三
正常工资收入	日常必需开支	储蓄	家庭建设
普通奖金获取	储蓄	人情花费	家庭建设
彩票中奖所得	人情花费	享乐休闲	储蓄

由上可见,不同心理账户的存在,确实会导致人们的实际行为偏差。中外学者的研究结果大体上都是相似的。

在现实生活中,这样的例子不胜枚举。某大学非常鼓励学生融入社会,该校的"学生家教"以其规范的组织、细致的流程、周到的服务以及大学生的一流素质受到家长与学生的一致称赞。因为该校处于市区西南片,而提出家教服务需求的家庭又遍布全市的各个角落,所以大学生们的来回路程往往比较长,学校为照顾大学生,便统一安排了交通费用的补贴。

当被问及关于交通费的问题时,大学生们的心态也充分体现出了心理账户的效应。普遍情况是:如果没有交通费,同学们会选择骑自行车;如果有补助,则会选择坐公交或者地铁。有趣的是,如果把交通补助改成家教收入的一部分计入工资总数的话,同学们又会反过来选择骑自行车。同样是这么多钱,称之为"交通费"的话,大家就拿来坐公交与地铁;而称之为"家教收入"的话大家就宁愿省下来骑自行车。可见个体行为受心理因素的影响是多么明显。

(三)人们还会对于数量不同的资金进行不同方式的消费选择

首先要说明,这里所说的因资金数量不同而使消费选择不同,指的是人们对于属于同种收入的大笔整钱和小笔零钱也区别看待,分类消费。研究发现,人们普遍倾向于把大笔整钱放入长期储蓄的账户中,而把小笔零钱放入短期消费的账户中。例如,缪先生看中了一条精品西裤,价值 600 元。他打算到了月末,一旦发了奖金,就将其购买回家。如果月末他获得了 800 元钱的奖金,他可能当天一下班,就拿出 600 元兴冲冲地跑去购买自己心仪已久的那条西裤,顺便将剩下的 200 元钱作为零花钱,买几包烟、一包茶叶等。800 元钱的奖金转眼间就花费殆尽了。然而,如果缪先生得到的奖金有 8000 元,也许他下了班就不是直奔商店,而是转道去了银行,先把钱存起来。而从中拿出 600 元钱去买西裤的动力反而没有第一种情况下大了。

---

① 李爱梅,凌文辁. 心理账户:理论与应用启示. 心理科学进展,2007.

第三章　心理账户与投资行为

造成这种情况的原因是缪先生把这两种奖金分别放在不同的心理账户中，即把 800 元归入零花的收入账户，而把 8000 元归入储蓄的收入账户。实际上，他对待 8000 元的每一元，比 800 元里的每一元都要更加认真和谨慎。结果是多拿了钱反而少用了钱。

如果进一步假设，缪先生因为一年的出色工作得到了一笔 80 000 元的"年终奖"，情况又会怎样呢？一般而言，他很可能会将这笔钱分开，拿出 5000 元做零花，余下的 75 000 元存入银行。因为在对待这样一笔较大的财富时，投资行为学相关理论认为人们会在心中自动地将钱再分成两个账户：零用账户和存款账户。这与 8000 元的奖金相比，其购买西裤的动力又会变强一些，但仍会稍弱于只有 800 元时的状况。人的行为变化就是这么奇妙。

又如大学生小林曾给一户台商家庭的两个上初中的女孩子做家教补习数学。第一个学期的时候，台商林先生每次都是在其做完两个半小时的家教之后，直接给他 80 元钱的报酬。对于这每次得来的 80 元，小林坦言自己完全没有储蓄的念头，经常潇洒地坐坐出租车，看看电影，吃吃披萨，买买杂志，这样不知不觉地就把钱花个精光。

很快一个学期便结束了，随之而来的是两个月的暑假。两个台湾孩子这一次并没有如以往那般回台北老家，而是继续留在了上海。台商林先生在与小林接触一个学期之后，发现他人很不错，课教得也相当认真尽责，于是请他在假期中集中强化辅导两个孩子的数学。这样在整个假期中，小林共上了 12 次家教课，而林先生则在假期结束的时候，一次性给了他 1000 元钱作为家教报酬。这一次小林却没有进行任何花费，第二天就把这 1000 元存入了自己的学费卡中。

其实，这种"大钱不花，小钱乱花"的现象，不单是我们中国人的消费习惯，同样也是全世界人民普遍的心理现象。例如，以色列一位经济学家兰斯博格(Landsberger)在 30 多年前曾研究过关于犹太人在"二战"之后，收到当时西德政府的战争赔款之后的消费倾向问题。

兰斯博格研究后发现，虽然这一笔赔偿金远远不能弥补当年纳粹暴行曾给犹太人身心所带来的巨大创伤，不过这些钱款在人们心中还是大多被看成是一笔意外的收入。每个家庭或者个人根据遭受迫害程度的不同，所得到的具体赔款数额也不尽相同。统计数据显示，获得较多赔款的人，金额可高达其本身年收入的 2/3，而受伤害程度较轻的人群，最低所获赔款金额可能只是其年收入的 7% 左右。因此彼此之间的差距很大。

有趣的是，与最初预计的情况不同，实际上并不是获得赔款越多的人消费得越多，恰恰相反，往往是获得赔款较少的人群，消费得相对比较多。兰斯博格教授的研究数据显示：接受赔款多的家庭，平均消费率为 0.23，即平均而言这部分人群每收到 1 元钱赔偿金，其中只有 0.23 元被消费掉，余下的则被存了起来；接受赔款较少的家庭，其平均消费率竟然达到了 2.00，相当于他们平均每收到 1 元钱赔偿金，不仅把它花得干干净净，而且还会从自己原有的存款中再拿出 1 元钱补贴进去一起消费。可见，多得的这部分赔偿金不但没有增加他们的财富存量，反而使其原有的财富也倒贴了一部分进去。这个例子相当典型，充分说明了人们往往会根据一次性所获收入的多少不同而把收入归入不同的心理账户，从而导致大钱少花、小钱多花的情况发生。

明白了上述道理，我们不但能有意识地避免不利的结果发生，更能利用这种人们普遍存在的心理账户效应，有效跨越行为决策误区，将其为我所用，转变一些事情的做法以求取得更好的效果。例如，为人子女每到过年过节的时候，孝顺的你总是主动给父母亲一笔不算少的整钱,希望逐渐衰老的父母亲能够更好地生活,吃点更有营养的,穿点更好的,最好还能买些补品保持身体健康。可是,心愿虽好,效果却往往不尽如人意,年迈的父母总是舍不得花费,十有八九会把这笔钱放入储蓄的心理账户中舍不得花,更有些善良的老父母,还会找个理由再把钱还给小辈。

在这种情况下,我们可以换一种方式来体现自己的孝心。即将原来打算要一次性给父母的整钱分若干次、以小额的形式给他们。例如,原来打算过年一次性给3000元的,那现在就将它分成十次,每两个星期给300元,或者直接赠予等值的实物,比如新棉衣、保健品等,这样一来,这些小钱小物就会被父母亲归入零花钱的心理账户中,花费起来也更加心安理得,每次的300元一定会比一次性3000元更好地融入他们日常的饮食起居开销中去,而在这种情况下,作为子女的孝心就能够真正的得到体现。

另外,作为家长,过年过节时往往也有一个苦恼,即来往拜年的亲戚朋友比较多,很多人也会热心地给予子女一个红包,美其名曰"压岁钱"。孩子们当然特别高兴,不过家长却常常担心时不时的红包是否会助长孩子乱花钱的不良习惯。现在的家庭普遍都比较民主,直接"克扣"孩子的"压岁钱"也不太合适,到底怎样做才好呢?其实也很容易,家长可以帮助孩子把过年所收的红包全部放到一起,然后在合适的时候把钱一起交给孩子。这就好像是上文孝敬父母的逆向操作。对于孩子来说,一个红包的钱可能并不多,买几个玩具就花完了,可如果把许多红包里的钱聚集到一起再给孩子,他(她)可能也会难以适应自己拥有了这么"大"一笔钱,一时也不知道该如何去花。这时,父母就能够有一个很好的机会来教育孩子从小养成储蓄的好习惯,或者将钱用于孩子的教育支出,通过给予孩子亲身体会的方式来教导他(她)把钱花在应该花的地方。总之,孩子虽小,同样有"大钱"和"小钱"两种不同的心理账户,如果巧妙利用,也能够像孝敬好父母一样,智慧地教育好孩子。

三、心理账户在投资领域的应用——BPT理论

谢夫林与斯塔德曼两位教授经共同研究后提出了基于心理账户效应的行为投资组合理论(Behavioral Portfolio Theory,BPT)[1],这是一个心理账户效应在金融投资决策领域最广泛应用的理论。简单来说,该理论认为:现实中的投资者所建立的投资组合,是基于对不同资产的风险程度认识以及投资者个人的目的,从而形成的一种金字塔式的行为投资组合。在"塔"中,人们普遍将各层的资产都与特定的目标和风险态度相联系,而往往会忽略各层之间的相关性。我们通过与相关传统理论的比较,来解释一下BPT理论。

传统的理性投资组合理论认为,投资者应该从全局出发,关心并考虑他们投资组合的整体期望收益。可是人们在实际操作过程中,由于存在着心理账户效应,几乎都倾向于将其资金分类。具体分成以下两类。

(1) 安全账户:作为保障其基本生活水平与财富存量的一部分。

(2) 风险账户:作为超出基本生活层次需求的资产,并试图用作高风险投资甚至投机的部分。

事实上,如果现在我们去银行或者证券公司进行投资理财咨询的话,即使是理财专家,也会向广大投资者建议将其财产构建成一个类似金字塔结构的组合。通常是根据风险性、

---

[1] Shefrin, Statman. 1999. Behavioral Portfolio Theory. Working Paper, Santa Clara University.

流动性与收益性相结合的原则,将现金与银行存款放在最底部作为基础,而把证券投资基金放在中间,风险与收益系数都最高的股票则放在最上层。从某种角度而言,这其实就是一个简化版本的 BPT 理论的金字塔模型,那么,投资行为学家又是如何构建这个"神秘"的金字塔的呢?请参见图 3-4。

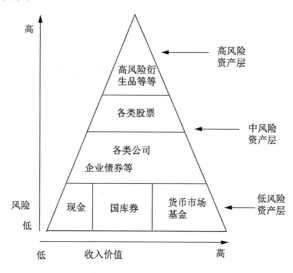

图 3-4　行为资产组合金字塔图

如图 3-4 所示,典型的分层金字塔结构从底部到顶端是按照风险程度由低到高分层排列的,而其收入价值则是从右到左来排列。模型中的每一层是根据安全性、潜力值与期望值这三者相关的投资需求设计的。而考虑到安全性的不同,底层是为投资者设计的现金,包括货币市场基金等,上一层是各类债券,最上面的则是股票与房地产[①]。

行为投资组合理论是建立在卡尼曼和特维斯基的前景理论之上的一个框架体系。它认为投资者的资产结构应该是金字塔式的分层结构,而这其中的层次结构,正是所谓的"心理账户"。事实上,投资者对其资产进行分层管理,每一层对应于投资者的一个目标。底层通常是为了满足基本生活需求,避免贫穷而设立的,因此,投资对象一般是短期国债与货币市场基金等有着稳定收益而风险较小的证券。越往上则投资致富的需求越强烈,所以最高处的投资对象通常就是高科技公司股票、高收益证券乃至高风险的金融衍生产品等。即使在最简单的情况下,投资者们通常也会分别针对高期望水平与低期望水平这两个心理账户构建投资模式,并在其中分配资金。

BPT 模型不但对投资者们在控制投资范围和对象时起到构建组合和控制风险的作用,同时对于发行证券新品种的专业金融机构也起着重要的指导作用。随着现代金融创新步伐的加快,机构之间的竞争也日益激烈,若要开发出深受市场欢迎的投资新品种,那么对于证券回报的分布形状,以及其在行为组合中所处的层次位置,都不得不加以全面而精心的考虑,运用 BPT 模型构建新产品,成了最终产品能够受到市场认可的重要前提保证之一。

此外,巴比雷斯(Barberis)与黄明两位学者在 BPT 模型的基础上也曾发表过一篇名为

---

① Lopes, Lola. 1987. Between hope and fear: the psychology of risk. Advances in Experimental Social Psychology.

《心理账户、损失规避与个股回报》的论文,其中给出了一个更加完整的、加入了具体投资者心态的投资模型。该文研究了在两种心理账户下公司股票的均衡回报:一种是投资者只对所持有的个股价格波动损失规避;另一种是投资者对所持有的证券组合价格波动损失规避[①]。该模型在结合心理学、经济学和社会学相关研究成果的基础上,对投资者与外部信息之间的互动关系作了崭新的诠释,并对投资者的心态及其决策过程作了具体的刻画,从而为人们投资决策和资产定价的研究提供了一种新的思路。

四、心理账户在消费领域与证券市场中的体现

卡尼曼与特维斯基两人在心理账户效应的研究方面做了大量的工作,并取得了一系列的研究成果[②]。关于在不同的框架和心理账户内,如何判断相应的储蓄或者投资决策,他们得出如下具有典型性的结论:如果人们开车去旅游可以节省 5 美元,通常大家都会对此不屑一顾;然而,几乎所有人在买一件原价 20 美元的衬衫时,都愿意为了节省同样的 5 美元而花很多时间与店主讨价还价一番。

这一研究结果认为,某个项目的行为决策与对该项目的原始成本预期密切相关,相对储蓄比绝对储蓄更重要。当绝对储蓄的水平开始增加时,这种效应也就逐渐消失了,也就是说,当储蓄的绝对数量超过某一个水平后,有些心理账户就变得不再那么重要了。另外,从消费的角度来看,有太多的研究和事实可以表明,绝大多数消费者无论是否是有意识的,都会采用某种特殊的预算程序,这个程序不仅可以确保不同的消费类别有相应的货币分配,而且可以作为检查这些消费的一种手段。这就是心理账户在消费领域的体现。早在 20 世纪 30 年代,美国的失业工人家庭的妇女,就习惯于用信封或盒子将各种各样的收入分开,用于满足不同的消费。比如,一个闲置房间的出租费就可能被用来偿还抵押贷款,而一个孩子打工挣来的钱就很可能被用来购买学校的制服。进入 20 世纪 60 年代,某位作家在描写工人家庭的主妇是如何筹划整个家庭开支时,曾描写过这样一种具有典型意义的"罐头记账法":主妇们将用于不同用途的钱款分开,放置在罐头瓶或贴有标签的广口瓶中。第一个瓶子是为了偿还贷款的,第二个瓶子是用于购买食品和日用品的,而第三个瓶子则是用来在闲暇时喝咖啡享受的……分门别类,井井有条。

对于这种现象,心理学家胡斯塞恩(Hussein)有过相当精辟的分析:人们为将收入划分到不同的预算名头下而使用了多种方法,有些人分装在不同的口袋里,有些人放在颜色各异的塑料袋子里,还有些人则是放在不同口味的果酱瓶里。总之,这些钱被人们根据不同的消费类别而划进了不同的心理账户中,在不同的心理账户中每个类别所需要的钱都是单独存放。即使在不同用途之间会有少许量的钱款能够被自由转移,但基本上绝大部分比例的钱款,都是为了某一个特定的目标而准备的。通过深入研究人们的心理状态,以及其对储蓄、消费与投资的影响,我们能够从一个新的角度来合理地解释人们是如何处理由证券带来的不能实现的损失和利益。认识到在不同的场合下人们使用什么样的心理账户来处理他们的股票,无疑可以帮助我们更好地理解投资者的行为,并据此改善对未来交易活动的预测。

---

① N. Barberis, M.Huang. 2001. Mental Accounting. Loss aversion and individual stock returns.
② A. Tversky, D.Kahneman. 1981. The framing of decisions and the psychology of choice. Science.

第三章　心理账户与投资行为

斯塔德曼教授认为,在证券投资中,投资者会根据价值的大小,一层一层地建立起金字塔式的投资组合。不同的层次对应于不同的目标以及其对风险的特殊态度。有些钱投资在最底下的保护层,主要目的是避免遭受损失,如偏好大盘蓝筹股的开放式基金;有些钱则投资在最上面的潜力层,目的是在承受较大风险的同时,获得丰厚的利润回报,如投资中小企业板块中具有巨大成长潜力,同时又面临着很大不确定性的某生物制药企业的股票。

而在有关现代投资决策方面,谢夫林与斯塔德曼曾进一步在某篇文章[①]中提道:心理账户效应的内在影响已经在一定程度上被引入各类金融产品的设计中去。另外,证券创造者、股市经纪人等也越来越多地、有意识地将投资者所能够获得的现金流收入尽可能多地进行拆分。最明显的诸如证券的溢价、证券的资本利得、年金和红利的收入等。从某种程度上来讲,这种多层次而又相对高频的现金流收益结构,让投资者在不知不觉中拥有了三类收益来源,从而在投资者心中构建起三类不同的心理账户。通过这种巧妙的收益分账模式,公司决策者的资本融资计划能够吸引到更多投资者的支持,其发行的证券在资本市场上也更有可能受到资金的追捧。

此外,里特(Ritter)和洛夫兰(Loughran)这两位投资行为学家对于股票IPO(首次公开发行)与心理账户效应之间的关联性曾做过一个研究。研究发现,在资本市场上,经常可见上市公司在IPO过程中会有意识地不一次性公开发行所有的股票,而是采用多次发行、定向增发、配售以及"绿鞋机制"等多种方式。从表面上看,这种"化简为繁"的发行方式极大地加重了公司的发行成本,耗费了更多时间、精力与资源。为什么上市公司会做这种吃力不讨好的事情呢?原来,发行者进行这种操作最主要的目的是防范不可预知的定价风险。数据统计表明,有超过40%的拟上市公司对于IPO的最终价格并不是非常满意,认为自己的优质资产有被低估的嫌疑。在这种情况下,分阶段多次发行股票,就能够使发行者有能力将低定价所导致的损失与之后因定价攀升所带来的收益结合在一起。这样一来,公司既有效避免了一次性遭受全部损失的风险,又不会因为最初的低定价所遭受的损失而感到难过(因为根据价值核心理论,如果存在股价低估的情形,那么市场的调节机制会自发启动,抬高价格为之后新发行股票铺路)。显然,这种操作手段也非常符合上文中所述的"合账与分账"的理念。

还有一些更新的研究发现,通过对不同地域的不同证券交易市场的抽样调查结果进行分析,绝大多数的投资者(比例大于75%)在实际交易决策时,更可能在意识到综合收益为负时,会同时卖掉多只股票。因为尽管在损失时卖出股票本身是一种痛苦的心理感受,但是按照心理账户规律,同时卖掉亏损的股票可以使痛苦程度最小化;反之,在意识到综合起来的收益为正时,人们则更愿意在不同的时候分批地卖出手中的股票,因为总体来说,这是一个积极的事件,分开操作能使投资者的心理满足感达到最大化。

到目前为止,投资行为学家关于享乐编辑假说以及S型收益曲线理论的一些检验结果,基本都验证并支持了基本的心理账户效应的内在规律,同时也在当今不同类型的金融市场中不断地得到证实和体现。

[①] H. Shefrin, M. Statman. 1994. Behavioral Capital Asset Pricing Theory. Journal of Financial and Quantitative Analysis.

第三节 案例分析与实践

一、心理账户与税收政策

通过上面的讲述，我们已经清楚地认识到，人们会把辛苦赚来的钱、靠运气赢来的钱或者意外获得的钱，分门别类地放入不同的心理账户中，并会造成消费倾向与风险偏好的差异。投资行为学这一新兴理论研究的发展，已经能够对包括政府在内的各类机构与个人的决策产生重大的影响。下面我们就心理账户效应与政府税收政策之间的关系做一个深入分析。

根据财政学方面的基础知识，当一个国家内需不足的时候，为了拉动经济增长，各国政府一般都会采取一些积极的财政政策来刺激国内的消费。其中，"减税"无疑是一种既简单易操作，又效果相对显著的措施。按国际上通行的做法，关于"减税"主要有以下三种具体的方式。第一种是调低税率，即直接减少人们上缴的税金金额，比如告诉普通纳税人，明年的个人所得税税率将由现在的25%降低到20%，这是最简单的减税方法。第二种是税金返还，如出口退税，纳税人的出口商品原先按照规定的税率25%纳税，但征税之后，政府又按照一定比例(比如5%)将税金退还给原纳税人。第三种则是纳税人首先仍按照原定的25%税率缴税，接着在经过一段时间以后，政府会以诸如"财政结余"等名义给正常纳税人一笔资金，其数量就相当于5%的税金。然而，政府并不会直接告诉纳税人这笔钱与其缴纳的税金的关系。

上述三种方式，无论是对政府所征得的税金数额，还是对纳税人所获得的"减税"收益数额而言，事实上都是等价的。在第一种方法中降低5%的税率就相当于第二种方法中返还5%的税金，同时也相当于第三种方法中给予纳税人金额等同5%税金的钱。尽管从经济学的角度来看，三者并没有什么大差别，但是从投资行为学的角度来看，就有着很大的不同。事实上，在实际拉动内需、刺激消费的过程中，这三种方式的有效程度也大为不同。请你思考一下，哪一种方式最有效呢？

正确的答案应该是第三种。这是因为心理账户效应的影响，使人们对上述三种不同减税方法的态度有着很大的不同，从而影响其后继的实际消费倾向。例如第一种方法，采取直接的减税政策，尽管从成本、核算、手续等角度看相比退税和给钱的政策更加便捷，但是这样做却无法改变这笔少缴纳的钱在人们心目中的性质。虽然税率降低、付出减少，但人们仍将其归于"辛苦工作所得的血汗钱"这一心理账户，会舍不得花费，所以刺激消费的效果不会太好。第二种退税的方式效果会好一些，但本质上与第一种类似，促进消费、拉动内需的效果比较适中，国内消费需求不会因此有很大的提高。第三种方法则是先上缴与以往数目相同的税金，这样这笔钱就不再属于自己的"血汗钱"心理账户。之后过了一段日子，却意外收到政府给予的似乎与税金无关的钱，在这种情况下，人们普遍感到是幸运女神的眷顾使自己获得了一笔"意外之财"，大家自然就倾向于将其用于消费。

可见，政府为了达到刺激消费的目的，采取"迂回给钱"的方式要比"直接减免"的方式更加有效。如果财税政策的制定者们不清楚这个道理的话，就有可能虽然减少了自身的财政收入，却没能达到刺激消费、拉动内需的预期目标。

二、心理账户的可替代性与不可替代性

传统的投资理论假设资金应该是"可以被替代的"(fungible),换言之,各种来源、用途的资金从理论上讲应该都是等价的。例如,购买彩票中了2000元的彩金与辛苦工作赚来的2000元的工资收入,两者在理论上应该具有相同的价值。然而,在现实生活中,在绝大多数人的心中,这两种途径所获得的资金通常不具有可替代性,因而将其归入到不同的心理账户。对于这两个心理账户中的资金,人们通常会区别对待:"反正前者是靠幸运得来的钱,就好像天上掉下来的大馅饼一样,花掉也不心疼。""后者是辛苦了一个月好不容易赚了这么点工资,一定要省吃俭用,最好都存起来。"诸如此类心理暗示可以说是最普遍的想法。为什么会有这种情况发生呢?基于心理账户效应可以认为,即使是币值币种完全一样的资金或财产,它在人们的心目中还是存在着"非替代性"(non-fungibility)的特点。以下我们从三个方面来分析资金发生"非替代性"特点的原因。

(一)视收入来源的不同而产生的心理账户之间的非替代性

人们会因收入来源的不同而产生心理账户之间的非替代性。例如,李先生是一个彩迷,下班回家时经常顺路买10元钱的福利彩票,由于运气不错,三个月不到,他在花费了500元左右的情况下居然有一次中了10 000元左右的三等奖。他非常高兴,正逢假期,自己与妻子女儿都有空闲时间,于是决定用这笔钱出去旅游。最终,一家三口高高兴兴地参加了旅行社组织的"新马泰双飞十日游"。可谓全家欢乐,其乐无穷。

张先生同样是一个彩迷,但与李先生不同的是,他同时又是一个狂热的足球迷。于是,张先生自然选择购买体彩中心新推出的"足彩"。既然买了"足彩",自然要好好研究每轮比赛的胜负情况。于是他几乎将每天的闲暇时间都用在了研究国外足球联赛上,分析球队实力强弱,考虑诸多场内场外因素,并到处打听相关胜负的预测情况,还要熬夜仔细观看比赛的转播。总之,他花在"足彩"上的时间和精力并不亚于平日里的本职工作。巧的是,在花费了同样500元左右的成本与三个月左右的时间之后,张先生终于也通过自己的辛勤付出得到了回报,奖金也在10 000元左右。别人恭喜他,并建议他拿这笔钱去旅游,可他的回答却是:"算了吧,研究足彩,不比上班轻松多少,赢的钱还是去存银行的好。"

比较一下这两位先生,同样是购买彩票中奖,可因为在获得这笔"额外"的钱财时所付出的时间和精力不同,一样的奖金就被人为地赋予了不一样的内涵,并最终作出了不同决策。一般来说,人们会把辛苦赚来的工资收入存起来而不轻易花掉,而某些意外得到的财富花费起来却非常快,其中很大一部分原因就是心理账户效应在起作用。

(二)视消费项目的不同而设立的心理账户之间的非替代性

人们会因消费项目的不同而产生心理账户之间的非替代性。例如,吴先生与妻子情深义重,两人是出了名的模范夫妻。有一次吴先生陪太太逛街,给太太买衣服时出手大方豪爽,偶尔路过名表柜台,看到一只名表十分气派,正巧吴先生所用的表是多年前的老款式,也有"辞旧迎新"的需求,试戴了一下也十分理想。这款手表十分符合吴先生的心意,除了它所标示的价格5000元!虽然自己真的很喜欢,可是一看到这个昂贵的价格,吴先生犹豫再三之后最终还是放弃了购买的想法,拉着太太走出了商厦。

一个月后的一天，太太给吴先生过生日，在吃过一顿浪漫的烛光晚餐后，太太拿给他一只包装小巧但非常精美的礼品盒。吴先生打开礼品盒一看，里面正是自己曾想购买却又不舍得花钱的那块名表。原来吴太太是个细心而又体贴的好妻子，那次眼见他真心喜欢可最终又因不愿意增加家庭支出负担而放弃了这块表，便独自去悄悄买回来想给丈夫一个惊喜。于是，夫妻俩过了一个十分温馨又浪漫的生日。

我们来分析一下，同样是花费 5000 元来购买一款手表，都属于家庭开支，为什么一开始吴先生就不舍得购买，而后来妻子买了他却只有高兴并没有丝毫的不舍呢？这是因为当自己购买手表时，吴先生将其看作普通生活开支，5000 元便太贵了；而妻子悄悄买来作为礼物送给他，则被看作感情深厚的见证，是属于情感上的开支，因此他自然欣然接受。虽然都是花家里的钱，但结果却迥然不同。可见，为不同的消费项目所设立的心理账户之间同样具有非替代性。

(三) 视存储方式的不同而导致的心理账户之间的非替代性

人们会因存储方式的不同而产生心理账户之间的非替代性。例如，王先生夫妇都是国内名牌大学毕业的高才生，双双来到美国生活打拼，都有着很好的工作和薪酬待遇，于是准备存钱买车买房。一段时间过去了，他们已经积累了 2 万～3 万美元，便准备再积累两年等满足首付条件后，就去买一套别墅，现在这笔钱被安稳地存放在银行的商业存款账户中，年利率为 10%。

上个月，王先生因为才华横溢，工作又踏实努力，受到了上级主管的赏识，给他升了职。夫妻两人在高兴之余也碰到一个小麻烦，升职后需要到总公司上班，而总公司距离现在两人住的地方相对比较远，没有私家车的话每天上下班会非常麻烦。于是，夫妻两人合计了一下，便决定先买辆全新的"别克"小轿车，价格约为 12 000 美元。由于手头没有这么多现金，他们便申请了某金融机构的汽车贷款，两年期的贷款利率为 15%。

读者朋友不禁会问：为什么王先生夫妇不动用留着买房子的钱先去买车子呢？这是因为，人们对已经有了预定开支项目的金钱，不愿意由于临时的开支而加以挪用。对于这个家庭来说，存起来买房子的款项，就已经属于"购房"这个预定的心理账户了，如果另外一项开支(买车)挪用了这笔钱，感觉这笔重要的钱就不再存在。

事实上，如果挪用了这笔钱，家庭的总财富并不会发生改变，甚至还能够节省下 5% 的利息支出。但正是因为财富改变了其存放的位置，使人们心里的感觉不一样。这就是固定账户与临时账户的非替代性。

综上所述，同样的金钱在人们实际生活中确实存在着与传统理论不相符的"非替代性"。实际上，我们换个视角从投资行为学的角度来讲，道理也是一样的。这同样会让投资者对于不同心理账户中的资金给予不同的风险偏好，并因此作出不同的决策。

三、心理账户对股民决策的奇妙影响

心理账户效应又是如何影响广大股民的投资决策的呢？下面我们通过一个具有实际代表意义的虚构案例来加以解释与说明。

王小姐与我们绝大多数人一样，在一个不大不小的单位工作，是一个普通的小白领。

第三章 心理账户与投资行为

近两年，股市持续上涨，周围的人整天都在充满热情地讨论着又买了哪只股票，赚了多少钱，听得王小姐也心动了，于是她兴冲冲地跑去证券公司开了户，翻翻报纸，听听身边老股民的意见，也像模像样地成了一个新手。由于大势趋好，几次交易下来也小有收获。这样一来，王小姐的热情更高了，在老股民的帮助下还开通了网上交易。这样既能够轻松了解股市情况，又能够以最简单的方式买卖股票，还不需要额外的交易费用，通过银证转账，一旦抛出股票后，得到的钱款也会自动地转到她的银行存款账户中。

一个月前，王小姐的闺中好友——在某银行工作的贾小姐兴冲冲地给她打电话，说根据"内部消息"，B 股票很可能在几周内强势上涨，让她提早"进场"。王小姐听了，心中窃喜，盘算着这次又能够赚上一笔，便毫不犹豫地买了 10 000 股，当时该股股价为 20 元/股。几天后，王小姐在翻阅财经报纸时，却发现 B 股票目前的股价居然不涨反跌，只有 15 元/股了。

王小姐不禁大惊失色，连忙上网打开证券软件，看着 B 股票近来不断下降的 K 线图，她的心顿时揪紧了。每股下跌 5 元，这一下子可就损失了 5 万元啊！这可不是一笔小损失。她苦闷地坐在了电脑前，思考着到底要不要赶快"割肉止损"。抛还是不抛？王小姐直皱眉，不抛怕继续下跌损失更大，可是抛了，一来不甘心就这么白白损失 5 万元，二来又怕过几天股价涨回来。到底该怎样办才好呢？鼠标久久地停留在"卖出"这个按键上，王小姐却始终没能狠下心点下去。

如果你面临这种情况，会如何决定呢？

很多人在回答这个问题时的答案都是"不抛"，你的回答是否同样如此？让我们继续看这个案例。

就在王小姐徘徊于到底是抛还是留的时候，忽然家里的电话响了，是远方的父母打来的。父母的声音是那么的亲切，使她暂时忘记了投资损失的不快，而与父母闲话家常，相谈甚欢。半个小时很快就过去了，当接完电话回到书房的电脑桌前时，王小姐却看到她的丈夫神色不安地坐在了电脑前，并吞吞吐吐地告诉她，本想看看体育方面的新闻，却一不小心按下了"卖出"键，已经把那个 B 股票给卖掉了。王小姐一惊，连忙仔细一看，果然，原先的 10 000 股 B 股票现在变成了 15 万元现金转入了她的银行账户。

在这种情况下，王小姐又面临两个选择：一是立即再按这个价格把股票买回来(假设不考虑相关交易费用)，继续持有；二是既然已经卖了就算了，考虑将套现的钱款投资于其他更好的股票。

亲爱的读者朋友们，这时候你又会如何决定呢？

和大多数人一样，王小姐选择了接受现实而没有立即把 B 股票买回来。请问，你的选择是否也是这样的呢？

现在我们来分析这两次选择所反映出来的投资心态。其实，上面的两个选择，实质上是完全等价的，但为什么人们的决定却会前后迥异呢？

实质上，王小姐在该笔投资中需要作出的决策就是：在当前 15 元/股的价位上，到底是应该继续持有，还是卖出折现。而一个理性的决策者在面对这样的问题时，主要考虑的有以下这些因素：股票前景如何；是否存在相对更好的投资机会；自己是否急需用钱。

如果我们不卖掉持有的股票是因为看好它，觉得行情会上涨，并且相比较来说也没有什么更好的投资机会，生活中也没有急需用钱的情况出现。那么，被不小心卖出的股票就不应该影响我们对于现金的需要和投资的机会成本。所以，我们应该再把它买回来。

如果说我们把股票卖出以后又不愿意再将它买回来，那说明实际上我们也不看好这只股票，或者认为有更好的投资机会。既然如此，为什么在第一个问题中我们又选择了持有呢？

事实上，很多人都和案例中的王小姐一样，在相同的情况下，却会作出前后截然相反的决定。关于买还是卖 B 股票这个问题，人们通常的决策是前后相反的。当丈夫没有卖出股票时选择不抛，而当丈夫不小心卖出之后却又不再买回来，这不是自相矛盾吗？

这种自相矛盾的决策虽然有违理性，但在日常的股市中却是屡见不鲜。追根究底，正是心理账户效应的存在所导致。根据塞勒教授的表述，这就是典型的"人们把实际上客观等价的支出或者收益，在心理上划分到了不同的账户中"。

虽然笔者已将心理账户效应的内涵、特点、表现以及由此带来的后果都进行了深入的分析，但是，如何才能够较好地避免这一思维误区呢？

芝加哥大学商学院的奚恺元教授就这个问题给出了一个简单易行的解决方法——换位法，即转换思维角度，考虑一下自己如果处在相反的或者其他的情况时会给出怎样的判断和决策[①]。

例如，如果现实生活中你也与案例中的王小姐一样，对于卖出还是买入股票犹豫不决的话，不妨试着运用一下换位法：设想如果你现在手中并没有这只股票，那你是否会将它买入呢？如果你的答案是肯定的，即愿意买入这只股票，则说明你是真正看好它的业绩和走势的，那么你现在就应该坚定地选择继续持有而不管其目前是否给你造成了账面亏损；反之，你就应该当机立断，果断斩仓套现，抛出这个"烫手山芋"，因为既然自己都不看好它，那么还不如折现后寻找新的潜在盈利机会。

利用换位法，换一个角度思考实质同样的问题，只要自己在两种等价的情况下作出的决策是前后一致、不矛盾的，那么你自身的行为就是理性的。这里需要注意两点：①换位的情形应该是等价的，或者是基本等价。例如在股票交易的案例中，我们就假设无论买进还是卖出股票，都不受交易成本的影响。而在实际操作中应当根据不同的情况作出一定的调整。②前后一致的决策只能保证行为本身是理性的，即仅仅符合你自己的内心本意，但并不表明该决策就一定是正确的，更不说明这笔投资一定会带来收益。因为换位思考的目的是减少你在行为决策中的非理性困扰，而投资本身具有风险，入市需谨慎。

思考与探索

1. 简述心理账户效应的定义与内涵。
2. 试回忆和解释行为生命周期理论(BLCH 理论)的相关内容。
3. 理解"得失框架"与"享乐主义编辑假说"的相关内容。
4. 试述 S 型价值函数的特点与含义。
5. 分析并讨论心理账户效应中的"分账与合账"的内容。
6. 心理账户相关理论是如何对消费与投资倾向进行分析的？

---

① 奚恺元. 别做正常的傻瓜. 北京：机械工业出版社，2004.

7. 简述行为投资组合理论(BPT 理论)。

8. 思考自己是否在消费、投资的过程中下意识地在心中设立了不同的心理账户？怎样避免产生这种不必要的心理误区？

9. 试寻找关于心理账户效应的中外研究文献，对其进行更深层次的学习和理解。

10. 尝试借鉴文中相关案例，实际运用心理账户效应来作出一些正确的决策。

第四章　机会成本与投资行为

【学习要点】

- ◆ 掌握机会成本的基本内涵。
- ◆ 掌握机会成本的分类及主要特征。
- ◆ 了解机会成本与会计成本的区别与联系。
- ◆ 了解跨期决策中符号效应的内涵。
- ◆ 了解镜像效应的内涵。

【章前导读】

让我们就以一个小小的典故开始：熊喜欢吃鱼，而熊捕鱼的方法就是用手掌拍击河里的鱼，使它被击到岸边。再让我们设想一下，一只熊刚好抓到一只鱼的时候，有个猎人出现了。这时猎人就会面临着两个选择：第一，把熊赶走得到鱼；第二，趁熊吃鱼时，袭击并捕猎它。因为熊凶残成性，捕猎它并不是件容易的事。要得到熊掌必须以鱼为诱饵。要得到鱼，就得赶走熊，从而失去熊掌，故出现了这样的典故：鱼和熊掌不可兼得。这个词是出自《孟子·告子上》：鱼，我所欲也；熊掌，亦我所欲也，二者不可得兼。孟子这句话的用意想必各位读者都是明白的。在同时有两种或更多种选择的时候，而一定的条件限制下我们只能作出其中一种选择，也许你们的选择是不一样的，有的选择熊掌有的选择鱼，但是哪种选择是最有利的呢？笔者将对此进行分析阐述。

【关键词】

机会成本　镜像效应　羊群效应

第一节　机会成本的行为分析

一、机会成本的基本内涵

假设你现在刚本科毕业，你有机会去继续学习就读研究生，还有一个机会去工作，当然你的时间和精力是有限的，你只能作出其中的一种选择或作出另一种选择。如果你选择继续学习，那么你就得放弃工作，这时你也放弃工作带来的经验、收入及其他的好处，同时你还因为读研花费时间、金钱，甚至产生我们不可忽视的心理问题，毫无疑问，这是你读研所要承担的成本，这些成本就是我们在这里要谈论的"机会成本"。机会成本是奥地利学者弗·冯·维塞尔在其《自然价值》中，通过对成本定律的分析，将效用与成本联系起来，独创出来的概念，这一概念的提出也是西方经济理论的重大贡献之一，即"一项决策的机会成本是作出某一决策而不作出另一决策时所放弃的东西"，换言之，机会成本指的是把一定的社会资源投入某种特定用途后所放弃的在其他用途中所能够获得的最大利益，需要强调的是，所谓放弃的收益是指最大的收益。例如，农民在获得更多土地时，如果选择养猪就不能选择养其他家禽，养猪的机会成本就是放弃养鸡或养鸭等的收益。假设养猪可以获得9万元，养鸡可以获得7万元，养鸭可以获得8万元，那么养猪的机会成本是8万元，养鸡的机会成本为9万元，养鸭的机会成本也为9万元。

其实，在生活中我们也经常会作出这样的选择。例如，在图书馆看书学习还是享受电视剧带来的快乐之间进行选择。那么在图书馆看书学习的机会成本是少享受电视剧带来的快乐，享受电视剧的机会成本是失去了在图书馆看书学习所得到的东西。又如，朋友花钱请吃饭，你可能觉得并没有付出什么成本。事实上却非如此，因为在这次吃饭过程中，你也付出了成本，那就是时间成本。本来你可以用这些时间休息、看看书或打打球，以获得其他方面的收获。这吃饭花费的时间就是你吃饭的机会成本。越是名人，他的时间成本越高，吃饭的机会成本也就越高。正因为如此，想要邀请美国股神巴菲特吃午餐的成本就非常高,他 2010 年某一次的午餐就拍卖到了 262 万多美元的天价。所以说,"天下没有白吃的午餐"这句俗语是非常有道理的。

此外,在现实生活中,人们也经常会遇到机会成本的选择问题。例如,"十一"小长假期间,你可以利用七天的时间在家好好放松一下,睡觉,看看电视休闲一下,你也可以出去旅游,感受一下外面的新鲜空气,抛开工作的烦恼,但是只有这七天的时间,你只能作出其中的一种或两种选择,总之这有限的时间不可能满足你所有的要求。这时你就会考虑是出去旅游还是待在家里,哪一个选择会比较有利呢,这个利益不仅仅指金钱方面,还有精神、时间以及心情愉悦程度。以上问题都是人们通过理性分析得出的结论,然而,事实上人们却因为诸多原因而无法作出正确分析与判断。

现假设你有一张去看美国大歌星埃里克·克莱普顿(Eric Clapton)今晚演唱会的免费门票(注意:不能转售)。而另一位美国大歌星鲍勃·迪伦(Bob Dylan)今晚也在开演唱会,迪伦的演唱会票价为 40 美元。当然,别的时候去看他的演出也行,但心理承受价格是 50 美元。换言之,要是迪伦的票价高过 50 美元,就情愿不看了,哪怕没别的事要做。除此之外,看两人的演出并无其他成本。试问,去看克莱普顿演唱会的机会成本是多少?去看克莱普顿的演唱会,唯一需要牺牲的就是去看迪伦的演唱会。不去看迪伦的演唱会,会错失价值 50 美元的表演,但同时也省下了买迪伦演唱会门票所需支付的 40 美元。所以,不去看迪伦演唱会,放弃的价值是 50-40 = 10(美元)。如果觉得看克莱普顿的演唱会至少值 10 美元,那就应该去看;要不然,就去看迪伦的演唱会。行为经济学家保罗·费雷罗(Paul Ferraro)和劳拉·泰勒(Laura Taylor)曾向大学生们提出了上述克莱普顿/迪伦问题,看看他们能否作出正确回答。出的是选择题,只有四个答案:a.0 美元;b.10 美元;c.40 美元;d.50 美元。

如前所述,正确的答案是 10 美元,也就是不去看迪伦演唱会所牺牲的价值。可是,费雷罗和泰勒向 270 名上经济学概论课程的大学生提出了这个问题,只有 7.4%的人选择了正确答案。因为只有四个选项,哪怕学生们是随机选择,正确率也该有 25%。之后,费雷罗和泰勒又向 88 名从没上过经济学概论课程的学生提出了同一个问题,这回的正确率是 17.2%,相比上过经济学概论课程的学生竟高了两倍多,但仍比随机选择的正确率要低。为什么上过经济学概论课程的学生没能表现更佳呢?因为在经济学概论课上,老师会给学生灌输几百个概念,机会成本只是其中之一,而学生没花充分的时间进行反复演练,也就无法真正理解它。费雷罗和泰勒则认为关键在于教经济学的老师自己也没掌握机会成本这一概念,因为 2005 年美国经济学会开年会的时候,他俩向与会的 199 名专业人士提出了这一问题,只有 21.6%的人选择了正确答案,25.1%的人认为去看克莱普顿演唱会的机会成本是 0 美元,25.6%认为是 40 美元,还有 27.6%认为是 50 美元。

二、机会成本的理论分析

所谓机会成本(opportunity cost)是指为了得到某种东西而所要放弃另一些东西的最大价值;也可以理解为在面临多方案择一决策时,被舍弃的选项中的最高价值者是本次决策的机会成本;还指厂商把相同的生产要素投入其他行业当中去可以获得的最高收益。机会成本又称为择一成本、替代性成本。

机会成本可分为显性成本与隐性成本两类。使用他人资源的机会成本,即付给资源拥有者的货币代价被称作"显性成本";而因为使用自有资源而放弃其他可能性中得到的最大回报的那个代价,则被称为"隐性成本"。例如,某人拥有一所房子,其选择自住的机会成本就是把房子租给他人所能拥得的收入,但由于该机会成本并不牵涉实际金钱交易,因而也可算作"隐性成本"。我们利用机会成本这一概念进行经济分析的前提条件是:①资源是稀缺的;②资源具有多种用途;③资源已经得到充分利用;④资源可以自由流动。

机会成本的主要特征有以下三点,分别为:①机会成本是可选择的选项。机会成本所指的机会必须是决策者可选择的选项,若不是决策者可选择的选项,则不属于决策者的机会。例如,某农民只会养猪和养鸡,那么养牛就不会是某农民的机会。②机会成本是有收益。放弃的机会中收益最高的项目才是机会成本,即机会成本不是放弃项目的收益总和。例如,某农民只能在养猪、养鸡和养牛中择一从事,若三者的收益关系为养牛>养猪>养鸡,则养猪和养鸡的机会成本皆为养牛,而养牛的机会成本仅为养猪。③机会成本与资源稀缺。在稀缺性的世界中选择一种东西意味着放弃其他东西。一项选择的机会成本,也就是所放弃的物品或劳务的价值。机会成本是指在资源有限条件下,当把一定资源用于某种产品生产时所放弃的用于其他可能得到的最大收益。

(一)机会成本与会计成本

机会成本与会计成本是两个不同的概念。会计成本有五种计量方式,即历史成本、重置成本、可变现净值、现值以及公允价值。通常情况下采用历史成本计量,即实际支付的货币成本。机会成本可能等于会计成本,也可能不等于会计成本。在完全竞争的条件下,机会成本等于会计成本;在商品(或生产要素)供应不足、实行配给的条件下,机会成本高于会计成本;在商品积压或要素闲置的条件下,机会成本低于会计成本,甚至为零。

通常,人们在机会成本与会计成本不等的情况下,尤其是在机会成本高于会计成本的情况下,会使用机会成本的概念进行经济分析。因为使用机会成本的概念可以较准确地反映将有限的资源用于某项经济活动的代价,从而促使人们比较合理地分配和使用资源。然而,机会成本的概念没有说明成本或费用的本质是什么,而且由于被放弃的活动可以是多种的,因此,机会成本的确定往往具有主观任意性。

(二)心理账户与机会成本

基于传统的投资学理论,每个投资者都是理性的,其在投资时会综合考虑收益与风险后,通过构建最优投资组合以使收益风险比例最大化(夏普比率最大化)。然而,由于现实中的投资者并非是"完全理性人",因而会更青睐"分散化"的投资思想。谢夫林(Shefrin)和斯塔德曼(Statman)(2000)认为投资者因受到"心理账户"的影响,而在心中构建一个金字塔式的投资组合,即投资者并非通过计算"机会成本"来对资产进行组合配置,而是分别为每一个投资目标设置一个心理账户,即只要每个层次的资产配置的收益和风险与投资者的价值观相一致即可。显然,这个资产组合不一定就是最优资产组合,即并不是之前所谓的机会成本"最小化"。通常,投资者会在金字塔的最底层投资一些流动性大、变现能力较强的低风险资产,以满足随时变现的需求,这就是财富的"安全层";在金字塔的中间层就会配置一些收益与风险都较高的风险资产,以满足投资者较高收益的要求,这就是满足收入的"需求层",这一组合亦未达到传统投资学中所谓的最优组合,而仅达到了投资者的心理满足;金字塔的最高层被称为"致富层",这类的投资组合通常是高风险且能带来高收益的资产，这类资产组合亦不是最大化的收益风险组合，而是遵循"心理账户"的原则进行投资组合配置以满足投资者的多层次需求。因此，投资的最终结果也并非是由机会成本所决定的，而是由投资的投资目标与心理账户的分布所决定。显然，投资者在较高的风险下并没有获得最大的收益。事实上，通常人们利用有限的时间来完成工作目标，这一目标是基于其心理账户所设定的，一旦目标完成则会获得极大的心理满足。总之，心理账户是一种心智控制措施，如果在最后期限或达到了投资限制时没有获得结果，通常人们会在心理上为退出冒险而预先制定心理预算并采取行动。

(三)博弈论与机会成本

博弈论(game theory)的思想是由美国数学家冯·诺依曼(Von Neumann)和奥斯卡·摩根斯坦恩(Oskar Morgenstern)于1994年在他们合著的《经济行为和博弈论》一书中首先提出的。博弈是相互制约的共同方在作出决策时需要考虑局中其他人的想法从而使自己的利益尽可能的大。在博弈中，其中任何一个局中人都受到其他人的影响，正是由于这种影响，每个人不能控制所要发生的事情，也没有一个人是处于孤立的状态。现代社会是一个高度密切联系的社会，每个人的决策不仅影响着自己，同时还会影响着身边的其他人；从另一个方面说，别人的行为也会影响我们的行为，进而对我们的决策产生影响。因此，人们在作出决策时并非如"经济人假设"所说的那样追求自身利益最大化，即使得人们的机会成本最小化。在此，笔者将以"囚徒困境"例子进行分析说明，假如有甲乙两个囚犯，分别被关在两间相互隔离的囚室，由于警察没有掌握确切的证据对其定罪，因此分别对其加以审讯，甲乙两个囚犯都有两种选择，即坦白和抗拒，根据法律上的原则"坦白从宽，抗拒从严"，甲乙两人有如下可能受到惩罚的情况(见表4-1)。

表4-1　甲乙两个囚犯的博弈矩阵

		囚犯甲	
		坦　白	抗　拒
囚犯乙	坦　白	(-3, -3)	(0, -6)
	抗　拒	(-6, 0)	(-1, -1)

注：以上的数字表示囚犯被判囚禁的年数。

由上述的策略组合可见，(-1，-1)是最佳的选择，也就是两人都选择抗拒，这样他们只各被判一年，这个也是他们的机会成本最小。但是这个最优结果是不能稳定的，因为由以上的组合可见，如果一方选择坦白，一方选择抗拒，那么选择坦白的一方就会被无罪释放，因此他们就会受到这样的利益的诱惑。他们会抱有这样的侥幸心理，如果一方选择抗拒，另一方选择坦白的话，则坦白方可以无罪释放；一旦双方都抱有这样的侥幸心理，那么双方的最终选择将会是(-3，-3)，就是双方各被判3年，而不是最初所假设的双方各被判1年这一最优选择。这也表明，人们所作出的最终决定不一定是使机会成本最小化的决策选择，其所处的情境对其决策选择具有很大的影响。

事实上，在商场中这样的例子很常见，以价格战为例，当某些商家在给产品定价时往往并不是单纯考虑该如何定价使其收益最大化，同时也考虑对手会作出怎样的后继反应，然后，再据此作出价格决策。又如在选美竞赛中，参与者要从100张照片中选出最漂亮的六张，而选出的六张照片最接近于全部参与者一起所选出的六张照片的人就是得奖者。这样，每一个参与者所要挑选出的并不是他自己认为是最漂亮的人，他是要想象出其他参与者将会挑选出的人选。显然，这里的选美决策并非是仅根据个人判断力来挑选出最漂亮的人，甚至也不是根据大众的平均判断力来挑选出最漂亮的人，而是运用智力来推测大众的意见为何。选美理论表明，选美本质上是人们的一个心理博弈过程，人们的选择并非是追求利益最大化、机会成本最小化，因为大众的心理博弈使得机会成本决策无法达到完美。

(四)状态相依偏差与机会成本

状态相依偏差是指在决策中，禀赋效应致使人们误以为保持现状相比其他的选择要更好，因而保持现状成为了人们的"最优选择"。禀赋效应是指人们会高估自己拥有的物品的价值。禀赋效应的直接表现就是人们为了买入一件商品所愿意支付的最高价格和放弃该商品所愿意接受的最低价格之间存在很大的差距，前者明显低于后者。同时，一系列的心理实验也对状态相依偏差进行了验证，其中最著名的就是"杯子实验"。当人们拥有某样东西时没有发现对这件东西有多喜爱，但是当其失去这件东西时则又会感受到痛苦，这一现象在日常生活中很常见。例如，人们在文具店买了一支钢笔，开始没觉得自己有多喜欢这支钢笔，就这样习惯性地使用着，当某一天朋友看到这支钢笔后觉得很喜欢，希望能够送给他或卖给他，这时拥有者内心会出现一种舍不得的情绪体验。

萨缪尔森(Samuelson)和泽克豪译(Zeckhauser，1998)研究发现，状态相依偏差现象会随着投资选择机会的增加而增强，即当人们面临的决策选项越多越复杂时，投资者往往不会理性地去分析哪些选项是最优的，更多的可能性则是不作出任何选择。在现实生活中，投资者需要面对成百上千家公司的股票、债券等海量信息，所有这些选项往往会让投资者感到无所适从，不知道该如何作出选择。因此，即使当证券市场出现较大波动、自己的股票亏损时，投资者往往也不作任何的决策，而只是处于观望等待的被动状态。可见，状态相依偏差会使得投资者不去理性分析机会成本，以使投资决策最优化。

(五)跨期决策中的符号效应与机会成本

所谓的跨期决策，是指人们面对现时获取收益还是未来获取更大收益时所作的抉择，这是一个关于时间偏好选择的问题。机会成本的理论涉及跨期决策的问题，即面对未来和现在的不同时间点，人们会作出怎样的决策。其中，影响人们在现在或未来作出选择的关键因素就是"贴现率"，这里所说的贴现率和经济学中的贴现率概念略有差别，其是指投资者的主观心理感受。"符号效应"是指投资者对损失的贴现率相比收益的贴现率要低，即投资者具有正的时间偏好且得失感不均等。勒文施泰因(Loewenstein，1992)的实验研究表明，投资者对于现在与未来之间的收益差额要大于现在与未来之间的损失差额，即相较于未来人们更看重现在所得，而相较于现在人们更看重未来所失，故面对所得人们规避风险，而面对所失人们勇于冒险。因此，投资者在决定是否卖出手中盈利或损失股票时，其更多的是从符号效应的角度出发进行考虑的，这就大大降低了机会成本在其决策中的影响。

三、机会成本的行为表现

机会成本是企业利用一定的时间或资源生产一种商品时,而失去的利用这些时间或资源生产其他最佳替代品的机会。

在生活中,有些机会成本可用货币来衡量。例如,当一个厂商决定利用自己所拥有的经济资源生产一辆汽车时,这就意味着该厂商不可能再利用相同的经济资源来生产 200 辆自行车。因此,生产一辆汽车的机会成本是所放弃生产的 200 辆自行车。如果用货币数量来代替对实物商品数量的表述,且假定 200 辆自行车的价值为 10 万元,则可以说,一辆汽车的机会成本是价值为 10 万元的其他商品。又如,农民在获得更多土地时,如果选择养猪就不能选择养鸡,养猪的机会成本就是放弃养鸡的收益。但有些机会成本往往无法用货币衡量,再如,在图书馆看书学习还是享受电视剧带来的快乐之间进行选择。因此,在作出选择时,人们应选择最高价值的选项(即机会成本最高的选项),而放弃选择机会成本最低的选项,即所谓"失去越少越明智"。

日常生活中的机会成本现象很常见。例如,人们去超市购买牙刷、牙膏、洗发水之类的日用品,便会发觉产品的种类越来越多,以洗发水为例,就有联合利华、宝洁、欧莱雅等多个知名品牌,而每个厂家还有不同的子品牌,如宝洁公司旗下的洗发水品牌就有飘柔、海飞丝、潘婷等,面对诸多选项,人们在时间充裕的情况下,理应基于"机会成本最小化"的原则进行决策,挑选出性价比最优的产品,以购买价廉物美的产品。然而,这仅是理想化的情况,实际情况却并非如此,事实上如果没有这么多产品可供选择时,人们反而更容易作出选择,产品多了则不知该如何选择。结果,人们就会想随便挑选一个,或者直接拿自己以前使用过的品牌洗发水,而根本不会去考虑所谓"性价比"的问题。

可见,人们在作出决策的时候并不是一味追求所谓的"利益最大化",即力求机会成本最小化以达到效用最大化。这在股票、债券等证券投资活动中尤甚,在以往 A 股投资中,就有以茅台为代表的"大蓝筹""五朵金花""招保万金"、生物医药等热门概念股,而在美国的股市中,也曾出现过所谓"漂亮 50"等绩优蓝筹板块。然而,大众选股时往往并不仅仅冲着所谓"蓝筹"概念,而是选大家都认可的投资组合。此外,机会成本效应也体现在企业的投资决策中,如当一家企业获得一笔投资后,本应将其投入一个收益最大化的项目中,然而,往往基于诸如风险等多种因素的权衡,公司并不会将"利益最大化"作为决策的首要考虑因素,结果使得机会成本效应大打折扣。

第二节 投资决策的机会成本

机会成本的提出者奥地利学者弗·冯·维塞尔认为机会成本是潜在利益的减少而不是实际利益的支出,这种利益可以是实际可以算出的数字也可以是人的一个感受(效用)或者是一个心理过程。可见,机会成本是企业作出某项投资决策时必须考虑的问题,这在投资中表现得尤为突出。

机会成本作为决策分析中经常使用的一个特定概念是指在决策分析过程中,从多个供选方案中选取最优方案而放弃次优方案,从而放弃了次优方案所能取得的利益而成为损失。这种由于放弃次优方案而损失的"潜在利益"就是选取最优方案的机会成本。例如,投者王某可以选择股票和储蓄存款两种投资方式。他于 2017 年 9 月 1 日用 1 万元购进某只股票，经过一年的操作，到 2018 年 9 月 1 日，投资股票的净收益为 450 元。如果当时他将这 1 万元存入银行，一年期定期储蓄存款的年利率为 2.25%，扣除利息税，则有 180 元的实际利息净收益。可见，这 180 元就是王某投资股票而放弃储蓄存款的机会成本。若考虑机会成本，王某的实际收益应为 270 元，而不是 450 元。如果到 2018 年 9 月 1 日，王某投资股票获得的净收益为 150 元，若考虑机会成本，他的实际收益则是亏损 30 元。

可见，机会成本是由选择产生的，因为一种经济资源往往具有多样用途，选择了一种用途，必然要丧失另一种用途的机会，后者可能带来的最大收益就成了前者的机会成本。例如，某企业有一笔闲置资金，如果用来购买设备，当年可盈利 70 000 元，也可存入银行，每年得到利息 50 000 元，那么，企业主是否应将这笔钱用来购买设备？显然，如果该企业用这一笔闲置资金来购买设备，当年可盈利 70 000 元，而存入银行则每年可获得利息 50 000 元，50 000 元即为购买设备的机会成本。同理，若将这笔资金存入银行，就会损失因购买设备可获得的利润 70 000 元，70 000 元即存入银行的机会成本，很显然，决策者会选择机会成本小的方案，即将这笔钱用来购买设备，年获利 70 000 元。总之，机会成本对于投资者来说，就是指将资金进行某种形式的投资所获得的收益相对于其放弃的另一种形式投资所获得的收益。

传统的投资学中在构造最优的投资组合时，不管是应用马科维兹模型还是单指数模型都是追求收益相对于风险最大化，也就是追求机会成本最小化。然而，在现实的投资中投资者并没有完全考虑这个因素。下面就是一个有趣的例子：考虑到现在有一个收益很好的股票，投资者打算买进，但是现在投资者没有现金头寸，只能通过卖掉现有的头寸腾出资金。目前投资者持有两种股票：A 股票已有 15% 的收益率，B 股票也有 15% 的亏损，投资者必须作出选择，应该卖出 A 股票还是 B 股票呢？首先，你不要盲目地仅凭直觉作出选择，先来计算一下，理性的投资者应该作出何种选择。事实上，根据美国的税制，每一笔投资收益都需要征收一定的资本利得税，投资收益即会产生一定的资本利得，支付税款，这样投资者的收益也会减少，而投资亏损可以合理避税。假设资本利得税 20%，A 股票和 B 股票的现有头寸价值各为 100 万美元，那么通过现值计算得 A 股票获利 15% 的初始投入为 86.96 万美元，而 B 股票亏损 15% 的初始投入为 117.65 万美元。按照 20% 的资本所得税，卖出 A 股票将得到 100 万美元，缴纳资本所得税为 2.61 万美元，实际得到的价值为 97.39 万美元；如果卖出 B 股票，将会缴纳的资本所得税为 -3.53 万美元，实际得到的价值为 103.53 万美元，如果将资本所得税提高的话，卖出 B 股票的利益将会更大。因此经过理性的分析，我们发现卖出股票 A 的机会成本更高，所以我们应该选择将 B 股票卖出，但是大多数人选择卖出 A 股票。很少人能够以这样的理性在买卖决策中考虑机会成本问题，只是看表面的盈利或损失。

一、机会成本与镜像效应

所谓镜像效应(又称为"对手反应效应")是指在证券市场中，由于每个投资者在作出决策时往往会考虑与之相关的对手的策略，因而他们往往不是基于自己的需要作出最优的决策，而是基于对手的反应作出相应的决策，这就使其决策无法达到最优化，以使自身的机会成本最小化。事实上，这种想法使其丧失了有利的投资机会。例如在股市走熊时，投资者往往会选择观望,以待最佳时点入市,即通过观察多空双方的反应(对手的反应会在股价与成交量的变化中反映出来)以决定自身的决策,尽管基于对手的反应作出相应的决策会使投资者处于被动的状态。究其原因,源于机会成本没有转化为现实损失,因而投资者没有体验到遭受损失的切身感受。

二、机会成本与羊群效应

面对成百上千的选择,由于投资者往往不知该如何决策,因而就会追逐大众认为好的投资标的,这种从众跟风现象在股市中表现为"追涨杀跌"的羊群效应。在股市中,股价上涨表明市场看多该股票,而股价下跌则表明市场看空该股票,投资者通过股价的上涨或下跌(K线图)来判断某股票是否得到市场的追捧,致使在股市中经常出现"追涨杀跌"的羊群效应。

羊群效应不仅在股市投资中屡屡出现,在风险投资(venture capital,VC)行业也是普遍存在。近年来,国内外的风险投资公司热衷于投资团购网这种互联网行业,如凯鹏华盈、集富亚洲和三山资本投资5000万元于PPG公司,然而,从互联网新贵到皮包公司,从行业标杆到CEO神秘"潜逃",泡沫一夕间破灭,PPG成为了一个互联网投资失败的经典案例。PPG公司于2005年10月成立,其业务模式是通过互联网售卖衬衫,轻资产、减少流通环节的概念以及狂轰滥炸的电视、户外广告,迅速为PPG塑造了市场领导者的地位,满世界都是"Yes! PPG"的广告语和吴彦祖自信的微笑。很快,2006年第三季度,PPG便获得了TDF和JAFCO Asia(集富亚洲)的第一轮600万美元的联合投资;2007年4月,PPG获得了第二轮千万美元的投资,除了第一轮的TDF和集富亚洲追加投资之外,还引入了KPCB(凯鹏华盈,KPCB公司是美国最大的风险投资基金,与红杉齐名)。在2006—2007年期间,电子商务概念在VC投资圈非常吃香,而PPG更是其中的佼佼者,可谓绝对的明星项目,无数同行都羡慕这几家能有幸投资进去的风投公司。尽管在2007年年底PPG已开始被媒体披露出诸如拖欠货款、货品质量投诉等问题,但其仍然受到了数家风投公司的追捧,其中,三山投资公司更是击退其他竞争对手,向PPG投了超过3 000万美元的资金。三山投资宣称选择PPG是因为看好其市场前景、商业模式及创业团队,并透露PPG已计划于2009年年初去美国纳斯达克上市。然而,在2008年出现了VANCL(凡客诚品)、优衫网、CARRIS等多家PPG模式的模仿者,结果PPG不仅丧失了行业老大的地位,更传出创始人李亮卷款潜逃的消息,其称从2008年年中起前往美国筹备美国公司开业事宜,之后一直未在国内现身。最终,在2009年年末一度被人誉为"服装业的戴尔""轻公司的样板"的PPG商业神话还是像肥皂泡那样破碎了,不少消费者付款后因拿不到货物,进而愤怒地将PPG称为"骗骗哥",而PPG唯一剩下的"资产"——注册商标"PPG",在拍卖中亦无人问津。事实上,PPG从上述多家风投公司获得了总计5000万美元左右的投资,其彻底歇业也意味着5 000万美元血本无归。搜狐IT在2009年互联网大会上曾评选出5年来投资最失败网站,PPG名列榜首。显然,这一悲剧是风险投资者受机会成本所限而未尽职调查、盲目跟风所致。

第三节 案例分析与实践

一、大立科技重组案

资产重组曾是 A 股市场上激动人心的题材之一，但并非每一次重组都能成功，这就使得重组题材成为股市中的风险区。一旦重组失败，豪赌重组的投资者将蒙受巨大损失。

如图 4-1 所示是大立科技 2011 年 1 月 25 日至 5 月 20 日的股价 K 线图。

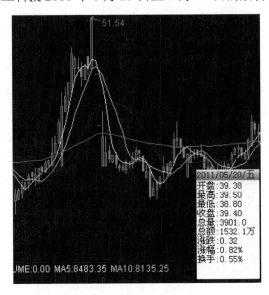

图 4-1　大立科技(002214)1 月 25 日—5 月 20 日股价 K 线图

回顾大立科技的历史行情(见图 4-1)，从 2011 年 1 月下旬开始该股逐步走强。1 月 25 日，大立科技下探至阶段性低点 33.72 元，之后该股企稳上行。大立科技从 1 月 25 日的 35.5 元股价，开始启动，至停牌前的 3 月 4 日更是收获了一个涨停板以迎接即将到来的利好，股价则涨至 51.54 元，涨幅高达 45%。在这一资产重组的过程中，众多机构投资者及游资早已"潜入"其中。伴随着更多投资者的跟进，2011 年 2 月 21 日的交易数据显示，大立科技成交量突然放大，买入量前五名中有三家为机构，三者合计买入 4127 万元，而卖出量前五名中也有三家机构，合计卖出 5674 万元。进入 2011 年 2 月 21 日，大立科技股价报收 43.49 元，单日涨幅为 3.55%，成交量高达 15799.62 万元。而在停牌前的 3 月 4 日，大立科技成交量再度飙升，当日数据显示，两家地处江苏常州的券商营业部与上海的三家券商营业部大举买入，成为该股当日涨停的绝对主力，买入量超过 5000 万元。面对这样的涨幅与价格，一些机构已萌生退意，在同日合计卖出该股 2435 万元，机构投资者深知股价快速上涨后必然会出现回调，大量的中小散户投资者已处于不理性的状态，不会过多考虑自身的机会成本，认为大众选择的股票就是好股票，可以赚取更多的差价。照此计算，如果投资者在大立科技行情启动前买入该股票的话，按其最低成本价 1 月 25 日的 33.72 元计算，短短一个半月时间，其最高收益已达 52.8%。然而，4 月 6 日的大立科技一纸复牌公告，宣布其重组美梦破碎，大立科技遭到了两个"一字"跌停，仅仅几天时间就将其之前的涨幅跌去，截

第四章　机会成本与投资行为

至 5 月 20 日，其收盘价仅为 39.4 元，较停牌前的 51.54 元跌去 23.55%，已近乎跌回其启动前的行情。在大立科技过山车般的行情过程中，尽管部分机构在其停牌前的大涨中已然成功出货，但并非所有的机构都能全身而退。大立科技的一季报显示，截至 2011 年 3 月 31 日，仍有鹏华优质治理、嘉实主题精选、广发证券及社保基金 106 组合等四家机构分别持有 302.5 万股、302 万股、179 万股和 171.6 万股，其中，嘉实主题精选、广发证券及社保基金 106 组合皆为 2011 年一季度买入该股，鹏华优质治理则从 2010 年三季度开始买入，其间最低成本为 26.68 元。据 4 月 6 日交易数据显示，当日两大机构减持金额超过 700 万元，4 月 7 日大立科技的股价已跌至 41.75 元，较停牌前跌去了 19%。

既然资产重组并不一定能成功，那么投资者该如何进行决策呢？首先投资者应重视机会成本在此决策中的应用，尽管机会成本并不是实际支出的资金，而是一个没有发生的未来现金流，但据此分析可使投资者的决策更为全面。事实上，当他人都在疯狂地追涨杀跌时，清醒的投资者不能一味跟风、盲目从众，因为此时的市场已处于不理智的状态，而应基于机会成本的视角，进行冷静分析、理性思考。

二、2007 年的投机风潮

2007 年正是中国的风险投资家被当成"天之骄子"、风光无限的一年。但此后，随着一连串恶性投资失败案例的集中爆发，几乎所有中国著名的风险投资机构都被卷入其中。不是因为产业环境的急剧恶化，也非商业模式的天然缺陷，从 PPG、ITAT 到亚洲传媒、炎黄传媒、太子奶、华奥物种等，所有的问题最终都指向了"人"，即人的不理性所致。

所谓"神欲使人灭亡，必先使人疯狂"。2007 年里所发生的这些异乎寻常的失败，很大程度上是源于之前几年异乎寻常的成功。2003 年之前，大多数中国商人还没有见识过风险投资的"点金手"。1993—2003 年，IDG 管理的基金规模一直是 2 亿美元，同样情形的还有鼎晖投资，其 2002 年成立时仅仅管理 1.35 亿元人民币和 1 亿美元的两个基金。而作为软银亚洲信息基础基金总裁的阎焱，还不得不接受日本总部的遥控指挥，这三家可是中国最厉害的三大投资公司。尽管它们的资本有限，但仍然创造了骄人的业绩。携程 3 年 16 倍回报，盛大 14 个月 16 倍回报，分众 2 年 20 倍回报，百度 4 年 60 倍回报，蒙牛 3 年 40 倍回报……

2005 年之后，中国迅速成为全球第二大风险投资市场。人还是那些人，在短短两三年内，他们不但自立门户，而且所掌握的资金已经是当年的 10 倍甚至 20 倍(与第一流的美国同行相比，也毫不逊色)。每一位大牌投资人都雄心勃勃地要打出下一个漂亮的"本垒打"(投资圈俚语：指回报超过 10 倍以上的案子)。问题在于，他们是否真的想清楚，之前的成功有多大成分是来自个人努力，又有多少是环境造就或者运气使然？

在 2006 年之前，IDG 所投的 150 个项目中，只有 15 个关门了事，失败率控制在 10% 以下，而国外的成功率也不过 20%。另据统计，中国企业从接受风投到上市的时间通常在 1.5～3 年之间，而国外一般都在 4 年以上。

显然，这么高的成功率和这么快的速度都是异乎寻常的。它只能说明第一代创业者的素质普遍优异，而过往十年中国经济的高速成长也给了企业脱颖而出的良机。按照当年国内一位著名投资人的说法："既然满树都是伸手可拾的果子，为什么我们还要急着去挖坑种树呢？"

所谓想拾果子的人多了，价格自然会上去。三四年以前的市场上，以 5 倍左右 P/E(市盈率)估值的案子比比皆是，而在 2007 年、2008 年全球资本市场最疯狂的时候，企业动辄开出 15 倍甚至更高倍数的 P/E，这直接意味着未来投资回报率的降低。恰恰是这两年，超过 800 万美元的平均单笔投资额，超过 60 亿美元的总投资额，均创下历史新高。

事实上，异乎寻常的成功只会导致过度的自信、盲目的跟风，最聪明能干的头脑也不可避免地受到市场情绪的影响，而没有真正冷静地进行机会成本分析。在这样疯狂的市场中，投资者们更多的是盲目跟风作出决策，最后招致的自然是损失。因为放任泡沫膨胀，其结果便是破灭！

思考与探索

1. 试述机会成本的基本内涵。
2. 试述机会成本的分类及主要特征。
3. 试述机会成本与会计成本的区别与联系。
4. 什么是跨期决策中的符号效应？
5. 什么是镜像效应？你有过类似的经历和体验吗？

第五章 沉没成本与投资行为

【学习要点】

- ◆ 掌握沉没成本的内涵。
- ◆ 掌握沉没成本效应的定义。
- ◆ 掌握沉没成本效应的形成原因。
- ◆ 了解尽量返本效应的内涵。
- ◆ 了解协和效应的内容。

【章前导读】

假设你是一家医药公司的总裁,正在进行一个新的止痛药的开发项目。据你所知,另外一家医药公司已经开发出了一种类似的新的止痛药。通过那家公司止痛药在市场上的销售情况可以预计,如果继续进行这个项目,公司有将近 90%的可能性损失 500 万元,有将近 10%的可能性盈利 2500 万元。到目前为止,项目刚刚启动,还没花费什么钱。从现阶段到产品真正研制成功能够投放市场还需耗资 50 万元。你会把这个项目坚持下去还是现在就放弃?

请圈出你的选择:A. 坚持;B. 放弃。

10%的可能性会盈利 2500 万元,90%的可能性会损失 500 万元,而且该项目还没有任何投资,那是继续该项目还是放弃呢?正常人会说放弃,这当然是无可厚非的。

再假设你是一家医药公司的总裁,正在进行一个新的止痛药的开发项目。据你所知,另外一家医药公司已经开发出了一种类似的新止痛药。通过那家公司止痛药在市场上的销售情况你可以对自己公司项目有一个比较准确的预计。不考虑已有的投入,如果继续进行这个项目,公司有将近 90%的可能性会再损失 500 万元,有将近 10%的可能性会盈利 2500 万元。到现在为止,这个项目已启动了很久,你已经投入了 500 万元,只要再投入 50 万元,产品就可以研制成功正式上市了。你会把这个项目坚持下去还是现在放弃呢?

请圈出你的选择:A. 坚持;B. 放弃。

【关键词】

沉没成本　沉没成本效应　尽量返本效应　协和效应

第一节　沉没成本的行为分析

一、沉没成本的基本内涵

如果一项开支已经付出并且不管作出何种选择都不能收回,一个理性的人就会忽略它,这类支出称为沉没成本(sunk cost)[1]。"沉没成本"的经济学启示是:人们在进行价值判断时,应该考虑现时的成本和效益,而不应考虑过去的成本和效益,因为过去的成本与现实的判断是没有关系的[2]。但是人们常常违反沉没成本这一原则。下面就是一个典型的例子[3]。A 先生花了 500 美元参加一个网球俱乐部,可以共享俱乐部中的所有设施,如网球场、泳池等。不料,打了两个星期的网球后,A 先生发现肘关节开始发炎。这时他面对两难境地:一方面,他受了伤,不应该再打球,否则会使伤痛加重;另一方面,他已经交了会员费,如果不打球等于白白浪费了这些资源。从投资学角度分析,任何现在的或未来的行动都已不能避免或减少沉没成本,因此沉没成本与制定现时决策应是不相关的,不应该计算沉没

---

[1] 斯蒂格利茨. 经济学[M]. 2 版. 梁小民,黄险峰,译. 北京:中国人民大学出版社,2000.

[2] R. H. Frank. 1994. Microeconomics and Behavior. New York: McGraw-Hill.

[3] R. Thaler. 1980. Toward a positive theory of consumer choice. Journal of Economic Behavior and Organization, 1, 39~60.

成本。现在的决策应该考虑继续打球会带来的结果——打球会加重伤势,以及停止打球的结果——除了已交的会费没有什么更多的或附加的损失。但很少人能做到这一点。至少在应用方面,很多人都很难接受沉没成本能够被忽略的观点[①]。作为个人或团体决策者,由于不能理性地看待已经发生的支出,因此在作下一步决策时同样不能理性地评估期望边际成本和收益,从而造成了继续决策时的"沉没成本效应"。

我们来分析章前导读中的回答。除了你已经投入 500 万元之外,第二个问题与第一个问题是完全一样的。既然你已经懂得了沉没成本误区,那么你对以上的两道题应该会作出一致的决定。但是把这两道题分别给美国和中国的 EMBA 的学生做,那些企业老总们绝大多数对第二题的回答是"坚持继续投资"。他们认为已经投了 500 万元,再怎么样也要继续试试看,说不定运气好可以收回这个成本。殊不知,为了这已经沉没的 500 万元,他们将有 90%的可能非但收不回原有投资,还会再赔上 50 万元。所以人们在不知不觉中就已经进入了沉没成本误区,即考虑了过去的无法收回的成本。沉没成本效应 (sunk cost effects)的原始定义为"如果人们已为某种商品或劳务支付过成本,那么便会增加该商品或劳务的使用频率",这一定义强调的是金钱及物质成本对后续决策行为的影响。此后又有很多研究者对"沉没成本效应"进行了各种解释,布罗克纳(Brockner)认为由于人们存在自我申辩(self-justification)的倾向,不愿承认自己以往的决策失误,因而总是希望与先前的选择保持一致;另外一种解释是,由于过去产生了损失,人们会产生尽快弥补损失的强烈动机,这种动机会导致风险寻求。艾柯斯(Arkes)和布卢默(Blumer)对沉没成本效应的解释为"先前投入的时间、金钱或其他资源会影响个体其后的决策",提出了时间性沉没成本效应的存在,同时他们认为个人在作决策时之所以考虑沉没成本,是由于个人通常不愿意接受先前投入的资金被浪费掉的事实。当投资人发生了账面损失,如果不继续对这项不成功投资投入资金的话,就等于接受该损失已经发生。因此沉没成本效应反映出的是一种"避免浪费的愿望"。尽管这些解释背后由不同的动机和心理过程所驱使,却都具有一个共同的特征——顾及过去的成本和收益。进一步讲,这些解释认为决策者会追究成本投入的有害性并对其进行评估,进而将它与收益联系在一起。尽管早期的研究者提到过先前投入的成本应该包括时间成本,但大多数沉没成本研究只把焦点放在先前的财务投资影响后续决策这一点上。实际上,沉没成本的种类并不仅限于财务方面,日常生活中很多投资还包括付出的努力和时间。

传统投资学理论认为人们在实施某项行动之前,会考虑现有的和将来的成本和收益,而不会考虑过去的成本。但是与传统投资理论不一致的是,人们在对未来的事情作决策时,通常会考虑过去的历史成本和无法收回的成本,这一行为被称为沉没成本效应。该效应反映的是,人们一旦已经对某件事情付出了时间、金钱和精力,就会倾向于继续对这种事情进行投入。沉淀成本有两个重要的因素:大小和时间。看下面的两个例子。某个家庭有棒球比赛的门票,他们期待这场比赛已经很久了,这些门票值 40 美元。比赛当天,下起了暴风雪,虽然他们仍然能够前去观看比赛,但是暴风雪所带来的麻烦会减少他们观看比赛的乐趣。如果这个家庭是自己买的票或者是别人免费赠送的票,那么何种情况下他们更有可

---

① H. R. Arkes, C. Blumer. 1985. The psychology of sunk cost. Organizational Behavior and Human Decision Process, 35, 124~140.

能去观看比赛呢？

大部分人会认为，这个家庭如果是自己买的票就更有可能去观看比赛。要注意的是，40美元的门票成本并不会直接影响暴风雪带来的麻烦和观看比赛的乐趣，但是，他们在决定是否去观看比赛这个问题上会考虑沉没成本。这个家庭在门票上已经建立了一个心理账户，如果他们不去观看比赛，在关闭这一心理账户时会留下没有享受门票所带来的乐趣的遗憾，感觉这是损失，这个家庭希望避免损失带来的感情上的痛苦，因而，他们更可能去观看比赛。如果这些门票是免费得到的，这一心理账户就会轻松地关闭，没有任何损失。这个例子说明了沉没成本的大小是决策过程中的一个重要考虑因素。在上面的例子中，两种情况下这个家庭都有门票，到那时门票的成本不一样，因而决策的结果也不一样。下面的例子说明了沉没成本的时间也是一个重要的因素。一个家庭期盼去观看棒球比赛很久了，这一比赛就在下周举行，在比赛当日，下起了暴风雪，门票的价格是40美元。如果这个家庭在一年之前就买了门票或者是在昨天刚买的门票，哪一种情况下他们更有可能去观看比赛？在两种情况下，门票的购买价格都是40美元，这是沉没成本。然而，沉没成本的时间重要吗？是的，这个家庭如果是昨天买的门票，相比于一年之前买的门票，他们更有可能去观看比赛。关闭一个没有享受乐趣的心理账户所导致的痛苦会随着时间的推移而逐渐减少，也就是说，沉没成本的负面影响会随着时间的推移而减弱。

二、沉没成本的理论分析

(一)前景理论与沉没成本效应

前景理论是关于风险决策的一种描述性模型，我们可以运用前景理论对沉没成本进行有效解释。它的一个主要特征是人们并不根据最终资产而是根据一个参照点对选择进行评估。如果一个选择的结果在参照点之上，这个选择就被编码为盈利；相反在参照点之下，选择的结果就被认为是损失(见图5-1)。因为边际价值递减，价值函数对盈利来说是凹的，而对损失则是凸的。价值函数的这种S形状表明人们在盈利条件下通常是风险厌恶的，而在损失条件下是风险寻求。价值函数的另一个特征是它对损失比对盈利更陡峭。这意味着损失显得比盈利更突出。例如100美元盈利的压力要比100美元损失的压力小很多。参照点通常与现有资产相关，即与现状有关。然而，卡尼曼和特维斯基指出"一些情形下，人们对损失和盈利的编码与不同于现状的期望或渴望水平有关"。

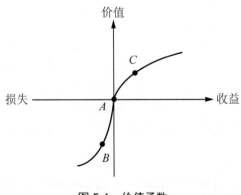

图5-1　价值函数

前景理论对沉没成本效应的解释意味着以前的投资没有被全部折现。在这些事例中，人们的期望不是从现状开始(见图 5-1 中的 A 点)，而是从价值函数损失的一侧开始(见图 5-1 中的 B 点)。根据这一解释，以前的投资被看作损失，即当决策者评估下一次的行为时，这部分投资损失仍存在于决策者的大脑中，并进而影响其之后的决策判断。因为价值函数对损失来说是凸的，进一步的损失不会引起价值的更大规模减少。相反，从 B 点可以看出，盈利会引起价值的大规模增加。希望有好的结果(也可能使损失进一步增加)而向沉没成本增加资金，这种有风险的再投资比完全撤出投资(会导致肯定的损失)更有可能发生。

(二)后悔与沉没成本效应

在投资行为学中，后悔是损失的情绪和感觉，它的出现往往是因为"事后发觉不同的决策(如终止一项处于损失状态的冒险)会有更好的结果"[①]。如果损失是决策者自己造成的，后悔的程度可能会进一步增加。为了使后悔最小化，决策者必须考虑未来的状况，并对可能会出现的最好结果和实际结果进行比较。如果这种比较显示坚持下去会招致比以往更大的损失，那么潜在的后悔是显而易见的，因此决策出现的倾向性可能是承担今天的损失而不是去冒明天自责的风险，决策者会舍弃沉没成本而作出退出交易的行为。在实际生活中，人们有可能预知一些有关决策后果的信息，决策之后的后悔可能已被决策者预期到了，并且在制定决策时考虑到了。因此，风险承担行为与后悔预期有关。在反馈结果缺乏的条件下，选择安全性方案最小化了体验后悔的可能性；而在反馈结果存在的条件下，如果风险性方案能够导致更好的结果，选择安全性方案就有可能会导致后悔。因此，在反馈存在的条件下，选择安全性方案时可能产生的后悔会更加强烈；而选择风险性方案的倾向性则会更加强烈。

(三)心理账户与沉没成本效应

心理账户是一种心智控制措施，如果在最后期限或达到了投资限制(如"给它 12 个月的时间"或"在 100 美元处停止")时没有获得结果，通常人们会在心理上为退出一项冒险预先制定预算并采取行动。这些心理预算的确切数额是很武断的，并且没有任何规范性原则。例如，股票交易者使用自动的停止命令(如"股价下跌 10%就卖掉")作为一种工具来保护他们，消除他们抱着反转的希望而待得太久的心理倾向对他们的影响。从狭义经济理论的角度来看，这些自我设置的停止规则并非为了刻意表现出理性，相反，它们构成了对内在非理性的承认。在支持了以往有关沉没成本的研究结论的基础上，黑斯(Heath)提出了沉没成本效应可能不像人们认为的那样无所不在。他发现沉没成本效应的强度不是一成不变的，相反决定于以前没有发现的两个因素。具体分为两种情况：当决策者没有"心理预算" (支出限制)或者没有记录累计跟踪时，他们很可能被沉没成本所俘获，产生沉没成本效应，即倾向于增加投入；相反，当决策者建立"心理预算"并能够进行跟踪时，沉没成本效应就会减弱，乃至不再发生。

---

① M.Shefrin & M. Statman. 1985. The Disposition to Sell Winners Too Early and Ride Losses Too Long : Theory and Evidence. Journal of Finance, 40, 777～790. Reprinted in R. H. Thaler(ed.). 1993. Advances in Behavioral Finance .New York: Russell Sage, 507～525.

(四)初始投资与沉没成本效应

一种明显的猜测是初始投资越大,沉没成本效应会越强。例如,如果购买大提琴的费用为 1000 美元而不是 100 美元或免费,那么个人更有可能选择继续参加大提琴课程。实验性证据支持这一猜测,加兰(Garland)和纽波特(Newport)发现与个人总可用资源数量相关的相对成本比初始投资的绝对数量更重要。这种相对成本的重要性与期望理论一致,即如果终止参加高额学费的课程,未来损失(继续参加课程所带来的不愉快)会导致主观价值减少得较少,而同时已经发生的损失(也就是大提琴和课程的费用)数量增加[①]。

(五)情境性因素与沉没成本效应

情境性因素(如决策者的个人责任等)影响沉没成本效应。例如,怀特(Whyte)指出如果决策者感到要为初始计划和行动产生的不良结果负责任,沉没成本行为就会更经常地发生。相反,西蒙林(Simonson)和奈(Nye)发现人们所要承担的决策责任减少了发生沉没成本效应的可能性。西蒙林和奈的研究结果很可能受他们使用经济学专业的学生做实验的影响,这些学生中有很多人受过如何避免沉没成本效应的正式教育。

(六)证实偏差与沉没成本效应

一旦形成一个信念假设或设想,人们有时候会把一些附加证据错误地解释为对该设想有利,而不再关注那些支持或否定该假设的信息,人们有一种寻找支持某个假设的证据的倾向,这种证实而不是伪证的倾向叫"证实偏差"。信念坚持是导致证实偏差的行为学基础,投资者会坚持他们的假设,即使该假设和新证据相矛盾,这时的投资者对新信息或新证据不够重视甚至完全忽略。例如,当市场形成一种"股市将持续上涨"的信念时,投资者往往对有的信息和数据特别敏感或容易接受,而对不利的信息视而不见,从而继续买入并进一步推高股市;相反,当市场形成下跌恐慌时,人们就只看到不利的市场信息,从而推动股市进一步下跌。此外,锚定也是导致证实偏差的心理因素之一。

证实偏差有时候会成为"阿Q精神",即认为自己的决策是正确的,并且寻找各种理由来证明和支持自己的决策。沉没成本效应是指当以前的成本已经付出,证实偏差的存在使得人们对自己已经付出的成本的看法是:这些成本付出了一定是对以后的事情或决策有帮助的,并会找各种理由来支持自己的这种观点,于是在这个基础上再继续做下去,进入了沉没成本的误区。可见,正是这种行为偏差在一定程度上导致了沉没成本效应的发生。

三、沉没成本的行为表现

由于人们的行为深受沉没成本的影响,因而沉没成本的行为表现比比皆是。

生活中有关沉没成本的例子无处不在。首先举一个日常生活中的小例子,某校地处郊区而远离市中心,去市中心一趟来回要花 20 元的交通费和 4 个小时的时间。一天两位同学出去逛街,结果逛了一天却一无所获,眼看着要打道回府,心想好不容易才出来一趟,而

---

① D. Kahneman & A.Tversky. 1979. Prospect theory: An analysis of decision under risk. Econometrica, 47, 263~291.

第五章　沉没成本与投资行为

且车费都已花了 20 元，如果什么也没买的话，实在是太不划算了(相信不少人都会这么想)。就这样，尽管两人已是筋疲力尽，但还是拖着疲惫的身子进了一家正在换季打折的服饰店，结果花了 60 元钱买了件打折的衣服后赶回学校，心想这下终于收回成本。回来之后却发现衣服质量有问题，这才后悔自己的匆忙决定。这样一天下来，两人付出了大量的时间、体力和金钱，却毫无收益。究竟是何原因导致了这样的结果，答案就是沉没成本影响了他们的行为决策。因为他们在考虑问题的时候都不自觉地受到了沉没成本的影响，由于一心想要收回成本(20 元交通费)，反而付出了更多的时间、体力和金钱(60 元服装费)，其结果则是给自己带来了大量的负效用(筋疲力尽，情绪糟糕)。

第二个例子：某一天当你在等候公交车时，等了半个小时车还没有来，这时你开始考虑要不要叫出租车，你想反正都已经等了半小时了，就再等等看吧，说不定公交车一会儿就来，这样还省了出租车费，于是你会继续等候。其实，在这个过程中你犯了同样的错误，即在决定是否要叫出租车的时候，又受到了沉没成本的影响(考虑到等候公交车的半小时时间)。事实上，由于这半个小时已经过去、无法收回，因而不该考虑的，你所要考虑的仅仅是再等候公交车所花的时间以及公交车车费与出租车车费相比，哪个成本更小。当然，如果此时恰好公交车来了，你一定还会窃喜自己节省了一笔出租车车费，然而你却没有考虑过出租车要比公交车舒服和快捷。

第三个例子：某一天你提前买了张电影票，花了 20 元钱，要去看电影时却发现电影票丢了，当你考虑要不要再补买一张的时候，你是怎样想的呢？如果再补买一张，你是否会认为自己是花了 40 元钱买了一张电影票，因而会在看电影时心情不爽呢？事实上，我们总是为洒了的牛奶而哭泣，其实仔细想想为了无法挽回的损失而悲伤是多么愚蠢的行为！那张丢失了的电影票就是你的沉没成本，因而在考虑是否要补票的时候，就不应当纳入你的决策之中。

第四个例子：沉没成本效应还迫使人们坚持一些时间上并不划算的未成功的项目，尽管项目的失败早就露出端倪。如果项目的成功或失败已经被公众看在眼中，那么沉没成本的表现程度还要更强烈一些(比勒(Beeler)和亨顿(Hunton))，因为知道这种不成功的项目的人越多，越难以在早期将其终止。同样的例子在金融业也存在，外汇部门的管理者已经建立起了战略性的头寸(strategic position)但却落入亏损区域时的表现就是这样，因为许多下属的前途与他的成败休戚相关，所以这也就不奇怪了，负责具体建仓的人员会成为沉没成本效应以及由此所导致后果的牺牲品。从人的本性来看，管理者不愿意在下属面前犯错不难理解，但是他的行为又被下属模仿，因为管理者被认为是行为楷模。让亏损继续已经变成一种惯例；另外，有的管理者出于一种面子问题不愿意在刚开始错的时候改变，因为这样做的话就等于承认自己犯了错，认输了，这说明自己的能力有问题。于是这些管理者即使意识到是错误的也不会改变，导致最后的结果不让人满意。例如，A 先生曾担任一家公司的销售经理。公司的业务蓬勃发展，随着业务范围越来越大，他觉得一个人难以担当负责销售的重任，于是打算找一个人做销售副经理来帮他分担重任。考虑到手下的销售员水平都相差无几，如果从内部提拔唯恐引起其余人的不满，于是 A 先生想通过外部招聘寻找合适的人选。A 先生并没有找到一个完全符合他心意的候选人，只有小 B 勉强符合要求，不足之处是小 B 没有做过销售员。考虑再三以后，A 先生还是决定雇用小 B 担任销售部副经理，并由他来负责销售人员的激励问题。然而小 B 上任不久，A 先生就得到了来自其他销售员的不满反映。他们说小 B 不懂销售工作，不体察销售员的情况，不能胜任这个副经理的工作。其实 A 先生本人也发现了小 B 工作中的种种问题，主要也是他不了解销售员的工作性质和特征引起的。此时，A 先生陷入了困境，好不容易招来的人，难道就这样放弃吗？更何况小 B 是自己亲自招来的，如果解雇了小 B，那不就等于公开承认自己犯了一个错误吗？还是让他继续留在副经理的位子上吧。显然 A 先生陷入了沉没成本的困境中，不愿认输，盯着已经付出的成本（作出的决定不肯改变），可想而知，以后的日子里 A 先生会面临怎样的结果。不但公司的业务会失去效率，还会引来公司内部的议论和不满。即这样的结果是有损失的。沉没成本效应也可造成完全不同，有时甚至是灾难性的后果。就以越南战争为例，战争拖了如此长的时间部分原因是投资已经如此巨大，付出并未获得任何回报。

第二节　投资决策中的沉没成本

一、尽量返本效应

失败者并不总是回避风险，人们通常会抓住机会弥补损失，即使这些损失实际上是一种沉没成本。在赔钱之后，绝大多数人采取了要么翻倍下注要么不赌的策略。事实上，即使人们被告知硬币的正反面的概率并不完全一样，他们中的绝大多数仍然采取要么翻倍要么不赌的策略，也就是说人们尽管知道赢的概率会低于 50%，但是仍然愿意冒风险，希望返本的愿望非常强烈。

"保本"这一观点一向是商家遵循的最基本的经营方针，"起码要保本"看似天经地义、无可厚非，殊不知，这种观念是错误的，其本身就包含了沉没成本谬误。许多零售商都喜欢用他们的批发价来决定零售价的底线，不愿意以低于成本的价格出售商品，因为他们不愿意承担亏损，但这种想法是错误的。例如，在美国，每到年底的时候，股民们就会抛售一些股票。这可能是由于他们需要一些钱过圣诞，这自然无可厚非。股民们在选择年底抛哪只股票留哪只股票的时候并没有办法预测到这些股票以后的情况，主要是根据他们自己在这些股票上面是赚了钱还是亏了钱。美国的税收制度是这样的，如果你抛售的股票的价钱比你买入时高，那么你就需要向政府交增值税；如果你卖掉的股票亏了，卖出价格比买入时低，那么你不但不需要交税，还可根据亏损值的一定比例抵扣其他的税收。所以，仅从税收的角度上来看，应该把亏钱的股票抛掉而把赚钱的股票留着。可是每到年底，人们都纷纷把手上赚钱的股票抛了，而把亏钱的股票继续留着。因为在他们心里，保本是一个从不动摇的念头。所以，每年美国股民都要因此损失相当数额的钱。

二、协和效应

1962 年 11 月 29 日，英、法两国政府签署了一个联合研制民用客机的协议——"超音速运输计划"，开始共同出资成立研制第一架民用超音速飞机的公司——协和公司。刚开始的市场预测表明，虽然超音速飞机的造价比一般飞机要高出好几倍，但是市场的需求还是很旺盛的，因此协和公司觉得研制超音速飞机可以有盈利。与此同时，波音公司也在研制超音速飞机。同时，波音公司还在研制另外一种飞机，速度没有超音速飞机那么快，但是用油比较少，价格也便宜很多，这就是赫赫有名的波音 747 飞机。过了不久，国际局势

第五章　沉没成本与投资行为

发生了变化,中东石油危机的爆发使石油价格大幅度上升,这对协和与波音来说都是一个全新的信息,它们都开始重新审视自己的研制计划。两家公司都发现超音速飞机由于用油多,运行和维护成本都很高,因此愿意订购的航空公司为数很少,要确保盈利恐怕是很困难的。在这样的情况下,波音公司毅然停止了对超音速飞机的研制,一门心思放在 747 飞机上面,而协和公司却继续研制超音速飞机。协和公司的这个决定或许受到多种因素的影响,比如第一家研制成功超音速飞机是一件可以载入史册的事情,又或者半途而废将影响到英国和法国的名誉等。但是,协和公司之所以继续研制超音速飞机还有一个很重要的原因,就是当时协和公司已经为这个超音速飞机项目投入了很多钱,如果半途而废中止了这个项目,那么之前投入的钱就打了水瓢,这等于是浪费了纳税人的钱,这是不被容忍的。在当时,这是一个非常打动人心的观点。结果,超音速飞机制成之后由于高昂的价格和运行成本,真的少有航空公司问津。本来英、法准备制造 1370 架协和飞机,最后只造了 20 架,而且没有国家买它,只好由英、法两国自己的国有航空公司接收。仅仅从经济上来看,协和超音速飞机是一个很大的失败。

在这里,我们并不是说英、法两国坚持协和超音速飞机的研制这个决定一定是错误的,毕竟,第一架超音速飞机的研制成功为英、法两国都带来了很多正面的效应,也改变了民航的天空曾是美国"殖民地"的状况。但是因为考虑到不浪费已经投入的成本而坚持一个明知道会亏钱的项目这样的观点是完全错误的,不忍舍弃沉没成本将会带来更大的损失。

因为花了钱而去做自己本不愿意的事情,是我们在消费中经常犯的错误。我们总认为真正消费了才对得起花的钱,但如果你已有的投入是错误的,接着做下去就是不太理性的了。这种"追加错误投资"的例子不只在企业内存在,在生活中也是屡见不鲜。

我们看到人们日常的投资行为中,由于心理账户的存在,对于账面亏损的股票正常人更倾向于继续持有,而不是"割肉"锁定已有的损失。现在我们从沉没成本的角度来看看这个行为背后的原因。

假设你正好在一家证券交易所看股票行情,听到身边有两位股民在谈论某只股票的行情。你抬头看了屏幕知道这只股票现在的价格是 6 元/股。从这两位股民的谈话中你得知,他们中的一位是以 2 元/股的价格买进这只股票的,而另一位股民的买入价是 8 元/股。那么请你估计一下他们两个人中现在谁更愿意把这只股票抛掉?

请圈出你的选择:

A. 2 元/股买入的股民;B. 8 元/股买入的股民。

正常人的想法是,股价高于买入价要抛,低于买入价则留,天经地义。但是,理性地讲,多少钱买进这只股票与你现在是否应该抛售它是完全没有关系的。无论你是否抛售它,买进时的这笔钱都已付出,是收不回来的。股票的走势也绝对不会受到你买入时价格的影响。我们在特定时间考虑是继续持有股票还是立即抛售股票,应该以该股票的走势、其他备选投资股票的情况和你当时所需的资金为考虑依据,而不应该囿于买入时的价格(沉没成本)。如果你觉得这只股票未来前景看好,而且没有其他更好的可供选择的投资方案,你目前又不缺现金,那就不要管现在到底是赚了还是亏了,就先留着;如果你觉得这只股票将来一定会跌得更惨,或者你有更好的投资机会,或者你现在需要资金,那么不管当初是多少钱买进的,你都应该抛掉它,否则你只会承受更大的损失。割肉有时并不是一件坏事,要看是什么肉,好肉不要割,烂肉要早早割。但是,可惜的是,大多数的正常人却往往把最不该考虑的买入价作为首要的考虑因素,因为沉没成本的影响,分不清什么是好肉什么是烂肉。有人说,一个好的投资者是一个没有记忆的投资者。的确,如果你想在作投资决策时更加理性,就应该把沉没成本抛到脑后。

如果你想少几分正常,多几分理性,在你决定是否卖出某只股票时,就应只考虑这只股票未来的走势、是否有其他备选投资方案和你目前是否需要现金,而不应该注重当初的买入价和现价之间的差异。

第三节 案例分析与实践

一、摩托罗拉公司的铱星项目

摩托罗拉公司的铱星项目就是沉没成本谬误的一个典型例子。这个项目计划被称为是世界科技史上最了不起的、最可惜的,也许也是最失败的项目之一。为了夺得对世界移动通信市场的主动权,并实现在世界任何地方使用无线手机通信,以摩托罗拉为首的美国一些公司在政府的帮助下,于 1987 年提出了新一代卫星移动通信星座系统。我们知道,当今的移动通信最终要通过通信卫星来传输信息,为了保证在任何时候卫星都能够收发信号,卫星必须保持和地球的相对位置不变。所有的同步通信卫星都必须挂在离地球三万多千米高的赤道上空。同时在地面建立很多卫星基站来联络手机和卫星。如果一个地方没有基站,比如撒哈拉沙漠里,那么手机就没有信号,无法使用。铱星计划和传统的同步通信卫星系统不同,新的设计是由 77 颗低卫星组成一个覆盖全球的卫星系统。每个卫星都比同步通信卫星小得多,重量在 600~700 千克之间,每颗卫星有三千多个信道,可以和手机直接通信(当然还要互相通信)。因此,它可以保证在地球任何地点实现移动通信。由于金属元素铱有 77 个电子,这项计划就被称为铱星计划,虽然后来卫星的总数降到了 66 个。这是一个非常宏伟而超前的计划,它最大的技术特点是通过卫星与卫星之间的传输来实现全球通信,相当于把地面蜂窝移动系统搬到了天上。从技术上讲,铱星系统是相当了不起的,它采用星际链路。在极地,66 颗卫星要汇成一个点,又要避免碰撞,难度很高。从管理上讲,它又是一个完整的独立网,呼叫、计费等管理是独立于各个国家通信网的(这种独立计费后来给它的运营带来很大麻烦)。低轨道卫星与目前使用的同步轨道卫星通信系统相比较有两大优势:第一,因为轨道低,只有几百千米,信息损耗小,这样才可能实现手机到卫星的直接通信。我们现在的任何手机都不可能和 3 万千米以外的同步卫星直接通信。第二,由于不需要专门的地面基站,可以在地球上任何地点进行通信。1991 年摩托罗拉公司联合了好几家投资公司,正式启动了"铱星计划"。1996 年,第一颗铱星上天;1998 年整个系统顺利投入商业运营。美国历史上最懂科技的副总统戈尔第一个使用铱星系统进行了通话。此前,铱星公司已经上市了,铱星公司的股票在短短的一年内大涨了四倍。铱星系统被美国《大众科学》杂志评为年度全球最佳产品之一。铱星计划开始了个人卫星通信的新时代。从技术角度看,铱星移动通信系统是非常成功的,这是真正的科技精品。我们这些被称为高科技公司的互联网公司做到的东西和铱星系统相比,简直就像是玩具。铱星系统在研发中,有许多重大的技术发明。应该说整个铱星计划从确立、运筹和实施都是非常成功的。但是,在商业上,从投资的角度讲,它却是个彻头彻尾的失败。这个项目投资高达五六十亿美元,每年的维护费又是几亿美元。除了摩托罗拉等公司提供的投资和发行股票筹集的资金外，铱星公司还举债 30 亿美元，每月仅利息就达几千万美元。为了支付高额的费用，铱星公司只能将手机的价钱定在 5000 美元一部，每分钟的通话费定在每分钟 3 美元。这样，铱星公司的用户群就大大减小。铱星系统投入商业运行不到一年，1999 年 8 月 13 日铱星公司就向纽约联邦法院提出了破产保护。半年后的 2000 年 3 月 18 日，铱星公司正式破产。铱星成了美丽的流星。66 颗卫星自己在天上飞了几年，终于于 2001 年被一家私募基金公司(private equity)以 2500 万美元的低价买下，不到铱星整个投资 60 亿美元的 1%。铱星计划是人类通信史上的一个流星、一个美丽的故事。摩托罗拉公司很聪明地利用其技术优势吸引了全世界的眼球。该计划一出炉就引起世人的广泛瞩目，也赢得了风险投资家的青睐。摩托罗拉为此自己拿出了 10 亿美元，同时钓鱼似的从投资公司手中又拿到近 50 亿美元，从而大大降低了自己的风险。但是，在商业运作上，摩托罗拉做得很不成功。首先，市场分析现在看来就有问题，成本过高导致用户数量不可能达到预计的盈利所必需的规模，而成本过高的原因又是技术选择的失误造成的。摩托罗拉长期以来都是一个了不起的技术公司，它擅长技术，但是过分相信技术的作用。铱星计划在技术上是无与伦比的，但是，过于超前市场的技术不仅导致成本过高，而且维护费用也是巨大的。另外，引入风险投资本身的弊端在项目的后期凸显出来，那就是投资者为了收回投资，过早地将铱星系统投入商用，当时这个系统通话的可靠性和清晰度很差，数据传输速率也仅有 2.4 Kbps，因此除了打电话没法做任何事，这使得潜在的用户大失所望。概括来讲，就是铱星计划太超前了，它开业的前两个季度，在全球只有 10 000 个用户，而当初的市场分析乐观地预计，仅在中国就能有这个数的 10 倍。在后期商业运作上铱星公司的问题很多，最终导致银行停止贷款，部分股东撤回投资，并导致公司在股市上停盘的致命打击。

我们可以分析摩托罗拉这样好的项目为什么会有如此悲惨的结局，最大的原因是它为这个项目投入了大量的成本，后来发现这个项目并不像当初想象的那样乐观。可是，公司的决策者一直觉得已经在这个项目上投入了那么多，不能半途而废，所以仍苦苦支撑。但是后来的事实证明这个项目是没有前途的，所以最后摩托罗拉公司只能忍痛接受了这个事实，彻底结束了铱星项目，并为此损失了大量的人力、财力和物力。

二、史玉柱的巨人大厦项目①

1993 年随着 IBM、康柏、惠普等西方各大电脑公司全面进入中国市场，电脑业务作为当时巨人集团的主营业务遭受重创，投资收益进入低谷。据此，当家人史玉柱决定开展多元化经营，投资房地产与生物保健品这两个新兴领域。史玉柱基于市场经验认为，尽管房地产的投资风险要大于保健品的投资风险，但是前者的预期收益要大于后者的预期收益，因而史玉柱作出了优先建造巨人大厦的经营决策。但当巨人大厦进入全面施工阶段，史玉柱已投入了一定的建造成本时，大厦施工碰上断裂带以及珠海两次发生大水，地基受淹的意外事故，史玉柱感到房地产投资风险要比原先估计的大，但是巨大的心理期望使史玉柱不仅坚持了原有的决策，而且不断扩大投资规模，大厦高度由最初的 18 层不断增高至最后

---

① 陆剑清. 决策之道——我国企业经营决策探析[J]. 上海商业，2005(5).

的 70 层，投资预算规模由最初的 2 亿元追加至 12 亿元，甚至不惜从生物保健品项目中抽调资金去支持巨人大厦的建造，从而为巨人集团最终陷入财务危机埋下了伏笔。并且在之后的一系列不利信息面前，史玉柱孤注一掷，采取"鸵鸟策略"，在错误决策的泥沼中越陷越深，最终丧失了挽回败局的宝贵时机。

由此我们可以将以上史玉柱的经营决策过程归结为图 5-2 所示的模型。

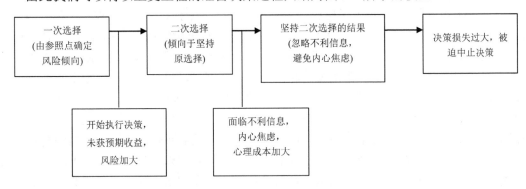

图 5-2　史玉柱经营决策模型

由上述决策模型可见：

1. 决策具有一定的持久性

从模型中可以看出，一旦选定了一个决策，即使在执行的过程中发现目前实现的效益并没有预估的好，风险概率比预估的更高，但是受已投入的既定成本的影响，以及参照点的变化而导致的对收益判断的影响都会使行动者冒险继续执行决策，以期能获得预期的收益，而不愿接受一个确定的损失。正如上述分析的开发建造巨人大厦的过程，决策者作了决定后再没有中途改变，就是因为已经投入了相当大的成本，如果停止大厦不能按期完工，此时的损失是确定的；而如果再继续追加成本，使资金到位，可能可以起死回生，收回成本，赢得利润，此时的损失是不确定的。在这种情况下决策者愿意冒险一试，继续执行初始的决策。由此可见，决策具有一定的持久性。

2. 认知不协调导致对风险的忽视

在不确定决策的情况下，执行了一项决策后，就会获得关于决策更为真实的信息，若这时获得的信息与原先的估计产生冲突就会发生认知不协调，产生心理成本。为了避免这种心理负担，在随后决策执行的时候，决策者会倾向于忽视不利的信息，甚至避免接触新的信息以维持原有的风险水平。这种情况不利于决策的执行，会使决策者犹如鸵鸟，忽视决策执行中的某些重要现象。在决策者有了这种"鸵鸟心态"之后，很难作出正确的决策，此时若没有权力的制约，就很容易导致企业经营的失败。巨人集团正是由史玉柱一人说了算，基本上他决定的事就这样定了。如巨人大厦从 64 层增加至 70 层的时候便是他一夜之间作出的决定，听不进别人的意见。这时，就很需要权力的制约。

3. 不恰当的决策参照点的影响

由于参照点的高低能影响决策者的判断，进而影响其风险倾向，所以合适的参照点有利于企业避免损失。第一，如果决策者与决策结果有着直接高度相关的联系，这种联系会提高决策者对决策结果的预期，使决策的实际结果很有可能被判断为损失而继续追加投资。巨人集团的决策者史玉柱正是与决策结果有着直接高度关系，结果不断地在巨人大厦上追加投资，导致巨人集团的失败。第二，巨人集团 90%的股份都集中在史玉柱一人手中，董事会被架空，在大型投资上没有采取民主决策制度，没有运用专业咨询公司的专业知识等，使得决策参照值没有降到一个适当的水平。在经过了巨人的失败之后，史玉柱也认识到自己的冒险问题，在携"脑白金"复出，接受中央电视台采访时，史玉柱说："冒险肯定还是要冒的。做企业不可能不冒险，关键是你冒多大的程度。过去我可能是一个亿的资产我按五个亿的规模去冒险。今后我们上市后，我们的资产将分为三块……第三块才是真正的冒险，看中好项目，就以兼并的方式介入这一块，不能超过公司净资产的三分之一。"虽然史玉柱并没有意识到这是参照点在起作用，但他所设想的控制冒险的方式——将风险控制在企业资产的三分之一内，确实是降低参照点的一种重要方式。

4. 当事人在企业中的不同身份会影响其对决策的评价

由于参照点影响风险倾向，因而可以提出一个全新的观点：决策人在企业中的身份会对参照点产生影响，进而影响决策。这也就可以解释为什么面对同样一个决策，企业经营者往往比员工更愿意冒险。因为经营者是从整个企业的角度来考虑决策收益的，而员工往往只是从个人利益角度考虑，前者参照点高，而后者参照点低，于是同样的收益往往对员工而言已经足够了，但对企业来说仍然是损失，还未达到目标。对于巨人集团来讲，由于史玉柱的身份是集团总裁，是企业的所有者、经营者，他对于企业的收益大小自然比普通员工更为关注，希望获得最大的收益，而收益是与风险相联系的，要获取更大的收益自然要冒更大的风险。因此，决策者身份的不同也会对企业经营的方向产生重大影响。所以，建立科学的经营决策机制，以制度的合理性规避个人决策的主观性，对于企业成功决策具有重大意义。

如上所述，既然不合理的经营决策将会给企业带来不可估量的重大损失，那么如何建立科学合理的企业经营决策体系呢？

(1) 正视认知不协调。个人在作决策时会因为先前失误的选择而痛苦，产生认知不协调，故人们往往会倾向于选择那些给自己带来较少心理冲突的方案。为了避免认知不协调，个人会没有强烈的动机去改变现状，他们可能会依循过去的原则，目的就是使未来心理冲突的可能性降到最低，因此在决策中要注意不要被认知不协调蒙蔽了心智。

(2) 防范沉没成本的干扰。沉没成本是指业已发生或承诺的、无法回收的成本支出。沉没成本是一种历史成本，对现有决策而言是不可控成本。从这个意义上说，在进行投资决策时应排除沉没成本的干扰。事实上，沉没成本很容易使决策者在面临再次选择时固守原有的决策。

(3) 设置合理的参照点。避免决策者与决策结果有直接与高度相关的联系，在大型投资上采用民主决策制度，运用专业咨询公司的专业知识以及建立现代企业制度，加强制度的制约，从而将决策参照点设置在一个科学的水平之内，为决策的成功实现奠定基础。

(4) 培养良好的心理素质。无论是参照点的选择、认知过程的形成还是对沉没成本的心理预期，都与企业经营者心理素质水平密不可分。在一定程度上，经营决策的成败就是对企业经营者心理素质的考验，因此重视企业经营者心理素质的培养对于提高企业经营决策水平尤为重要。

思考与探索

1. 何谓沉没成本?
2. 什么是沉没成本效应?想想你在生活中做的哪些事情是关于沉没成本效应的?
3. 哪些因素导致了沉没成本效应的产生?
4. 什么是尽量返本效应?你有过类似的经历吗?
5. 什么是协和效应?
6. 试找出有关沉没成本效应的其他例子,并加以分析说明。

第六章　蝴蝶效应与投资行为

【学习要点】

- ◆ 掌握蝴蝶效应的基本内涵。
- ◆ 掌握蝴蝶效应的理论模型。
- ◆ 了解蝴蝶效应的行为表现。
- ◆ 了解投资决策中的蝴蝶效应。

【章前导读】

如果有人告诉你，2008 年这场席卷全球的金融危机仅仅是因为漏读了一条短信所引发的，请问，你会相信吗？

如果又有人告诉你，自 2011 年 10 月 12 日到 11 月 10 日，在不到一个月的时间内，雷曼光电(300162)的股价涨幅高达 100%以上，而引发这一股价巨变的导火索不过是一份不起眼的合同……请问，你会相信吗？

事实上，当你学完本章内容后，再回想上述问题，你或许就不会对此嗤之以鼻了。

据说，在西方流传着这样一首民谣：

丢失一个钉子，坏了一只蹄铁；

坏了一只蹄铁，折了一匹战马；

折了一匹战马，伤了一位骑士；

伤了一位骑士，输了一场战斗；

输了一场战斗，亡了一个帝国。

马蹄铁上的一个钉子的丢失，本是初始的十分微小的变化，但经过长期作用，最终却导致一个帝国的覆灭。

20 世纪 60 年代，美国数学与气象学家、混沌理论之父爱德华·诺顿·洛伦兹曾用一个生动形象的比喻描述了上述现象：一只蓝色的小蝴蝶在巴西亚马逊丛林中的一棵香蕉树上休憩，在睡眼蒙眬之中，它偶然扇了扇翅膀，然而就是这一翅膀的轻微扇动，却引发了两个月后美国得克萨斯州的一场龙卷飓风。这一现象即所谓的"蝴蝶效应"。

【关键词】

蝴蝶效应　混沌理论　蛛网模型　蚂蚁模型

第一节　蝴蝶效应的行为分析

一、蝴蝶效应的基本内涵

蝴蝶效应(the butterfly effect)是指在一个动力系统中，初始条件下微小的变化能带动整个系统长期的、巨大的连锁反应。蝴蝶在热带丛林中轻轻扇动一下翅膀，之所以会造成遥远国度的一场飓风，是因为蝴蝶扇动翅膀的运动导致其身边的空气系统发生变化，并产生微弱的气流，而微弱气流的产生又会引起四周空气或其他系统产生相应的变化，由此引起一个连锁反应，最终导致其他系统的极大变化，这正是混沌理论的典型反映。

中国古代《易经》中"君子慎始，差若毫厘，谬以千里"所表达的哲学思想以及日常生活中所谓的"千里之堤，毁于蚁穴""一着不慎，满盘皆输""勿以善小而不为，勿以恶小而为之"的俗语即是这个意思。另外，《韩非子·喻老》中有下述记载："昔者纣为象箸而箕子怖。以为象箸必不加于土铏，必将犀玉之杯。象箸、玉杯必不羹菽藿，则必旄、象、豹胎；旄、象、豹胎必不衣短褐而食于茅屋之下，则锦衣九重，广室高台。吾畏其卒，故怖其始。居五年，纣为肉圃，设炮烙，登糟丘，临酒池，纣遂以亡。故箕子见象箸以知

第六章 蝴蝶效应与投资行为

天下之祸,故曰:'见小曰明'。"这段文字的大意是:纣王的叔叔箕子见到纣王用象牙筷子就很害怕,因为有了象牙筷子,杯子也换成了犀玉杯,有了象牙筷子、犀玉杯就不会吃粗食豆汤,而要吃牛肉、象肉、豹肉以及未出世的胎肉等精美的食物。一旦吃了牛肉、象肉、豹肉、胎肉,就不会穿着短的粗布衣在茅屋中吃饭,就要穿很多华衣美服,在华丽的宫殿进食。箕子怕他长此以往,最终会亡国(结果不幸言中)。蝴蝶效应说明,事物发展的结果,对初始条件具有极为敏感的依赖性,初始条件的极小偏差,将会引起结果的极大差异。

蝴蝶效应是由美国麻省理工学院气象学家、混沌理论之父爱德华·诺顿·洛伦兹首先提出来的,而蝴蝶效应的发现过程颇具戏剧性。1961 年冬天,洛伦兹使用电脑程式计算他所设计的模拟大气中空气流动的数学模型,当进行第二次计算时,为图省事,他直接从程式的中段开始,把上次的输出结果作为计算的初值,然后下楼去喝咖啡。一个小时后他回来,却发现计算结果出乎意料。第一次的计算机运算结果,打印只显示到小数点后三位的 0.506,而非完整的小数点后六位:0.506 127。然而,就是这个远小于千分之一的差异,竟造成了第二次的计算结果和第一次的截然不同,两者的曲线相似性完全消失了。再次验算表明,计算机并没有毛病。洛伦兹发现,由于误差会以指数形式增长,在这种情况下,一个微小的误差随着不断推移会造成巨大的后果。之后,洛伦兹在一次演讲中提出了这一问题。他认为,在大气运动过程中,即使各种误差和不确定性很小,也有可能在过程中将结果积累起来,经过逐级放大,形成剧烈的大气运动。洛伦兹进而认为,事物发展的结果,对初始条件具有极为敏感的依赖性。输入的细微差异会引发输出的巨大差别。

据此,洛伦兹提出:"一只蝴蝶在巴西轻拍翅膀,会使更多蝴蝶跟着一起轻拍翅膀。最后将有数千只蝴蝶都跟着那只蝴蝶一同振翅,其所产生的飓风可以导致一个月后在美国得州发生一场龙卷风。"[①] 即某地上空一只小小的蝴蝶扇动翅膀而扰动了空气,一段时间之后则会导致遥远的另一个地方发生一场暴风雨。自此,所谓"蝴蝶效应"之说就不胫而走。

蝴蝶效应可以用数学公式表示为:若 t 增加时,任意接近的点分离,则具有向量场(演变映射)f^t 的动力系统表现出初始条件的敏感依赖性。若 M 是映射 f^t 的状态空间,那么当满足以下条件时,f^t 会表现出初始条件的敏感依赖性。

- 存在 $\delta>0$,使得每一个点都满足 $x\in M$。
- 任意包含 x 的邻域 N,都存在来自这一邻域 N 的一点 y。
- 存在时间 τ,使得距离 $d(f^\tau(x),f^\tau(y))>\delta$。

(上述定义不要求来自一个邻域的全部点都与基点 x 分离。)

洛伦兹最初提出"蝴蝶效应",仅仅是用来描述长期天气不可预测这一现象。即借以说明:长时期大范围天气预报往往会因为一点微小的因素而造成难以预测的严重后果。事实上,由于长时期大范围天气预报是对地球大气这个复杂系统进行观测、计算与分析判断,因而它会受到地球大气温度、湿度、压强等诸多随机因素的影响与制约,微小的偏差自然是难免的,这样就造成了长期天气预报具有不可预测性或不准确性。

然而,时至今日,蝴蝶效应这一专业术语的内涵和外延都已获得了极大的拓展,也成

---

① 磐音. 爱德华·诺顿·洛伦兹蝴蝶效应创始人. 创新科技,2011(8):38.

了泛指一切复杂系统对于初值极为敏感的代名词，其含义是：对于一切复杂系统而言，在一定的"阈值条件"下，其长时期大范围的未来行为，对初始条件数值的微小变动或偏差极为敏感，即初值稍有变动或偏差，将导致未来前景的巨大差异，这往往是难以预测的，具有一定的随机性。

蝴蝶效应的发现奠定了爱德华·诺顿·洛伦兹的混沌理论基础，深具大胆想象力和迷人美学色彩的"广义的蝴蝶效应"，以及其深刻的科学内涵和内在的哲学魅力，不仅影响了气象学，还深刻地影响到人文社会科学领域。例如，2003年，美国出现了一宗疑似疯牛病的案例，这给刚刚复苏的美国经济带来了一场破坏性很强的"飓风"。扇动"蝴蝶翅膀"的是那头倒霉的"疯牛"，而受到冲击的则是总产值高达1750亿美元的美国牛肉产业以及140万个工作岗位，作为养牛业主要饲料来源的美国玉米和大豆业也在劫难逃，其期货价格呈现下降趋势。这场"疯牛病飓风"所引发的美国消费者对于牛肉产品的恐慌情绪，不仅造成了美国国内餐饮企业的萧条，甚至波及全球其他国家，有11个国家紧急宣布禁止美国牛肉进口，甚至远在大洋彼岸的中国广东等地的居民都对西式餐饮敬而远之。

二、蝴蝶效应的理论分析

(一)蛛网模型与蝴蝶效应

经济学中的蛛网模型是在用比较静态分析的方法论述需求和供给的变动对均衡价格变动的影响的基础上，引进时间变化的因素，通过对不同时期的需求量、供给量和价格之间的相互作用的考察，用动态分析的方法论述周期较长的商品的产量和价格在偏离均衡状态以后的实际波动过程及其结果。

蛛网模型的基本假定是：商品的本期产量 Q_t^s 决定于前一期的价格 P_{t-1}，即供给函数为 $Q_t^s = f(P_{t-1})$，商品本期的需求量 Q_t^d 决定于本期的价格 P_t，即需求函数为 $Q_t^d = f(P_t)$。

根据以上的假设条件，蛛网模型可以用以下三个联立的方程式来表示。

$$\begin{cases} Q_t^d = \alpha - \beta \cdot P_t \\ Q_t^s = \delta + \gamma \cdot P_{t-1} \\ Q_t^d = Q_t^s \end{cases}$$

其中，α、β、δ 和 γ 均为常数，且均大于零。

当相对于价格轴，需求曲线斜率的绝对值小于供给曲线斜率的绝对值。当市场由于受到外力的干扰偏离原有的均衡状态以后，实际价格和实际产量上下波动的幅度会越来越大，偏离均衡点越来越远，如图6-1所示。

假定，在第一期由于某种外在原因的干扰，如恶劣的气候条件，实际产量由均衡水平 Q_e 减少为 Q_1。根据需求曲线，消费者愿意支付 P_1 的价格购买全部的产量 Q_1，于是，实际价格上升为 P_1。根据第一期的较高的价格水平 P_1，按照供给曲线，生产者将第二期的产量增加为 Q_2。

在第二期，生产者为了出售全部的产量 Q_2，接受消费者所愿意支付的价格 P_2，于是，实际价格下降为 P_2。根据第二期的较低的价格水平 P_2，生产者将第三期的产量减少为 Q_3。

在第三期，消费者愿意支付 P_3 的价格购买全部的产量 Q_3，于是，实际价格又上升为

P_3。根据第三期的较高的价格水平 P_3,生产者又将第四期的产量增加为 Q_4。

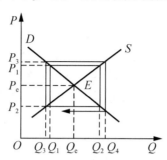

图 6-1　发散性蛛网模型

如此循环下去,如图 6-1 所示,实际产量和实际价格的波动幅度越来越大,偏离均衡点 E 所代表的均衡产量和均衡价格越来越远。

蝴蝶效应的产生有个重要的条件——非线性因素。所谓的非线性因素,是指具有一定的随机性,而非确定未来发展变化方向的变量。当系统中出现非线性因素的介入,而系统对初始条件的变化具有很强的敏感性时,初始条件的变动引发系统中相关事件的一个连锁变动,这个影响逐渐放大,并最终导致"彼地的一场龙卷风"。

(二)蚂蚁模型与蝴蝶效应

英国经济学家保罗·奥默罗德(Paul Ormerod)在《蝴蝶效应经济学》(*Butterfly Economics*)一书中阐述了一个有趣的蚂蚁模型。20 世纪 80 年代中期,昆虫学家对蚂蚁进行了一系列的实验研究。最开始设计了这样一个实验:两堆同样的食物,放在离蚁窝同样的距离上,并不断地补充食物,使两堆食物总是保持一样多,以此来研究蚁群是如何搬运这两堆食物的。

假定每一只蚂蚁从蚁窝爬出来,随意地选择两堆食物中的一堆。在成功地把食物搬回蚁窝后,那它第二次出来,就会有诱因再次到原先搬过的那一堆中取食。食物一直在补充,因此它会一直选择从那一堆里取食。如果这一理论正确,那么对蚂蚁在两堆食物上分布的分析,就同丢掷均匀的铜板来观察正面和反面的实验一样。蚂蚁第一次爬出蚁窝来寻找食物,其目的地就等同于掷铜板的结果。实验设计的两堆食物完全相同,我们一开始会期待着蚂蚁会均匀地分成两组。

但是,根据对蚂蚁行为的观察,生物学者曾衍生出更复杂的理论。蚂蚁一旦成功地找到食物,它第二次又会回到同一堆食物上取食,一直延续下去。可找到食物的蚂蚁回到蚁窝后,会借着化学分泌物刺激另一只蚂蚁跟随它找食物。有些种类的蚂蚁能力则更强,通过留下一条分泌液足迹,会把整批的蚂蚁都带过去。因此,蚂蚁第一次从蚁窝爬出来时,决定朝哪个方向走,会受到途中遇到的蚂蚁足迹的影响。蚂蚁留下足迹的关键性质,导致了对在每一堆食物上取食的蚂蚁的比例有了更微妙的理论预期。蚂蚁留下的信号意味着,前面几只蚂蚁爬出蚁窝后的随意选择,对整个蚁群的行为有决定性的影响。如果蚁群的数量很大,每一只蚂蚁每一次爬出蚁窝后的选择都是随意性的,那么两堆食物上的蚂蚁比例最后会非常接近于 50∶50。但是,假定如果只有五六只蚂蚁爬出蚁窝,进行搜索,带回食物,然后这些蚂蚁留下足迹让下一批蚂蚁跟踪,这时就像只抛五六次硬币,虽然大量重复实验会使最终比例接近 50∶50,但是少量次数的实验得出的结果却具有很大的随意性。生物学者的理论的主要特征是,任一特定实验得出的比例,都等同于最早搜索食物的过程中所确定的模式。短期内会围绕这一模式发生一些随机波动,但最终结果会稳定下来。

在生物学者的这一理论模型中,已经隐含着蝴蝶效应的成因模型。正常情况下,凭直觉经验得出的两堆食物上蚂蚁的比例应该是 50∶50,但当搜索食物的蚂蚁数量少的时候,任何微小的变化都可能导致两堆食物上最终的蚂蚁分布比例远远偏离这个比例。而这微小的变化就是那蝴蝶扇动的翅膀,最终可能引发两堆食物上的蚂蚁分布比例很大地偏离这一蝴蝶效应。

但是实际上,真正发生的蚂蚁的分布结果和上述结果完全不同。即使是实验进行了很长时间,整个蚁群到任何一堆食物上取食的比例,不是固定下来维持不变,而是会按照明显随意的方式继续波动。精确的平均分布的结果几乎不曾观察到,且比例会不断地变化。一旦大多数蚂蚁都到其中的一堆去取食,这样的结果在相当一段时间内就会保持合理的稳定,围绕这个比例进行小幅波动。但是这个多数性总是备受侵蚀,蚂蚁会改变取食方向,到另一堆上去取食。有时候,这种变化不仅很大,而且也很快,比如很可能从 70∶30 变化到反向的 30∶70。

这种结果出乎很多人的预料。经济学家艾伦·柯曼(Alan Kirman)在认真研究了这个问题后,认为在类似蚂蚁实验的条件下以往的那种认为整个系统可以通过单一的、有代表性的当事人的行为来理解的观念,是行不通的。因为总体的结果是由于个人间的互动,以及他们彼此诱导所引起的行为的变化而产生的。即由单一的个体的行为来推断整个群体或者由一个小群体的行为来推断大群体的行为是不可能也是没有意义的。这一点和洛伦兹的混沌理论中,推断长期天气情况的不可能性是相似的。

三、蝴蝶效应的行为表现

(一)企业经营中的蝴蝶效应

成立于 1908 年的美国通用汽车公司从 1927 年起,连续 82 年都是全世界最大的汽车公司。通用汽车之所以能有这样的成就,是因为它一直以来深知蝴蝶效应的奥秘,并充分利用这一奥秘,注重细节,关心消费者。通用旗下品牌之一庞蒂亚克的"冰激凌过敏事件"就充分地体现了这一点。

有一天,美国通用汽车公司的庞蒂亚克部门收到一封客户抱怨信,上面是这样写的:这是我为了同一件事第二次写信给你们,我不会怪你们没有回信给我,因为我也觉得这样别人会认为我疯了,但这的确是一个事实。我们家有一个传统的习惯,就是每天在吃完晚餐后,都会以冰激凌来当饭后甜点。由于冰激凌的口味很多,所以我们家每天在饭后才投票决定要吃哪一种口味,然后我再开车去买。但自从最近我买了一部新的庞蒂亚克后,问题就发生了。每当我买的冰激凌是香草口味时,车子就发动不了,但如果我买的是其他口味的冰激凌,车子发动就顺得很。我要让你们知道,我对这件事情是非常认真的,尽管这个问题听起来很猪头。但为什么这部庞蒂亚克在我买了香草冰激凌后就发动不了,而我不管什么时候买其他口味的冰激凌,它就是一尾活龙?为什么?

这封不可思议的投诉信立即引来了庞蒂亚克车技术服务人员的调侃:"汽车对香草冰激凌过敏?那我的游艇对可口可乐也要过敏了。"虽然对这封信的真实性心存怀疑,但庞蒂亚克的总经理没有马虎地对待这近乎天方夜谭的投诉，他派了一位办事严谨的工程师前去处理这件不可思议的投诉案。当工程师去找这位仁兄时，很惊讶地发现这封信是出自一位事业成功、乐观且受了高等教育的人之手。工程师与这位仁兄见面的时间刚好是在用完晚餐的时候，于是两人上了汽车，往冰激凌店开去。那个晚上投票结果是香草口味，当买好香草冰激凌回到车上后，车子又发动不了。这位工程师之后又连续来了三个晚上。第一晚，买巧克力冰激凌，车子没事。第二晚，买草莓冰激凌，车子也没事。第三晚，买香草冰激凌，车子"秀逗"。看来，投诉者反映的"荒唐"问题一点儿也不荒唐，庞蒂亚克汽车确实对香草冰激凌"过敏"。

　　但这位负责的工程师绝不相信这辆车对香草过敏。因此，他开始记下每次开车去买冰激凌途中所发生的种种详细资料，如汽车经过的路线、使用汽油的种类、开出和开回以及停车所用的时间……最后，他发现这位客户买香草冰激凌所花的时间比其他口味的要少。进一步研究终于发现了这辆车对香草冰激凌"过敏"的奥秘：香草冰激凌是该店所有冰激凌中最畅销的，店家为了让顾客每次都能很快买到，便将香草口味的冰激凌特别分开陈列在单独的冰柜，并将冰柜放置在店的前端；至于其他口味的则放置在距离收银台较远的后端。

　　现在，工程师的疑问是，为什么这部车会因为从熄火到重新激活的时间较短就发动不了？具有深厚专业知识的工程师很快找到了答案：问题出在汽车发动机那个小小的散热装置上。原来，当买其他口味的冰激凌时，由于所花的时间较长，发动机有足够的时间散热，重新发动时就没有太大的问题；但是当买香草冰激凌时，由于所花的时间较短，发动机太热以至于无法让散热装置有足够的时间散热，在密闭管路中油跟油之间会出现一段气体，阻塞了油路，引擎所吸收的燃料就会断断续续，从而引起发动机不能正常发动。这位工程师向公司反映了汽车对香草冰激凌"过敏"的原因，设计部门迅速进行了技术改进，弥补了散热装置的缺陷，解决了气阻现象。不久，能随时重新发动引擎的散热装置应运而生。

　　可见，初始条件十分微小的变化经过不断放大，会对其未来状态造成极其巨大的影响。有些小事可以糊涂，但有些小事经过系统放大后，则会对一个企业产生很大的负面影响。蝴蝶效应给企业经营者的启示可以充分体现在下列话语中：在你服务过的 100 名客户中，其中只要有一位感到不满意，虽然你认为只有 1% 的客户不满意率，但对该客户而言，他所感受到的则是 100% 的不满意。因为在客户眼里，你就代表了公司。①

(二)情绪管理中的蝴蝶效应

　　你永远不会知道你对他人的生活有什么影响。想象一下吧，蝴蝶轻展双翅，制造气旋，气旋不断增大，直至影响整个气象系统。你向陌生人展示的一个不经意的微笑可以有相同的效应。一个简单的微笑，你就有可能瞬间让他人心情舒畅，你就打开了一道出口，积极的心情会由一个人传到另一个人，一次又一次，就像那只蝴蝶一样，你就引起了具有无限可能的连锁反应。同样，消极的情绪也可能产生无限的负面连锁反应。

　　有这样一个故事：张三因上班迟到被领导训了一顿，心里很恼火，回到家冲妻子发起了脾气。妻子莫名其妙地被训，也很生气，摔门而去。大街上，一条宠物狗挡在了她的面

---

① 李志敏. 蝴蝶效应. 老区建设，2010(7):64.

前,对她"汪汪"直叫。妻子更生气了,一脚踢了过去。受到惊吓的宠物狗狂奔而去,路过一个老人面前,把老人吓了一跳。正好这位老人有心脏病,被突然冲出的小狗一吓,心脏病发作,不治身亡。

可见,蝴蝶效应所引发的连锁反应,每天都会在我们身上发生。看起来似乎很不起眼的一次迟到最终却造成一条生命的陨落!情绪上的蝴蝶效应危害很大,所以人们应学会及时调整自己的心态,顺应事态的发展。尽管我们已无法回到从前去改变过去,但至少可以把握住现在。因此,当你遇到生气恼怒的事情时,应及时化解不良的情绪,保持较好的心理状态,出色地做好各项工作,从而创造更美好的未来。

第二节 投资决策中的蝴蝶效应

一、投资组合的蝴蝶效应分析

请问,你能想象得出一个美国人抽烟和中国的通货膨胀有什么关系吗?假设美国现在有一个人抽烟,不小心把没熄灭的烟头扔在了床边,然后出门上班了。大约20分钟后,烟头慢慢引燃床单,火越来越大,逐渐蔓延到左邻右舍,引起煤气罐的连环爆炸。这时的美国人已经对"恐怖袭击"胆战心惊,而这个肇事者(扔烟头的人)却忘了自己曾扔过烟头,于是在一时无法查明原因的情况下,这一事故暂时被定性为"恐怖袭击"。

于是,惊恐万状的人们纷纷抛售股票,从而引起了股市大跌。随后,急速下降的消费信心影响了整个美国的经济,最后造成美元贬值。美元持续贬值,致使以美元标价的基础性原材料价格不断上扬,盯住美元的人民币价格也相应上升,最后,导致了以原材料为基础的国际商品价格的普遍上涨,从而引发了中国的成本拉动型通货膨胀。

当然,上述例子似乎太夸张了,笔者只是想借以说明:我们在解释某种经济现象时,如果无法从常规的分析中寻找到答案,那就要考虑那些看起来似乎不相关的因素,然而这种因素太多了,也太不可预测了,这也是为何经济学家总是难以精确地预测宏观经济指数的原因。然而,也正是这种不可预测性,才造就了丰富多彩、变化万千的世界。

目前,关于蝴蝶效应的心理机制的相关研究甚少。笔者认为,蝴蝶效应更加强调注重少数人的作用,即少数人所代表的异类可能会最终改变大多数人的想法,从而引领整个事态的发展,所谓"真理掌握在少数人手里",初始条件的微小变化会导致最终结果发生翻天覆地的改变。因此,在现实生活中,我们应特别注意蝴蝶效应在投资理财中的运用。下面将着重阐述投资组合构建中的蝴蝶效应。

在现代社会,理财投资已经成为所有社会成员必须具备的一种基本技能。投资中最重要的事情就是处理好收益和风险的关系,而做好投资的关键是构造一个合理的资产组合,实现资产在风险资产与无风险资产之间以及风险资产内部的合理配置,达到效用的最大化。

如果某个投资在 s 种情形下可能产生 s 种收益率,每种情形下的概率为 $p(s)$,则期望收益率 $E(r)=\sum_s p(s) \times r(s)$。收益率的方差 $\sigma^2 = \sum p(s)[r(s)-E(r)]^2$。

在投资学中,将投资收益分为无风险收益和风险收益。投资于基金、股票等风险资产的期望持有期收益率称为风险收益率;投资于诸如国库券、货币市场工具或银行存款上的收益率称为无风险收益率。任何特定时期风险资产与无风险资产的收益率之差称为超额收益率，投资组合的风险溢价是这个投资组合的期望的超额收益率，而超额收益率的标准差就是风险的估计值。一般来说，风险与收益正相关，投资人要承担风险，必然索取与之对应的收益。

夏普比率是衡量投资者在承担一定风险时能否获得相应的收益，以促使收益—风险平衡。夏普比率=风险溢价/超额收益的标准差。由夏普比率的公式可知，当保持夏普比率不变时，收益越大风险越大，收益越小风险越小。在现实生活中，投资者应该根据自己承担风险的能力来选择一个合理的期望收益率，然后构建合适的投资组合。

根据马科维茨的投资组合理论，另外加入无风险资产和不同的风险资产组合，我们可以得到以下最优资产配置的实践步骤。①

(1) 确定所有各类证券的收益特征值(如期望收益、方差、协方差等)。
(2) 计算最优风险投资组合 P，计算投资组合 P 的资产。
(3) 计算投资组合 P 和短期国库券的权重。
(4) 计算出完整的投资组合中投资于每一种资产和短期国库券上的投资份额。

最后的风险资产和无风险资产配置可用图 6-2 来说明。

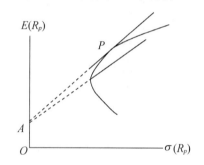

图 6-2　最优资产配置线的风险资产与无风险资产组合

最后的投资组合点 P 是 CAL 线和风险资产的有效边界的切点。投资者如果把资产按照 P 点进行组建将使效用最大化。

在国外的投资银行业，上述过程被称为资产分割。资产分割将投资组合选择问题分解为两个相互独立的工作：第一项工作是决定最优风险投资组合，这是完全技术的；第二项工作是根据个人的偏好，决定资本在国库券和风险投资组合中的分配。

理论上，根据前面的模型，投资组合管理人将给所有客户提供相同的风险投资组合 P，而不顾他们的风险厌恶程度。如果这一理论是对的，那么所有的投资者将构建结构相同的投资组合，这显然与事实不符。

事实上，每个投资者的投入构成表都或多或少地存在一定的差异。例如，预期收益率和风险承受能力不同、股息收入要求不同、税收考虑或其他偏好不同等，而正是这一点小小的差异最终将使不同的投资者得到不同的有效边界，最终将构建不同的投资组合。初始条件——投入构成表的轻微改变将改变整个资产组合 P 的配置结构，最终在现实生活中不同投资者构建的投资组合会大相径庭。

---

① 滋维·博迪，亚历克斯·凯恩，艾伦 J. 马库斯. 陈收，杨艳译. 投资学.

二、货币政策的蝴蝶效应分析

货币政策是一国经济政策的重要组成部分,是中央银行完成其任务、实现其职能的核心所在,也是经济理论研究、实践和争论的焦点。所谓货币政策,是指中央银行为实现经济增长、物价稳定、充分就业和国际收支平衡等宏观经济调控目标而采用的各种控制、调节货币供应量和信用量的方针与措施的总称。货币政策目标确定之后,中央银行运用适当的政策工具调控货币供求,通过经济体系内的各种变量,影响到整个社会的经济活动,进而实现既定的货币政策目标。由货币政策工具启动到货币政策目标实现的经济运行过程,就是货币政策传导系统。

货币政策传导系统由于涉及利率、信贷、汇率、资产价格等多种传导渠道和变量而使其结构、环节、机制都十分复杂,货币政策传导系统是货币政策的金融环境、货币政策的目标、货币政策规则、货币政策的工具、货币政策的传导渠道、货币政策的外部因素冲击的函数,因而是一类典型的社会经济系统。同时人的参与使货币政策传导系统显得与众不同,许多问题不能用传统的平衡、线性、静态等方法获得满意解决,需用与复杂性有关的非线性、非平衡、混沌、分形、突变性、非周期性的系统思想和方法来解决,这为货币政策传导系统提供了一种新的分析方法和视角。

王祥兵、严广乐、何建佳等在《货币政策传导系统复杂性研究》中详细阐述了货币政策传导系统的复杂性,认为作为金融系统子系统的货币政策传导系统,同其他系统一样也是一个具有各种正负反馈结构和非线性作用相互"耦合"、交织在一起的复杂系统。在这个系统中各种各样的因素相互作用,看似无序、杂乱无章,但实际上其内部有着一定的因果关系。其特征表现为:系统的开放性、系统的演化性、系统的非线性、系统组合的复杂性。[①]

系统的开放性源于系统对外部环境的开放,经济系统、金融系统都是开放的系统,作为与其相伴而生的货币政策传导系统也是开放的,它会受到政治环境、经济环境、金融环境、文化环境等社会因素的影响和制约。系统的演化性与一般系统一样,货币政策传导系统总是处在不断的演化中,在演化中达到优化。在经济开放和全球化条件下,国际资本流动、金融创新和投融资工具的多样化等,导致货币政策安排中成本和效益关系处于不断的变动之中,远离彼此间平衡的态势,从而不断地产生出货币政策安排和变迁的力量,使货币政策传导系统远离平衡态,整个货币政策传导系统处于远离平衡态的不断变动之中。系统的非线性是指货币政策传导系统是一个多目标、多变量、非线性的综合体。在它的发展演化过程中,往往受到多种因素的影响。货币政策传导系统的主体是银行、企业和个人,所以与其他复杂系统相比,货币政策传导系统最大的不同在于人的参与性。作为个体的人具有适应性、智能性、主动性、随机性,会根据经济、金融环境来调整自身的决策行为,并且能够辨识经济、金融环境,预测未来,在经验中学习形成新的决策。同时,不同主体之间以及主体与经济、金融环境之间互动互应,系统中的主体并行地作出决策,每个主体的决策不仅要考虑过去和当前的状态,还要考虑其他主体的行为,通过各个主体相对较低

---

① 王祥兵,严广乐,何建佳. 货币政策传导系统复杂性研究. 学术界,2010(7):45~54.

的智能行为，系统在整体上会显现出更高层次、更加复杂的智能决策。由于货币政策制定者和执行者的理性、有限理性及非理性都是极其复杂的、非线性的，因而货币政策传导系统也呈现出复杂性。

(一)货币政策传导系统中的混沌模型

一项货币政策的制定或变动往往会受到赞同或反对两种力量的作用，并且货币政策的制定者往往需要根据制度实施一段时间之后的情况来矫正下一阶段货币政策变化的内容和方向。另外，货币政策还存在着时滞。

王祥兵等人根据货币政策传导系统的特点，建立了以下货币政策制定的动力学模型。

$$\begin{cases} \dfrac{dx(t)}{dt} = ax(t) + F[x(t-\tau)] & (6-1) \\ F(X) = xG(x) & (6-2) \end{cases}$$

其中，$x(t)$ 表示推动和反对新的货币政策各种力量合并后的力量；$\dfrac{dx(t)}{dt}$ 表示货币政策变动的速率；a 是变动速率；τ 表示时滞；$F[x(t-\tau)]$ 表示货币政策传导系统内部的控制关系，它由反馈信号 $x(t-\tau)$ 和反馈函数 G 组成。

式(6-1)说明，货币政策变动的快慢与推进和反对货币政策变化的合并力量 $x(t)$ 及控制货币政策变动的因素所产生的力量有关。在控制函数中存在时滞 τ，这是由反馈信息及调节必须在货币政策实施一段时间之后才能产生所决定的。式(6-2)是一个单变量的延时方程即非线性系统的动力学方程，它含有非线性项，是这个货币政策传导非线性系统内部多因素交叉耦合作用机制的数学描述。正是这种"诸多因素的交叉耦合作用机制"，才导致这个复杂系统的初值敏感性，即蝴蝶效应，以及系统所呈现的分岔、混沌等复杂行为。如果把方程中的延时操作写作算子的形式，就可以把延时方程化为多变量的自治方程。根据混沌理论，在三个以上变量的自治方程中可能出现分岔和混沌，这个要求来自微分方程解的唯一。

(二)货币政策传导系统中的蝴蝶效应

蝴蝶效应是指复杂系统对初始条件的极端敏感现象：初始条件的微小变化最终引起结果的剧变。一个看似微不足道的细小变化，却能以某种方式对系统产生巨大的影响，甚至影响整个社会经济系统的正常运行。它是对具有混沌的复杂系统演化轨道不稳定的一种反映。混沌的这一特性在经济金融中的深刻政策含义是：单一的货币政策的非一般或非正常操作，能够导致整个系统行为巨大的、不可预知的复杂变化和整体涌现性[1]。

1931 年，当时作为英国剑桥大学学生的卡恩发表了《国内投资与失业的关系》一文，率先提出了乘数理论，主要阐述国家公共工程开支与总就业量之间的乘数关系。1936 年，凯恩斯在《就业、利息与货币通论》一书中沿用了卡恩的观点，并通过引入边际消费倾向概念，系统地阐述了投资乘数理论。这一理论后来进一步延伸为国民收入乘数理论，成为凯恩斯需求管理理论的主要支柱之一。

乘数理论的基本内容可以概括为：国民经济各部门是紧密联系的，一个产品部门需求

---

[1] 苗东升. 系统科学大学讲稿. 2006.

的增长会引起若干相关部门甚至所有经济部门需求和产出的增长，这种增长在部门间传递和弥漫的最终结果是，整个经济体的总需求和均衡收入规模的增长多倍于最初部门需求的增长量。这个倍数就是所谓的国民收入乘数；而这种增长在部门间传递和弥漫的连锁反应被称作乘数效应。

乘数理论如果具体用于研究货币发行量，就会衍生出货币乘数效应。货币的乘数效应就是货币政策传导系统蝴蝶效应的一种典型表现形式。货币乘数是指货币供给量对基础货币的倍数关系，即中央银行创造或缩减一单位的基础货币而导致货币供给量增加或减少的倍数，这也是基础货币与货币供应量扩张、缩减关系的数量表现。在货币供给过程中，中央银行的基础货币与社会货币最终形成量之间客观存在着数倍扩张或收缩的效果或反应，即货币乘数效应。

货币乘数分为狭义货币乘数 m_1 与广义货币乘数 m_2，分别表示为狭义货币 M_1 和广义货币 M_2 与基础货币 M_B 之比。

$$m_1 = M_1/M_B = (1+k)/(r_{deposit} + tr_{time\ deposit} + e + k)$$

$$m_2 = M_2/M_B = (1+k+t)/(r_{deposit} + tr_{time\ deposit} + e + k)$$

其中，$r_{deposit}$、$r_{time\ deposit}$ 分别为活期存款和定期存款的法定存款准备金率，e 为超额准备金率，k 为现金漏出率，t 为社会公众持有的定期存款与活期存款额之比。

货币乘数效应产生于整个商业银行体系存款创造的过程，也就是商业银行将存款转化为贷款，而贷款又派生存款的连续过程。导致商业银行体系存款创造过程发生的初始冲击一般来自中央银行，包括企业、个人等在内的社会公众，以及商业银行自身的经营行为。社会公众原发性的存取款行为、中央银行资产规模的变动、商业银行改变资产结构和准备金规模等，都会引起整个商业银行体系内的存款创造过程，进而影响就业、经济增长、收入水平，最终形成一个循环促进过程。

从上面的公式可以看出，当基础货币及货币乘数的各决定因素发生变化时，通过货币传导系统会导致货币供应量的巨大改变，从而对宏观经济产生一系列复杂的影响。这种对初始条件、参数和环境的微小变化都具有相当的敏感性，并能将微小的涨落放大成宏观复杂系统的行为，就是复杂系统的蝴蝶效应。

三、次贷危机的蝴蝶效应分析

英国作家狄更斯在其著作《双城记》里曾写下了这样一段耐人寻味的话："这是最好的时代，这是最糟的时代；这是理性的时代，这是疑惑的时代；这是信仰的时代，这是迷茫的时代；这是希望之春，这是失望之冬；我们面前拥有一切，我们面前一无所有；我们将由此升入天空，我们将由此坠入地狱。"

笔者认为，借用狄更斯的这段话来描述 2007 年以来的全球金融危机亦是恰到好处！2007 年 4 月 2 日，美国第二大次级抵押贷款公司——新世纪金融(New Century Financial Corp)宣布申请破产保护、裁减 54%的员工，美国次贷危机开始爆发。2008 年 9 月 15 日，有着 158 年历史的华尔街顶级投资银行雷曼兄弟公司被迫申请破产保护，导致华尔街金融危机开始向全球蔓延，并最终引发世界性经济衰退。

这场始于 2007 年的美国次贷危机，很快发展成为一场波及全球的金融危机，并不断对各国实体经济产生强烈冲击。截至 2011 年 12 月，世界经济还没有完全摆脱源于 2007 年美国次贷危机的全球金融危机的影响，世界经济仍存在很大的不确定性。

国内外很多学者从实体经济和金融层面上对此次金融危机的原因进行了深入探讨，并且提出了很多不同的见解。虽然关于美国金融危机原因的见解不一，但大部分学者都注意到了金融创新在此次金融危机中的作用。

2000年美国科技股泡沫的破灭标志着其新经济出现问题，加之"9·11"恐怖袭击，美国经济发展前景不容乐观。为避免股市进一步下跌和经济陷入衰退，美联储于2001年开始降息，一年内11次降息，联邦基金利率从年初6.5%的水平快速下降至年底的1.75%，到2003年6月联邦基金利率降至1%，这一超低利率维持了近一年的时间。这一历史最低利率极大地促进了美国房地产市场的发展。低利率在促进借款需求快速膨胀的同时也成为激励住房抵押贷款机构发放贷款的动力。随着抵押贷款机构间竞争的加剧，优质客户的挖掘越来越充分，许多抵押贷款机构开始把贷款的对象扩大到优质客户以外的借款人身上，他们进行了大胆的抵押贷款创新来满足这些借款人的融资需求，次级贷款应运而生。美国传统优级住房抵押贷款发放的主要依据是借款人的信用状况，即借款人的偿还能力和偿还意愿，其次才是抵押品的价值。次级贷款相对优级贷款而言，其创新体现在贷款安全性保障来源发生了变化，次级贷款不要求借款人具有高信用评分，也不要求其有稳定可靠的收入，利率主要采用固定/浮动混合利率形式，在贷款发放后的两至三年，银行按照事先商定的固定利率向购房者收取利息，固定利率期结束后则开始按照当时的市场利率进行浮动[①]。

次级贷款放宽对借款人信用状况要求的原因在于其贷款风险补偿来源发生了变化，抵押物价值成为贷款安全的第一保障，其次才是借款人的偿还能力和意愿。在房地产市场价格不断上涨的背景下，即便借款人无力偿还贷款，银行也可以通过出售抵押物来获得补偿。但这一创新理念暗含着一个前提，即房地产价格只能涨不能跌，否则次级贷款的风险将会非常大。在这一创新理念的指导下，抵押贷款机构不断进行房屋抵押贷款形式的创新，最终美国住房抵押贷款的对象几乎覆盖了所有有借款需求的人，"居者有其屋"的梦想似乎成为现实[②]。

此后以投资银行为主的非银行类金融机构对次级贷款进一步创新，包括资产证券化、CMO、CDO、CDS等，将风险转移给全球的投资者。但是，最后却也是这些创新性金融产品让美国众多金融机构的短期流动性急剧收缩而最终陷入破产。

这次金融创新的"蝴蝶效应"是从美国房地产市场走势逆转开始的。美联储自2004年6月开始提高利率，到2006年8月，联邦基金利率从1%提高到5.25%，这使房地产价格开始回调。一方面，伴随着利率的上升，次级贷款借款人债务负担急剧加重；另一方面，房地产价格大幅下降。次级贷款等创新型抵押贷款的违约率快速上升，抵押贷款机构面临贷款损失风险和回购已在二级市场上出售的贷款的风险，加上商业票据到期、商业银行要求提前还贷等压力，流动性短缺的风险瞬间爆发。次级债券及其衍生品的价格下跌，投资银行和基金资产组合价值受到严重冲击，在一系列连锁反应下，次贷危机最终发展成为美国的金融危机。由于金融市场自由化和经济全球化，被分散了的风险在全球范围内出现了风险共振，直接导致了这次的全球金融危机。

---

① 狄瑞鸿. 透视美国金融危机中的金融创新"蝴蝶效应". 兰州商学院学报，2009(4)：101~106.

② 狄瑞鸿. 透视美国金融危机中的金融创新"蝴蝶效应". 兰州商学院学报，2009(4)：101~106.

概括地讲，美国利率和房价变化的"蝴蝶翅膀"扇动出次贷危机及其演变的路线，如图 6-3 所示。

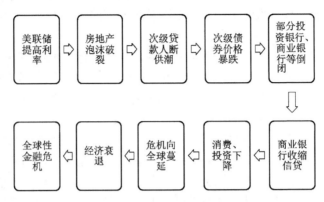

图 6-3　次贷危机演变路线

第三节　案例分析与实践

一、巴菲特与蝴蝶效应

美国媒体 2009 年 9 月 16 日报道了一个让人大跌眼镜的消息：2008 年这场席卷全球的华尔街金融危机竟是因为漏读了一条短信所引发的！[①]

2008 年 9 月 15 日，有着 158 年历史的华尔街顶级投资银行雷曼兄弟公司宣告破产，导致华尔街金融危机开始向全球蔓延，并最终引发了世界性经济衰退。雷曼兄弟的 2.5 万名员工并没有从老板那里获悉噩耗，而是从电视或者报纸上看到的。

然而，不为人知的事实是：就在此前的 9 月 13 日傍晚 6 时左右，当股神沃伦·巴菲特准备出门参加加拿大埃德蒙顿的一个社交活动时，他接到了英国第三大银行巴克莱银行主管鲍勃·戴蒙德的电话。原来，戴蒙德打算抄底收购雷曼，将后者从破产边缘拉回来，但他在英国政府那里遇到了困难，因此，戴蒙德想出了另外一个计划，希望巴菲特能提供担保，以便推动交易顺利进行。巴菲特认为，这个交易计划听起来过于复杂，他很难通过一个简短电话搞清楚，所以巴菲特让戴蒙德把具体交易计划通过传真发给他。但当巴菲特午夜时分回到酒店房间的时候，他惊讶地发现什么也没收到。接下来，雷曼兄弟崩溃了，全球金融体系数天之内也陷入了一场全面的危机。

10 个月之后，有一天，巴菲特问女儿苏珊自己手机屏幕上的一个小图标代表什么含义："你知道这是什么意思吗？"巴菲特承认自己从未真正了解自己手机的基本功能。结果，这正是那天晚上巴菲特一直等待的来自戴蒙德的语音邮件。

二、中国股市与蝴蝶效应

在我国股票市场中，也时常有蝴蝶效应的身影闪现，它甚至对部分个股的中短期股价

[①] 网易新闻. 错过一条短信引发金融危机. http://news.163.com/09/0918/04/ 5JFGQ4R2000120GR.html.

走势会产生重大影响。

下面我们以雷曼光电 2011 年 9 月到 11 月股票市场的表现为例。深圳雷曼光电科技股份有限公司(证券简称：雷曼光电；股票代码：300162)是中国领先的专业化、国际化、高品级的 LED 制造商，同时也是亚太地区乃至国际市场上有影响力的厂商之一。作为深圳首家上市的 LED 国家高新技术企业，公司始终致力于高品级的发光二极管(LED)的研发、制造、应用，其超高亮全彩系列、大功率多规格 LED 产品，涵盖高品级 LED 封装器件、LED 显示屏、LED 照明三大领域。雷曼光电将性能与价格完美平衡的 LED 产品带到了世界各个角落，在全球的销售已扩展至近 50 个国家和地区。图 6-4 所示为雷曼光电 9 月到 11 月股票市场的 K 线图。

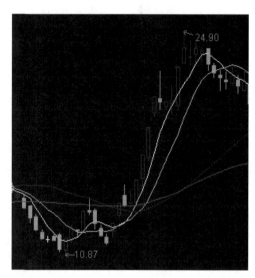

图 6-4　雷曼光电 2011 年 9 月到 11 月的股票 K 线图

2011 年 9 月 26 日雷曼光电收盘价为 27.78 元，9 月 27 日每 10 股送 10 派 1，之后一路下探到 10 月 12 日的最低价 10.87 元，但是在之后不到一个月的时间内，雷曼光电最高涨到 11 月 10 日的 24.90 元，涨幅高达 100%以上，远远跑赢同期大盘和相似个股(如瑞丰光电、鸿利光电等)。

有分析师认为，雷曼光电的大涨与国家政策利好 LED 产业的预期有关。11 月 4 日，发改委公布按功率大小逐步淘汰白炽灯路线图，2012 年开始禁用 100W 以上的白炽灯，2016 年禁用普通照明用白炽灯。这一政策对于雷曼光电股价这一轮走势肯定起着促进作用。但是更多分析师认为，最终引发股价暴涨的真正"蝴蝶扇动的翅膀"是一个不起眼的合同：雷曼与中超联赛有限责任公司于 10 月 10 日签订了《关于中超公司与雷曼光电合作协议的补充协议》。10 月 25 日，雷曼光电与中超公司在北京宣布，双方签署中超联赛广告设备合作协议，雷曼光电由此成为中超联赛 LED 设备制造类唯一合作伙伴。根据双方协议，在未来 5 年，雷曼光电将为中超联赛提供赛场全彩广告显示屏设备以及相关服务。这一当时看似不起眼的合同在之后的一个月造就了雷曼股价翻番的惊人事实。尽管对于这次合作，外界多持怀疑态度，甚至有媒体质疑其中涉嫌内幕交易，但雷曼光电将获利明显也无疑。

思考与探索

1. 什么是蝴蝶效应？请举日常生活中的一个例子进行解释。
2. 试述蝴蝶效应的主要理论模型。
3. 如何根据蝴蝶效应合理地构建自己的资产组合？
4. 谈谈如何有效规避蝴蝶效应所引发的投资风险。

第七章 过度自信与投资行为

【学习要点】

- ◆ 掌握过度自信的基本内涵及其产生原因。
- ◆ 了解过度自信对投资行为的影响。
- ◆ 了解后见之明现象的内涵。
- ◆ 了解赌场资金效应的内涵。
- ◆ 了解一月效应的内涵。

【章前导读】

你过度自信了吗？请你回答以下 10 道题目，并且给出一个较高的估计值和一个较低的估计值，使回答正确的答案数目落在估值区间中的概率为 90%以上。您所设定的区间既不能过窄(过于自信)，也不能过宽(缺乏自信)。如果您只有 10%的错误率，也就是只答错一道题，你就获得了成功。

1. 马丁·路德·金去世时的年龄是多少？
2. 尼罗河的长度是多少？
3. OPEC(石油输出国组织成员国)的个数是多少？
4. 基督教《旧约全书》的册数是多少？
5. 月球直径的英里数是多少？
6. 一架波音 747 的重量(磅)是多少？
7. 莫扎特是哪一年出生的？
8. 一头亚洲象妊娠的时间是多少？
9. 伦敦到东京的飞行距离是多少？
10. (已知的)最深的海洋深度(英尺)是多少？

答案会在本章的最后给出，看看你的正确率是多少？这是爱德华·拉索和保罗·休梅克(1989)开发的一套自测题目，以测量人们在一般知识问题上的过度自信。尽管一次全面的校准评估需要大量的判断，但该测试能够给您提供一个粗略的反馈，使您了解自己在某个信心水平上对一般知识问题的惊奇指数。拉索和保罗·休梅克对 1000 人实施了该测验，发现只有不超过 1%的人正确回答了九道或更多的题目。大多数人答错了 4~7 道题目(惊奇指数为 40%~70%)，这反映出了过度自信的基本程度。

【关键词】

过度自信　后见之明现象　赌场资金效应　一月效应

第一节　过度自信的行为分析

一、过度自信的基本内涵

也许你对上面的这个结论不是很服气，但很多时候事实也许并不像你自己想象中的那样优秀。你在回答上面的问题之前是否对自己充满信心？如果你对自己的知识水平有足够清楚的认识，也就是说你对自己有自知之明的话，你答对的题目数应该和你估计的概率相当。但是绝大多数人在回答完上面的题目后，其估计平均回答对的概率往往远高于他们实际答对的题目数。其实你不用感到奇怪，这种现象是普遍存在的，就像有的人经常会说自己很不上相，即怎么看拍出来的照片也不如自己本人漂亮，其实在旁观者看来照片和真人没什么区别，这时候你就过度自信了。这几乎是每个人都会犯的"错误"：过度自信。

过度自信不是自高自大、目中无人，而是指人们的独断性的意志品质，是与自觉性品质相反的一种行为偏差。这是一种认知偏差，是一般人的通病。许多心理学家研究发现，

第七章 过度自信与投资行为

在和别人比较或自己作决定时，人们常常会对自己的知识和能力过于自信。过度自信的决策者总是会过于相信自己判断的正确性。例如，1957 年，澳大利亚决定兴建一座歌剧院，当时预算的工程费是 700 万澳元，计划 1963 年年初完工。结果悉尼歌剧院直到 1973 年才落成，规模比预想的要小很多，却花费了 1.04 亿澳元，相当于现在的 6 亿多澳元。又如 1976 年，加拿大的蒙特利尔争取到了奥运会的主办权，当时的蒙特利尔市政府宣布，整个奥运会只需花费 1.2 亿美元就够了，田径主赛场则是设在世界上第一座装有活动屋顶的体育馆。结果，尽管奥运会如期举行，但是这座体育馆的屋顶直到 1989 年才完工，仅此屋顶一项就花掉了 1.2 亿美元。为此，蒙特利尔市政府欠下了大量债务，直至 2007 年年末才得以还清。对蒙特利尔人来说，奥运会债务一日没还清，奥运会似乎就没有完全结束，可以说这是一届长达 31 年之久的奥运会。上述两个案例正是人类过度自信的经典事件。

过度自信在多种职业领域中都有表现，诸如临床心理学家、医生和护士、投资银行家、工程师、企业家、律师、谈判专家以及经理人等，在他们的判断过程中均有过度自信的倾向[1]。例如，在切尔诺贝利核泄漏事件发生前两个月，乌克兰能源与电气部部长这样说："这里发生泄漏是万年都难遇到的！"又如，在挑战者号航天飞机的第 25 次发射之前，美国宇航局(NASA)的官员对航天飞机发生风险的估计是 1/100 000，这样的风险估计大致等于：航天飞机在 300 年的时间内每天发射，也只可能产生一次事故。可见，低估美国挑战者号航天飞机失事以及切尔诺贝利核泄漏事故概率的原因，如果不是人们为了保住饭碗而撒谎，就是过度自信了。事实上，过度自信会给人类带来难以抚平的伤痛和惨痛的教训。

二、过度自信的理论分析

过度自信(overconfidence)理论，是指由于受到诸如信念、情绪、偏见和感觉等主观心理因素的影响，人们常常过度相信自己的判断能力，高估自己成功的概率和私人信息的准确性。投资行为学研究认为，人们往往通过观察自身行为的结果来了解自己的能力，在这个过程中存在着一个自我归因偏差，即人们在回顾自己过去的成功时，会高估自己的成功，相比那些与失败有关的信息，人们更容易回忆起与成功有关的信息。弗兰克(Frank)(1935)发现人们过度估计了其完成任务的能力，并且这种过度估计伴随着个人在任务中的重要性而增强，使人们对未来事件产生不切实际的乐观主义。孔达(Kunda)(1987)认为，人们都是期望好事情发生在自己身上的概率高于发生在别人身上的概率。过度自信主要表现为以下三方面的行为特征：一是觉得自己"高人一等"(better than average)，即在面对某一具体问题时，人们总是趋向于认为自己的智慧、判断和能力高于其他人。这一行为特征使人们往往将成功归于自己的行为，而把失败归咎于不好的运气[2]。二是人们过高地估计高概率事件的发生概率，而过低地估计低概率事件的发生概率。人们对事件发生概率的估计经常走向极端，对于那些他们认为应该发生或不应该发生事件的可能性，不是估计过高，就是估计

---

[1] S.Lichtenstein, B. Fischhoff and L.Philips. 1982. Calibration of probabilities: The state of the art to 1980 .Daniel Kahneman, Paul Slovic and Amos Tversky ed. Judgment Under Uncertainty: Heuristics And Biases. New York: Cambridge University Press, 306～334.

[2] T. Miller Dale, Ross Michael. 1975. Self-Serving Biases in Attribution of Causality: Fact or Fiction?[J]. Psycho logical Bulletin, 82 (2) :213～225.

过低。三是人们用于估计数值的置信区间(指随机变量在一定概率下所在的数值范围)过于狭窄。

过度自信作为一种人的行为决策上的认知偏差，有着其内在的原因。下面具体分析一下是什么原因导致我们过度自信。

第一，知识幻觉会导致过度自信。知识幻觉指的是人们通常会相信，随着信息量的增加，他们对某种信息的认识也会增强，从而会改进他们的决策。然而，事实并非如此。比如，如果我掷一枚均匀分布的骰子，你认为哪个数字会出现？显然，你可以选择1~6中的任何一个数字，每个数字都有六分之一的机会。现在，如果我告诉你前三次掷出的骰子都是数字4，我再掷一次，你现在认为什么数字会出现呢？如果这个骰子是真正均匀的话，那么你可以挑选1~6之间的任意一个数字，每一个数字都有六分之一的机会正确，这里增加的信息不会对你预测下一次所掷出的骰子有任何帮助。然而，许多人会认为数字4可能会有更大的机会，也就是其概率要超过六分之一，也有很多人认为4再次出现的可能性要低一些。这些人都认为他们预测的准确性高一些。所以新的信息使人们对自己的预测更加自信，尽管他们预测正确的概率没有发生变化。

另一项研究发现，在证券网站上的有关正面信息的帖子，并不会反映为次日或者下周股票的良好信息，然而不寻常的帖子通常会引发较大的成交量。这些研究发现信息版上的股票投资建议并没有什么有价值的东西，然而，如果投资者认为这些信息增加了他们的知识，他们就可能对自己的投资决策过分自信，较高的成交量则显示了这种可能性的存在。

第二，控制幻觉也会使人们过度自信。控制幻觉是指人们经常会相信他们对某件无法控制的事情有影响力。造成这种幻觉的主要因素包括选择性、过去的结果、任务熟悉程度、信息和积极参与程度。投资者经常会受这些因素的影响，主要的影响因素有以下几个：①选择性，作出主动的选择会使人们认为自己拥有控制力，会使人们对随机事件产生一种控制幻觉，比如某些掷骰子的赌客希望掷出大点时，便会用力地摇色盅；而希望掷出小点时，则会用力相对轻柔。控制幻觉是引发过度自信的一个重要原因。造成控制幻觉的原因之一是"主动选择"。在投资过程中作出主动的选择，会让人们错误地认为自己对这项投资具有控制力。例如，到一家彩票投注点去观察，大部分彩民是自己选号。尽管主动选择与机器选号两者的中奖概率完全一样，但在买家的内心，却认为自己选择的号码会有更多的胜算。可见，人们自己选择彩票的号码是因为他们相信这些号码会比随机获取的号码具有更高的获奖概率。又如，由于网上经纪商并不会给予投资者任何建议，因而投资者不得不自己作出关于买入卖出的选择，从而造成其控制幻觉，引发了过度自信。②过去结果出现的不同顺序会影响人们的控制幻觉。早先正面的结果会比负面的结果更能增强人们的控制幻觉。投资者在20世纪90年代后期开始进入网上交易并控制他们的投资，由于那个时期是个大牛市，因而他们经历了许多正面的结果，控制幻觉也得到增强。③对任务的熟悉程度。人们对一项任务越熟悉，就越能感受到自己对任务的控制力。④大量的信息获得之后，也会增强控制幻觉。互联网带来的信息大爆炸是大家都能看到的。⑤参与程度。当一个人参与一项任务的程度越深，他具有的控制力就越明显。由于参与网上投资的频率越来越高，投资者就必须自己作投资决策。这些投资者收集和评估各种信息，作出投资决策和下达交易指令。互联网通过提供诸如聊天室、论坛、新闻组等手段强化了投资者的参与程度。网上信息服务商如Yahoo和Motley等都有专门的信息讨论版供投资者相互交流。通常，信息版上不断更新每种上市股票的信息,使用者可以匿名在上面发布信息,也可以阅读各种帖子。⑥自我归因的倾向效应。自我归因是指人们总是将过去的成功归因于自己,而将失败归因于外部环境的行为特征。比如,如果一项决策是正确的,就会被归因为个人的技巧和能力,即使有幸运的成分存在;如果一项决策是错误的,就会被归因为运气不佳。在大牛市中,个体投资者会将自己的成功归因为自己的能力,这会使他们过度自信。一般而言,投资者的自信心会随着公开信息与自有信息的一致而不断地增强;然而,一旦公开信息与自有信息相冲突,其自信心就会减弱。欧登(Odean)研究认为,在投资者的整个投资生涯中,随着投资成功经验的增加,过度自信的程度也会相应增加,而投资者过度自信的程度在其投资初期要高于投资后期。

第三,证实偏见也是导致过度自信的原因之一。人们只关注与自己的观点相一致的证据,而不关注也不收集和自己观点相抵触的证据,这种行为就是证实偏见。即人们总是倾向于寻找和自己一致的意见和证据。这种行为的后果是导致了过度自信,因为人们只看到对自己有利的信息,就非常乐观地相信自己的判断,越来越觉得自己的判断是对的,并不知道真相到底是什么。

第四,生理上的原因也会导致过度自信。例如,一次成功会使人身心舒畅,从而产生一种优越感,在这种优越感的促使下,你会表现得过度自信。这种优越感不仅是认知上的一种心理状态,也具有生理基础,即人的身体受到强烈的情感刺激后,会产生肾上腺素,肾上腺素会让人感到喜悦兴奋,从而导致过度自信。例如,你是一个广告创意人员,当你想到一个新鲜的广告创意的时候,你会感到欢欣鼓舞,恨不得马上把这个主意向上级汇报。但是不要着急,新鲜的广告创意带给你的兴奋感也许会使你对这个点子过度自信,这时你就应该先冷静下来仔细想想,全面考虑一下你的新想法的可行性,诸如成本费用等方面的问题。

三、过度自信的行为表现

在金融市场上,投资者或公司高管的过度自信可以归纳为以下三种表现形式:一是高估自身对证券价值的估价能力,而低估了估价过程中的预测误差;二是投资者过度自信导致对风险的低估,从而愿意持有较高风险的投资组合[①];三是投资者高估了私人信息产生的信号的准确性,即错误地认为私人信息产生的信号要比公共信息产生的信号更准确。不仅在金融市场上,在日常生活中这种现象同样普遍存在,每个人都有可能犯过度自信的"错误"。

如果你已经回答了本章章前导读中的测试题,并对照了后面的答案,你就会发现:原来我也会犯这种错误,过度自信的现象离自己并不远。是的,过度自信的现象到处都是。例如,在第二次世界大战期间,希特勒在欧洲战场上取得了连续的胜利,轻松拿下了欧洲很多国家,于是在1941年自信满满的他信誓旦旦地说要6个星期攻下苏联,他对自己充满了信心,指挥军队同时攻击列宁格勒、斯大林格勒和高加索腹地,结果却让军队深陷苏联,在斯大林格勒遭受重创,从而导致了德军的由胜转败。希特勒的失败对全世界是一个福音,但过度自信对希特勒个人却是致命的。又如,几乎所有的汽车司机都认为自己的驾驶水平

---

① T.Odean. 1999. Do investors trade too much .American Economic Review, 89, 1279~1298.

要高于平均值，几乎所有的股民都认为自己的炒股技术要高于平均水平，事实上这是不可能的。再如，都知道酒后驾车很危险，但是大多数人都觉得别人酒后开车可能会出车祸，而自己喝了酒以后却是可以控制的，这也是一种过度自信的表现。可见，过度自信实际上是一个在日常生活中普遍存在的现象。

此外，公司管理层的过度自信心理对企业投融资行为和金融市场有着很大影响。J.B.希顿(Heaton)从投资行为的角度研究了管理层过度自信与公司投资、融资决策之间的关系。他得出的结论是：过度自信的公司高管认为资本市场低估了公司风险证券的价值，从而错过那些能带来正净现值但必须进行外部融资的投资项目，同时还会高估某些项目的价值，甚至会投资于净现值为负的项目(尽管表面上看起来他们是出于对股东的忠诚)。乌尔丽克·马尔门迪尔(Ulrike Malmendier)和杰弗·塔特(Geoffrey Tate)利用面板数据验证了过度自信假设，认为公司高管过度自信导致了公司投资行为的扭曲。也就是说，如果公司的管理者过度乐观自信，从而高估了投资效益，低估了项目风险，更容易投资高风险或净现值为负的项目。在融资行为方面，希顿·克巴斯(Heaton Hackbarth)认为，由于过度乐观和自信的管理者相比外部投资者对于自己公司的投资项目更乐观，因而会低估投资项目收益的波动幅度和风险，认为股票市场低估了公司的内在价值，并认为股票融资成本太高。如果管理层过于乐观，不情愿通过外部融资支持投资，就会遵循首先内部资金，其次债务融资，再者股票融资的选择顺序。这无疑增加了公司财务危机的可能性，从而降低公司产品的市场竞争地位，有损公司长期健康的发展，违背了注重公司真实价值体现的投资者的意愿。

第二节　投资决策中的过度自信

一、过度自信与频繁交易现象

过度自信使投资者对自身的判断能力确信无疑，过分相信自己能获得高于平均水平的投资回报率，从而倾向于过度交易(王和艾尔伯特(Wang, F Albert))。而过度自信在金融市场上主要表现为过度频繁地交易。过度自信包含了对凭借个人努力获得成功的过度乐观情绪。在许多不同的环境中都可以发现这种乐观情绪(米勒(Miller)和罗斯(Ross))。在投资过程中，适度的自信是有利的，但过度自信却是很危险的。投资者过度自信的特性较好地解释了证券交易量变化的困惑，即投资者过于相信自己的金融知识和判断，自信自己会了解股价的走势，自信能判断哪只股票跌，哪只股票会涨。20世纪50年代以来，纽约股票市场的年换手率平均为18%，而某些年份的年换手率却特别高，如1987年高达73%。按照传统投资学的理论分析，在市场上投资者不会参与没有信息基础的盲目交易，因此无法解释如此之大的交易量和交易量变化。然而在现实中，投资者由于过度自信，坚信他们掌握了有必要进行投机性交易的信息，并过分相信自己能获得高于平均水平的投资回报率，因而导致了大量盲目性交易的产生。欧登(Odean)于1999年研究了过度自信所带来的投资行为特征，通过对某大券商提供的78 000个账户的交易记录进行实证分析，布拉德·巴伯(Brad Barber)、特伦斯·欧登(Terrance Odean)也证实了这一点。巴伯和欧登研究发现，男性在许多领域(如体育技能、领导能力、与别人相处能力)中总是过高估计自己。他们在1991—1997年中，研究了38 000名投资者的投资行为，将年交易量作为过度自信的指标，发现男性投资者的年交易量比女性投资者的年交易量总体高出 20%以上，而投资收益却略低于女性投资者。他们认为：过度自信的投资者在市场中会频繁交易，总体表现为年成交量的放大，但由于过度自信而频繁地进行交易并不能让投资者获得更高的收益。

他们研究了单身和已婚的男性和女性所持有的账户的交易频率。他们用来衡量交易频率的常用指标是周转率(周转率是指一年内投资组合中股票变化的百分比)，从而系统深入地验证了过度自信以及过度自信的性别差异等。研究结果表明，一般而言，男性通常比女性更加自信一些。在生活中，有许多男性就认为在遇到困难的时候其有力量保护周围的其他人，事实上这并非绝对。比如在金融市场上，和女性相比，男性更是不自觉地认为自己有能力捕捉到市场的变幻，可以在市场上驾驭自如，然而事实却并非如其所愿，因为在市场上交易越频繁，相应的损失也会越多。例如，50%的周转率是指投资者卖掉了50%的股票并买入了新的股票。同样，200%的周转率是指投资者在一年内卖掉所有的股票并买入新的股票，然后再卖掉所有的股票再买入一批股票。这项研究显示男性交易较为频繁。研究数据显示，单身男性的账户的年周转率为85%，已婚男性的账户的年周转率为73%，而已婚女性和单身女性的账户的年周转率分别只有53%和51%。可见，男性投资者相比女性投资者更加自信，从而导致更加频繁的交易。欧登研究发现，过度自信和过度频繁的交易会降低投资者的回报，是因为过度交易会带来大量的佣金支出，并且会导致非理性的交易，使投资者卖出好股票而买入差股票。一项研究显示，1987年投资者对标准普尔指数500家公司的年投资交易成本占到这些公司年收益的17.8%，同时对金融市场的长期调查研究表明，只有少数投资经理人能够实现投资回报在标准普尔500指数以上。据此欧登的研究结论是，应该尽量减少交易频率。这种交易策略被证明是有效的。他考察了互联网在线交易对投资者业绩的影响，发现随着投资者的买卖活动更趋活跃，他们的平均回报却大大降低了，研究结果验证了他的这一交易策略的准确性。

二、投资中的事后聪明偏差

过度自信是导致"事后聪明偏差"(hindsight bias)的主要因素。事后聪明偏差也叫"后见之明"，是指人们经常在不确定性的结果出现后，把已经发生的事情视为相对必然和明显的，而没有意识到对结果的回顾会影响人们的判断，它使人们认为世界实际上很容易预测，但人们无法说出是什么样的信息导致了结果的产生，从而使人们认为自己具有"先知先觉"的能力。后见之明帮助人们构建了一个对过去认知似乎合理的事后法则。事实上在这个过程中，人们的判断已经无意识地受到了事件后果的影响。在证券市场上，投资者普遍有着后见之明的特征，这种行为的偏差没有任何事实根据，仅是一种情感上的自我安慰，是过度自信的一种典型表现。例如，如果他们知道了心理试验的结果，他们倾向于认为这些结果是可以完全被预测到的，至少比起知道这些结果之前要更具有可预测性。当1987年10月19日美国出现"黑色星期一"之后，希勒做过一个问卷调查，第一个问题是"你当天就知道会在什么时候发生反弹吗？"在没有参与交易的人中，有29.2%的个人和28%的机构的答案是知道，在参加交易的个人和机构中也有近一半的人认为知道何时反弹。令人吃惊的是，这个回答与当天出现的极度恐慌的事实是截然不同的。而股指能在跳水后迅速反弹，至少对大多数人而言简直是奇迹。值得注意的是，希勒接下来的一个问题是："如果回答知道的话，你怎么知道什么时候会发生反弹呢？"多数人的答案是"直觉""内心想法"

"历史证据和常识"或者是"股市心理学",即使机构投资者也不例外,很少提到具体的事实或明确的理论,比如美联储的可能干预。因此,这种典型的事后诸葛亮行为使投资者不重视对自身的反省,忽视对市场趋势的预测,增加了投资行为的不确定性。

三、爱冒风险及分散化不足

过度自信还会影响投资者的冒险行为。理性的投资者会在最大化其收益的同时最小化其所承担的风险。然而,过分自信的投资者会错误地判断他们所承担的风险水平。这样,如果一个投资者深信自己所挑选的股票会有很高的回报率,那么他就不会意识到风险了。

过度自信的投资者的投资组合会有较高的风险,这里有两个方面的原因:一方面是他们倾向于买入高风险的股票,高风险的股票主要是那些小公司和新上市的公司的股票;另一方面则是他们没有充分地进行分散化投资。风险可以从以下几个方面度量:投资组合波动率、β系数以及投资组合中公司的规模。投资组合波动率所测量的是投资组合上涨或者下跌的程度,波动率较高的投资组合会随着股票价格的变化而剧烈波动,通常是没有进行充分分散化投资所导致的。β系数则是被投资界经常用来衡量股票风险程度的指标,它所描述的是投资组合相对于整个市场的变动程度,β系数为1表明投资组合与整个市场的变化是完全同步的,较高的β系数显示股票有较高的风险,相比整个市场的平均波动性更大。布拉德·巴伯与特伦斯·欧登的一系列研究结果显示:过分自信的投资者会冒更大的风险。他们发现单身男性的投资组合的风险最高,其次是已婚男性、已婚女性和单身女性。也就是说,单身男性的投资波动率最高,β系数也较高,通常会包括一些小公司的股票。此外,在根据投资者账户的年周转率所划分的五个小组中,高周转率的小组喜欢投资较高β值的小公司股票。可见,过分自信的投资者倾向于认为他们的投资风险很低,而事实上并非如此。

金融市场上可供选择的机会成千上万,海外的投资机会也不少,投资者如何作出投资选择呢?他们会分析每种投资机会的预期收益和风险吗?显然不会,研究表明,投资者只选择他熟悉的证券进行交易(休伯曼,Huberman)[①]。熟悉偏好理论认为,人们对熟悉的事物情有独钟。在日常生活中,人们倾向于支持本地的运动队;在投资活动中,公司员工喜欢持有自己公司的股票。因为本地运动队和自己的公司是他们最为熟悉的,所以将资金投资于熟悉的对象让人感到心里踏实,而这正是一种过度自信的表现。例如,1984年美国政府将AT&T的地方电话业务拆分成七家区域性的电话公司,在AT&T被拆分12年以后,休伯曼对投资者持有这七家"子贝尔公司"(Baby Bells)的股权状况进行了考察,发现相对其他区域的公司,投资者更倾向于持有本地的电话公司股票,因为投资于熟悉的公司会令他们心安理得。

投资于熟悉资产的倾向使人们将资金更多地投向本国企业,这与传统理论中的分散化投资思想大相径庭。由于投资者对本国公司的了解胜过外国公司,因而他们在投资选择上有着明显的"乡土情结"(home bias)。弗兰彻(French)和波特巴(Poterba)的研究显示,美国股市的市值占全球的47.8%,日本和英国则各占26.5%和13.8%。因此,投资者要达到全面分散化投资的目的,应当持有美国、日本和英国股票的比例分别为47.8%、26.5%和13.8%。在理论上,传统的均值—方差理论假设所有的投资者都应持有这样的组合。然而在现实生

---

① G. Huberman. 1999. Familiarity breeds investment. Columbia Business School Working Paper.

活中，投资者会用这种原则配置资产吗？答案是否定的。美国投资者的投资组合中有 93% 的美国股票，而非 47.8%；日本投资者持有本国股票的比例高达 98%，英国投资者则是 82%，投资者所购买的都是其熟悉的本国公司的股票。由于他们对外国公司的情况知之甚少，因而就集中投资于本国股票，致使其投资的分散化不足。这些现象其实都源于投资者的过度自信，导致其投资于单一国度的资产，而忽视了应有的风险。

四、赌场资金效应

股票市场的繁荣往往导致更多的过度自信，人们会认为自己是很精明的，盛极一时的网络热潮就体现出了人们的过度自信。"骄傲"情绪会对个人的投资行为起着很大的影响作用，并在他获得一连串的成功之后进一步强化了其自信心。塞勒(Thaler)和约翰逊(Johnson)发现在获得收益之后，人们倾向于接受他们以前通常不接受的赌博，而遭受失败的时候，他们会拒绝以前通常接受的赌博，这种现象被称作"赌场资金效应"(house money effect)。过长的牛市可能会引起赌场资金效应，即投资者在获得收益后又不断提高其投资的意愿，这是因为：一是已经获得收益的投资者在未来的决策中过度自信；二是已经获得收益的投资者在损失时痛苦较小，因为赌本来自赌场，如果在接下来的赌博中输了，他心里会认为这些钱本来就不是他的，他的痛苦就会比较小，而且痛苦容易被已获得收益所带来的愉悦感所化解；三是投资者在实现了收益后，有更多的资金用于投资，从而变得不再回避风险。然而一旦遭受损失，人们对投资失败会更加害怕，或者当市场处于下跌趋势导致损失增加时，人们会变得愈加保守。

这个现象也叫"赌场的钱"效应，即在人们获得了盈利后，导致过度自信，就愿意冒更大的风险，赌博者把这种感受称为"玩别人的钱"。由于赌博者并不会认为新赚来的钱是他们自己的钱，因而将其安排在自己的另一种账户中，这就是本书中所讲到的心理账户。如果是你，你会愿意用自己的钱冒风险还是用对手的钱冒风险呢？例如，假设你赚了 15 美元，现在你有机会对一枚硬币正反面下注 4.5 美元，你会下注吗？研究表明，77%的人选择了下注。可见，在刚刚收到 15 美元的意外之财后，大多数人是愿意冒险的。而当没有收到 15 美元意外之财的人被问及是否参与下注时，只有 41%的人下注。可见，人们在获得意外之财后更愿意冒风险，尽管他们通常情况下并不愿意冒此风险。

五、一月效应

过度自信还可以有效解释处在跌势中的股票市场以及封闭式基金在一月份价格反弹的现象，当人们进入新的一年，他们感到面前还有整整 12 个月，如果去赌上一把，即使是输了，还有足够的时间去赢回来。而随着时间的推进，这种自信心便会逐渐减弱。

瑟夫(Rozeff)和金尼(Kinney)发现，在 1904—1974 年间纽约股票交易所的股价指数一月份的收益率明显高于其他 11 个月份的收益率。M.居尔特金(M. Gultekin)和 B.居尔特金(B. Gultekin)研究了 17 个国家在 1959—1979 年间的股票收益率，其中 13 个国家一月份的股票收益率要高于其他月份。凯姆(Keim)研究发现，公司的规模效应与一月效应有着密切的关系，他将在纽约证券交易所上市的股票按照规模分为十组，然后逐月计算出规模最小的公司和规模最大的公司之间的收益率之差。结果发现，一月份规模最小的公司的收益率相比规模最大的公司要高出 14%左右，而其中较高的收益率主要集中在十二月底的最后一个交易日和一月份的五个交易日。对 1904—1974 年间美国证券交易所普通股的统计结果表明，一月份股票的平均月收益率为 3.48%，而其他 11 个月份的平均月收益率为 0.42%，一月份相比其他月份的投资回报率高出 3.06%。如以日本的证券交易所为例，根据日本东京证券交易所近 30 年的统计，采用加权平均计算的月平均收益率，一月份相比其他月份要高出 3.3%，详见表 7-1。

表 7-1 证券交易的一月效应[①] 单位：%

交易所	年份	一月平均收益率	其他月份平均收益率	差异
纽约证券交易所	1904—1928	1.30	0.44	0.86
	1929—1940	6.63	−0.60	7.23
	1941—1974	3.91	0.70	3.21
	1904—1974	3.48	0.42	3.06
东京证券交易所	1952—1980	4.5	1.2	3.3

上述市场异象不能用与税收年度有关这一效应来解释，因为它在英联邦(税收年度开始于四月份)和澳大利亚(税收年度开始于七月份)也同样存在。由于人们把年末视为结算时间而把新年视为新的开始，因而倾向于在年度交替之际会有不同的行为决策，这就能够有效解释一月效应。

第三节 案例分析与实践

过度自信就像一个美丽的陷阱，它使投资者误以为自己的投资策略是最优的，而事实上他仅掌握着有限的信息和个人经验。因为即使是华尔街最精明的投资分析师也不敢保证，他所选择的股票或共同基金要比那些路上行人随意购买的股票或基金更具有升值潜力。

一、过度自信与美国在线时代华纳公司并购案

互联网巨头美国在线(AOL)与传媒巨人时代华纳(Time Warner)在 2000 年 1 月 10 日宣布了合并计划。合并后的新公司命名为"美国在线时代华纳公司"(AOL Time Warner)，被媒体称为全球第一家面向互联网世纪的综合性大众传播及通信公司。

时代华纳是一家具有 70 年历史的老牌媒体集团，它拥有 CNN(美国有线电视网)、卡通电视台、华纳兄弟电影公司，以及《人物》杂志、《财富》杂志、《娱乐周刊》等著名报刊，它早在 1994 年就意识到网络的发展前景，将旗下的主要媒体打包放在 www.pathfinder.com 网站中，这甚至要早于绝大多数网络公司的诞生。Pathfinder 被设计成一个进入时代华纳大量网上站点的门户。时代华纳这个世界顶尖级传媒巨子可以对 15 个国家用多种语言提供电视服务，包括著名的 CNN 有线电视新闻网及 HBO(拥有美国 3500 万用户)，并且拥有华纳兄弟电影制作公司、全美第二大有线网络(遍布全美 3/5 的基础有线网络)，以及唱片业务居世界首位的华纳音乐公司。此外，它拥有丰富的服务对象资源，包括 12 000

[①] 戴军. 股市效应的国际实证研究. 中国证券报，2001.

第七章 过度自信与投资行为

万杂志读者、32万互联网用户、10亿CNN观众、3500万HBO订户、1300万有线电视用户以及32万多的"公路信使"用户。但在具体发展中，人们都直接奔赴目标网站，Pathfinder于是成为一个空壳。虽然首席执行官连换数任，却始终不见成效，致使这个令时代华纳损失上千万美元的网站，成为了传统媒体发展互联网战略的典型失败案例。时代华纳在网络上的另一个尝试是建立了专营CD产品的电子商务网站——HYPERLINK（http://www.cdnow.com），尽管其知名度很高，但是经营状况同样不尽如人意。美国在线作为世界最大的互联网服务提供商，用七种语言向全球15个国家提供服务，交互技术开发居世界领先地位，拥有世界最大的拨号窄带网络与全球下载数量最大的音乐播放器，拥有2000万AOL注册用户、220万CompuServe注册用户、340万国外用户、5000万AIM寻呼软件用户、5000万ICQ注册用户、2000万Netcenter注册用户。即使这样，时代华纳对AOL的吸引力也非常大，AOL公开表示，并购旨在取得时代华纳的有线电视网、庞大的用户资料库、电视、报纸等资产的使用权。AOL不只满足于现在最大的ISP，而是要抢着开拓未来的网络世界。未来的网络世界是一个由文字、图表、声光、视讯结合而成的虚拟世界。要创造这个网络世界，宽频的传输最为重要。AOL看中的正是时代华纳拥有的宽带网。2000年1月9日，美国互联网服务提供商AOL宣布将收购全球性主要媒体之一的Time Warner。收购的方式为股票互换——Time Warner股东每持有一份Time Warner的股票，将获得1.5份AOL的股票，即AOL支付给Time Warner股东的收购价格大约为110美元/股。这一价格比当时Time Warner股票的市场价格大约高50美元。

AOL与Time Warner的合并被视为21世纪的"世纪交易"(deal of the century)，这不仅是因为这一交易的金额创历史纪录，更是因为它们的合并被视为Time Warner这一传统媒体的内容同AOL这一高新传输技术之间的完美结合。2001年，AOL与Time Warner完成合并，合并后的公司称为AOL Time Warner。合并后的公司业绩怎样呢？ 2003年1月30日，该公司宣布2002年最后一个季度的损失为455亿美元，在过去一年中总损失为995亿美元，创美国历史年度损失最大的纪录。AOL Time Warner的主要问题是该公司中AOL部分亏损严重，它的广告收入持续减少，而且随着宽频的迅速普及，主要以速度缓慢的拨号上网为基础的AOL新用户增长率大幅度下降。一些专家认为，解决AOL Time Warner目前问题的最简单的办法就是将AOL分离出去。2003年1月13日，Steve Case宣布辞去AOL Time Warner总裁职务，随后Ted Turner宣布辞去副总裁职务。该公司的股票价格在2000年1月合并计划宣布时为72美元/股，Steve Case宣布辞职时为14.88美元/股。2003年9月18日，AOL Time Warner董事会决定将AOL从公司名称中删除，即AOL Time Warner改为Time Warner。

由于互联网业已经渗透到美国社会的方方面面，新闻、电影、广播、电话、音像制品、购物和银行业务等无一不严重依赖于它，因此，美国联邦贸易委员会希望在互联网业保持良好的竞争环境，而美国在线与时代华纳的合并交易涉及前者庞大的互联网设施和服务与后者媒体和娱乐业务的结合，这使所有与之竞争的公司感到非常不安。因此，美国在线必须向联邦贸易委员会保证合并后的新公司将允许竞争公司租用其线路，使用户获得选择互联网服务的自由。

尽管美国在线与时代华纳公司已经许诺将开放自己的线路，并保证接纳竞争者进入合并后新公司的线路，但竞争者认为美国在线和时代华纳提出的控制ISP的主页以及在收费方面作出的许多苛刻规定令人难以接受。除此之外，美国在线还必须在以下问题上作出令人信服的答复，如包括 Instant Messenger 和 ICQ 系统等在内的互联网瞬时通信系统领域的控制地位，美国在线这些系统与其他公司的系统不兼容以及用于将电缆或卫星数字信号转换为在电视上双向交互编程的技术等。

其实在 AOL 与 Time Warner 的合并中，管理者们表现出了过度自信。因为当专家们对 AOL 与 Time Warner 能否将两个企业文化不同的公司成功地整合起来表示怀疑时，AOL 的总裁 Steve Case 与 Time Warner 的总裁 Gerald Levin、副总裁 Ted Turner 都表示他们能够克服任何障碍。当市场通过让两个公司损失 300 亿美元市值的方式对这一并购表示怀疑时，Steve Case 认为那不过是"交易"的正常结果，它同公司的基本面没有关系。他相信，他们将在某一天建造一个全球最有价值的公司。可是事实上并购后的结果却不如他们想象的那么理想。同样的例子，美国电话电报公司(AT&T)1991 年以 74 亿美元收购 NCR，试图成为电脑业的主要公司。但结果证明，这项收购是 20 世纪最失败的大型并购活动。在 AT&T 控制下，NCR 一蹶不振。5 年后，因盲目买下 NCR 而背上沉重包袱的 AT&T 不得不卖掉 NCR，损失数十亿美元。而之前在回答通过收购 NCR 发展 AT&T 核心业务这一策略的风险问题时，AT&T 的总裁 Robert Allen 回答说："这不是一个安全的世界，我们也不是来寻求安全的，因为它不会让我们成功。"

过度自信现象在企业家中非常普遍，特别是企业家常常认为别人不会成功，而自己能够成功。如前所述，虽然大量研究表明，大约只有 50%的企业在创建 5 年之后仍然能够存活或者不被转手，但 1988 年阿诺德·库伯(Arnold Cooper)等对美国企业家的调查显示，企业家们认为他人企业成功的概率只有 59%，而自己成功的概率则高达 81%。其中，只有 11%的人认为别人成功的概率为 100%，而相信自己成功的概率为 100%的则高达 33%。管理者的过度自信与对自己的过度乐观似乎可以解释 AOL 这个并购案中的很多方面。虽然承认高科技公司合并成功的案例几乎没有，要避免重蹈别人的覆辙"将不容易"，然而在 AT&T 并购中的管理者则坚信，即使别人失败了，他们也能够成功。

理查德·洛尔(Richard Roll)于 1986 年以公司管理者的过度自信来解释并购行为。他认为关于并购的实证研究表明，一方面，总体而言，并购并没有创造财富；另一方面，公司管理者表现出过度自信。因此，并购是公司管理者的过度自信所导致的。理查德·洛尔把他的这一过度自信理论称为公司管理者的自以为是假说。按照自以为是假说，公司管理者在考虑并购时，首先会选定一个收购目标，然后对收购目标的真正价值进行评估。在这一评估过程中，公司管理人员既会将自己私有的信息考虑进来，同时又会考虑协同效益以及目标公司的管理不善等因素。公司管理者将自己的估值与收购对象的市值进行比较，如果自己的估值高于收购对象的市值，他就会发起收购。由于并购并不能通过协同效益(在合并的情况下，成本协同效益指两家公司在联合后，通过互补长短而能节省的营运开支)或者其他方式创造财富，因此，如果公司管理者对所要收购公司价值的评估高于它的市场价值，那么可以肯定的是公司管理者在评估收购对象时犯了错误(过度自信)。然而，为什么公司还要进行收购呢？这是因为公司管理者相信自己对收购对象的评估要比市场的评估更准确，公司的市场价值并没有充分反映收购对象的真正价值。同时他相信存在协同效益，而市场也没有充分反映两个公司合并后的真正经济价值。理查德·洛尔认为，并购是由于公司管理者对自己的评估过度自信而产生的,而且公司管理者不会因为自己过去在并购中所犯的错误而在收购方面小心谨慎,因为大部分公司管理者在其一生中只能碰上少数几个并购机会。

自以为是假说对并购作出了如下预测。首先,市场将出现大量的并购交易,然而收购公司与被收购公司从并购中获得的总收益为零,因为并购不过是将财富从收购公司转移到被收购公司,所以收购交易成本是净损失。其次,当公司宣布收购时,被收购公司的股票价格会上涨,如果收购没有成功,那么它的价格会下跌到原来的水平甚至更低。再者,如果以下两个条件得到满足,即收购是人们事先没有预料到的,并且收购本身并不包含收购公司本身的信息,那么,当宣布收购交易时,收购公司的股票价格会下跌;当放弃收购或者在收购竞争中失败时,其股票价格会上涨;当赢得收购竞争时,其股票价格则会下跌。

乌尔利克·马尔门迪尔与杰弗雷·泰特(Malmendier &Tate)虽然没有直接对自以为是假说进行测验,但他们研究了CEO的过度自信对并购交易的影响。他们认为CEO的过度自信表现在以下两个方面:一方面,CEO们对自己通过合并创造财富的能力过度自信;另一方面,他们对自己能够为公司创造财富的能力过度自信,因而据此认为自己公司的价值被市场低估了。乌尔利克·马尔门迪尔与杰弗雷·泰特研究发现,过度自信的CEO们发起并购交易的概率是理性CEO们成功发起并购交易的概率的1.65倍;当公司内部资金充足时,CEO们的过度自信更提高了他们发起收购交易的可能性;过度自信的CEO们发起的并购交易常常损害公司股东的财富。总体而言,在收购公司宣布收购另一家公司的前后三天中,收购公司的股票价格平均下跌0.05%,但在过度自信的CEO们宣布收购交易的前后三天中,收购公司的股票价格平均下跌了大约0.08%。此外,过度自信导致并购并不是特例,而是一个普遍现象,乌尔利克·马尔门迪尔与杰弗雷·泰特据此认为,过度自信应该是导致企业并购的一个重要动因。

投资界也通常认为管理者的过度自信导致了并购。例如,著名投资家沃伦·巴菲特(Warren Buffet)曾经幽默地说:"很多管理者显然在难忘的孩童时代听了太多这样的故事:一个英俊的王子被魔咒变成了一个癞蛤蟆,一个漂亮公主的热吻把他从魔咒中解脱出来。结果,这些管理者相信,他们的管理技能之吻将对收购对象的赢利率创造奇迹……我们见到了太多的这种热吻,但却很少见到奇迹。然而,很多管理者仍然将自己当作漂亮的公主,并仍然对自己管理技能之吻未来的力量保持自信,虽然他们公司后院中已经充斥了毫无反应的癞蛤蟆"。

二、中国上市公司并购中的过度自信分析

自20世纪90年代我国资本市场正式设立以来,上市公司的并购活动就一直持续不断。随着有关上市公司资产重组和股权收购法律法规的健全和完善,资本市场上的并购活动日渐活跃,并日益成为我国上市公司寻求快速发展的重要手段。1998—2003年的5年间,上市公司报告的收购事件增长了8.5倍(见表7-2)。据全球并购研究中心统计,2004年中国上市公司发生并购交易603笔,交易金额达1125.71亿元,相比2003年的774.39亿元增长了45.37%。[①]

---

① 王巍. 中国并购报告[M]. 人民邮电出版社,2005.

表 7-2 1998—2003 年中国上市公司收购事件①

年份	1998	1999	2000	2001	2002	2003	合计
股权收购	127	132	230	250	245	180	1164
资产收购	49	48	63	136	135	77	508
合计	176	180	293	386	380	257	1672

令人遗憾的是，国内许多学者对上市公司收购的绩效问题开展的实证研究却表明，目前中国上市公司收购大多属于浪费型的低效率收购。冯根福等选取主营业务收入等四个指标来综合评价公司绩效，发现并购当年以及并购后一年上市公司的业绩会得到一定程度的提高，但随后年份则是绩效普遍下滑；严武、谢海东的研究得出了类似的结论。李善民、朱滔的研究证实，上市公司并购后 1~3 年内，大多数收购公司的股东遭受了显著的财富损失，并购并不能为收购公司的股东创造价值；相反，无论是进行混业并购还是同业并购的收购公司，从长期来看都给公司股东带来了显著的财富损失。曾亚敏、张俊生提供的经验证据表明，股权收购非但不能提高企业的业绩，反而会对已有的业绩造成侵蚀，大多数上市公司实施的股权收购可以看作投资过度的一种体现。

上市公司收购活动日益频繁和收购效率低下并存的"市场异象"，给研究者提出了两个问题：第一，导致低效率收购的原因是什么？第二，既然收购是低效率的，为什么仍有如此多的上市公司高管人员对于收购乐此不疲？对于并购潮的出现，传统的投资学理论认为，一方面并购是工业界对各种各样冲击的反应，这些冲击包括反垄断政策的改变以及政府对行业管制的解除等；另一方面，并购是一种"市场惩罚"，能够导致效率的改善。然而，面对公司并购中存在的现实问题，传统的投资学理论正逐渐丧失其解释力。按照投资行为学的过度自信理论，并购是由于公司高管的过度自信而产生，并且他不会因为自己过去在并购中所犯的错误而变得小心谨慎。公司高管在评估收购目标的真正价值过程中，会将自己私有的信息考虑进来，同时考虑协同效应以及目标公司的管理不善等因素。公司高管将自己的估值同收购对象的市值进行比较，如果自己的估值高于收购对象的市值，他就会发起收购。如果公司高管对收购公司价值的评估高于它的市场价值，可以肯定的是公司高管在评估收购对象时犯了错误，那么为什么公司还要进行收购呢？这是因为公司高管相信自己对收购对象的评估要比市场的评估更为准确。可见，过度自信理论为中国上市公司收购过程中存在的问题提供了一种更为合理的解释。那么，中国上市公司高管中是否存在着过度自信的行为特征呢？国外学者通常是选用行权期内高管人员应出售已到期股票的最少比例，以其所持股权数量在行权期内是否净增长作为衡量过度自信的指标。通过运用这一方法，郝颖、刘星、林朝南对我国上市公司高管人员过度自信的驱动外因、行为特质和现实表现等进行了理论分析，研究得出的主要结论是：在实施股权激励的上市公司高管人员中，四分之一左右的高管人员具有过度自信的行为特征，与高管人员的适度自信行为相比，高管人员的过度自信行为与公司的投资增长水平呈显著的正相关关系。从 2000—2003 年深、沪两市上市公司的年报中可以发现，增持股票高管人员的人数和所占比例连续同步增长，其中董事长、总经理增持人数所占比例在 2000 年和 2003 年分别上升了 13 个百分点和 16 个百分点。大量实施股权激励公司的高管人员在行权期内表现出相当一致的持股数量

---

① 国泰安信息技术有限公司开发的《中国上市公司兼并收购、资产重组数据库(CMAAR)》，2004.

不变和持股数量增加特征，表明在这些公司的高管人员中普遍存在过度自信的情绪。此外，从公司并购的具体案例来看，曾经在中国证券市场上翻云覆雨的德隆、格林柯尔等资本大鳄的兴衰荣辱，也为中国上市公司并购中的过度自信问题提供了鲜明的例证。根据上述分析和讨论，我们可以得出一个基本判断：由于受过度自信的行为驱使，中国上市公司的高管人员在涉及收购、兼并等重大的投资决策过程中普遍存在着盲目的乐观主义倾向。因此，过度自信理论可以有效解释上市公司并购事件的频发以及并购效率低下的现象。

从投资行为学的角度来看，尽管过度自信对公司并购活动的负面影响难以从根本上完全消除，但是这一理论对于公司激励机制和并购决策机制的优化仍然具有重要的政策含义。一方面，由于过度自信的公司高管在做出并购决策时总是坚信自己所做的事情是在最大化公司价值，因而标准的内部激励措施不可能修正他们非理性的决策行为。另一方面，由于公司高管人员处于内部董事决策机制的中心，高管人员具有过度自信的行为特征，因而会感染和影响其他公司董事的决策行为。因此，提高外部董事的比例，发挥外部董事在项目评估与选择中的积极作用，有助于削弱、减轻过度自信所带来的消极影响，进一步提高公司并购的质量。

思考与探索

1. 什么是过度自信？它产生的原因是什么？
2. 对投资者而言，过度自信会对投资行为有哪些影响？
3. 什么是后见之明现象？
4. 什么是赌场资金效应？
5. 什么是一月效应？
6. 通过第三节的案例分析，你对企业中管理层的过度自信有什么想法和建议？

本章章前导读测试题的答案

(1)39 岁；(2)4187 英里 ；(3)13 个国家；(4)39 册；(5)2160 英里；(6)390 000 磅；(7)1756 年；(8)645 天；(9)5959 英里；(10)36 198 英尺

第八章　后悔厌恶与投资行为

【学习要点】

- ◆ 掌握后悔厌恶的基本内涵。
- ◆ 掌握后悔厌恶理论的核心内容。
- ◆ 了解影响人们产生后悔情绪的因素。
- ◆ 了解后悔理论与传统的期望效用理论的异同点。
- ◆ 了解后悔心理的时间模式。
- ◆ 了解隔离效应的基本内涵。

【章前导读】

让我们比较以下两个例子。

(1) 甲投资者收到现金股利600元,用它购买了一台电视机。

(2) 乙投资者出售价值600元的股票购买了一台电视机,随后股票价格大涨。两个例子中,哪一个投资者会后悔呢?

不言而喻,在不考虑税赋和交易费用的情况下,虽然现金股利和资本利得可以相互替代,但卡尼曼(Kahneman)和特维斯基(Tversky)的调查显示,对大多数人来说出售股票会引起更大的后悔,因为他们会设想本来可以不采取这一行动的。由于投资者一般都是后悔厌恶型的,所以他们偏好现金股利。

【关键词】

后悔厌恶　后悔厌恶理论　期望效用理论　隔离效应

第一节　后悔厌恶的行为分析

一、后悔厌恶的基本内涵

后悔是没有做出正确决策时的情绪体验,是认识到一个人本该做得更好而感到的痛苦。后悔比受到损失更加痛苦,因为这种痛苦让人觉得要为损失承担责任。后悔厌恶是指当人们做出错误的决策时,对自己的行为感到痛苦。为了避免后悔,人们常常做出一些非理性行为。例如,投资者趋向于获得一定的信息后,才做出决策,即使后来获得的信息对他们采取什么决策并没有影响。后悔厌恶是人性不可避免的弱点。

后悔厌恶理论是塞勒(Thaler)[1]首先提出来的,后经卢姆斯(Loomes)和瑟顿(Sugden)(1982)[2]、卡尼曼和特维斯基(1982)[3]等发展而形成的。它指不确定条件下,投资者在做出决策时要把现实情形和他们过去遇到过的不同选择的情形进行对比,如果个体认识到不同的选择会使他们处于更好的境地,他就会因为自己做出了错误的决定而自责不已,这种情绪就是后悔;相反,如果从现实选择中得到了更好的结果,他就会有一种欣喜的感觉。后悔厌恶理论的核心内容如下。

(1) 胁迫情形下采取的行动所引起的后悔比非胁迫情形下的后悔要轻微。

(2) 没有采取行动所引起的后悔比做了错误行动所引起的后悔要轻微。例如,假设你是一位"彩民",只能每天花2元钱买一张彩票。半年来,你每天都只买同一组号码,可惜一直没有中奖(这太正常了)。这时,好友建议你改买另一组号码,你会改变吗?

事实上,你也知道原来那组号码与新的号码两者的中奖概率是完全一样的。然而,这

---

[1] Thaler,R. 1980. Toward a positive theory of consumer choice. Journal of Economic Behavior and Organization,1.

[2] Loomes,G.,and Sugden,R. 1982. Reget Theory:An Alternative Theory of Rational Choice under Uncertainty. Economic Journal,Vol.92, 805～824.

[3] Kahneman, D.and Tversky,A. 1982a. The Psychology of Preferences.Scientific American,246, 167～173.

样一来，你就会面临以下两种后悔，即第一种后悔：不听劝，继续原来的号码，但是新号码中奖了，你的没中奖；第二种后悔：听人劝，改买新一组号码，但是原来那组号码偏偏中奖了，新号码却没中。

上述两种后悔，哪一种带来的痛苦会更强烈呢？多数人会觉得第二种后悔会更为强烈，因为你已经对原来那组号码倾注了太多感情。可见，第一种后悔，由于没有行动，因而可以称之为"忽视的后悔"；而第二种后悔，由于采取了行动，因而可以称之为"行动的后悔"。对于多数人来说，行动的后悔要大于忽视的后悔。人们往往宁可将错就错，也不愿打破现状，对其他选择故意忽视。因为一旦做出的决策导致了损失，比不做决策或做出的决策没有效果来说，会引起更大的后悔。所以，当面对熟悉和不熟悉的产品品牌进行选择时，消费者更乐于选择熟悉的品牌。因为，消费者会考虑到其一旦选择了不熟悉品牌所造成效果不佳的后悔相比选择熟悉品牌的后悔要大得多。

(3) 个体需对行动的最终结果承担责任情形下引起的后悔比无须承担责任情形下的后悔要强烈。有利的结果会使责任者感到骄傲，不利的结果会使责任者感到后悔。如果后悔比骄傲大，责任者会尽量避免采取这一行动，参见图8-1。

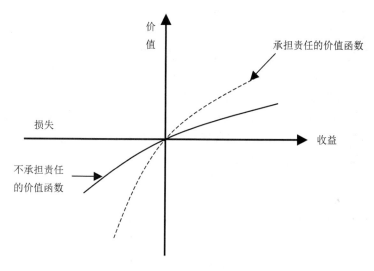

图 8-1　后悔厌恶理论示图

在图 8-1 中，实线表示无须承担责任的价值函数，虚线表示承担责任的价值函数。后悔随着损失值的增加而增加，骄傲随着利得值的增加而增加。后悔效应(regret effect，以第三象限的两个函数的垂直距离表示)比骄傲效应(pride effect，以第一象限的两个函数的垂直距离表示)要大，所以对行动的最终结果承担责任的个体会尽量避免采取这一行动。

谢夫林(Shefrin)和斯塔特曼(Statman)[①]认为投资者为了避免后悔，会倾向继续持有具有资本损失的股票，而去变现具有资本利得的股票。他们把这种现象称为"处置效应"(disposition effect)，即投资者过长时间地持有损失股，而过早地卖出盈利股。

我们需注意到，当做错决策时，会出现后悔；不做决策时，也可能出现后悔。

---

① Shefrin and Statman, 1985. The Disposition to Sell Winners Too Early and Ride Losers Too Long: Theory and Evidence. Journal of Finance, 40.

假设在某日股市暴跌前夕有两位股民，一位将他的股票从一家公司转移到另一家公司，因此损失了 2000 元；另一位曾准备将他的股票抛出但最终没有这样做，也因此损失了 2000 元。尽管两人同是损失了 2000 元，请问谁更后悔？

2002 年诺贝尔经济学奖得主卡尼曼和特维斯基在 1982 年，针对上述现象提出了后悔研究中著名的"作为效应"(action effect)，认为那位转移股票(做)的人，要比那位没有抛出股票(不做)的人更后悔。但也有研究者发现日常生活中人们最后悔的往往是"没有做什么"，即"不作为效应"(inaction effect)。一般而言，在短期，后悔主要和采取行动相联系；而在长期，人们最后悔的是没有做的事情。

后悔影响人们的决策。塞勒(Thaler)[①]提出了一个实验来说明后悔对人们选择的影响。假设 A 在剧院排队买票。到了售票窗口时，剧院老板告诉他是第 10 万个观众，可以得到 100 元。B 在另一个剧院排队买票，他前面一位观众是第 10 万个观众，可得到 1000 元，而 B 得到 150 元。请受试者回答希望自己是 A 还是 B？大部分受试者都认为 A 会感觉比较高兴，而 B 会对失去得到 1000 元的机会而感到痛惜。这可以利用期望理论中个人财富对参考点的变化加以说明。A 得到 100 元的价值为 $v(100)$，B 得到的是 $v(150)+v(-1000)$，即除了得到 150 元外，还承受了与 1000 元失之交臂的痛苦。

研究发现后悔主要受以下因素影响。

(1) 个体需对行动的最终结果承担责任情形下引起的后悔比无须承担责任情形下的后悔要强烈一些。换言之，后悔的强度依赖一个人感到对采取的决策所负责任的大小。

(2) 如果决策伴随着相当大的约束，失调就大，后悔就明显。例如，投资者以每股 100 元购得某股票。不幸的是，价格很长时间内几乎没有变动。许多人建议他卖掉股票，但他没有这样做。他想如果卖掉股票后股价像他一直期望的那样突然上升，那时真的会很痛苦。由于长期持有，就会非常认同自己的股票，这样，持有股票的决策就与相当大的约束联系起来。如果他决定卖掉该股票，偏离现状，这种约束甚至会变得更强，而没有得到利润则会使他感到非常痛苦。

(3) 胁迫情形下采取行动所引起的后悔比非胁迫情形下的后悔要轻微。

(4) 想象采取合适行动后的舒适是引发后悔的因素。

(5) 后悔还与选择集中包含过多的选项有关。如果一个人的选择余地很小，就可能不存在后悔问题。

二、后悔厌恶的理论分析

(一)行为决策中的后悔理论概述

在决策领域的研究中，20 世纪 70 年代就有人开始研究特定的情绪反应可能对决策产生的影响。对后悔的预期是心理学家杰尼斯(Janis)和曼(Mann)[②]关注的焦点。杰尼斯和曼认为人们对后悔的预期可以使人们在进行决策之前进行更加深入的思考，从而使人们做出更加

---

① Thaler,R. 1980. Toward a positive theory of consumer choice. Journal of Economic Behavior and Organization, 1.

② Janis,I.L.and Mann,L. 1977. Decision Making.New York:The Free Press.

第八章 后悔厌恶与投资行为

"理性"的选择。

在20世纪50年代,已经有大量的方法用来对后悔心理进行研究。研究者认为有时候我们是以"最大后悔最小化的原则"为依据来进行决策的。这个原则就是说在进行决策之前首先考虑各个备选项可能产生的最大的后悔程度,然后选择后悔程度最小的那个方案。在这样一个层面上,后悔就被定义为实际选择的决策方案与最可能出现的其他决策方案之间的差异。因为"最大后悔最小化的原则"并不考虑备选项发生的可能性,所以这个原则在我们不知道各个备选方案发生的可能性时是非常有用的。但是如果我们知道各个备选项发生的可能性,那么这个原则就只能成为次优的原则了。需要注意的是,在有些情况下,尽管不太可能出现的负性结果发生的可能性较小,但是其对决策会产生很大的影响,而与这样的负性结果相联系的后悔程度是相当大的。

贝尔(Bell)[1]、卢姆斯(Loomes)和瑟顿(Sugden)[2]把后悔的可能性这样一个变量引入决策理论中。后悔理论是对标准的期望效用(EU)理论的一个修订。无论是后悔理论还是预期效用理论,都认为一个备选项的期望效用是对相应的结果所伴随的痛苦和愉悦程度进行计算的结果。后悔理论与传统的期望效用理论的不同点是,后悔理论在计算一个备选项的效用时还需要考虑将所选择的方案与所放弃的方案进行比较,判断是否会产生一定的后悔。当人们发现自己的选择优于自己所放弃的备选项产生的结果时,就会产生愉悦的正面情绪;而当人们发现自己所放弃的备选项所产生的结果优于自己的选择时,则会产生后悔的负面情绪。

在表8-1中,有甲和乙两个选项可供选择,决策者从罐子中取出的球的颜色决定了最终的结果。如果一个决策者决定选择方案甲,同时拿出的球的颜色是红色的,他最后得到的效用值就是100美元;同时,他发现如果选择方案乙,拿到红色球却只能得到0美元,因此,又可以产生附加的效应(愉悦)值。另外,如果选择方案乙,而且从罐子中拿出的是黄色球时,能同样得到100美元的效用,虽然与方案甲相比得到的效用值是相同的,但是与方案甲相比损失了100美元,在附加的效用值方面是负的,因此产生了后悔的负面情绪。

表8-1 用于说明后悔理论的例子   单位:美元

备选项	不同的状态		
	红色(33.3%)	黄色(33.3%)	蓝色(33.3%)
甲	100	200	0
乙	0	100	200

尽管人们都是在自由地做出选择之后才会产生愉悦或后悔的情绪,但是对于这些情绪的预期则会影响其最终的决策。虽然根据传统的期望效应理论,上例中两个选项的效用值是相等的,都是100美元,但是后悔理论认为对两个备选项的附加效用的判断则会影响投资者最终的决策。如果决策者选择了方案乙,那么其拿到红色球和黄色球时都会产生后悔,但如果选择了方案甲,决策者只有当拿到蓝色球时才会产生后悔。据此,贝尔对传统的期望效用理论进行了修订。

---

[1] Bell, D.E. 1982. Regret in decision making under certainty. Operations Research, 30, 961~981.

[2] Loomes, G. and Sugden, R. 1982. Regret Theory: An Alternative Theory of Rational Choice Under Uncertainty. The Economic Journal, Vol. 92, No. 368 (Dec., 1982), 805~824.

$$\text{一般期望效用}=\text{传统期望效用}+\text{后悔} \tag{8-1}$$

在式(8-1)中，修订之后的一般期望效用值(generalised expected utility)等于传统期望效用值加上后悔的值。传统期望效用值等于每一个选项的效用值乘以每一个选项发生的可能性之和。在上面的例子中，选项甲的期望效用值为 $\sum U \times P_{[甲]}$，具体的数值是

$$33.3\% \times 100 + 33.3\% \times 200 + 33.3\% \times 0 = 100(\text{美元})$$

同理可得选项乙的传统的期望效用值也是 100 美元。

式(8-1)中的后悔表示的是后悔产生的效用值，具体公式为

$$\text{后悔}=\omega(\sum RP \times RI_{[甲-乙]}) \tag{8-2}$$

式(8-2)中 RI 表示后悔的程度，也就是把选择的具体方案与其他备选方案进行比较后产生的后悔的强度；RP 表示后悔发生的概率。例如，如果决策者最后选择的方案为乙，当他摸到红色球时，RI 为-100 美元，因为摸到红色球只能得到 0 美元。而如果决策者选择方案甲，摸到红色球时可以得到 100 美元，因此这里后悔的强度就是 0-100=-100 美元。而在上面的例子中，RP 的数值都是 33.3%。式(8-2)中 ω 表示的是权重，即决策者在某个决策环境中对后悔的预期在其决策中的重要程度。ω 取决于决策者的情境因素(如决策的重要性以及决策者对反馈结果的渴望程度等)和个性因素(如有些人天生喜欢避免后悔的事情发生，这样的个体的 ω 值就比较高)。最后，ω 值对于同样的后悔和喜悦①的值是不对称的，后悔所对应的 ω 值要大于喜悦，即损失比收益造成的影响更大。

根据后悔理论，在人们进行决策时，一个重要的决定因素是人们会尽可能避免负面的情绪而追求正面的情绪。运用后悔理论可以解释许多经典效用理论无法解释的现象。

(二)后悔对于个体行为决策的影响分析

在后悔理论中，反馈是一个非常重要的环节，因为后悔与愉悦的情绪都是通过将决策的结果与其他备选项的结果进行比较后得到的结果。后悔理论的一个重要假设是无论是被选择的方案还是被放弃的方案，它们的结果都是已知的。如果未被选择的方案并没有明确的反馈，那么决策者是不能将两者的结果进行比较的。在这样的情况下，决策者就不会在决策之后产生后悔的情绪。

在现实生活中，人们在某些情况下可以获得一些关于被放弃的备选方案的相关信息。例如，在赌马中，决策者可以了解自己选择的赛马的成绩，也可以了解其他赛马的成绩；在股票投资中，投资者既可以了解自己所选择的股票的最终价格，也可以了解自己所放弃的股票的价格。但是这样的反馈结果对于其他一些重要的决策可能是不存在的。例如，在选择结婚对象或商务合作伙伴这样的决策中，决策者不可能了解如果与其他人结婚或者更换合作伙伴会产生什么样的后果。在这样的情境中，决策者只能得到所选择的方案的反馈结果。

如果人们是规避后悔(regret-averse)的，他们会认为后悔的经历是不愉快的，因此要尽量选择所谓的后悔最小化(regret-minimizing)的决策。许多研究发现，后悔最小化的选择也就是规避风险(risk-averse)的选择。例如，赌博可能会给决策者带来后悔的风险，而确定的事情则可以使决策者避免后悔。在这样的情境下，如果决策者意识到赌博中存在着后悔的可

---

① 当 RI 为正值时，即产生正性后悔的时候，实际上对应的情绪反应是喜悦。

第八章 后悔厌恶与投资行为

能性,就有可能为了规避风险而倾向于选择确定的事情。此时,规避后悔与规避风险便给出了同样的选择。

然而,在现实生活中也存在着较高风险的选项即是后悔最小化的选项的情境。这样的情境是:给定两个选项,其中一个风险高,一个风险低,决策者总是能够知道高风险选项的最后结果。在这样的情境下,如果选择低风险的选项,决策者就有可能知道高风险的选项的最后结果要好于低风险的选项,从而会感到后悔。比如,你准备购买一辆二手车,现在只有两辆车符合你的购买要求。一辆是曾经出现过技术问题但相对比较便宜的雷诺(Renault),这是一个比较冒险的选择;另一辆是质量可靠但较为昂贵的申宝(Saab),这是一个比较保险的选择。当你正打算购买申宝的时候,你的一个朋友来了,说如果你不买雷诺的话,他就买雷诺,但他不打算买申宝。后来如果你发现朋友购买的雷诺车并不存在任何质量问题,你可能会后悔花了冤枉钱。但是如果你购买雷诺,你并不会知道申宝车最后的结果。在这样的情况下,使后悔最小化的选择是购买雷诺车这个比较冒险的选项。在这样的情境中,人们对后悔的预期可能会使其倾向于冒险。

拉里克(Larrick)和博尔斯(Boles)[①]以及里托夫(Ritov)[②]的实验提供了人们对后悔的预期可以使其产生冒险的行为的证据。在拉里克和博尔斯的实验中,被试决定与 ALPHY 公司进行合作,但是其中一半的被试可以了解到和 BETA 公司进行合作的最后结果,而另一半被试则无法了解这样的信息。结果,相对于没有反馈结果的被试而言,可以得到 BETA 公司反馈结果的被试的决策并不是规避风险,而是为了得到更高的报酬,导致谈判双方难以达成一致。

人们对后悔的预期既可以导致追求风险的行为,也可以导致其规避风险的行为,这主要取决于哪一个是后悔最小化的选项。有很多关于这个假设的研究,如滋伦伯格(Zeelenberg)等人(1996)[③]所作的研究:被试要在一个比较安全和一个比较冒险的两个选项中进行选择,假设被试在实验的过程中总是可以知道比较冒险的选项发生的可能性以及选择这个选项的结果。例如,在实验 1 中,比较冒险的选项是有 35%的可能得到 130 美元,65%的可能一无所有,比较安全的选项是有 65%的可能得到 X 美元,35%的可能一无所有。实验要求被试为使这两个选项看起来具有相同的吸引力,写出自己心中的 X 的数值。滋伦伯格等共做了三个实验,在三个实验中,都设计了安全选项反馈的条件,即被试既可以知道自己所选择的选项的最后结果,也可以知道安全选项的最后结果。在这样的实验条件下,如果他选择安全的选项,就只能知道安全选项的结果,不知道冒险选项的结果。而如果被试选择冒险的选项,他既可以知道安全选项的结果,也可以知道冒险选项的结果。类似地,我们也可以构造一个冒险选项反馈的实验条件,在这样的实验条件下,被试既可以知道自己选择的选项的最后结果,也可以知道冒险选项的最后结果。实验表明,在冒险选项反馈的实验条

---

① Larrick,R.P.and Boles,T.L. 1995. Avoiding regret in decisions with feedback:a negotiation example. Organizational Behavior and Human Decision Processes, 63, 87~97.

② Ritov,I. 1996. Robability of regret:Anticipation of uncertainty resolution in choice. Organizational Behavior and Human Decision Processes, 64,119~127.

③ Zeelenberg, M., Beattie, van der Pligt,J.and deVries, N.K. 1996. Consequences of Regret Aversion: Effects of Expected Feedback on Risky Decision Making. Organizational Behavior and Human Decision Processes, 65, 148~158.

件下，被试倾向于选择冒险的选项。因为这样他们只是知道一个选项的结果，可以避免知道另一选项的结果后产生后悔的情绪。表8-2给出了实验结果。

表8-2 Zeelenberg等人(1996)的实验结果

单位：%

实验条件	选择	
	冒险选项	安全选项
冒险选项结果反馈	60	40
安全选项结果反馈	30	70

在三个实验中都发现了同样的模式，这样的实验结果表明被试的选择主要取决于哪一个选项是后悔最小化的，所以他们既可能选择冒险的选项，也可能选择规避风险的选项。

在滋伦伯格等人(1996)的一个实验中，还检验了后悔在决策中的作用。实验中要求被试对他们的选择进行调整。结果显示，没有反馈结果的被试所报告的与调整相联系的后悔程度要比那些有反馈结果的被试小得多。

当然，滋伦伯格等人(1996)的实验有一定的局限性。首先，这里采用的是匹配博弈的范式。因为实验的参与者要使这两个选项具有同样的吸引力，在这两者之间进行选择的时候多少会存在一定的差异。对反馈结果的期望会将被试的偏好推向安全选项或者冒险选项的方向。有人认为这两个选项从本质上来讲就是不同的，所以在这样的实验范式中夸大了后悔对于决策的影响。其次，这样的一个实验范式是标准的、脱离情境的，如果有研究者想把这样的研究方式转移到真实的情境中，可能存在一定的问题。

(三)后悔心理的时间模式

卡尼曼和特维斯基提出的"作为效应"指出，人们对作为的后悔要大于不作为的后悔，许多相关的研究也验证了作为效应的存在。然而，在日常生活中，人们对自己生命中最后悔的事，往往集中于"没有做什么"(不作为)。例如，"我真的很后悔没有去学游泳""我真的希望我在大学时候能够更努力地学习"等。为什么一些实验研究与真实生活中的后悔会产生这样的差异呢？基洛维奇(Gilovich)和麦维琪(Medvec) (1994)[①]认为有关作为和不作为的后悔中存在着一种时间模式，可以用来解释以上两方面存在的矛盾。

调查研究的结果可以说明真实生活情境中的作为与不作为在后悔问题上的差异性。金尼尔(Kinnier)和梅塔(Metha)(1982)对青年(20～29岁)、中年(35～55岁)和老年(64岁及以上)三组不同的被试进行了调查，问他们如果你的生活可以重新再来一次的话，对于哪些事情会采取不同的行为？最常见的回答是他们没有完成的行为，如"学习应该更加努力和用功"等。

特曼(Terman)的研究考察了同样的问题。一共有381位男士和339位女士参加了调查，被试的平均年龄为74岁。特曼根据被试的回答总结出了50种最后悔的行为。哈蒂·安瓜迪(Hattiangadi)、基洛维奇和麦维琪对这些行为进行了归类，结果发现有54%的后悔都是由于没有作为而造成的，12%的后悔是由于错误的行为所造成的，而剩余的34%属于无法确定

---

① Gilovich, T. and Medvec, V.H.1994. The temporal pattern to the experience of regret. Journal of Personality and Social Psychology, 67, 357～365.

的情况。

上述的研究结果表明在现实生活中,人们更倾向于对不作为事件产生后悔情绪,这样的结果似乎与那些基于情境判断的实验结果不同(如卡尼曼与特维斯基的研究结果)。然而,需注意的是,这两种不同的实验方法中关注的焦点是不同的。基于情境的判断要求人们考虑的是短期的后悔,而另一种实验方法则要求参与者回忆生活中重大的后悔事件,考虑的是一种长期的后悔。在这两种实验中被试可能会评价不同类型的事件,而且他们所感到的后悔的含义也可能不同。基洛维奇和麦维琪认为这种差异性反映了后悔体验的时间模式。即对于短期的后悔,作为产生的影响更大;而对于长期的后悔,不作为产生的影响更大。

基洛维奇和麦维琪①在一个实验中证实了他们的想法,让一组成人被试回忆上一周和过去整个一生中感到最后悔的作为和不作为事件,然后在这两个时段内都指出是作为还是不作为事件的后悔程度最深。实验的结果表明,关于过去一周的情况,觉得对作为(53%)事件更后悔的人数与觉得对不作为事件更后悔的人数相当;然而关于过去整个一生的情况,则多数人(84%)对不作为事件感到更后悔。

第二节　投资决策中的后悔厌恶

一、投资中的确认偏差

一旦形成一个信念较强的假设或设想,人们就会有意识地寻找有利于证实自身信念的各种证据,不再关注那些否定该设想的证据,并人为地扭曲新的信息。人们有一种寻找支持某个假设的证据的倾向,这种证实而不是证伪的倾向叫"确认偏差"(confirmation bias)。确认偏差的形成与后悔厌恶有关。例如,埃利希(Erlich)、格特曼(Guttman)、史朋贝克(Schopenback)和米尔斯(Mills)发现新买入车子的人在购买完成后有选择性地避免阅读他们没有选择的车型的广告,而关注他们所选择的车子的广告。确认偏差也会使投资者坚持错误的交易策略,导致持续存在定价错误,直至非常强而有力的证据出现时,才能迫使他们改变原有的信念。确认偏差的存在是人们为了避免后悔。

宋森(Wason,1996)做了一个非常著名的关于确认偏差的实验,他在受试者面前放了A、B、2和3四张卡片,然后告诉受试者这些卡片的一面是字母而另一面是数字。

实验要求受试者证明这样一个假设:所有一面是元音字母的卡片,其反面一定是偶数。设想让受试者翻看上面这些卡片证明这一假设是否正确,那么,他们会翻看哪些卡片来证明这个假设呢?

实验结果表明,只有10%的受试者作出了正确的选择,即认为需要翻看A和3,将近50%的受试者说要翻看卡片A和2,约35%的受试者认为只需翻看卡片A,其余为各种不同的选择。很明显,受试者在这种选择决策中,极力去搜索可以证实假设的证据,而较少尝

---

① Gilovich, T. and Medvec, V.H.1994. The temporal pattern to the experience of regret. Journal of Personality and Social Psychology, 67, 357~365.

试寻找可以证伪假设的证据。

实际上，实验的正确答案是只要翻看 A 和 3。为什么呢？因为证明假设的有效方法是，翻开可能证明假设不实的卡片。依次考虑每张卡片的可能反证。假如我们翻开了 A 的卡片，我们既有可能看到一个偶数，也有可能看到一个奇数。如果我们看到的是偶数，就有了支持原假设的证据，即说明原假设可能是正确的，但还不一定是正确的，还需要接着看别的卡片；但是如果我们看到的是一个奇数，那就可以断定假设是错误的，就不需要再翻看别的卡片了。接着，假设我们看带有 B 的卡片，这张卡片不能提供判断原假设正确性的任何证据，因为原假设没有提到卡片上有辅音字母的情形，也就是说，它是一张与原假设无关的卡片，所以我们不需要翻它。现在来考虑卡片上带有 2 的情况。如果我们翻开这张卡片，可能看到一个元音字母，这与假设是一致的；也可能会看到一个辅音字母，这与假设无关，因此这张卡片对反证毫无意义。最后假设我们翻开了带有 3 的卡片。如果看到一个元音字母，我们知道原假设是错误的；而如果是辅音字母的话，既不能提供支持证据也不能提供否定证据，对证明原假设正确与否没有帮助。因而仅有的两张可用来反证的卡片是 A 和 3。但是，大多数人选择 A 和 2，或只选择了 A。事实上，A 能够同时提供支持的或否定的证据，而 2 只能提供支持的证据。

为什么人们会翻开 A 和 2 呢？是因为人们习惯于寻找证实原假设的证据的思维规则，即犯了"确认偏差"的错误。

还有一个常见的例子能够更直观地说明确认偏差的存在。如果我们给出一个假设"所有的天鹅都是白色的"，你将如何去证明这个假设？我们会不由自主地倾向于特别关注白天鹅找寻白天鹅，找一只、两只……一百只，甚至更多。然而我们没有意识到，无论找到多少只白天鹅，都无法证明这个假设的正确性。合理的思路是尝试去寻找一只黑天鹅，当然也可以是其他的颜色，去直接否定这个假设，这就是"证伪"，然而，证伪这种有效、简洁的心理过程往往被人们所忽略。《列子·说符》一书中记有"邻人遗斧"的故事，说是有一个人遗失了一把斧子，怀疑是隔壁邻居家的小孩偷走的。于是观察这个小孩，不论是神态举止，还是言语动作，怎么看都觉得像是偷斧子的人。时隔不久，他在后山掘地时找到了自己的斧子。回去之后，他再观察邻居家的小孩，动作神态怎么看也不像是偷斧子的人了。事实上，发生变化的并不是邻居的小孩，而是自己的心态，造成误解的原因则是人性弱点中的确认偏差。

可见，确认偏差是一种在经济生活中普遍存在，并且对人的行为决策具有重要影响的心理偏差，而作为投资者或是企业经理人，确认偏差会导致错误的判断与决策，并进而导致市场的非有效性和企业的损失。在证券市场上，由于确认偏差的存在，当市场形成一种"股价将持续上涨"的信念时，投资者往往对有利的信息或证据特别敏感或容易接受，而对不利的信息或证据视而不见，从而继续买入并进一步推高股市；相反，当市场形成恐慌式下跌时，人们又往往只看到不利于市场的信息，以致进一步推动股市下跌。企业经理人的确认偏差更多地表现在投资决策上，对于具有信念而论证又不可行的项目，倾向于寻求正面信息而不肯放弃项目的实施，导致决策错误，甚至一错再错。接下来举两个现实生活中确认偏差的例子。

自 20 世纪 70 年代以来，国际石油市场风云变幻。为了规避石油现货风险，20 世纪 80 年代国际原油期货这一金融衍生产品应运而生。随着我国石油进口量的大幅度增加，国家经过谨慎策划和考虑,于 1998 年陆续批准国内一些大型国有石油企业在国际上做石油套期保值业务,同时禁止它们涉足其他金融衍生产品的投机交易。2003 年 4 月,中航油集团成为第二批国家批准的有资格进行境外期货交易的国有企业。经国家有关部门批准,中航油新加坡公司在取得中国航空油料集团公司授权后自 2003 年开始做油品期货套期保值业务。在此期间,中航油新加坡公司擅自扩大业务范围,从事风险极大的石油期权交易。2003 年,中航油新加坡公司确实正确判断了油价的走势,从中赚了钱。小试牛刀,旗开得胜,陈久霖在期权投机中尝到了甜头。也可能正是因为初试告捷,才酿成了 2004 年投资失败的大祸。

陈久霖将初试期权投机交易获利这一偶然发生的事件的概率分布当作总体的概率分布,夸大了它的代表性,从而形成一个较强的信念——期权交易能够比较容易地赚钱。一旦这一信念形成,陈久霖就倾向于不再关注那些否定该信念的新信息,而是盲目地陷入自己不熟悉的业务,并在发生巨额损失时不能自拔,反而进一步扩大投资,从而造成巨大的损失。陈久霖正是犯了投资行为学所称的确认偏差的认知错误[①]。

银行对中小企业惜贷现象也可用确认偏差来解释。银行作为机构投资者,定式思维的机制使其会根据先前的定型模式来解释其行为。也就是说,对于机构投资者,很难打破自己设定的既有模式,会在原定的分析框架内,按照惯性思维模式,对中小企业贷款问题进行分析。当银行锚定于近期中小企业贷款信息时,将以此作为初始值,对中小企业贷款风险进行估计和调整。如果近一段时间内确实存在一定的中小企业发生还款困难问题时,银行将得出初始值为中小企业"风险"比较大的结论。就不按时还款的企业数量而言,中小企业无疑所占的比重大。因而银行便根据中小企业性质相近的简单特征,通过"聚类分析",使所有中小企业都具有了高度的同质性。也就是说,银行认为所有的中小企业具有极为相似的高风险。同时,社会普遍认为,中小企业融资难的舆论以及央行一直采取措施鼓励向中小企业贷款所提供的信息,其实是暗示并强化了银行的这种偏差判断。因而,多数银行便据此判断向本银行申请贷款的中小企业具有相当大的风险。此时银行又会为此假设对统计资料带有倾向性地、有选择地收集或审查。通过"过滤处理",寻找附加证据来进一步解释银行不愿贷款给中小企业的原因。银行作为有限理性投资者的这种"确认偏差",在上述前景理论中,会将中小企业违约的概率赋予更大的权重,从而造成中小企业贷款的展望值进一步下降。这种"确认偏差"的存在有将中小企业贷款困难程度加大的危险。究其原因,银行业也是出于对后悔的厌恶,中小企业相对于一些有知名度的大企业而言,还款能力较弱,一旦贷款出现问题,银行就会遭受巨大损失[②]。

二、投资中的隔离效应

萨维奇(Savage)[③]的确定性原理(sure thing principle)是不确定性条件下理性决策的一个基本公理。它是指在事件 E 发生的情况下,期望 x 优先偏好于期望 y,并且在 E 不发生的情况下,期望 x 也优先偏好于 y,那么不管 E 是否发生,期望 x 都应该优先偏好于 y。然而,

---

① 陆宇建,张继袖,吴爱平. "中航油"事件的行为金融学思考. 软科学,2007.
② 杨明. 银行对中小企业惜贷现象的行为金融学分析. 财经论坛.
③ Savage, L.J. 1954. The Sure-Thing Principle.In Leonard J.Savage. The Foundation of Statistics.New York:John Wiley, 21~26.

特维斯基(Tversky)和沙菲尔(Shafir)却在一个两阶段赌博中发现人们的决策背离了这个公理,便将这一现象定义为隔离效应。隔离效应(disjunction effect)是指即使某一信息对决策并不重要,或即使他们不考虑所披露信息也能做出同样的决策,但人们依然愿意等待信息披露后再做出决策的倾向。

特维斯基和沙菲尔[1]用下面的实证证明了隔离效应的存在。他们问受试者是否愿意接受下列赌博:掷一硬币以同等的概率获得 200 美元或损失 100 美元。那些已进行一次赌博的人随后被问是否愿意继续另外一次同样的赌博。如果在第一次赌博的结果已知后问被试,那么不管第一次赌博他们是赢了还是输了,大部分回答者愿意接受第二次赌博。但是如果在结果出来之前让他们做出决定,大部分人不愿意接受第二次赌博。这是一个让人困惑的结果:如果一个人的决策不取决于第一次赌博的结果,那么在知道赌博结果前、后他们应该做出一致的决策。特维斯基和沙菲尔提出了伴随着这种行为的可能思维模式:如果第一次赌博的结果已知并且是不好的,受试者将试图通过下一次赌博去弥补他们的损失;而如果结果是好的话,受试者会认为在进行第二次赌博时他们没有什么可损失的。但是如果不知道结果的话,那么他们就没有明确的原因去接受第二次赌博。

隔离效应有助于帮助解释在信息公布时投机性资产的价格和交易量出现的波动。例如,隔离效应可以解释为什么有时候在重要的公告发布之前,公司股票出现价格窄幅波动和交易量萎缩,而在公告发布之后会出现更大的波动或交易量。以下是一个证明隔离效应的典型案例[2]。

南方证券股份有限公司自 2004 年 1 月 2 日被中国证券监督管理委员会、深圳市人民政府实施行政接管之后,其手中所持的重仓股哈药集团(600664)和哈飞股份(600038)股票价格连续 3 个交易日达到跌幅限制,但没想到公告一出,两只股票便急速上扬,开盘没多久就攀升到涨幅限制。

2004 年 1 月 2 日哈药发公告称,南方证券所持有的哈药集团 5485.8121 万流通股被冻结,占目前哈药集团总股本的 5.74%。该公告发出之后,哈药集团股价一路狂跌,连续 3 日跌停。

为此记者打电话到哈药集团,该集团董秘林本松向记者表示,公司与南方证券并不存在委托理财以及其他债权债务关系,南方证券被行政接管并不会对哈药集团产生其他重大关联影响,哈药本身的经营状况没有问题。当记者问到股票的一路下滑势必会影响公司在二级市场中的形象,哈药会不会采取一些补救措施时,林本松非常自信地告诉记者,哈药是医药行业的龙头企业,相信投资者对哈药是会有信心的。目前哈药不会将更多精力放在资本市场上,而是将搞好自己的生产经营和管理,争取能够给股东更多回报作为自己的首要任务。

林本松的自信得到了印证,哈药发布股价异常公告之后,接着一开盘哈药股价便一路上扬,涨幅达到 10.03%,成交量为 81 万股,收盘价为 9.83 元。

无独有偶,哈飞股份也经历了与哈药同样的戏剧性变化。据哈飞股份 2003 年半年报显

---

[1] Tversky, A. and E. Shafir. 1992. The Disjunction Effect in Choice Under Uncertainty. Psychological Science, 3(5).

[2] 本例子来自 2004 年 1 月 8 日的广州日报。

示，南方证券持有哈飞 6 749 685 流通股，占公司总股本的 2.81%，位居第二大股东。公司 2004 年 1 月 7 日发布股价异常波动公告称，截至目前，公司的生产经营均按计划正常进行，2003 年 H425 直升机、ERJ145 支线飞机等新产品项目及国际合作项目均按计划完成。当日上午开盘不久，哈飞便涨到涨幅限制，以 11.74 元收盘。

两股的大跌大涨引起了业内人士的极大关注。据兴业证券分析师王光清介绍，南方证券被行政接管后，其手中所持的股票短期内不会发生较大变化，股民一时受短期公告的影响，是在所难免。但两公司在行内均有较大的知名度和影响力，而且表现也不错，预计经历大跌风波之后，"两哈"股票将趋于平稳。

三、投资中的损失厌恶

后悔厌恶的一个表现就是损失厌恶，人们厌恶损失，有部分原因是当人们的决策出现错误时，往往会带来损失，这会引发出投资者的后悔情绪，也就是说损失厌恶与避免后悔的倾向吻合，因为后悔通常由损失引起。损失厌恶(lose aversion)是指人们面对同样数量的收益和损失时，损失会使他们产生更大的情绪波动。特维斯基和卡尼曼的期望理论最重要的发现之一是人们在面对收益和损失的决策时表现出不对称性。他们给出一个例子，假设有两项选择：一是损失 7500 美元；二是 75%的概率损失 10 000 美元，25%的概率没有损失。他们研究发现大部分人选择后者，并将这种现象称为损失厌恶。进一步的研究发现，一项损失给人带来的影响大约是同等收益给人带来影响的 2.5 倍。他们的实验得出的结论是：损失厌恶反映了人们的风险偏好并不是一致的，当涉及的是损失时，人们表现为风险寻求；当涉及的是收益时，人们则表现为风险厌恶。这种现象也称为映像效应(reflection effect)，即受损失时偏爱冒险而受益时偏爱保守的相互转换效应。

与损失厌恶相关的行为偏差还有以下四种。

(1) 维持现状偏差(the status quo bias)：如果可能带来损失，人们则不愿意与别人交换已经持有的物品，而更乐于安于现状，哪怕伴随损失的还有可能的收益。这是因为损失比赢利显得更让人难以忍受，所以人们更偏爱维持现状。维持现状偏差可以导致交易惰性(reluctance to trade)。例如，假设一位受试者被指派了一些工作，其在工资(S)和工作环境(W)两方面有差异。该受试者被假设担任了一个职位(S1, W1)，然后可以选择是否跳槽到另一个职位(S2, W2)。(S2, W2)相对于(S1, W1)而言，在一个方面更好，而在另一个方面更差。实验结果表明，原来被指派到职位(S1, W1)的人不愿意跳槽到(S2, W2)；而原来被指派到(S2, W2)的人也不愿意跳槽到(S1, W1)。

如果说你是一家工厂的负责人，你们工厂现在的盈利状况还不错，但工厂的生产工艺有点陈旧。你正在考虑要不要改进，采用一种新的工艺。你们现在的工艺能让你每月赚 100 万元，如果换成新工艺，你预测会有 50%的机会每月多赚 300 万元，但也有 50%的可能性失败，导致每月亏损 100 万元。你会如何选择呢？

A. 保留工艺

B. 换新工艺

虽然改变工艺带来的期望值是正的盈利值，但是大部分人的倾向是保留现状，不改进工艺，你的选择也与他们相同吗？即使在换新工艺更有可能赚更多钱的情况下，大多数人仍然不愿意放弃旧的工艺，这就是典型的维持现状的行为。因为当想到可能要"失"的时候，我们的不快乐感(后悔情绪)超过了可能的"得"给我们带来的快乐感，所以大部分人宁愿维持现状也不要冒"失"的风险①。

传统经济学的坚决捍卫者——保罗·萨缪尔森，曾经通过一个经典实验来揭示人性的这一弱点。被试者是一些对经济学和财务知识有相当认识的大学生，萨缪尔森给大学生们出了下面这几个问题。

你经常阅读有关金融方面的报道，可是一直没有钱能够用于投资。最近，有个远方亲戚遗留给你一大笔钱。你通过仔细考虑后，把投资的范围缩小到以下四种选择。

  A．购买甲公司的股票。这种风险适中的股票，在未来一年中，有50%的机会股价会提高30%，有20%的机会股价会维持原状，有30%的机会股价会降低20%。

  B．购买乙公司的股票。这是一种风险较高的股票，未来一年有40%的机会股价会提高1倍，有30%的机会股价会维持原状，有30%的机会股价会降低40%。

  C．购买国库债券，几乎可以确保未来一年能够得到9%的报酬。

  D．购买市政债券，几乎可以确保未来一年能够得到6%的报酬，免税。

请问，你会选择哪一项投资？

实验结果不出所料，这些被试者大多数是根据自身承受风险的能力来选择投资的。因此，有32%选择了中度风险的股票，有32%选择了保守的市政债券，有18%选择了风险较高的股票，另外18%选择了国库债券。

然而，这些结果并不是特别重要或有趣，真正有意思的还在后面：萨缪尔森向另外几组学生提出了类似的问题，只不过他们是在某种现状下作选择。也就是说，这些学生发现他们接受的财产已做了某种投资安排，而他们必须决定究竟是要维持这种投资，还是要加以改变，请看下面的问题。

你经常阅读有关金融方面的报道，可是一直没有钱能够用于投资。最近，有个长辈遗留给你一大笔财产，其中一大部分已投资购买了甲公司的股票。现在你必须决定究竟是要维持原状，还是要把钱投资到别的地方，而且不必考虑税收和交易佣金。你会选择哪一种方式？

  A．保留甲公司的股票。这种风险适中的股票，在未来一年中，有50%的机会股价会提高30%，有20%的机会股价会维持原状，有30%的机会股价会降低20%。

  B．购买乙公司的股票。这种风险较大的股票在未来一年中，有40%的机会股价会提高1倍，有30%的机会股价会维持原状，有30%的机会股价会降低40%。

  C．购买美国国库债券，几乎可以确保未来一年可以得到9%的报酬。

  D．购买市政债券，几乎可以确保未来一年可以得到6%的报酬，而且不必缴税。

这一实验的结果如何呢？不论设定的现状是哪一种投资，大多数人都选择了维持现状。例如，一旦获悉这笔钱已用于购买市政债券，有47%的人会决定维持这种非常保守的投资。相比之下，在前面的实验中，资金尚未做任何投资时，只有32%的人选择市政债券。

这一结果实在令人费解：如果没有特殊情况，只有3/10的人会把钱放在市政债券里。但是，一旦获知钱已经买了市政债券，几乎有一半的人会认为这是最适当的投资，尽管当初这样做并非出自他们的选择。

---

① 奚恺元. 别做正常的傻瓜[M]. 2版. 北京：机械工业出版社，2006.

第八章 后悔厌恶与投资行为

可见,"固守现状"并非现状真的那么吸引人,根本原因在于人们害怕改变,厌恶后悔。

(2) 赠与效应(the endowment effect):一旦人们拥有一件商品,他对这件商品的估值就会比拥有前大大增加,即人们具有不愿意放弃现状下的资产的倾向,因为损失一项资产的痛苦程度大于得到一项资产的喜悦程度,所以个体行为者为了得到资产的"支付意愿"要小于因为放弃资产的"接受意愿"。赠与效应导致买价与卖价之间的价差,如果让人们对某种经济利益进行定价,则其得到这种经济利益所愿支付的最大值,远远小于其放弃这种经济利益所愿接受的最小补偿值。

例如,塞勒(Thaler)曾提出两个问题。假设现在你立即死亡的概率是千分之一,第一个问题是,你为消除这个概率愿意付出多少钱呢?典型的回答是:"我最多会出 200 美元。"第二个问题是,你要得到多少钱才允许这个死亡概率降临到你身上呢?典型的回答是:"为这种额外的风险我至少要拿 50 000 美元。"从新古典经济学的观点(如科斯定理)来说,财富的变动方向并不影响财富本身的价值,财产权利的初始安排与经济效益无关。显然,这也是个体偏好方面的一个悖论。肯奇(Kentsch)就这种因为对物品的拥有,而在定价方面卖价高于买价的现象归结为赠与效应。即同样一件物品,如果是我们本来就拥有的,那么卖价会较高;如果我们本来就没有,那我们愿意支付的价钱相对卖价来说会较低。

(3) 语义效应:损失规避不仅让我们过于关注"失"而忽视了"得",有时候用不同的叙述方式来描述同一个事物时,会使人做出截然不同的决策,我们把这种效应称为语义效应。语义学的研究已经证明,人们在接收到消息时不用专门再去识别这些信息在编码的时候使用主动语态还是被动语态,里面是否蕴含了其他更深的意思,而能够瞬间把它们解码。但很不幸的是,我们人类这么高的语义理解能力在碰到成功率还是事故率、不是别人排名上升就是我的排名下降这类问题时好像有些失灵[①]。

关于语义效应,有一个很有意思的小故事。有一次一个年轻的牧师问主教:"主教,请你告诉我,祷告的时候可不可以吸烟?"主教严肃地摇了摇头,然后说:"祷告是如此重要而严肃的事情,祷告的时候应该心无杂念、专心致志,当然不可以吸烟。"过了几天,这个年轻的牧师又问主教:"主教,请你告诉我,吸烟时可不可以祷告呢?"没想到主教的回答却是:"当然可以,我们可以在任何时候祷告。"两个同样的问题,主教的回答却是前后不一致,甚至自相矛盾,可见语义效应的重要作用。

(4) 短视的损失厌恶:在股票投资中,短期损失可能会周期性地打断长期收益,短视的投资者过分强调潜在的短期损失,他们甚至把股票市场视同赌场。贝纳茨(Benartzi)和塞勒(Thaler)把投资者不愿意承受这种短期损失的现象称为"短视的损失厌恶"(Myopic Loss Aversion)。投资者往往没有意识到,通货膨胀的长期影响可能会远远超过短期内股票的涨跌。

短视的损失厌恶是建立在两个概念之上的:一是投资者是损失厌恶的,损失带来的厌恶感大约两倍半于等量收益产生的快感,所以决策者倾向于把损失看得要重一些;二是投资者是"短视"的,会经常性地评价他们的投资组合,即使是长期投资的投资者也要顾虑短期的收益和损失。而对投资的评估频率越高,发现损失的概率越高,就越可能受到损失

---

① 奚恺元. 别做正常的傻瓜[M]. 2 版. 北京:机械工业出版社,2006.

厌恶的侵袭。这样，短视的损失厌恶可能导致人们在其长期的资产配置中表现得过于保守。贝纳茨和塞勒对股票溢价之谜的解释是，如果投资者经常性地评价他们的投资组合，损失厌恶就会令很大一部分投资者投资于具有稳定回报率的债券，而放弃长期高回报率的股票。如果人们将注意力转移到几十年的长期收入，他们可能会去拥有更多的权益资产。虽然短期内股票市场的波动很大，甚至人们将其比喻为赌场，但股票市场毕竟不同于赌场，因为投资于股权的长期回报预期是正值。

贝纳茨和塞勒[①]用实证研究表明当受试者被要求在股票和固定收入间分配资产作为他们的养老金计划时，他们的反应随提供的回报形式的改变而改变。如果是以30年中每年一次回报的形式，他们分配给股票的资产平均值为40%；如果是30年一次回报的形式，则分配给股票的资产平均值为90%。显而易见，这说明了投资者对短期损失赋予更多的权重，存在明显的短视的损失厌恶。

以上我们讲述了由损失厌恶效应所引发的四个有趣的行为决策异常现象：维持现状偏差、赠与效应、语义效应、短视的损失厌恶。由此可以看出，损失厌恶效应是普遍存在的。举例来说，如果投资者手里有两只相同金额的股票，1只盈利10%，1只亏损10%。那么，在投资者需要抛出其中1只股票的时候，通常会拒绝抛出亏损的股票，而选择盈利的那1只股票，这就是典型的"损失厌恶"的表现。当然，不能说抛出盈利的股票是错误的选择，但如果依据是否盈利来判断该抛出哪只股票就是错误的选择了。正确的方法是衡量手中两只股票的价值，然后与现在的价格进行比较，现价更高于估计价值的股票就应该被抛出。这可能是盈利的那只，也可能是亏损的那只。总之，不能由自己持有的股票是亏损还是盈利来决定持有或者抛售，了解这一点是非常重要的。正是由于损失厌恶的心态，所以投资者往往发觉自己过早地抛出了大牛股，而手中会持有亏损非常严重的股票。有些投资者，手中10只股票7只盈利，但他的总资产还是亏损，就是因为"损失厌恶"不愿意抛出亏损的股票所造成的损失要大于在其他7只股票中的盈利。

四、投资中的认知失调

与后悔厌恶相关的是"认知失调"(cognitive dissonance)。认知失调是指当人们面对证明自己的信念或设想是错误的证据时所经历的心智冲突。人们不愿意接受自我否认达到了难以置信的程度。认知失调可以认为是一种后悔厌恶，即对错误观点的后悔。和后悔理论结合后，认知失调理论认为，人们可能不愿意接受新信息或提出歪曲的理念以继续维持自己的信念或假设。很多实证研究表明，人们经常犯认知失调带来的错误。例如，英利希(Erlich)、格特曼(Guttman)、史朋贝克(Schopenback)和米尔斯(Mills)[②]发现新买入车子的人在购买完成后有选择性地关注他们选择的车子的广告，而避免阅读他们没有选择的车型的广告。

[①] Benartzi,S.and R.H.Thaler. 1996. Risk Aversion or Myopia:The Fallacy of Small Numbers and Its Implications for Retirement Saving, Reproduced.

[②] Erlich, D., Guttman, P., Schopenback, P. & Mills, J. 1957. Postdecision Exposure to Relevant Information. Journal of Abnormal and Social Psychology, 54：98～102.

第八章 后悔厌恶与投资行为

麦克法登(McFadden)[①]用人们忘记不利证据的概率把认知失调效应模型化，并指出这一概率最后是怎样歪曲主观概率的。高特兹曼(Goetzmann)和佩雷什(Peles)[②]认为，认知失调理论可以解释共同基金的一种现象，即资金流向业绩好的共同基金的速度比资金流出业绩差的共同基金的速度要快很多。也就是说，发生损失的基金持有人不愿意通过赎回他们持有的基金来面对投资失败的事实。

影响认知失调强弱程度的因素基本可以分为：①当认知间的差异性比较大时，其所带来的不适感也就相对较大。比如，"我花了非常多的时间用来研究证券市场中的投资"与"我在证券市场的投资业绩非常差"就比"我花了不少时间用来研究证券市场中的投资"与"我在证券市场的投资业绩比较差"带给个体的认知失调要严重。②彼此间失调的认知的个数越多，所带来的不适度也会越大。如除上述的两个认知外，再增加一个"周围许多熟识的人投资业绩很好"的认知，就会让人有更不舒服的感觉。③个体赋予各个认知的重要性也会影响到失调张力的大小。比如说，我的投资业绩虽然不好，但我的家人和朋友都认为这不是由我的能力造成的，而是由市场整体状况不佳造成的，因此我赋予"业绩不佳"的"重要性"或"权重"也就较低些，进而这个失调所带来的不适就会减弱一些。

认知失调理论认为，个体在降低认知失调采取的心理调整过程包括以下三点：①改变原有认知。当存在认知失调时，由于人的心理对种种认知抗拒改变的程度不同，认知失调理论预测个体会倾向于改变抗拒改变最小的认知，也就是最容易改变的认知。例如，对前面关于证券市场投资的例子，内心中的认知失调可能会使我们开始相信，"相对别人而言，自己并不是花时间最多的人"。②增加彼此"调和"的认知的个数，减少"失调"的认知。例如，"我几次决定卖出股票时都因为几分钱没有能够成交，结果导致后面的大亏损"或"市场状况很糟糕，大部分人投资业绩都很差"等。③变动各个认知的相对"权重"。对于那些很难和其他大部分认知相调和的认知，个体会倾向减小其权重。个体会倾向于只注意到调和的认知，而有意或无意地忽视非调和的认知。

认知失调理论认为，面对同样的情境，不同的人也会因为其背景或特质的差异而对环境有不同的认知与反应。也就是说，人的决策行为深深受到其认知失调关系的影响。比如，投资者对分红公告或并购等公开信息常会有不同的解读。海纳指出，个体可获得信息的复杂程度，以及所面对的问题的困难程度常常超过其能力，以至于无法正确处理信息和做出最适合的决定。海纳称之为"胜利程度—困难程度落差"。当这个落差加大时，个体能够对问题做出适当决策的不确定性就会提高，此时，个体会变得更加不愿意对新的信息做出反应，反而倾向于遵循或采取以前所掌握或熟悉的行为，以此来避免不确定性。因为情境复杂，所以个体常常会以简化认知的方式来简化其决策过程[③]。

---

① McFadden. 1974. The Measurement of Urban Travel Demand. Journal of Public Economics, 3, 303~328.

② Goetzmann, W.N. and N.Peles. 1993. Cognitive Dissonance and Mutual Fund Investors, Reproduced, Yale School of Management.

③ 敖卿，唐元虎. 认知失调理论及其在证券市场中的应用. 科技进步理论与管理.

第三节 案例分析与实践

一、别把鸡蛋放在同一个篮子里——马科维茨为何知行不一

20世纪50年代，美国兰德公司的一位年轻研究员曾经思考这样一个问题：自己到底应该把多少退休金用于股票投资，多少用于债券投资。作为一名线性编程专家，他深知："我应该计算出各种投资产品在以前的协方差系数，然后，再为自己确定一条有效边界。但是，假如股市真像我预测的那样一路上扬，而我没有置身其中；或是股市像我预计的那样一路下挫，而我深陷其中不能自拔，那么，我肯定会悔恨不已。我的目的无非就是要最大限度地减少未来的后悔，因此，我按5/5平分的原则，把全部投资平均分配在股票和债券上。"这位研究员就是著名金融学家哈里·马科维茨(Harry Markowitz)。

哈里·马科维茨1927年8月24日出生于美国伊诺斯州的芝加哥，中学毕业后，进入芝加哥大学学习经济学，并成了考尔斯经济委员会的一名学生会员，马科维茨毕业论文的研究方向是将数理方法应用于研究股票市场。1952年，马科维茨的论文《资产组合选择》(Portfolio Selection)在《金融学报》(Journal of Finance)上发表，在这篇论文中，马科维茨第一次给出了风险和收益的精确定义，通过把收益和风险定义为均值和方差，马科维茨率先将数理统计方法引入了资产组合选择的研究中。马科维茨发展了一个概念明确的可操作的在不确定条件下选择投资组合的理论，而这一理论后来进一步演变成为现代金融投资理论的基础，并引发了金融学科的理论"大爆炸"。

20世纪90年代，哈里·马科维茨因在金融学领域所做出的开创性贡献，而获得了1990年度的诺贝尔经济学奖，获奖的原因归功于他在金融学领域所提出的但却始终未能运用到自己投资实践中的投资组合理论。马科维茨的研究成果在今天被认为是金融计量学的理论先驱，被誉为"华尔街的第一次革命"。

可见，现实生活中真实的投资行为并非想象的那样完美，即便是诺贝尔经济学奖得主的投资行为，也并非如其学术理论那样完美无瑕。事实上，无论是管理几十亿元资金的专业基金经理，还是细心打理自己退休金账户里数万元闲款的广大散户投资者，在投资决策时，都会不由自主地把计算收益时的激动以及赔钱时的懊恼后悔等这些最原始本能的情绪反应掺杂进本该冷静理智的投资决策过程之中。

二、后悔厌恶的行为表现分析

对于某些投资者来说，他们可能会持有股票，但他们并不关心股市的涨跌情况。如伯恩斯坦(Bernstein)(1996)讲述了他的一位亲戚的故事。她是一点儿也不在意股市究竟是上涨还是下跌，她说"我买进股票的目的不是为了要卖出"。杰弗里(Jeffrey)指出，持有一种资产组合的"真正风险"在于不能给持有者在持有期间或持有期末带来能够维持基本消费的现金。因此，对于那些根本就不需要钱来维持基本消费的投资者而言，就不会面临这种"真正风险"。其实所有的投资者都会关心他们的投资，因为投资带来的不仅仅是货币的收益或损失，同时也会带来自豪的喜悦和后悔的痛苦。以1000美元购买的股票可能会下跌到800

第八章 后悔厌恶与投资行为

美元,也可能会上涨到 1400 美元。伴随着 400 美元货币收益的同时投资者还获得了自豪,同样的,伴随着 200 美元货币损失的同时投资者还感受到了后悔。

可以说,除了收益和损失是影响投资者决策的因素,自豪带来的喜悦和后悔带来的痛苦也是其中重要的因素。卡尼曼和特维斯基[1]将后悔描述成做出一种选择导致的严重后果所带来的挫折感。塞勒提出的获得效用和交易效用之间的区别,与货币形式的收益和损失、自豪和后悔形式的收益与损失之间的区别相类似。塞勒认为,购买的总效用可以分为获得效用和交易效用。获得效用依赖于商品的价值与支出之间的差别,而交易效用依赖于购买的讨价还价的价值,在这里,讨价还价的价值就相当于自豪与后悔。

在传统投资学理论中,投资者都是理性的经济人,不会受到自豪和后悔的影响。事实却是自豪和后悔会影响投资者的决策。假设投资者要在持有股票和持有现金之间做出选择,如果自豪带来的喜悦与后悔带来的痛苦是等价的,那么投资者在有没有考虑自豪和后悔后做出的选择应该是一样的。如果后悔带来的痛苦远远大于自豪带来的喜悦,那么投资者将会选择持有现金而不持有股票,以避免面临股票价格下跌时带来的后悔与痛苦。大量投资行为学研究表明,人在犯错误后都会感到后悔,并且后悔带来的痛苦可能比由错误引起的损失还要大。因此,人们决策的目标可能不是最大化将来的收益,而是最小化未来的后悔,以避免将来可能的后悔。可见,后悔厌恶从很大程度上偏离了理性经济人以收益最大化为目标的假定。下面介绍一些现实生活中后悔厌恶的表现。

(一)保守策略

1. 后悔厌恶就是为了避免后悔或失望,努力做出正确的决策

人们感到错误决策的后果比什么也不做带来的损失更为严重,这导致人们在面对不确定情况下的决策时,不敢试图改变,只好选择走老路子。对于后悔感很强的人,相对于变化而言,更喜欢维持现状,他们不会对多样化有很强的偏好,可能会每天重复相同的上班路线,以做一日和尚撞一天钟的形式来最小化未来的可能后悔。在 1998 年 1 月的《货币》杂志上,诺贝尔奖得主马科维茨解释了自己的资产分配选择。虽然他提出了现代资产组合理论,但当谈及选择自己的投资组合时,他并未寻找风险和收益之间的最优权衡,而是采用了行为学方式。他说:"我的目的是使我将来的后悔最小化,所以我将我的钱五五对开地分别投入股票和债券投资中。"也就是说,如果马科维茨全部选择股票投资,而随后的股票行情极差,他就很容易陷入一种情绪中——如果我选择债券就好了,这就使他产生了相当大的自责,即后悔。

2. 保守策略降低后悔的情绪影响

后悔最小化使投资者在选择投资组合时采取保守策略,产生从众行为倾向,往往购买熟悉、热门或受大家追涨的股票。这样即使他受到损失,而当考虑到大量投资者也在同一投资上遭受损失时,可能会减弱他们的后悔情绪。

---

[1] Kahneman, Slovic and Tversky. 1982. Judgment Under Uncertainty: Heuristics And Biases. New York: Cambridge University Press.

(二)美元平均成本策略

卡尼曼和特维斯基注意到,投资者的后悔程度与其所承担的责任水平之间存在着紧密的联系,即投资者承担的责任越大就越容易感到后悔。强制采取的行动只会承担很小的责任,从而只带来很小的后悔。遵守某种规则是减少所承担责任的一种方式,按照严格的规则做出的选择就是强制做出的选择。

证券投资中的美元平均成本(dollar-cost averaging)策略也是采取常规行为的反映,是一条严格的规则,它是指每月投资的数量固定,当价格高时就购买较少股份;当价格低时,就购买更多股份。该策略比一次买入策略更受一些投资者的欢迎。因为美元平均成本策略是一种习惯性行为,就像每月支付住房抵押贷款一样,它能减轻投资者后悔的程度。如果行动离开了习惯性行为,后悔是特别强烈的。而一次买入策略没有美元平均成本这种逐步进行的方法谨慎,它不是常规行为。这使一次买入的投资者比成本平均投资者更易受后悔的影响。也就是说,如果所购股票的价格很快大幅下跌,一次买入的投资者比成本平均的投资者更可能自责。成本平均策略还有其他一些好处,最重要的是采纳成本平均的投资者培养了极好的投资习惯,它可作为股票价格下跌时反恐慌的工具。从投资行为学的角度来看,美元平均成本策略是有诱惑力的。它结合了以下三个方面的因素:减缓后悔感觉的常规行为、减少损失痛苦的框架效应和对付诱惑的好习惯的培养。

(三)时间分散化策略

时间分散化策略与持有规则是相辅相成的。与实际损失不同,账面损失仍然有希望实现收支平衡,所以这些规则能够减少账面损失带来的后悔。但是,一旦最后期限来临,这种实现收支平衡的希望可能会破灭,此时拥有延长期限的选择权就显得很有价值了。比如,托尔莱(Thorley)指出,当投资期限为 40 年时,股票相对于国库券遭受损失的概率只有 0.1%。投资者往往不是用固定的数字如"40 年",而是用一种灵活的方式来描述投资期限,如用"长期"。投资期限的灵活描述不会改变投资者财富的多少。在 40 年末,遭受 1000 美元实际损失的投资者在财富上与一个遭受 14 000 美元账面损失的投资者没有什么差别。但是,拥有期限选择的投资者可以通过推迟实现账面损失来避免后悔。麦格夫(McGough)和西科诺尔菲(Siconolfi)描述了 Steadman 共同基金的投资者,这些投资者仍然持有 40 年以前购买的 Steadman 股票。虽然这些股票已经形成了账面损失,并且这一损失有进一步扩大的可能,因为 Steadman 共同基金一年的开支比率达到了 25%。尽管如此,一位 Steadman 的投资者仍然声称他从没想过以亏损方式卖出这些股票。长期的时间分散化策略能够将投资者的注意力从短期损失带来的后悔与恐惧中转移到期望获得长期收益的自豪情绪中。

(四)转移责任策略

转移责任是避免后悔的另一种方式,因为如果不用对作出的选择承担责任的话,投资者就不会感到后悔。选择积极的经理能使机构投资委员会成员把一些业绩的责任转移给经理,以减少自己受后悔的影响。当收益差时,经理就会成为替罪羊和后悔转移的对象。投资公司协会(Investment Company Institute,ICI)最近的研究表明,大多数共同基金投资者不是依靠自己的判断选择基金,而是依靠投资顾问的判断。如果投资者选择一个投资顾问,会使自己拥有一个心理上的看涨期权。如果投资决策正确,投资者能得到荣誉,归结有利的结果为自己的技术高、能力强。如果投资决策不好,投资者能保护自己,他们可以说"我不是傻瓜,我的投资顾问才是傻瓜",以此把责任转移给投资顾问,降低后悔。不管怎样,谴责别人也意味着减少约束,减少伴随决策的失调。这种现象涉及自我归因偏见(self-attribution bias)。

(五)无知策略

无知是避免后悔的一种方式。避免听到有关市场上涨和下跌消息的投资者在市场下跌时不会感受到后悔。埃利希(Erlich)、格特曼(Guttman)、史朋贝克(Schopenback)和米尔斯(Mills)经调查发现,新买入汽车的人在购买完成后有选择地避免阅读他们没有选择的车型的广告而关注他们所选择的车型的广告。

(六)限制选择集策略

多则惑,少则明。因为人类大脑不堪复杂的比较行为,所以事先限制选择集合可以有效减少或消除后悔。选择集中包含的选择太多,会提高人们据以划分收益和损失的参考点,从而导致更多的结果被划分为损失,增加后悔的可能性。另外,多余的选择还会增加人们的心理决策成本。

美国行为经济学家丹•埃瑞利曾经在加利福尼亚州选了一家超级市场做研究。为了满足顾客不同口味的需求,这家超市准备了 250 种不同口味的芥末酱、75 种不同的橄榄油、300 多种果酱。埃瑞利设计了一套巧妙的实地实验计划,并在超市的同意下,连续两个星期摆试吃柜台,他准备了两批试吃货品,每隔一个小时轮流更换。第一个小时摆出 24 种不同的果酱,另一个小时只摆出 6 种。这两批果酱都经过试吃专家评定,并小心挑选过,都同样的美味可口,只是有一些细微的差别罢了。在研究期间到这个试吃柜台的人,都可以拿到一张价值 1 美元的代金券,可用来购买店里出售的任何果酱。每一张代金券上都附有暗记,以分辨顾客拿到代金券时,试吃柜台是摆出 6 种果酱还是 24 种果酱。

埃瑞利想知道面对 24 种果酱的顾客,是否会被这么多的选择搞得晕头转向,根本无法决定买哪一种了。与仅有 6 种选择的人相比,他们是否更不可能买东西。由于有暗记的帮助,就很容易追踪这两组顾客的行动。或许人们认为,选择越多,销量越高。然而,实验结果却恰恰相反,那些尝了 6 种果酱的顾客,买了比较多的果酱。虽然在摆出令人眼花缭乱的 24 种果酱时,试吃柜台吸引到的顾客比较多(145 人对 104 人),但他们中只有3%的人真的使用了代金券,而仅有 6 种选择的顾客中,却有 30%的人后来买了果酱。显然,当人们看到 24 种不同果酱摆在面前时,常常会不知道选哪一种好,结果他们通常哪种都不买。可见,当人们所面对的选择越多,就越难取舍。

现假设你正准备买一台笔记本电脑,可是还没有想好买哪一种品牌或是什么样的机型,就连想花多少钱你还都没想过。一个周末,你去电子市场,注意到某家经销商打出的一个广告,表示有一种畅销的索尼笔记本正在打折促销,只卖 9999 元。你已经在网上查过了,这个价钱远低于平时的零售价。你会怎么做?

    A. 买下它。
    B. 暂时不买,再了解一下其他机型。

现在，假设你继续向前走，看见另一家经销商也打出了相似的广告，只不过是一种高级的戴尔笔记本，只卖 15 999 元。你知道就像前面的索尼机型一样，这个戴尔机型的价格也非常合算。你会怎么做？

A. 买下这个戴尔机型。

B. 买下索尼机型。

C. 暂且不买，再了解一下其他机型。

卡尼曼曾经做过类似实验，在斯坦福大学和普林斯顿大学找了两组学生，分别向他们提出这两种假设情况。

碰到第一种情况的学生，绝大多数表示他们会买下索尼笔记本电脑，只有大约 1/3 的学生表示要再多看一处地方。事实上，在这种情况下，趁机把东西买下来绝对是合理的做法，因为这个索尼机型的价钱不但非常合算，而且是你早就想买的笔记本电脑。但是，面对第二种情况的学生，只有 27%表示他们会买下索尼机型，大约同样多的学生会买戴尔机型。但是，几乎有一半的学生(46%)表示他们会按兵不动，等着看市面上还有什么其他好的产品。

这里最值得注意的是这样一个矛盾的现象：多了一项合算的选择，反而使人犹豫不决，结果让更多的人决定暂时不买了。可见，在现实生活中人们所面对的选择越多，其决策过程就变得越是举棋不定，结果什么也没有选择，反而让机会白白消失掉。卡尼曼据此认为，一般人在面对许多可供选择的诱人方案时，因为害怕后悔，更可能决定暂缓采取行动，或是根本不采取任何行动。为了避免后悔，人们常常会做出一些非理性行为。例如，投资者往往等一定信息到来后才做出决策，即便是这些信息对决策并不重要，没有它们也能做出决策。

后悔最小化致使一些投资者使用股息而不是卖出股票来获得消费的资金。卖出股票而获得资金的人在发现股价上升以后，很可能相当后悔。与后悔相对应的是做出正确决策产生的自豪感。自豪感会导致投资者过早地卖出赢利的股票。把利润归结为一个人的成功决策，比归结为仅由环境导致收益的评价更高。当这种正确决策广为人知时，这种效果就会更强。卡尼曼和特维斯基研究发现，虽然实现某种股票的具体收益会产生自豪感，但随着该股票价格的持续上涨，投资者的自豪感会下降，并后悔实现收益太早了。

思考与探索

1. 后悔厌恶理论的核心内容是什么？
2. 影响人们产生后悔情绪的因素有哪些？
3. 简析后悔理论与传统的期望效用理论的异同点。
4. 简析后悔心理的时间模式。
5. 后悔厌恶有哪些行为表现？
6. 试述隔离效应的基本内涵。

第九章　框定偏差与投资行为

【学习要点】

◆ 掌握框定偏差的基本内涵。
◆ 掌握框定偏差的影响因素。
◆ 了解框定偏差是如何分类的。
◆ 了解框定偏差的行为表现。
◆ 了解首因效应与近因效应的区别与联系。
◆ 了解货币幻觉如何影响人们的决策。

【章前导读】

在一个没有盖的器皿中，几只跳蚤一起蹦跳着，每一只每一次都跳同样的高度，人们根本不用担心它们会跳出器皿。为什么这些跳蚤会把蹦跳的高度控制得如此一致呢？原来这是特殊训练的结果。跳蚤的训练场是一个比表演场地稍低一点的器皿，上面盖了一块玻璃。开始时，这些跳蚤都奋力地跳，拼命地想跳出器皿，结果总是撞到玻璃上。这样经过一段时间以后，即使拿掉玻璃盖，跳蚤也不会跳出去了，因为过去的经历已经使跳蚤的头脑中产生了经验定式这一思维的框定偏差。

【关键词】

框定偏差　首因效应　近因效应　货币幻觉

第一节　框定偏差的行为分析

一、框定偏差的基本内涵

(一)背景线索对决策判断的影响

在 2008 年的北京奥运会上，中国代表团以 51 枚金牌荣登金牌榜榜首，美国则以 110 枚奖牌获得奖牌总数第一，由于中国是依据金牌数排序，美国依据奖牌数排序，因而双方皆大欢喜。可见，背景线索或者说呈现和描述事物的方式是会影响我们的判断的，这就是背景依赖(context dependence)，即决策者并不是孤立地感知和记忆，他们会根据过去的经验以及素材发生的背景解释信息。在一种情形下，一个刺激物以一种方式被感知，而在另一种情形下，同样的刺激物，可能产生非常不同的感知。具体来讲，背景包括：①事情发生前人们的想法；②信息呈现的顺序和方式；③问题的表述方式；④不同方案的比较。

著名的 Muller-lyer 错觉效应可让我们看到背景依赖的作用，详见图 9-1。

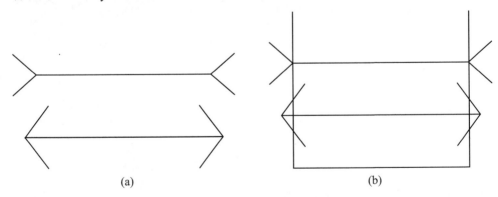

图 9-1　Muller-lyer 错觉效应

图 9-1(a)为 Muller-lyer 错觉，尽管事实上是下面的线段比上面的长，但是人们普遍会认为上面的线段看上去比下面的长。因为线段两端的箭头给了线端厚度的幻觉，于是大脑使用解决三维问题的启发法来判断哪条线段更长，所以会产生 Muller-lyer 错觉。正向箭头

使下面的线段看起来比其真实位置近一些，而反向箭头使上面的线段看起来比其真实位置远一些。而由于近大远小的规律，人们就会感觉到上面的线条要长一些。

图 9-1(b)为透视 Muller-lyer 错觉，我们用一个方框将两条直线框定，可以清晰地显示出两条线段的长短。由此可见，背景和决策人的经历限制了人们对事物本质的判断与认知。

值得注意的是，人很难克服背景依赖偏差。比如说，现在你已经了解引起 Muller-lyer 错觉的原因了，再去判断一下图 9-1(a)中的两条线段，哪条更长一些？有趣的是，即使你已经知道了下面的线段长一些，而且也知道了为什么上面的线段显得长一些，但是绝大部分人还是会觉得上面的线段要长一些。

更有趣的是，当很多人了解到类似测试题有陷阱时，他们为了避免陷入圈套，往往都回答说：两条线段一样长。可惜他们还是错了，这次他们还犯了锚定与调整偏差的错误。他们把看到的线段与头脑中认为应该的长度进行比较，并进行重新评估和调整，然而，调整往往是不充分的。

(二)框定偏差的实验研究

人们在对不确定事件进行认知与判断时往往使用特定的参照系，即存在着对背景的依赖。那么我们可以说，事物的表面形式会影响人们对事物本质的认识。米勒(Miller)曾说过，一个人将 1 美元的财富放在右口袋还是左口袋只是一个形式问题，并没有改变这个人的财富[①]。事物的形式(form)当被用来描述决策问题时，常被称为"框定"(frame)。"框定独立"(framing independence)指问题的形式与人们的判断和行为无关。如果框定是透明的，那么人们可以通过不同的方法看到现金流是如何被描述的，然而许多框定是不透明的是隐晦难懂的。由于人的认知能力有限，人们在决策过程中可能受到来自各个方面的影响。当人们用特定的框定来看问题时，他们的判断与决定将在很大程度上取决于问题所表现出来的特殊的框定，这就是所谓的"框定依赖"(framing dependence)。由框定依赖导致的认知与判断的偏差称为"框定偏差"(framing bias)，它是指人们的判断与决策依赖于所面临的决策问题的形式，即尽管问题的本质相同但因形式不同也会导致人们做出不同的决策。以下是卡尼曼(Kahneman)和特维斯基(Tversky)[②]对框定偏差的经典实验。

主试者首先对被试者讲述了下面的故事，然后要求他们就故事中将军的决策进行选择。

一位将军在敌人优势兵力的威胁下，处于进退两难的境地。他的情报官员说，除非他带领士兵们沿两条可行的路线之一撤出，否则，他们会遭到伏击，这样 600 名士兵将全部被歼灭。如果走第一条路线，200 名士兵可以获救；如果走第二条路线，有 1/3 的可能 600 名士兵全部获救，但有 2/3 的可能这 600 名士兵全部遇难。假设被试者就是这位将军，他应该选哪条路线呢？

实验中，绝大多数被试者选择走第一条路线。理由是：保全能保全的生命，比冒造成更大损失的风险要好。但是，如果面临下面的情形，又该如何选择呢？

这位将军仍然需要在两条撤退路线中进行选择。但这次他的情报官员告诉他，如果走

---

① Miller 是于 1986 年 10 月在芝加哥大学关于行为金融的会议上做出这一判断的。
② Kahneman，D.and Tversky,A. 1982. The Psychology of Preferences.Scientific American,246, 167～173.

第一条路线，将有 400 名士兵遇难；如果走第二条路线，有 1/3 的可能全部获救，有 2/3 的可能这 600 名士兵全部遇难。这种情况下，他应该选择哪条路线呢？

在这种情况下绝大多数人选择第二条路线。因为走第一条路线，肯定有 400 名士兵会死亡；而走第二条路线，至少有 1/3 的可能全部获救。

关于上述这两个本质上一样的问题，绝大多数人得出了截然相反的结论，这个事实有点让人吃惊。这两个问题的实质是一样的，唯一的差别是：第一个问题是从保全士兵生命的角度提出来的，第二个是从丧失生命的角度提出来的。卡尼曼和特维斯基发现，这种对于理性认识的背离是经常出现，并可以预见的，是头脑在衡量各种复杂的可能性时走捷径的结果，对同一事物的不同理解产生的框定干扰了人们的决策，从而产生了"框定偏差"。

可见，人们对于一个问题的答案可以轻易改变，即使在生死攸关的问题上也是这样。这表明认知判断机制本身是有缺陷的，所以我们的认知判断未必就能做出正确的决策。例如，美国新泽西州和宾夕法尼亚州是两个相邻的州，为了减少车辆保险费用和诉讼费，这两个州以"如果驾车者放弃对某些交通事件的起诉权，他们可以少缴一些车辆保险费"为依据，对法律条文进行了修改。新泽西州的新条文规定：你自动放弃某些交通事件的起诉权，除非你另外声明。宾夕法尼亚州的新条文规定：你拥有所有交通事件的起诉权，除非你另外声明。内容相同，出发点相同，只是表述方式不同，结果在新泽西州 80% 的人选择了有限起诉权，而宾夕法尼亚州却有 75% 的人做了相反的选择。结果，新泽西州只在措辞上下了点小功夫，就省下了 2 亿美元的车辆保险费和诉讼费。

二、框定偏差的理论分析

(一)框定偏差违背了"恒定性"原则和"优势性"原则

投资者因对情境和问题的陈述与表达不同而有不同的决策。显然，框定偏差说明了人们在判断与决策中违背了预期效用理论中的"恒定性"原则和"优势性"原则。

1. 框定偏差对恒定性的违背

恒定性是指各个期望的优先顺序不依赖于它们的描述方式，改变各个结果的描述形式不会改变优先顺序。但事实上，经常会出现这种情况：由于对事物的描述方式的改变而引起了偏好的改变。卡尼曼、斯洛维奇和特维斯基[①]认为，决策权重函数的非线性导致了对"恒定性"的违背。接下来我们首先来看一个恒定性被偏离的实验。

有一个两阶段游戏，第一阶段，有 0.75 的概率结束游戏，同时没有任何收益，有 0.25 的概率进入第二阶段，如果进入第二阶段，可以在(3000)和(4000, 0.80)中选择，你必须在知道第一阶段的结果之前进行选择。

在选择中，多数人集中注意游戏的第二阶段，而忽视第一阶段，选择看上去是确定的 ¥3000。两阶段游戏中的 ¥3000 被臆断为确定的，这种现象被称为"伪确定性效应"(pseudo-certainty effect)。确定事件相对概率事件而言，被赋予过高的权重。上述问题实际与

---

① Kahneman,D., P.Slovic and A.Tversky. 2000. Choices,Values and Frames.Cambridge,England:Cambridge University Press.

(3000,0.25)和(4000,0.20)之间选择的标准形式是一致的,而标准形式选项的实验结果是,多数人偏好后者,这是对恒定性的显著违背。在下文中还会对两阶段游戏进行更详细的说明。

2. 框定偏差对优势性的违背

以下实验表明框定偏差使人们在判断与决策中违背了预期效用理论中的"优势性"原则。

问题1:在以下A、B中进行选择(N=86)。

A:25%的概率盈\$240,75%的概率亏\$760。[0%]

B:25%的概率盈\$250,75%的概率亏\$750。[100%]

在86个实验者中100%选择了B。明显地,B优于A,所有回答者作出了一致的选择。现在考虑下面的问题。

问题2:如下决策必须同时作出,首先检查两个决策,然后进行择优。

决策(1),请选择(N=150)。

C:确定的盈余\$240。[84%]

D:25%的概率盈余\$1000,75%的概率盈余为零。[16%]

决策(2),请选择(N=150)。

E:确定的损失\$750。[15%]

F:75%的概率损失\$1000,25%的概率不损失。[85%]

如同前面的分析,在决策(1)中,大多数人做了风险规避决策,此时他们认为"确定性收益"优于"赌博性方案";在决策(2)中,大多数人做了风险偏好决策,此时他们认为"赌博性方案"优于"确定的损失"。

事实上,从上述的数字还可以看出:多数人选择C和F,只有少数人选择D和E。C和F优于D和E——在同步选择的情况下意味着一个优势联合。C和F产生25%概率的盈利\$240和75%概率的亏损\$760。这刚好对应问题1中的选项A。D和E产生25%概率的盈利\$250和75%概率的亏损\$750。这刚好对应问题1中的选项B。我们在问题1中的判断是明显的B优于A,而进行框定以后人们则得出了相反的结论。综上所述,框定对决策的干扰作用导致了同步决策问题中对"优势性"的违背。

(二)框定偏差的分类

框定偏差的实验较为丰富,这里,我们根据卡尼曼和特维斯基[①]的研究结果,将框定偏差分为两大类:基于分阶段的框定偏差和基于结果表述的框定偏差。

1. 基于分阶段的框定偏差

基于分阶段的框定偏差在卡尼曼和特维斯基(1979)的实验中被称为"孤立效应",在卡尼曼和特维斯基(1986)的实验中被称为"伪确定性效应"。我们先以卡尼曼和特维斯基(1979)的实验加以说明。

---

① Kahneman,D.and Tversky,A. 1979. Prospect Theory:An analysis of decision under risk. Econometrica, Vol.47.

问题 3：(被试者数 N=141)两阶段游戏，第一阶段，有 0.75 的概率结束游戏，同时没有任何收益，有 0.25 的概率进入第二阶段，在第二阶段面临以下两种选择。

A. (3000)；[78%]

B. (4000，0.80)。[22%]

要求被试者必须在游戏开始前选择，即在知道第一阶段的结果之前。

经过简单的计算，我们知道上述问题实际上就是要求被试者在以 25%×1.0=0.25 的概率获得 3000 美元和以 25%×0.80=0.20 的概率获得 4000 美元之间进行选择。

问题 4：(被试者数 N=95)

C. (4000，0.20)；[65%]

D. (3000，0.25)。[35%]

在问题 3 中大多数被试者做出了风险厌恶性的选择，而在问题 4 中却没有这样的选择结果。如果我们把问题 3 构造成一个两阶段的博弈框架，被试者往往会把两阶段博弈中的 3000 美元主观地推断为确定的，而忽略第一阶段。该问题的标准形式和两阶段形式可用图 9-2 所示的决策树来表示，方块代表决策节点，圆圈代表概率节点。两种图形的不同之处在于决策节点的位置不同。在(1)标准形式中，决策在一开始就要作出，决策者面对两种风险预期的选择；而在(2)两阶段形式中，要求被试者在第一阶段末作出选择，他面对的是在一个风险性预期和一个无风险预期之间的选择，这一点可以通过在预期中引入隶属关系而不改变概率。

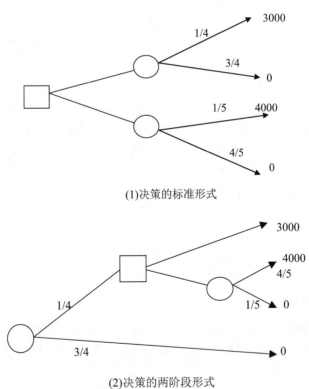

(1)决策的标准形式

(2)决策的两阶段形式

图 9-2　两种形式的决策树

如图 9-2 所表明的，在标准形式下，"盈 3000 美元"和"盈 4000 美元"之间是相互独立的；而在两阶段形式里，"亏 3000 美元"包括了"亏 4000 美元"这一事件，因此相对而言，3000 美元具有确定性优势，所以被试者选择了伪确定性的 3000 美元。但是，相比于问题 4，问题 3 更可能导致后悔，卢姆斯(Loomes)和瑟顿(Sugden)[①]从后悔的角度对伪确定性效应做出了解释。他们认为，被试者对问题 3 和问题 4 的选择差异，导致后悔心理的产生。但是如果将问题 3 和问题 4 进行适当修改，使产生后悔的概率一样，结果就会发现确定性效应和伪确定性效应的强度是相等的，这表明伪确定效应主要不是由对后悔的预期状况决定的，而是主要受到决策权重的非线性关系和偶然事件框架的影响。

从以上的研究中我们可以知道，为简化在不同选项之间的选择，人们往往忽略各种选项的共同部分而集中关注其不同的部分。这种现象被卡尼曼和特维斯基称为"隔离效应"(Isolation Effect)。这种选择问题的方式可能会导致不一致的偏好，因为每个赌局都可以通过不同的方式被分解为不同的相同部分和不同部分。与相同概率和结果的风险投资相比，隔离效应暗示了固定收益伴随的确定性增加了这一选择的吸引力。

2. 基于结果表述的框定偏差

基于结果表述的框定偏差反映的是结果表述的变化对选择的影响。卡曼尼和特维斯基(1979)的实验说明了存在着这种现象。

卡尼曼和特维斯基的实验如下。

问题 5：(被试者数 $N=70$)如果给你 1000 美元，请你根据以下两个选项作出选择。

A. (1000，0.50)；[16%]

B. (500)。[84%]

问题 6：(被试者数 $N=68$)如果给你 2000 美元，请你根据以下两个选项作出选择。

C. (-1000，0.50)；[69%]

D. (-500)。[31%]

大部分被试者在问题 5 和问题 6 中分别选择了 B 和 C，证实了反转效应的存在。但如果考虑财富效应的话，问题 5 和问题 6 实际上是相同的：都面临着 1500 美元的确定收入和 2000 美元或 1000 美元的不确定收入。问题 6 是由问题 5 最初的财富禀赋增加 1000 美元得到其初始财富禀赋，并且这笔财富从各选项中减去而得到。即有如下关系式：A=(2000，0.50；1000，0.50)=C，B=(1500)=D。然而，被试者在选择时忽略了共同因素"初始基金"，而注重财富相对于参考点的变化情况，即重视财富的变化而非其绝对状态。

问题 5 和问题 6 反映出普遍的偏好模式，这不仅是对预期效用理论的违背，同时也对选择的标准模型构成了挑战。通过把结果按照不同的组成分解成不同的风险部分和无风险部分，引起了参照点的变化，从而导致偏好发生反转。

(三)框定偏差的普遍性

无论是新手还是富有经验的老手都会不经意地产生框定偏差，所以不变性的失灵是普

---

① Loomes,G. and Sugden,R. 1982. Reget Theory:An Alternative Theory of Rational Choice under Uncertainty. Economic Journal, Vol.92, 805～824.

遍的和稳固的。卡尼曼和特维斯基①认为,只有两种方法才能保证不变性。一种方法是采用一个程序,将任何问题的等价版本转换成同样规范的表达。例如,不应根据收益和损失,而应根据整个资产来考虑每个决策问题。这种说法虽然可以保证不变性,但往往在具体执行中难以做到。而且赌局的规范表达要求将同时决策的所有结果进行合并,这超出了在简单问题中的知觉计算能力,在其他情形中,可能更难。另一种方法是,根据实际而不是心理的结果评价选项。实际标准对投资选择显然是不够的,并且完全不适合缺乏客观质量的结果。因此,不能认为框架不变成立,相信特定选择的感觉不能保证在另一框架下会做出相同的选择。费斯科霍夫(Fischhoff)提出应该努力以多种方式表述问题,检验偏好的稳健性,从而尽可能减少框定偏差。

三、框定偏差的行为表现

许多知觉幻想利用了框定偏差的原理。在判断和决策领域中,框定偏差最好的例子是首因效应、近因效应、对比效应、稀释效应和晕轮效应。

(一)首因效应

首因效应也叫首次效应、优先效应或"第一印象"效应。首因,是指首次认知客体而在脑中留下的"第一印象"。首因效应是指最初接触到的信息所形成的印象对我们以后的行为活动和评价的影响,实际上指的就是"第一印象"的影响。第一印象效应是一个妇孺皆知的道理,为官者总是很注意烧好上任之初的"三把火",平民百姓也深知"下马威"的妙用,每个人都力图给别人留下良好的"第一印象"……

阿希(Asch)②发表了一篇有关背景依赖的经典论文,他在其中设计了这样一个实验,要求受试者给出对某个人的评价。其中一半的受试者被要求对具有下列品质的人给出评价:嫉妒,顽固,挑剔,冲动,勤勉,聪明;另一半则被要求对具有同样品质的人做出评价,只是这些品质的顺序相反:聪明,勤勉,冲动,挑剔,顽固,嫉妒。

阿希发现:每一系列品质的前面部分,要比后面出现的品质更严重地影响评价。这种现象就被称为"首因效应"(primacy effect)。首因效应会给判断带来重要的影响。诺曼·安德森(Norman Anderson)的研究表明,当聪明排在嫉妒和顽固之前而作为第一个品质,嫉妒和顽固还会发生首因效应。安德森还发现,不仅是第一个因素,而且第二和第三印象仍显示出重要的首因效应。

诺曼·安德森认为,随着人们注意力的转移,列表上排位靠后的项目受到较少的关注,因此这些项目对判断的影响力较小,也就是说,注意力递减理论影响人们印象的形成。

认知心理学研究表明,外界信息输入大脑时的顺序,在决定认知效果的作用上是不容忽视的。最先输入的信息作用最大,最后输入的信息也起较大作用。大脑处理信息的这种

---

① Kahneman,D.and Tversky,A. 1984. Choices, Values, and Frames. American Psychologist, Vol 39, 341~350.

② Asch, Solomon E. 1946. Forming Impressions of Personality. Journal of Abnormal & Social Psychology, 41 (July).

特点是形成首因效应的内在原因。

首因效应本质上是一种优先效应,当不同的信息结合在一起的时候,人们总是倾向于重视前面的信息。即使人们同样重视了后面的信息,也会认为后面的信息是偶然的、非本质的,人们习惯于按照前面的信息解释后面的信息,即使后面的信息与前面的信息不一致,也会屈从于前面的信息,以形成整体一致的印象。

因此,虽然有时第一印象并不完全准确,但第一印象总会在决策时,在人的情感因素中起着主导作用。在交友、招聘、求职等社交活动中,我们可以利用这种效应,展示给人一种极好的形象,为以后的交流打下良好的基础。

有这样一个故事,一个新闻系的毕业生正急于寻找工作。一天,他到某报社对总编说:"你们需要一个编辑吗?""不需要!""那么记者呢?""不需要!""那么排字工人、校对呢?""不,我们现在什么空缺也没有了。""那么,你们一定需要这个东西。"说着他从公文包中拿出一块精致的小牌子,上面写着"名额满,暂不雇用"。总编看了看牌子,微笑着点了点头,说:"如果你愿意,可以到我们广告部工作。"这个大学生通过自己制作的牌子表达了自己的机智和乐观,给总编留下了美好的"第一印象",引起其极大的兴趣,从而为自己赢得了一份满意的工作。这种"第一印象"的微妙作用,在心理学上就被称为首因效应。

同样,一位心理学家曾做过这样一个实验,他让两个学生都做对30道题中的一半,但是让学生A做对的题目尽量出现在前15题中,而让学生B做对的题目尽量出现在后15道题中,然后让一些被试对两个学生进行评价:两相比较,谁更聪明一些?结果发现,多数被试都认为学生A更聪明。

无独有偶,《三国演义》中大才子庞统准备效力东吴,面见孙权。孙权见庞统相貌丑陋,心中先有不快,又见他目中无人,将其拒于门外。美国总统林肯也曾因为相貌偏见拒绝了朋友推荐的一位才识过人的阁员。当朋友愤怒地责怪林肯以貌取人,说任何人都无法为自己的天生脸孔负责时,林肯说:"一个人过了四十岁,就应该为自己的面孔负责。"可见,第一印象的巨大影响。

(二)近因效应

所谓"近因",是指个体最近获得的信息。近因效应是指在总体印象形成过程中,新近获得的信息比原来获得的信息影响更大的现象。一个朋友总是让你生气,可是谈起生气的原因,大概只能说上两三条;多年不见的朋友,在自己的脑海中印象最深的,其实就是临别时的情境,这也是一种近因效应的表现。在生活中,这两种现象很常见。

最近、最后的印象,往往是很强烈的,可以冲淡在此之前产生的各种因素。有这样一个例子:面试过程中,主考官告诉考生可以走了,可当考生要离开考场时,主考官又叫住他,对他说"你已回答了我们所提出的问题,评委觉得不怎么样,你对此怎么看?"其实,考官做出这么一种设置,是对毕业生的最后一考,想借此考察一下应聘者的心理素质和临场应变能力。如果这一道题回答得精彩,大可弥补此前面试中的缺憾;如果回答得不好,可能会由于这最后的关键性试题而使应聘者前功尽弃。

美国心理学家卢钦斯(A.Ladins,1957)用编撰的两段文字作为实验材料研究了首因效应现象。他编撰的文字材料主要是描写一个名叫吉姆的男孩的生活片段，第一段文字将吉姆描写成热情并外向的人；另一段文字则相反，把他描写成冷淡而内向的人。例如，第一段中说吉姆与朋友一起去上学，走在洒满阳光的马路上，与新结识的女孩子打招呼，与店铺里的熟人说话等；第二段中说吉姆放学后一个人步行回家，他走在马路的背阴一侧，他没有与新近结识的女孩子打招呼等。在实验中，卢钦斯把两段文字加以组合。

第一组，描写吉姆热情外向的文字先出现，冷淡内向的文字后出现。

第二组，描写吉姆冷淡内向的文字先出现，热情外向的文字后出现。

第三组，只显示描写吉姆热情外向的文字。

第四组，只显示描写吉姆冷淡内向的文字。

卢钦斯让四组被试分别阅读一组文字材料，然后回答一个问题："吉姆是一个什么样的人？"结果发现，第一组被试中有78%的人认为吉姆是友好的，第二组被试中只有18%的人认为吉姆是友好的，第三组被试中有95%的人认为吉姆是友好的，第四组被试中只有3%的人认为吉姆是友好的。

这项研究结果证明，信息呈现的顺序会对社会认知产生影响，先呈现的信息比后呈现的信息有更大的影响作用。但是，卢钦斯进一步的研究发现，如果在两段文字之间插入某些其他活动，如做数学题、听故事等不相关的事之后，则大部分被试会根据活动以后得到的信息对吉姆进行判断，也就是说，最近获得的信息留下的印象更深刻，近因效应明显。

双重记忆理论把记忆区分为短时记忆和长时记忆。短时记忆包含尚未从记忆中消失的那部分材料；长时记忆中储存着当前虽然未被意识到，但一有必要就能被意识到的材料。于是，一些心理学家认为首因效应表征长时记忆储存的内容，而近因效应则表征短时记忆储存的内容。因为最后一个论述进入短时记忆的概率最高，因而印象会比较深刻。可以说，现实生活中，近因效应的心理现象相当普遍。

(三)对比效应

对比效应(contrast effect)也称"感觉对比"，是指同一刺激因背景不同而产生的感觉差异的现象。如同一种颜色把它放在较暗的背景上看起来明亮些，而放在较亮的背景上看起来暗些。例如，在绩效评定中，他人的绩效影响了对某人的绩效评定。比如，假定评定者刚刚评定完一名绩效非常突出的员工，紧接着评定一名绩效一般的员工，那么很可能将这名绩效本来属于中等水平的员工评为"比较差"。对比效应很可能发生在评定者无意中将被评人新近的绩效与过去的绩效进行对比的时候。一些以前绩效很差而近来有所改进的人可能被评为"较好"，即使这种改进事实上使其绩效勉强达到一般水平。

普劳斯(Plous)[①]做了一个简单的实验，用三个大碗，第一碗盛热水，第二碗盛温水，第三碗盛冰水。然后，把一只手浸入热水中，另一只手浸入冰水中，要浸入30秒钟。等到手已经适应了水温，把在热水中的手浸入温水中，5秒后，再把冰水中的手也浸入温水中。

一般人都会有奇怪的感觉，先前浸在热水中的手会告诉你这碗温水是冰的，而先前浸在冰水中的手会告诉你这碗温水是热的。两只手都呈现出了"对比效应"。

---

① Scott Plous. 1993. The Psychology of Judgment and Decision Making. MacGraw-Hill.

许多早期的心理学研究都涉及了像温度识别、颜色识别和重量识别的知觉判断。对比效应的研究告诉我们，对比的选择会产生截然不同的效果。根据前后不同的情境，可能让事物或方案看起来更好或更坏。下面举个例子说明现实生活中如何有效利用对比效应。

某校有个学生，初中升高中时，语文和数理化各门功课总分只有 84 分。因为他捣蛋，教师经常把他赶出教室，只要教师一告状，他父亲二话不说，拿起棍子就打，经常把他从二楼打到马路上。教师严厉的批评和训斥、父亲无情的棍打，不仅没有使这个学生变好，反而使他变得更坏了。教师上课走进教室，他不起立。老师批评他，他不是说"屁股疼"，就是说"没这个习惯"。老师找他谈话，他首先"抗议"，并责问老师是谁告了他的"黑状"。

本文讲述的对比效应对解决上述问题很有启示。例如，一向口出厉言的教师，偶尔讲出几句柔和体贴的话，那么他这几句话就会令学生难忘。相反，向来宽厚的教师，有一天突然大发雷霆，就学生而言，一位向来表扬他们的教师，居然出言批评，他们就会想："情况一定相当严重，要不然，老师为什么发这么大的火？"

上面讲的那位学生，在初中班主任和他父亲的眼里，是一个不可救药的人。但是，在他升入高中之后，情况发生了变化，他不仅加入了共青团，而且到毕业时被评为"三好学生"。究其原因，是高中的班主任充分发挥了对比效应的功能，对他首先是接近、关心、信任，做到不告黑状，不随意批评，更不会把他赶出教室，而是有了进步就表扬，没有大进步也鼓励，从而使他这颗受过创伤的心灵得到了拯救。

(四)稀释效应

稀释效应(dilution effect)的存在具有普遍性。例如，动物界的稀释效应，对于任何一个捕食动物的攻击来说，猎物群越大，其中每一个个体被猎杀的机会也就越小，这样，一个动物就会由于和其他同种动物生活在一起而得到保护，这就是所谓的稀释保护效应。在投资中，如股票的稀释效应，指上市公司的增发新股和送红股的行为都会造成股票的稀释。比如，上市公司 A 在外流通的普通股股数是 100 股，当前股价为 10 元/股，现决定增发新股 100 股。也就是说，增发后，流通中的股数为 200 股，而公司市值没变，还是 100 股×10 元/股=1000 元。增发后，每股价值=1000 元÷200 股=5 元，即股价稀释为 5 元/股。 一般来说，小股东利益会受到伤害。可以考虑一些特殊情况，公司股价太高了，普通投资者根本不能进入市场，这时候，通过增发新股使股价下降，可以增加股票的流动性，刺激二级市场的买卖，对投资者来说也未尝不是好事。

还需注意，稀释效应也具有不可忽视的消极影响。当我们反复思考如何做出一个困难的决策时，一般都会辩解说："如果我能掌握更多的信息……"阿伦森(Aronson)认为，虽然拥有更多的信息有时候的确会有所帮助，但同时它也会通过"稀释效应"改变我们对事物的认识，即中性和非相关信息容易削弱我们对问题实质的判断。如下实验中，要求估计哪个学生的平均分数更高。

- 平均每个星期，TIM 要花 31 个小时的课外时间学习。
- 平均每个星期，TOM 要花 31 个小时的课外时间学习。TOM 有一个弟弟、两个妹妹。他每隔三个月去看望一次爷爷奶奶。他每隔两个月打一次台球。

你可能认为 TIM 比 TOM 的成绩好。实验发现，掌握与问题非相关及诊断性的信息能够产生稀释相关信息的作用，导致相关信息的有效性减弱。稀释效应对于那些对控制印象的问题感兴趣的人来说，具有明显的实用价值。

(五)晕轮效应

框定偏差的另外一个例子就是"晕轮效应"(halo effect)，晕轮效应最早是由美国著名心理学家爱德华·桑戴克(Thorndike)于20世纪20年代提出的。他认为，人们对人的认知和判断往往只从局部出发、扩散而得出整体印象，也即常常以偏概全。一个人如果被标明是好的，他就会被一种积极肯定的光环笼罩，并被赋予一切都好的品质；一个人如果被标明是坏的，他就会被一种消极否定的光环所笼罩，并被认为具有各种坏品质。这就好像刮风天气前夜月亮周围出现的圆环(月晕)，其实，圆环不过是月亮光的扩大化而已。据此，桑戴克为这一心理现象起了一个恰如其分的名称"晕轮效应"，也称作"光环作用"。

桑戴克发现，当要求军队首长评估他们的军官的智力、体型、领导能力和品质特性时，这些评价结果之间经常呈现高度的相关性。一位监管航空学校学生工作的飞行长官，评价的智力和体型的相关系数是 0.51，智力和领导能力的相关系数是 0.58，智力和品质的相关系数是 0.64。桑戴克还发现，有关教师的各种各样的评价结果之间的正相关关系被用来决定教师的薪水和升迁。比如，在某种情况下，一位教师大体上的优点和他整体上的外貌形象、智力水平、机敏程度、健康状况、正直诚信之间的相关性很强。另一种情况下，对一个教师声音的评价与对他的智力水平和"对公共事务的关心程度"的评价的相关性很强。

桑戴克的结论是：即使是一个非常有能力的领班、雇主、教师或者部门经理，他也不能把一个人看作各种独立品质的混合物，也不能单独给每个品质分配一定程度的大小而不受其他品质的影响。

从认知角度讲，晕轮效应仅仅抓住并根据事物的个别特征，而对事物的本质或全部特征下结论，是很片面的。因而，在人际交往中，我们应该注意告诫自己不要被别人的晕轮效应所影响，而陷入晕轮效应的误区。

美国心理学家凯利以麻省理工学院的两个班级的学生为被试做了一个实验。上课之前，实验者向学生宣布，临时请一位研究生来代课。接着告知学生有关这位研究生的一些情况。其中，向一个班的学生介绍这位研究生具有热情、勤奋、务实、果断等项品质，而向另一个班的学生介绍的信息除了将"热情"换成了"冷漠"之外，其余各项都相同。而学生们并不知道这两种介绍间的差别。下课之后，前一班的学生与研究生一见如故，亲密攀谈；而另一个班的学生对他却敬而远之，冷淡回避。仅介绍中的一词之别，竟会影响到整体的印象。学生们戴着这种有色眼镜去观察代课者，而这位研究生就被罩上了不同色彩的晕轮。

晕轮效应是一种以偏概全的主观心理臆测，其错误在于：第一，它容易抓住事物的个别特征，习惯以个别推及一般，就像盲人摸象一样，以点代面；第二，它把并无内在联系的一些个性或外貌特征联系在一起，断言有这种特征必然会有另一种特征；第三，它说好就全都肯定，说坏就全部否定，这是一种受主观偏见支配的绝对化倾向。总之，晕轮效应是对人的心理影响很大的认知障碍，我们在生活中要尽量避免和克服晕轮效应的副作用。

第二节 投资决策中的框定偏差

一、投资中的乐观编辑

在 Gross(1982)的股票经纪人手册中,他在损失实现的语境下间接提出了框架依赖的问题。他认为投资者偏好一种类型的框定,而不喜欢其他的类型,这种偏好称为"乐观编辑"(hedonic editing)。我们看一看格罗斯(Gross)对股票经纪人的忠告。

当你建议你的客户在亏损状态下关掉一笔你原来推荐的交易而将所得投入你现在正在推荐的另一种头寸时,一种真正的信任性行动必须要发生。如果你用到一些我称之为"神奇销售词句"的转折语的话,那种信任行为将更容易受到影响。我所指的那些具有使人们更容易接受亏损事实的神奇魔力的语句是:"转移你的资产"。

为什么"转移你的资产"是神奇销售语句呢?因为他们诱使客户不是在亏损状态下去关闭一个心理账户,而是使用一种他或她从一个心理账户向另一个心理账户重新配置资产的框架来进行决策。

塞勒(Thaler)和约翰逊(Johnson)[①]为心理账户提出了一种乐观编辑的理论。作为一项研究的一部分,他们向研究对象提供了一系列的抉择问题。

(1) 假设你面临以下选择:你愿意接受确定的1500美元还是玩一个程式化彩票。这一程式化彩票的结果由抛硬币来决定,若是正面,可赢得1950美元;若是反面,可赢得1 050美元。你是否愿意选择参与这一彩票?是还是否?回答"是"意味着你选择了抛硬币来碰运气,而回答"否"则意味着你接受确定的1500美元。

(2) 假设你面临以下选择:你可以接受肯定的750美元的损失或者玩一个程式化彩票。程式化彩票的结果通过抛硬币来决定,若是正面,你将失去 525 美元;若是反面,你将失去 975 美元。你是否愿意接受一个肯定的损失?是还是否?回答"是"意味着你愿意接受750美元的损失,而回答"否"则意味着你选择抛硬币来碰运气。

在第一个选择问题中,大多数人选择确定的1500美元,这可能被看作一个典型的风险厌恶型的反应,因为彩票的平均收益是1500美元,这与无风险选项中的数目相同。但在第二个选择问题中,许多人选择彩票,这是一个风险追逐反应,因为抛硬币的期望收益也是750美元,这与无风险选项中涉及的数目相同。

这里面有一个结论:人们对风险的容忍度取决于具体情况,在不同的情况下,往往是不一样的。有一些人好像在面对亏损的前景时比不亏损时更愿意承担风险。

金融规划师和投资顾问为了确定对客户合适的风险度,很普遍的做法是对他们进行风险容忍度测试。但是,投资行为学强调,风险容忍度取决于几个因素,其中一个就是最近面对风险的经历。也就是说,风险容忍度并不是一维的。下面是另两个由塞勒和约翰逊发展的例子。

---

① Thaler,Richard,and Eric Johnson.1991. Gambling with the House Money and Trying to Break Even:The Effects of Prior Outcomes on Risky Choice. In Quasi-Rational Economics,edited by Richard H. Thaler. New York:Russell Sage Foundation, 48~73.

(3) 假设你刚刚在一个程式化彩票中赢了 1500 美元，并有机会参与另一个程式化彩票。第二个彩票的结果取决于硬币的抛掷，如果出现正面，你在第二个彩票中赢得 450 美元；如果出现反面，你输掉 450 美元。在第一个彩票赢钱的你是否会愿意参与第二个彩票？是还是否？

(4) 假设你刚刚在一个程式化彩票中输了 750 美元，但你还有机会参与另一个程式化彩票。第二个彩票的结果取决于硬币的抛掷，如果出现正面，你在第二个彩票中赢得 225 美元；如果出现反面，你输掉 225 美元。在第一个彩票输钱的你是否会愿意参与第二个彩票？是还是否？

现在你已经记下了你的答案，请将你对问题(3)的反应与对问题(1)的反应做一对比。从金钱的角度看，选择(1)和(3)是一样的。在传统投资学的框架内，人们对它们做出的反应应该是一致的。然而在实际操作中，很多人"转换"了他们的选择。为什么？

塞勒和约翰逊认为答案与乐观有关，即与人们组织他们的心理账户的方式有关。在选择问题(3)中，如果人们输掉 450 美元，然后他们将其与 1500 美元的盈利结合在一起，他们将获得 1050 美元的净头寸——这与他们在选择问题(1)中遇到的情况完全一致。但如果他们赢了，他们则不是感受总的收益，而是分别对两次收益分开来享受。因此，这种增加的赢利感使人们倾向于更愿意参加赌博。

塞勒和约翰逊发现在选择问题(2)中，超过 75%的人选择赌博而不是接受确定的 750 美元的亏损。尽管问题(4)在美元价值上与抉择问题(2)是等价的，但是却有几乎 50%的人"转换"了选择，放弃了赌博。塞勒和约翰逊提出了一个基于人们的损失经历的解释。他们提出，人们似乎无力承受相似的损失，所以在开始损失了 750 美元后再损失 225 美元，是尤为痛苦的。额外的痛苦导致人们在问题(4)中的赌博面前缺乏信心。

二、投资中的诱导效应

对选择的方式进行诱导能影响人们所作的选择，人们经常缺乏一个稳定的偏好顺序，框定依赖的行为特征影响人们对事件的认同度，并影响其作出决策。这种运用框定效应来诱导人们决策的现象称为"诱导效应"(elicitation effect)。卡尼曼(Kahnaman)等人就此做了实验。

问题1：某种很受欢迎的汽车缺货，消费者必须等两个月才能得到自己定购的该种汽车。某汽车零售商一直是按该车型标明的价格销售该种汽车，而现在他的销售价格比标明的价格高 200 美元。

问题2：某种很受欢迎的汽车缺货，消费者必须等两个月才能得到自己定购的该种汽车。某汽车零售商一直是按比该车型标明的价格低 200 美元的价格销售该汽车，现在他按该车型标明的价格销售。

在就问题 1 接受调查的总共 130 名消费者中，29%的人认为该汽车销售商的行为"可以接受"，而 71%的人认为"不公平"。在就问题 2 接受调查的总共 123 名消费者中，58%的人认为"可以接受"，42%的人认为"不公平"。

框定偏差是普遍存在的，因而，诱导效应也被广泛采用。在消费者看来，收取附加费比取消折扣更不公平。消费者的这种心理可以解释为什么商店对以现金支付的顾客收取低一点的价格，而对以信用卡支付的顾客收取高一些的价格时，常常把以现金支付的价格称为折扣,而不是将信用卡的支付价格称为附加费用。因为同样的价格差异,前一种情况下被视为收益,后一种情况下被视为损失。类似的观点可用来解释为什么针对需求不旺时,促销常常采取打折的方式。因为对于取消商品"打折"这种临时性促销手段恢复到高价位的做法,与从低价位抬高价格相比,顾客相对容易接受。

三、投资中的货币幻觉

框定依赖也从认知和情绪上影响到人们对待通货膨胀的方式,这就是货币幻觉问题。让我们来看下列取自沙菲尔(Shafir)、戴蒙德(Diamond)和特维斯基(Tversky)[1]的研究中的问题。

安和巴巴拉是从同一所学校相隔一年毕业的两个人。在毕业的时候,他们都选择了出版公司类似的工作。安的起薪是年薪 3 万美元。在他从事这一工作的第一年间没有通货膨胀,第二年,安获得了 2%(600 美元)的加薪。巴巴拉的起薪也是年薪 3 万美元。在他工作的第一年,通过膨胀率为 4%,第二年,巴巴拉获得了 5%(1500 美元)的加薪。

   a. 在他们进入工作第二年的时候,用经济标准衡量,安和巴巴拉谁的情况更好?
   b. 在他们进入工作第二年的时候,你认为安和巴巴拉谁会更快乐?
   c. 在他们进入工作第二年的时候,每人都收到一份来自另一家公司的工作报价。你认为安和巴巴拉谁更有可能离开她的现任职位而另谋高就?

大多数人表示安的境遇更好一些,巴巴拉更快乐一些,而安更有可能去寻找另一份工作。现在这稍微有点让人困惑。如果安的境遇更好,为什么他却不够快乐而更可能去重新寻找职位?沙菲尔、戴蒙德和特维斯基认为,尽管人们能够判断应该如何调整通货膨胀,但这并不是他们思考问题的本能方式。本能的方式是用名义价值进行思考。因此,人们的情绪反应是受名义价值所驱动,而名义价值所表现的对巴巴拉比对安更有利。

四、投资中的现状偏见

现状偏见也可视作框定偏差的一个表现。现状偏见对投资者有什么影响呢?人们倾向于持有他们已经有的投资品种。萨缪尔森和泽克豪斯(1988)[2]对现状偏见进行了论证。他们告诉受试者想象自己继承了一大笔金钱,他们可以考虑不同的资产组合,投资机会包括一个中等风险的公司、一个高风险的公司、短期国库券和政府债券。

这一问题用不同版本提出来。在一些版本中,被调查者被告知继承的财富已经投资到高风险公司,在另一些版本中,被调查者被告知继承的财富已经投资到其他的投资品种上。有意思的是,如果继承的财富已经投资到高风险公司的话,选择高风险公司的被调查者最为普遍。显然,高风险公司的股票与国债的期望收益和风险是非常不同的,但是被调查者还是更多地受到现状的影响,而不是受到风险和收益目标的影响。这些结果表明,作为指

---

[1] Shafir Eldan, Peter Diamond, and Amos Tversky. 1997. Money Illusion. Quarterly Journal of Economics 112, 2, 341~374.

[2] Samuelson, Willam, and Richard Zeckhauser. 1988. Status Quo Bias in Decision Making. Journal of Risk and Uncertainty, 1, 7~59.

定现状时，一种替代状态被选中的概率明显更大。而且，随着可选择项目的增加，这种现状优势也随之增加。这无疑体现了投资者对于现状的框定，即所谓"随遇而安"。

一个大规模的关于现状偏见的实验曾经不经意地在美国新泽西州和宾夕法尼亚州进行。两个州都提供了两种类型的汽车保险可供选择：相对便宜的一种险单限制人们的诉讼权利，相对较贵的那种则保留了不受限制的诉讼权。新泽西州的汽车保险保护面比较广，但是价格也比较高；宾夕法尼亚州的保险费则相对便宜，但是保险的范围也较窄。在某一年，两州的州政府同时宣布两种不同的保险制度在两州都可以实行，但是结果显示两个州的居民却不为所动，大部分居民依然购买本州原有的那种保险。

人们为什么不考虑换换口味呢？难道天生安于现状？学者们曾经做了这样一个实验：他们任意发给学生一些糖果或是装饰过的杯子，然后，每个人都有机会将手中的礼物换成另一种杯子或糖果。尽管物品是被随意分配的并且交换成本也极小，然而无论是拥有糖果还是拥有杯子的学生，90%的人没有选择交换。

行为学家由此得出结论，与那些不属于现状的东西相比，人们更愿意给予自己认为属于现状的东西更高评价，这种选择上的差异被称作"现状偏见"。事实上，人们宁愿安于现状而不愿改变他们的现状，这也是对现状的一种框定。

五、投资中的熟识性偏差

根据特维斯基和凯尼曼(1974)的观点，熟识性思维也是一种经验法则，决策者评判事情发生的概率或事件发生的可能性是依据相关情形或事件涌上心头的容易程度，越熟悉的越容易被想起。当其他条件不变时，这是一个相当不错的经验法则——通用的基础性事件比偶然性事件更易从记忆中跳出。

普鲁士(Plous, 1993)提出了下面的问题。请你想象一下，在美国，下面两种情况中哪一种更容易导致人们死亡？

A. 被飞机掉下来的零件砸死
B. 被鲨鱼咬死

绝大多数人都认为被鲨鱼咬死的可能性更大。因为被鲨鱼咬死的案例比被掉下来的飞机零件砸死的案例得到了更多的社会关注，这样的例子更容易被人们想象出来(从某种程度上讲，《大白鲨》这样的电影所造成的影响是不可忽略的)。但事实上，在美国死于掉下来的飞机零件的个案是被鲨鱼咬死的个案的30倍。在这个例子中，熟识性思维就是误导人们进行频率判断的一个因素。

人们对不同信息的关注程度并不相同，虽然人们每天都接触大量的信息，但在一定时间内，往往只会注意到少数的信息，并以此进行决策。人们在决策过程中过于看重自己知道的或容易得到的信息，并把较高的概率赋予熟悉的事件，而忽视对其他信息的关注和深度发掘。

人们喜欢熟悉的事物。球迷们支持本地球队，雇员们喜欢持有本公司的股票，这是因为本地球队和本公司是他们所熟悉的。这种熟识性思维是人脑利用捷径简化信息的分析处理过程的一种思维方式。当人们面临两项选择但都有风险时，假如他们对其中一项的了解多一些，他们将选择他们熟悉的那一项，尽管其成功的概率可能要低一些。例如，特维斯基和卡尼曼(1974)[1]指出，人们往往倾向于对热门股票进行大量的关注，从而在与媒体的接触中，投资者容易形成该类股票上涨概率大的判断。其实，很多较少受到关注的股票的涨幅往往大于热门股票的平均涨幅。

熟识性思维偏差使投资者对他们熟悉的股票的风险收益水平过于乐观，而对他们不熟悉的股票则过于悲观。例如，美国的投资者认为，美国的股票市场的表现将好于德国的股票市场，而德国的投资者认为德国的股票市场的表现会好一些。同样，员工认为投资于本公司的股票比投资于分散的股票组合风险低。

如果你的工作和养老金资产都依赖于某个公司，你可能会突然陷入困境。通常大多数员工都喜欢投资于本公司的股票，因为他们熟悉自己的公司，然而这是非常危险的事情。由于人们对熟悉的事物会有错误的感觉，因而将投资组合过度集中在一种股票上是非常危险的举动，美国安然公司事件足以说明这一点。

第三节 案例分析与实践

一、经济学家的 CPI 预测

假如你是一位金融分析师，现要求你预测某一上市公司 12 个月后的股票价格，以下是你在采访该公司管理层之前所掌握的信息。

(1) 在一直追踪这家公司状况的 16 位市场分析师中，有 10 位推荐"强力买进"。
(2) 他们对下一年度的利润增长预测平均达到 48%。
(3) 同业上市公司的平均市盈率是 115，这家公司目前是 114。
(4) 目前市场态势是牛市。
(5) 该公司股价现为 200 美元。
(6) 上述 16 位市场分析师对该公司 12 个月后的股价平均预测值是 260 美元。

事实上，上述所有信息都与你的分析无关，你必须形成自己的独立意见。然而，正是这些信息限制了你的思维。例如，当你预测该上市公司 12 个月后的股票价格时，你就会想是否要把自己的判断价位定位于 260 美元左右。可见，这时你的思维事实上已经被框定了，因为实际的公司股价会远高于或低于 260 美元。尽管这只是一个简单的小实验，但它却充分体现出了投资者行为的框定效应。我们接下来所讲述的案例则是真实地来自于当前市场，来自于专家判断。

2010 年，"通货膨胀"成为了举国上下最为关心的热点名词，因为不论是大宗商品还是小宗农产品，各类商品期货市场一律呈现为典型牛市的上升特征，涌现出了诸多有趣的描述通胀现象的网络新词，如"豆你玩""蒜你狠""苹什么""糖高宗"等，这些流行语汇生动形象地描绘出通胀对于广大公众日常生活的影响程度。因此，每当国家统计局公布 CPI(居民消费价格指数)数据，便会受到社会各界的极大关注。同时，各大金融机构的首席经济学家、宏观分析师、研究员们也会利用各种方法来对未来的 CPI 走势进行预测，以

---

[1] Tversky, A. and Kahneman, D. 1974. Judgement under uncertainty: Heuristics and biases. Science, 185, 1124～1130.

便对宏观经济及投资决策做出预判。

2010年1月以来，我国CPI同比增长率不断增加，并在2010年10月创出CPI同比增长4.4%的新高。表9-1是我国2010年1—10月的CPI数据。

表9-1 我国2010年1—10月CPI数据

单位：%

月份	1月	2月	3月	4月	5月	6月	7月	8月	9月	10月
CPI	1.5	2.7	2.4	2.8	3.1	2.9	3.3	3.5	3.6	4.4

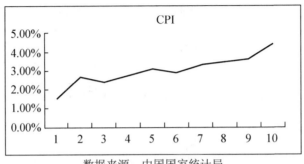

数据来源：中国国家统计局

当2010年10月CPI数据公布之后，各大金融机构纷纷对11月的CPI进行预测。2010年11月据"第一财经首席经济学家调查"结果显示，23家金融机构预测，11月CPI同比增幅预测均值为4.75%，中位数为4.7%，远远高于国家统计局公布的10月份CPI增幅(4.4%)，将创下年内的新高。这23家金融机构全部给出了4.4%以上的数值，其中招商证券给出了最大值5.1%，工银瑞信、法国巴黎银行以及摩根大通这三家外资机构给出了4.5%的最小值。此外，其他31家以知名券商为主体的金融机构也做出近乎一致的CPI预测，其中，少数机构最高给出5.1%，最低给出4.4%，大多数机构则给出了中位数为4.7%的CPI预测。

尽管开展调查的众多国内外金融机构对于2010年11月CPI的预测均值和中位数等高度吻合，市场平均预期为4.7%~4.8%，较10月的4.4%略微增加，但令人大跌眼镜的是，国家统计局之后公布的2010年11月的CPI数据为同比增长5.1%，大大超出市场的平均预期。可见，金融机构在分析和预测各类经济数据和指标时，尤其是在掌握大量第一手信息的同时，很难避免框定效应的影响偏差。

事实上，在2010年1~10月期间，CPI增势越发迅猛，市场据此形成了强烈的通胀预期，这就导致了金融机构的研究人员不可避免地是在高通胀的市场背景下开展分析与研究，从而给其留下了强烈通胀的"第一印象"，即使研究人员内心想保持一个客观的分析框架，但是CPI的走势已经对其产生了一个"首因效应"。其次，2010年10月4.4%的CPI同比增长数据所引发的"近因效应"也框定住了研究人员的思维，这也就较好地解释了为何调查中最低的CPI预测值为4.4%。再者，在了解了其他金融机构的预测数据后，研究人员很难不受其影响，这时，即使自己是在独立研究的状况下得出了与众不同的研究结果，但往往最终选择修改这一研究结果使之接近于平均预测值。可见，即使对于注重科学理性的金融机构研究人员而言，也无法避免框定效应的影响偏差。

二、框定偏差的影响因素分析

个体选择什么样的框架进行框定是由问题的表达方式、个体的价值观与习惯及人格特质等共同决定的。我们认为以下行为因素影响框定偏差。

1. 损失厌恶

卡尼曼和特维斯基研究了人们面对损失的局势时是如何反应的。以下一个简单的例子可以很好地说明这一点。假设你面对的选择是：接受一个确定的价值7500美元的损失，或者在75%的机会损失10 000美元以及25%的机会不受损失之间碰碰运气。可以看到，两个选择的期望损失都是7500美元。你愿意选择确定性的损失还是碰碰运气？由于讨厌损失，大多数人选择的是后者。卡尼曼和特维斯基将这种现象称为损失厌恶。他们发现损失与同等规模的盈利相比，其影响大约是后者的两倍半[①]。

损失厌恶(loss aversion)认为，人们对损失的敏感程度高于获利，即一定数量的损失(如货币量)在人们精神上引起的痛苦感受的强烈程度要远远大于相同数量的获利引起的愉快感受的强烈程度。因此，金融市场上的投资者在获利时表现为风险规避，在亏损时表现为风险偏好。换句话说，投资者在亏损时为了挽回亏损，趋向于愿意采取更为冒险的行动。损失厌恶表明，在面对不同情况时，人们的风险偏好发生了改变。欧登(Odean)研究了由损失厌恶导致的处置效应(disposition effect)，即投资者趋于较长期地持有亏损的投资，同时又过快地卖出获利的投资。卖出亏损的投资等于承认损失并将其转化为现实的损失，正因为投资者对损失厌恶，所以不愿意这样行动。

在现实世界中不难找到损失厌恶的说明性例子。在一个关于股票经纪人的手册中，格罗斯将投资者在面对损失时的困境描述如下："许多客户在损失的情况下不愿意出售任何东西。对任何一项特定的投资，他们都不想放弃挣钱的希望，或者他们想在出手前将其扳平。这种'扳平症'('Get-evenitis' Disease)可能比其他因素对投资组合产生的破坏作用更大……，接受损失的投资者将不再能够天真地对他们所爱的人说'亲爱的，那只是账面上的损失。耐心等待，它会回来的。'"

2. 后悔

后悔(regret)是一种常见的心理状态。想象一下，一个人做了一件事后证明是不明智的决策会因没有做正确的决策而自责。后悔正是一种因没有做出正确的决策而产生的情绪体验。后悔并不只是损失所带来的痛苦，它也是与应该对损失负责的感觉相关联的痛苦。

例如，假设一个人有一条上班的惯常路线。一天，出于多样化的考虑，她决定尝试一条不同的路线。不巧的是，那天她正好遇到了一起事故。即使在那两条路线上发生事故的概率是一样的，那个人会有什么感受呢？她是否会谴责自己，想着"如果我做了我平时总做的事情而选择常规路线该多好呀"。如果是，她就是在体验后悔所带来的挫败感。

实验研究表明，后悔能影响人们所做的决策。一个对后悔感觉强烈的人不会偏好于多样化，可能会每天重复相同的上班路线，以做一日和尚撞一天钟的方式来最小化未来可能

---

① 损失厌恶意味着人们有一个回避一定损失的自然倾向。

的后悔。

人们在做出选择时往往会考虑该选择可能会带来的后悔程度。金融市场上的投资者也不例外，他们倾向于作出后悔值最小的选择。如果一种投资方案有两种可能结果：较高概率的获利(95%的可能获得 20 万元)和较低概率的更大损失(5%的可能损失 100 万元)。虽然按客观概率计算该方案的期望值是获得 14 万元，表明该方案是可接受的，但因为较低概率的损失一旦发生，其对投资者造成的精神后悔程度是巨大的，所以在一般情况下投资者很可能放弃该方案。后悔概念也为金融市场上的一些现象提供了部分解释，如为什么基金经理往往持有同行较一致看好的股票。

3. 心理账户

心理账户(mental accounting)认为，人们在面临不同的选择和问题时，会将其放入不同的心理账户，即用不同的评价方式(框架)进行衡量。例如，人们对作为现金的一块钱和作为资本的一块钱的感觉是不同的，因为它们在投资者的心中处于不同的心理账户中。同样，投资者对风险和损失也使用不同的心理账户进行评估。投资行为学对心理账户的揭示进一步表明了个体偏好系统的易变性。

4. 自我控制

自我控制(self-control)是指个体的行为决策受自身情绪的影响与控制。投资行为学认为金融市场上的一些异常现象，部分是由自我控制引起的。将股票投资作为养老基金的投资者因担心自己情绪性的过度消费造成作为未来保障的资金的减少，通常采用自我控制的手段，不挪用投在股票上的作为资本的资金，只是花费每年所得的股利。正因为存在投资者将股票作为资本，股利作为现金看待的自我控制方式，所以尽管根据传统投资学分析，将股利作为资本再投资(不发放股利)的公司可以为股东在减少税收损失的同时创造更多的财富，但在同样条件下投资者仍然偏好发放股利的公司。

思考与探索

1. 试分析背景如何对人们的判断产生影响。
2. 框定偏差的影响因素有哪些？
3. 框定偏差如何分类？
4. 框定偏差有哪些行为表现？
5. 试分析首因效应与近因效应的区别与联系。
6. 试举例说明货币幻觉如何影响人们的决策。

第十章 代表性偏差与投资行为

【学习要点】

◆ 掌握代表性启发法的基本内涵。
◆ 了解实质理性与过程理性的区别。
◆ 了解实质理性与过程理性下不同的认知方式。

【章前导读】

请你在阅读本章内容之前，先做一下以下九道测试题，并记住自己的答案。

1. 小王今年 30 岁，是一名职业女性。她在大学里担任过很多学生会职务，人很聪明，说话很直率，为人仗义，好打抱不平。

根据这番描述，有人对小王的工作和业余爱好作出了一些推断，你猜哪个推断更可能是对的，请根据可能性的大小给它们排序。

(1) 小王是医生，平时爱玩扑克
(2) 小王是建筑师
(3) 小王是银行职员
(4) 小王是记者
(5) 小王是参与女权运动的银行职员
(6) 小王是会计，平时喜欢演奏爵士乐

2. 阿文先生是中国某大学 MBA 班上的一名学生。他对中东的历史很感兴趣，而且很喜欢读经典的埃及小说。他对逻辑和数学都不感兴趣。你觉得阿文先生在大学时读以下专业的可能性各是多少？

(1) 统计学
(2) 阿拉伯历史
(3) 工程
(4) 日语

3. 小张有一个 25 岁的妹妹，一直很健康。有一次小张陪妹妹去医院体检。这家医院目前正使用一种新型的验血检验方法来诊断白血病，对于白血病有 90% 的概率可以准确地检验出来。也就是说，如果一个人真的有白血病，经过这个验血检验，有 90% 的可能性被检查出来，但还有 10% 的可能性这个检验会出现错误，也就是说没有得白血病可能会有 10% 的可能性被误诊为有白血病。妹妹做完其他检查后都没有发现什么问题，但是经过这种验血检查后却发现她可能患有白血病。小张一听到这个消息，脑子便一片空白，他只有这么一个妹妹，从小就特别疼爱她，现在突然听到这个消息，一下子就手足无措了。小张知道，此时妹妹还不知道验血的结果，他要不要把这个结果告诉妹妹呢？他又该怎么告诉妹妹呢？小张完全没有了主意。他着急地问医生，他妹妹真的得白血病的可能性到底是多少？如果你是医生，你会怎样告诉小张呢？根据以上信息，你觉得小张的妹妹真的得白血病的可能性是多少呢？

4. 赌场里面乌烟瘴气，墙上的警示牌上所写的"万箭穿心，血本无归"提醒着人们。赌徒的眼睛紧紧地盯着前方，额头直冒冷汗，这一晚他已经输了好几回了。他每次都期待着红球从那个口里掉出来，可是老天好像故意和他作对，每次掉出来的总是黑球。妻子在一旁着急地劝他到此为止，不要再玩下去了。可是赌徒哪里肯罢手，他不服气，反而越挫越勇，因为他坚信按照概率，出了这么多次黑球下一个必为红球！事情仿佛总是不能如愿，赌徒抱着必胜的信念在赌场沉醉不归，执着地等待着红球的出现，一直到输光了口袋里面所有的钱。

如果连续 5 次扔一枚均匀的硬币，你觉得在以下三种结果中，出现哪种结果的可能性最大？请做出你的选择。

(1) 正—反—正—反—正

(2) 正—正—反—正—正

(3) 正—正—反—反—反

5. 如果某个城市历年1月份中午12点的平均温度是10℃。今天是1月10日，今天的天气特别冷，中午12点的气温只有0℃，那么请你预测一下1月15日这天中午12点的气温是多少度呢？

6. 你是某百货连锁店的销售预测师，该店共有5家分店，所有分店的大小和销售的产品都是一样的。假设现在是12月。今年的销售情况如下(单位：百万元)。

分店	今年	明年
1	10	
2	9	
3	11	
4	8	?
5	12	?

你通过预测认为明年5家分店的销售总额与今年相同。现在你的任务是预测明年第四家店和第五家店的销售额。

7. 我们来玩一个记忆力游戏：请你先花两分钟时间看下面这张表，把内容记熟。我们现在不问你任何问题，本章的后面会问你一些相关问题。

贝克汉姆	王娟	陆莉	周恩来	孙悦
成龙	张晓林	姚明	刘翔	孙燕姿
张艺谋	周星驰	蒋雯丽	泰勒	孔老二
卡梅隆	刘璇	周润发	李菊	孙雯
王姬	乔丹	李小龙	陈菲茹	刘德华

8. 现在请你猜一下美国每年的自杀/谋杀的比例是多少？

9. 猜猜以下哪三种是美国导致死亡的最主要因素：吸烟、肥胖、酗酒、癌症、心脏病、车祸。

【关键词】

代表性启发法　实质理性　过程理性　代表性偏差

第一节　代表性偏差的行为分析

以上所举的例子都与代表性偏差有关，代表性是最常见、最广泛的直觉之一，由心理学家特维斯基和卡尼曼[①]提出，指的是人们倾向于根据观察到的某种事物的模式与其经验中该种事物的典型模式的相似程度而进行判断。它反映的是个体与类别之间的关系。如果某

---

① Tversky A., Kahneman D. 1982. Judgment of and by representativeness. In: Kahneman D, Slovie P, Tversky A.ed. Judgment under Uncertainty: Heuristics and Biases. Cambridge University Press, Cambridge.

一事物与其类别高度相似。其代表性就高；反之，代表性就低。

卡尼曼曾经多次做过类似以下的测试。例如，李敏是一位 26 岁的单身女性，聪颖机敏，性格直爽。她主修中文，在念大学期间就关注社会公平、环境保护等问题，曾参加过倡议保护湿地的活动。

你认为，以下哪个选项最有可能是对李敏的真实描述？

A．李敏是一位传媒编辑

B．李敏是一位传媒编辑，同时也是一位 NGO(非政府组织)成员

请选出你的答案：_____

结果，平均 85%的被试者选择了 B。其实 A 已经涵盖了 B。你选择 B，就等于承认 A。

事实上，伴随着情境中细节的增加，该情境发生的概率只能降低。但由于多数人更注重代表性，它的认知可能性却在上升。

又如，未来 10 年，你认为最可能发生的事件是：

A．美国与俄罗斯爆发核战争

B．美国与俄罗斯爆发核战争。一开始，美国只是为与俄罗斯争夺一些战略能源产生了小的军事摩擦，随着双方军事冲突的日益升级，时局失去控制，终于爆发了核战争

请选出你的答案：_____

显然，这个测试更加具有迷惑性，因为 B 项中所包含的信息更迎合人类的认知规律。

因此，律师在进行案件陈述时，往往会有意增加说服性细节。比如，律师在辩护的时候，一句话有以下两种措辞方式：

A．被告离开了事发现场

B．被告由于害怕惹来麻烦，因而急匆匆离开了事发现场

请问，你认为上述哪句话更具有说服力？_____

作家在进行写作时，也会刻意渲染符合人类认知逻辑的细节。

A．姑娘离去，男孩死了

B．姑娘离去，男孩终日思念，郁郁而终

你认为哪一句更显真实感人：_____

当然，结果是不言而喻的。这也难怪，美国总统林肯称斯托夫人为"写了一本小说，却酿成了一场大战的小妇人"。因为斯托夫人在《汤姆叔叔的小屋》一书中，通过描述主人翁的悲惨遭遇深刻揭露了奴隶制度的罪恶。事实上，如果该小说仅仅是依靠一连串统计数字进行说教，显然就不会有如此强大的精神感召力。正所谓"死一个人是悲剧，死一万人只是统计数字"，因为人类天生具有执迷于代表性偏差的心理弱点。

一、代表性启发法的基本内涵

卡尼曼和特维斯基认为，人们在不确定的情形下，会抓住问题的某个特征直接推断结果，通过假定将来的模式会与过去相似并寻求熟悉的模式来做判断，而不考虑这种特征出现的真实概率以及与特征有关的其他原因。认知心理学将这种推理过程称为代表性法则(representative heuristic)。它是指人们倾向于根据样本是否代表总体来判断其出现的概率，是一种重要的启发法(heuristics)认知方式。

第十章 代表性偏差与投资行为

代表性启发法包含这样一种观点，即人们在判断样品的时候，依据标准量与某些特征描述之间的相似性进行判断。这些描述通常是与某个群体的传统特征相对应的。卡尼曼和特维斯基给出了如下定义：

代表性启发法是一个关于样品与群体、特征与类别、行为与行为者、结果与模型之间一致性的估计。这个模型可以指一个人、一枚硬币或者是世界经济，而相应的结果是婚姻状况、一系列的正面反面组合或者当前的黄金价格。可以通过经验调研的方法来研究典型法的问题，可以问人们，在两列不同的正面反面的组合中，哪一列结果更加普通，或者在两个职业中，哪一个职业更适合那个给定的人。

代表性启发法得到了广泛的关注和研究，经常被用来解释各种各样的关系。

二、代表性偏差的理论分析

(一)人的认知过程：信息加工系统

人们是如何认识世界、理解世界的呢？美国心理学家E.阿伦森(E. Aronson)在其著作《社会性动物》(*The Social Animal*)[①]中指出，人类的大脑"不尽完美之处如同它们奇妙之处一样多，这种不完美的结果就是，许多人自以为最终能搞清楚的事情也许并不正确"。现代认知心理学(cognitive psychology)的基本观点是把人看成信息传递媒介和信息加工系统，人的认知活动是对信息的加工处理过程以及对客观事物变化和特征的反映，也是对客观事物之间相互作用和相互联系的表征。

信息加工系统是指能够接收、存储、处理和传递信息的系统。这个系统由各个部分组成，纽韦尔和西蒙为此提供了一个简洁的模型来表示信息的输入、编码、加工、存储的过程。信息加工系统的一般结构如图10-1所示。

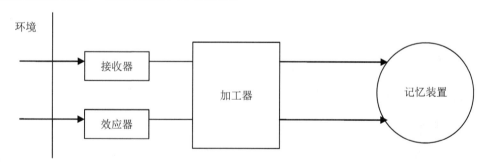

图10-1 信息加工系统

信息加工系统由记忆装置、加工器、效应器和接收器组成，它们各自的功能与关系如下。

记忆装置是信息加工系统中的重要组成部分之一，在记忆装置中，存储着大量的符号结构，它们由各种各样的符号，按照一定的内在关系联结在一起而组成认知结构，信息加工就是对符号和符号结构的操作与处理的过程。

加工器在信息加工系统中执行操作工作，它按照特定的指令程序对信息进行控制或处

---

① E. Aronson. 2003. The Social Animal.

理。一般包括三个方面：一系列基本的信息加工过程；短时记忆，即对输入和输出的信息进行加工处理；一套解释程序，即确定信息在信息加工系统中的先后顺序，以及需要执行加工处理的基本信息。

接收器和效应器具有输入和输出的功能。输入是指把信息输入信息加工系统的过程，也就是在记忆系统中建立代表外部事物的内部符号结构。输出则是与输入相反的操作过程，是指接受指令程序做出反应活动的过程，涉及与客观事物相互作用的功能，并通过信息加工系统中的接收器和效应器这两个部分来实现。

认知心理学将人们的认知过程视为人脑的信息处理过程。该过程包括四个主要环节，即信息获取、信息加工、信息输出和信息反馈。这些环节均受到决策环境和行动后果的影响。行为决策者贺加斯(Hogarth)[①]提出的"判断的理论模式"很好地反映了人们的认知过程，如图 10-2 所示。

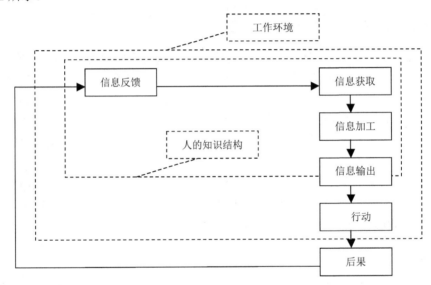

图 10-2　判断的理论模式

(二)理性认知的分类与基本模型

1. 实质理性和贝叶斯规则

关于人类认知的普遍认识是：人是完全理性的，每个人尽力做到不犯错误，坚持正确的观点和信念。现代经济学中的"理性"(rationality)主义思想的起源可以追溯到 17 世纪英国哲学家、经济学家约翰·洛克(John Locke)，他在《人类理解论》[②]中指出："唯一的、确实的知识属于那种数理的、逻辑和演绎的性质……如果间接的通过论证而看出的——例如，一个三角形的三内角之和等于两个直角——这是'理性的'知识"。

而今，大部分经济学家在相同的意义上使用的"经济人"假说和"理性人"假说，即

---

① Hogarth, Rabin M. ed.. Insights in Decision Making: Theory and application. Chicago: The University of Chicago press.

② Locke, John. 1997. The works of John Locke. London: Theommes Press.

第十章 代表性偏差与投资行为

实际上新古典经济学基础的"理性人"假说最初是由亚当·斯密的"经济人"假说发展而来的。

亚当·斯密在《国民财富的性质和原因的研究》[①]一书中指出，一个只是盘算自己利益的人，他既不打算促进公共利益，也不知道自己是在什么程度上促进公共利益，但是却会在"看不见的手"的指导下去尽力达到一个并非他本意想要达到的目的。他追求自己的利益，往往比在真正处于本意的情况下更有效地促进社会的利益。他举例说明我们每天所需的食物和饮料，不是出自屠夫、酿酒师或面包师傅的恩赐，而是出于他们自利的打算。受利己之心所驱动的个人，在"看不见的手"的指引下的利己的行动却可以增进一般社会福利。这样的人就是"经济人"，他在斯密那儿只是自私的更大个人利益的追求者。

新古典经济学家则把"理性经济人"假设归纳为数学上的约束条件下寻求极值的问题，借助数学中的倒数、偏导数和拉格朗日乘数等工具，对经济问题进行分析，使经济学走向形式化与严密化。而经济分析的精密化又反过来赋予"理性经济人"更明确的含义。具有完全理性的理性人具有以下特点。

(1) 理性人对各种决策的结果具有完全而准确的了解，从而始终追求最优目标，作出最优决策，因而具有与决策相关的所有信息。

(2) 理性人具有完全意志能力，能够保证其效用函数具有有序性和单调性。有序性保证理性人在不同行动方案下得到的效用是可以比较的。单调性则保证理性人能够在不同的效用之间判断出偏好程度的差异，并对其进行排序。

(3) 理性人具有充分的计算能力，即使存在不确定性，理性人也可以通过概率判断各种可能行动方案的预期效用，并比较它们之间的大小。

(4) 理性人具有完全记忆能力，对影响决策的一切因素具有完全的信息。

(5) 理性人的决策不需要任何时间，所有的理性人的决策都是瞬间完成的。

(6) 理性人使用边际分析的方法，通过比较边际收益和边际成本的大小进行决策。

(7) 理性人是自私地单方面追求自己利益的最大化。

(8) 理性人是没有喜怒哀乐、没有感情的人。

(9) 理性人的决策不受道德影响，是与道德观念绝缘的人。

(10) 理性人作为决策主体不仅是指单个的消费者或者劳动者这样的主体，也包括家庭、企业以及其他组织等主体。

在理性人假说的基础上，人们对不确定条件下各种未知变量的认知基于主观概率的估计，这一估计方法的基础是贝叶斯规则(Bayes rules)。贝叶斯规则又称贝叶斯过程，它原是统计学概念，即人们根据新的信息从先验概率(prior probability)得到后验概率(posterior probability)的方法。它是一个理性的个人如何根据已经发生的事实修正其主观概率的模型，因此，也是大多数理性学习模型的基础。

设 $p(H)$ 为个体关于某一特定假设为真的主观率，E 是一个事件，被称为 H 为真的证据，那么一个理性的代理人如何根据证据 E 调整其相信 H 为真的概率呢？也就是说，什么是在观测证据 E 条件下的 H 为真的概率呢？

根据条件概率的性质，将观测中 E 与 H 为真的联合概率写成

---

① Adam Smith, LL.D. 1776. An Inquiry into the Nature and Causes of the Wealth on Nations.

$$p(H, E) = p(H|E)p(E) = p(E|H)p(H)$$

整理方程，则可以得到贝叶斯规则。

$$p(H|E) = \frac{p(E|H)p(H)}{p(E)}$$

其中，$p(H)$为先验概率，即在观测证据前假设为真的概率；$p(H|E)$为后验概率，即在观测到证据 E 后假设为真的概率。贝叶斯规则把先验概率和后验概率联系在了一起。

下面举一个著名的出租车案例说明贝叶斯规则在理性推理过程中的应用。在一个小镇上有两个出租汽车公司，一个是蓝色出租车公司，一个是绿色出租车公司。前者车身上涂蓝色，后者车身上涂绿色。绿色出租车在该镇出租车市场上占有份额为 85%；蓝色出租车在该镇出租车市场上占有份额为 15%。在一个冬天的夜晚，大雾朦朦，一辆出租车擦边撞击了另一出租车，而肇事车驾驶员驾车逃逸。一位目击者说它是一辆蓝色出租车。执法人员在类似出事那天晚上环境的条件下对目击者进行了测验。5 次测验中她有 4 次能正确地说出车的颜色。也就是说，不管她在大雾的晚上看到的是蓝车还是绿车，她有 80%的概率能正确地辨别颜色。

以下是运用贝叶斯规则的推理过程。

令 G=随机挑选的一辆绿色出租车，即先验概率，于是有：$p(G)=0.85$。

令 B=随机挑选的一辆蓝色出租车，这也为先验概率，于是有：$p(B)=0.15$。

令 W_b=目击者说出租车是蓝色的，于是有：$p(W_b|B)=0.8$。

又有：$p(W_b|G)=0.2$，因为目击者有 20%的可能做出错误的回答，所以，当出租车为绿色她说是"蓝色"的概率为 20%。

我们计算一下 $p(B|W_b)$ 和 $p(G|W_b)$ 为多少，即证人提供证词的情况下，肇事车为蓝车或绿车的概率。

$$p(B|W_b) = \frac{p(W_b|B)p(B)}{p(W_b)}$$

$$= \frac{p(W_b|B)p(B)}{p(W_b|B)p(B) + p(W_b|G)p(G)}$$

$$= \frac{0.8 \times 0.15}{0.8 \times 0.15 + 0.2 \times 0.85}$$

$$= 0.414$$

$$p(G|W_b) = \frac{p(W_b|G)p(G)}{p(W_b)}$$

$$= \frac{p(W_b|G)p(G)}{p(W_b|B)p(B) + p(W_b|G)p(G)}$$

$$= \frac{0.2 \times 0.85}{0.8 \times 0.15 + 0.2 \times 0.85}$$

$$= 0.586$$

结论：肇事车是绿色的可能性更大。

也就是说，尽管提供了证据证明此车是蓝车，但先验概率同样起到了巨大的作用。贝叶斯规则在利用新的证据对主观概率估测中具有以下意义。

第一，贝叶斯规则突出了背景信息在推理中的重要作用。

第二，贝叶斯规则正确地描述了新信息或新证据在知识更新中的重要作用。

2. 过程理性

然而，卡尼曼和特维斯基就以上案例做了心理测试，对于该肇事车到底是蓝车还是绿车设定了以下几种选择。

(a) 肇事车是蓝车的概率是 0.8。
(b) 肇事车很可能是蓝车，但概率小于 0.8。
(c) 肇事车是蓝车和绿车的概率相同。
(d) 肇事车很可能是绿车。

心理测试的结果显示，大多数人选择(a)或(b)，极少有人选择(d)。也就是说，在人们的认知过程中，并非像经济学家们所假设的，能够以完全理性进行认知，以贝叶斯规则进行概率判断。事实上，人们的认知过程常常受到环境、情绪、价值观等因素的影响。

西蒙(H.A. Simon)较早地注意到心理学关于人类认知行为的研究成果，并提出"有限理性"(bounded rationality)[1]学说。有限理性学说强调人类的决策过程更多的是过程理性，而不一定是实质理性。

拉特斯(Latsis)在《经济学中的情景决定论》[2]这篇论文中，在讨论企业理论时提出两种研究思路，他称其中一种为"情景决定主义"，另一种为"经济行为主义"。这两种研究思路的基本不同之处在于：经济行为主义需要一种理性选择的心理学理论作为一个必要组成部分，而情景决定主义则不需要。从这两种研究思路的起源来看，情景决定主义确实来自于经济学，但经济行为主义在很大程度上是来自于心理学。因此，经济行为主义思路中所采用的理性的概念，是一个不同的概念，有其自身独立的心理学渊源。事实上，心理学界一直在对决策形成的过程进行研究。因此，西蒙[3]将经济学中的"理性"称为实质理性，而将起源于心理学的"理性"称为过程理性。

当行为在给定条件和约束所施加的限制内适于达成给定目标时，行为是实质理性的。根据这一定义，行为的理性只在一方面取决于行为者，或者说他的目标；给定这些目标，理性行为就完全由行为发生时所处的环境特征决定，而与行为者的心理过程无关。这一实质理性的假设使经济学得以解放，而不依赖于心理学，因而经济学家就没有必要熟悉关于人类认知过程或人类选择的心理学文献。

而心理学家使用"理性"一词时，通常他们是指过程理性。威廉·詹姆斯(William James)在他的《心理学原则》[4]一书中，将"理性"用作"称为推理的特殊思考过程"的同义词。人们无论做什么都有自己的理由，他们有动机，使用推理来对这些动机做出反应，达成他们的目标。在心理学中，行为如果代表着没有进行适当思考时对于影响机制的条件反射，就倾向于被描述为"非理性"。由于心理学首要关注的是过程而非结果，因而心理学家在讨论行为中的理性时，倾向于使用类似"认知过程"和"智力过程"的术语。

西蒙认为，对心理学中所采用的适应性行为模型(如学习理论)和经济学中所采用的理性

---

[1] Simon, H.A. 1982. Models of bounded rationality. Cambridge, M.A:MIT Press.
[2] Spiro J. Latsis. 1972. Situational Determinism in Economics.
[3] Simon, H.A. 1956. Rational choice and the structure of environments. Psychological Review.
[4] William James. 1980. Principle of Psychology.

行为模型的比较研究，在几乎所有方面，和前者相比，后者假设了选择机制上更多的复杂性，以及生物体获得信息和实现计算的更多能力。并且在两种理论的预测进行了比较的有限情景范围中，学习理论等心理模型显得比经济学的理性选择理论更能与观测行为相吻合。证据主要集中于人类解决复杂性问题的计算效率，以及认知心理学中关于人类在风险环境下决策的实证研究成果。西蒙在其提出的有限理性学说中，指出了这些主要证据。

关于计算效率，我们关心的是由一种系统来求解一个问题所需要计算的时间或努力，其中的运算基本上是按顺序进行的，因此求解一个问题需要执行大量的顺序步骤，而对于每一次的基本运算，也需要以不加压缩的特定时间来完成。因此，可以认为，人的思考过程类似于一种现代数字设备。然而人的基本处理速度，尤其是算术处理过程比计算机要慢得多。而即使是计算机，处理复杂问题也需要花费较长的时间，因此在经济学实质理性中假设人类具有超强的计算能力显然是与现实不相符的。

关于国际象棋游戏的心理学研究方面的文献，则提供了关于许多职业国际象棋选手的思考过程[①]。

(1) 他们有选择性地搜索庞大的可能性步，以弥补其有限的计算能力，但很少在决定下一步时考查多到100个分支。

(2) 他们在长期记忆中存储了大量的棋子的共同模式的集合，以及开发这些模式中出现的关系的过程。

(3) 一个选手会形成和修改他对局势的期望，这样他可以决定怎样的特定的步数是"足够好的"(满意的)，从而结束他的搜索。

这些研究成果表明，职业国际象棋选手对选择性搜索和对重要模式的百科全书式的知识的直觉是他在选择一个国际象棋步数时的过程理性的核心。这个例子表明了人们严重依赖过去的经验来发现他面临形势的重要特征，这些特征和对可能的相关行动的记忆有关。一旦他们发现了满意的选项时，将终止搜索(西蒙，1956)。

检验人类理性选择理论的另一种方法是在研究相对简单并良好构造的实验室情景下的选择行为。爱德华兹(W. Edwards)、拉帕普特(A. Rapaport)以及特维斯基等许多研究者都曾采用过这种方法，检验面对不确定性和风险时人类决策是否可以用统计决策理论的规范概念来加以解释。这些研究表明，尽管构造了足够简单和透明的博弈，使绝大多数行为主体会以和主观预期效用理论一致的行为方式对它们做出反应，但即使在这种简单和透明的情境下，行为主体也产生了与理论预测的行为的偏差，或绝大多数主体的行为均不能由主观预期效应理论或贝叶斯模型来解释。尤其值得一提的是卡尼曼和特维斯基[②]所做的一项研究结果表明，将新信息和旧信息合起来的理性过程是贝叶斯定理，即如果一组概率被赋予一种不确定事件的可能结局，而后新的证据出现，那么贝叶斯规则会提供一种算法来修改先验概率以便将新证据加以考虑。贝叶斯定理的一种明显后果是，新证据越是丰富可靠，它对新概率的影响就应越大。另一种后果是新概率不应取决于新证据，而是还有赖于先验概率。但卡尼曼和特维斯基的研究表明，行为主体的估计和新证据的可靠性无关，而且看上去

---

① Simon, H.A. 1982. Models of bounded rationality. Cambridge, M.A:MIT Press.
② Kahneman,D.and Tversky,A.1973. On the psychology of prediction. Psychology Review 80.

完全不像受到先验概率的影响。而爱德华兹(1968)[①]回顾了描述相当保守行为的大量实验证据，在这些实验中，行为主体对先验概率估计的修改并不接近于贝叶斯定理所要求的那样多。这表明，人类对新证据或者是过度反应，或者是忽视它，而这取决于确切的外部环境。

由上述三点可见，人们在认知过程中，遵循的理性并不可能是传统经济学上所设想的实质理性，而只是心理学意义上的过程理性。

(三)"认知吝啬"及认知偏差

理性思考至少需要两个前提：①思考者能够获得准确、有用的信息；②思考者拥有无限的、可用于加工生活数据的资源。事实上，日常生活中并不具备这些条件。

当这些条件不完全具备时，我们怎么办呢？人们在认知过程中会尽力寻找捷径。根据菲斯克(Fiske)和泰勒(Taylor)[②]的研究，人类是"认知吝啬鬼"(cognitive misers)，即人们总是在竭力节省认知能量。考虑到我们有限的信息加工能力，我们总是试图采用把复杂问题简化的战略。我们常用以下三种方式实现这个目的：①通过忽略一部分信息以减少我们的认识负担；②过度使用某些信息避免寻找更多的信息；③接受一个不尽完美的选择，认为这已经足够好了。认知吝啬鬼战略可能是有效的，因为这样做可以很好地利用有限的认知资源来加工几乎无穷无尽的信息。但这些战略也会产生同样的错误和偏差。认知心理学的研究表明，人们在认知和决策时简化信息过程的"认知吝啬"所产生的认知上的偏差存在于大脑处理信息的各个阶段。

1. 信息获取阶段的认知偏差

信息获取的来源主要有两个，一个是记忆，另一个是当前的工作环境。信息获取阶段的问题是在众多的信息源中识别有用的信息，以获取所需的信息。

(1) 记忆方面出现的偏差。

记忆方面出现的偏差最具有代表性的是可得性偏差。人们在获取信息过程中，往往对容易记起来的事情更加关注，主观认为其发生的可能性较大。例如，具体的事情比抽象概念容易识记，因此给人的印象更深刻。

(2) 工作环境方面产生的偏差。

心理学研究表明，在人们获取信息的过程中，常常会将信息按照一定的次序排列。有时人们会给予排列中优先信息以优势地位，而有时则会赋予后序信息以更大的权重，两者统称为次序效应(order effect)。正是次序效应的存在，人们可能产生认知偏差从而影响自己的决策行为。

2. 信息加工阶段的认知偏差

人类的信息加工过程并不如贝叶斯规则那样理性，而是存在着种种的偏差。

(1) 简化信息处理过程所导致的认知偏差(启发式偏差)。

人们的风险决策过程是一种重要的思维活动过程。思维作为认知心理学研究的一个课

[①] Edwards, W. 1968. Conservatism in human information processing. In: Kleinmutz, B. (ed.), Formal representation of human judgment. John Wiley and Sons, New York, 17~52.

[②] Fiske S.T.and S.E.Taylor. 1991. Social Cognition, Reading, 2rd edition, New York: McGraw-Hill.

题，是通过判断、抽象、推理、想象和问题解决这些心理属性相互作用而进行信息转换，形成一种新的心理表征的过程。思维的方式是多样的，总体而言，人们所应用的问题解决策略可分为算法和启发式两类。一般认为，人类解决问题，特别是解决复杂问题时主要应用启发式的方法。启发式的方法既有助于人们快速得出正确的推理结果，也有可能导致错误的结论，这就是所谓的启发式偏差。

(2) 情绪和情感的影响。

① 心情。

心情(mood)是指人的情绪对人的判断的影响。好的心情会使人自主偏向于积极的判断，并乐于付诸行动；而坏的心情则使人回忆事物消极的一面，并导致消极的预期。一项研究表明，股市每日的交易量和户外的阳光量有着明显的统计学相关关系。因此，当人处于不同的心情时，对同一项投资做出的决策很可能就是不同的。众所周知，人的情绪是相当不稳定和易变的，在现代社会这种快节奏的生活状态下，生活和工作上的各种压力会影响我们的心情，甚至环境、天气也会或多或少影响当时的心情，从而使人表现为有限理性。并且在金融市场这种高度紧张刺激的场合下，投资者的情绪更会随着市场的冲高或回落而不断涨落。也就是说，投资者的情绪比一般人更加不稳定，更容易走极端。

② 自我控制。

所谓自我控制(self-control)，指的是个体的行为决策受自身情绪的影响与控制。当存在自我控制问题时，个人无法依据理性来做决策。自我控制描述了人的心理作用于判断的强制性过程，破坏了判断的理性过程，容易导致最终的认知偏差和行为非理性。

(3) 对信息描述方式的反应。

人们对信息描述方式所表现的认知偏差集中体现为框定偏差，即人们的判断与决策依赖于所面临问题的形势，尽管问题的本质相同，但形式的不同也会导致人们做出不同的决策。由于人们对事物的认知和判断过程中存在着对背景的依赖，那么事物的表面形式会影响对事物本质的看法，这就是框定依赖偏差的由来。这种偏差，使得人们的判断未必就能做出正确的决策，因为这些判断本身是有缺陷的。框定依赖体现了人的有限理性，同一个选择的不同表达方式可能会引导我们关注问题的不同方面，致使人们在寻找真实的或者潜在的偏好时犯错误。

(4) 对新信息的态度。

① 反应过度和反应不足。

对信息的反应方式是投资行为学研究的重点之一，其中反应过度和反应不足是两种主要的类型。它描述的是投资者对信息理解和反应会出现非理性偏差，由此产生对信息权衡偏离正常水平，从而导致对近期趋势的外推与长期均值不一致的现象。到目前为止，投资行为学中比较具有代表性的几个投资者决策理论模型均是与信息相关的，如 BSV 模型、DHS 模型以及 HS 模型等。这些模型是基于投资者对信息的不同反应态度而建立，进而解释投资者决策如何导致证券市场的价格变化偏离有效市场的理论假设，这将在后文中详述。

② 隔离效应。

隔离效应(disjunction effect)表现为人们愿意等待直到信息披露再做出决策的倾向，即使该信息对于决策并不重要，或者他们在不考虑所披露的信息时也能做出同样的决策。

3. 信息输出阶段的认知偏差

研究表明，在信息的处理阶段，人们会产生各种错觉。常见的有所谓"如意算盘"或"一厢情愿"，这是指人们如果偏好某种结果，就往往感到事件正在按照自己的意愿进行，人们在很多场合下对自己的能力以及未来的前景预期表现得过于乐观。另一种比较普遍的现象就是过度自信，大量的实验观察和实证研究发现，人们经常过于相信自己判断的正确性，高估自己成功的机会，把成功归功于自己的能力，而低估运气和机会在其中的作用。过度自信对于投资者处理信息有很大的影响。其直接影响是，如果投资者过度自信，那么他们就会过分依赖自己收集到的信息而轻视公司会计报表的信息；其间接影响则是过度自信会使投资者在过滤各种信息时，注重那些能够增强他们自信心的信息，而忽视那些明显减弱他们自信心的信息。

4. 信息反馈阶段的认知偏差

通过认识过程中信息的获取、加工和输出阶段后，最终判断结果的信息要反馈到人脑，这种反馈信息会增加或者减弱对事物的原有认知程度。具体而言，信息反馈阶段的认知偏差主要有后见之明、后悔厌恶、损失厌恶、认知失调、确认偏误、自我归因和处置效应等。因此，人们在面对不确定情况的时候，其判断和决策往往受到行为因素的影响而产生认知偏差。

第二节 投资决策中的代表性偏差

投资行为学研究发现，人的大脑利用捷径简化信息的分析处理过程。利用这些捷径，大脑可以估计出一个答案而不用分析所有信息。代表性思维(亦称为"简捷启发法")是这些捷径的典型例子，利用这些捷径，大脑可以有效地组织和迅速处理大量信息，但同时也使投资者难以正确分析新的信息，从而得出错误的结论。

在金融市场中投资者也会犯代表性思维的错误。例如，有的投资者误认为好公司就是好股票。好公司的特点是盈利能力强、销售收入增长快、管理水平高，而好股票是指价格上涨幅度比其他股票大的股票。好公司一定是好股票吗？答案可能是否定的[①]。

认为好股票就是过去业绩一直高速增长的公司的股票忽略了以下事实，即很少有公司能够保持过去的高速增长。公众对这类业绩高速增长的公司的追捧抬高了其股票价格，但是随着时间的推移，事实证明投资者对这些股票未来业绩增长的预期过于乐观之后，其股票价格就开始下跌，这种现象叫做过度反应[②]。

三位投资学家研究了这一现象。约瑟夫·拉可尼克(Josef Lakonishok)、安德烈·施勒菲(Andrei Shleifer)和罗伯·威茨尼(Rober Vishny)研究了被投资者普遍认为是成长股的股票的市场表现，他们将成长股叫作"热门股"，将业绩增长前景不佳、被投资者认为是坏股票

---

① Hersh Shefrin. 2000. Beyond Green and Fear: Understanding Behavioral Finance and the Psychology of Investing. Boston: Harvard Business School Press.

② Werner De Bondt and Richard Thaler. 1985. Does the Stock Market Overreact? Journal of Finance 40, 793～808.

的叫作"价值股"。投资者认为成长股是那些主营业务持续增长的公司,约瑟夫·拉可尼克、安德烈·施勒菲和罗伯·威茨尼计算了所有公司过去 5 年销售收入的平均增幅,增幅列前 10%的股票为"热门股",后 10%为"价值股"。"热门股"与"价值股"哪个在下一年的市场表现好呢?后面五年呢?

利用纽约证券交易所和美国证券交易所 1963—1990 年所有股票的数据,约瑟夫·拉可尼克、安德烈·施勒菲和罗伯·威茨尼得出:假如你买入热门股,下一年将取得 11.4%的收益;而假如你买入价值股,将取得 18.7%的收益;买入热门股与价值股后五年的平均收益分别是 81.8%和 143.4%。

衡量热门股与价值股的另一个常用指标是市盈率,高市盈率的股票一般比低市盈率的股票热门。数据显示,用市盈率指标进行分类的价值股的市场表现好于热门股。

好公司不一定是好股票,投资者经常错误地认为公司过去的业绩能够代表未来的业绩,他们忽略了不支持这种观点的信息,好公司未来的市场表现不会一直好下去,而坏公司未来的市场表现也不会一直差。

在根据股票过去的市场表现推断未来的市场表现时,投资者也经常犯类似的错误。例如,过去 3~5 年市场表现差的股票被认为是"输家",而表现好的股票被认为是"赢家"。投资者认为过去的市场表现在未来能够重演,他们喜欢追逐价格走势处于上升通道的"赢家"[①],但是,买入"输家"的市场回报比买入"赢家"高 30%[②]。

共同基金的投资者也会犯同样的错误,一些投资者喜欢买入报纸杂志上列出的近期业绩表现最好的共同基金,这些投资者也是在追逐"赢家"。

其实,这种投资风格非常普遍,以至于有自己的名字"势头投资"。势头投资者喜欢买入在过去一周、一月或一季度中表现最好的股票和共同基金,势头交易者则喜欢买入过去几小时甚至几分钟内市场表现好的股票和共同基金。媒体助长了这种投资风格,例如,《华尔街日报》每天报道昨天涨幅最大的股票,CNBC 则整天报道当天股价变动幅度最大的股票。

即使是投资专家也会受到代表性思维偏差的影响。依沃·韦尔奇(Ivo Welch)对金融学教授进行了多次调查[③],第一次调查于 1997—1998 年间进行,第二次调查于 1999 年进行,总共收回了 226 份调查问卷。这些调查是在市场处于牛市的时候进行的,调查的第一个问题是:今后 30 年预期权益类资产的年风险溢价水平多大?答案平均是 7.2%。在回答关于股票市场收益率是围绕均值波动还是随机游走的问题时,教授们倾向于围绕均值波动的观点。2001 年,韦尔奇又进行了一次调查,此时市场的状况已明显不同,标准普尔 500 指数从顶点已经下跌了 25%。假如按照教授们以前所认为的,股票市场收益率是围绕均值波动的,那么市场下跌之后,教授们对权益市场溢价的估计应该更高一些,但是教授们给出的今后

---

① Werner De Bondt. 1993. Betting on Trends: Intuitive Forecasts of Financial Risk and Return. International Journal of Forecasting 9, 355~371.

② Werner De Bondt and Richard Thaler. 1985. Does the Stock Market Overreact? Journal of Finance 40, 793~808.

③ Ivo Welch. 2000. Views of Financial Economists on the Equity Premium and on Professional. Controversies, Journal of Business 73, 501~537; Ivo Welch. 2001. The Equity Premium Consensus Forecast Revisited. Cowles Foundation Discussion paper no.1325.

30 年预期权益类资产的年风险溢价水平的估计数是 5.5%，这一数字显然比三年前的调查结果低，他们对风险溢价水平的估计比上一次低了接近 2%，但他们仍然认为股票市场收益率是围绕均值波动，这二者之间是不一致的。教授们的反应说明他们认为最近发生的历史将在未来重演。

简而言之，投资者认为，公司过去的经营情况和股票的市场表现将持续到未来，然而不幸的是，就长期而言，公司的经营状况和股价表现将向均值回归。也就是说，高速成长的公司面临的竞争不断加剧，增长速度逐渐放缓，投资者将失望地发现，他们买入的股票的市场表现与他们的预期不同。

第三节 案例分析与实践

一、代表性偏差的主要形式及启示

在一般情况下，代表性是有效的，但有时也会产生严重偏差。因为它不受一些影响概率判断的因素影响，而且，作为比较标准的"模式"是通过过去观察、个人经验或学习获得的，可能存在某些歪曲。利用代表性判断时出现的偏差主要有以下六种形式。

1. 有效性幻觉

根据统计学的基本原理，当输入的变量的有效性为给定时，在变量之间相互独立时做出的预测比变量之间相关时的预测更准确，变量之间的相关性增加了预测者的信心，但却降低了预测的精度。卡尼曼和特维斯基发现，在代表性判断的应用过程中存在联合效应（conjunction effect）。这一效应与概率论中的联合规则相违背。联合规则是指，某个事件同属于集合 A 和 B 的概率要小于或者等于只属于两者之一的概率。而人们的直觉常常违背这一结论，认为联合事件比单个事件有更高的代表性，联合事件的估计概率高于其中一个事件的概率。这种现象被称为联合谬误。我们在章前导读中给出的第一道题目就是关于联合谬误的例子，在此题中，我们对你的具体排序并不太感兴趣，我们关心的是以下这两个选项你是如何排列的：(3)小王是银行职员；(5)小王是参与女权运动的银行职员。理论上，(5)应该排在(3)后面，因为对于任何概率，自然是同等情况下条件越多概率越小，也就是小王关心女权运动并且在银行工作的概率比她单单在银行工作的概率肯定要小。但事实上，很多人觉得"小王是参与女权运动的银行职员"应排在"小王是银行职员"的前面，他们忽略了概率中集合的基本问题：两个集合的交集不可能大于其中任何一个集合。

卡尼曼教授在加拿大英属哥伦比亚大学任教时也设计过类似的问题。88 位同学对这个问题有几十种不同的排序，但是有 87%的同学都把"小王是参与女权运动的银行职员"排在"小王是银行职员"的前面。我猜你可能也是这样排序的，现在请你运用所学过的最基本的概率知识再考虑一下，你发现问题出在哪里了吗？既然你更加肯定"小王是参与女权运动的银行职员"这一推断，那么不就已经肯定"小王是银行职员"了吗？前面一句的推断已经包含了后面一句的内容，只要前一推断是对的，后一推断肯定是对的。同样，"小王喜欢爵士乐"的正确可能性一定要高于"小王是会计并且喜欢爵士乐"。可是人们在做出判断的时候，往往忽视了基本的概率关系，之所以如此，是因为他们过分关注某种判断是否具有代表性。

2. 忽视先验概率

玛丽莲·莎凡特是迄今为止吉尼斯世界纪录认定的拥有最高智商的人。玛丽莲平时从事文学创作，也编写剧本，并长期在 *Parade* 杂志开辟名为 "Ask Marilyn" 的专栏，专门回复读者各式各样的问题，从数学到人生无所不有。以下是美国智商最高的女人玛丽莲在其专栏上出的一道让全世界都抓狂的关于先验概率的题目：有三扇可供选择的门，其中一扇后面是辆汽车，另两扇后面都是一头山羊。你当然想选中汽车。主持人先让你随意挑选。比如你选了1号门，这时主持人打开的是后面有羊的一扇门(比如它是3号门)，现在主持人问你："为了有较大的机会选中汽车，你是坚持你原来的选择，还是愿意换选另一扇门？"结果，坚持原来的选择的为241人 (79%)；换选另一扇门的为65人(21%)。最后，玛丽莲小姐公布的正确答案是："应该改选另一扇门。"

这一问题引起了美国公众的广泛关注，有1000多所大、中、小学进行过该题目的测试，从二年级的小学生到研究生都参与了争论。在给玛丽莲小姐的一万多封读者来信中，有1000多封是具有博士学历的读者写来的，他们全都说："玛丽莲，你错了！"他们纷纷批评这个智商最高的女人脑袋锈掉了。他们认为，主持人既然把没有车的那扇门打开了，剩下的两扇门后面是汽车还是山羊的可能性各占一半，坚持原来的选择也好，改选也好，选中车的机会都是二分之一。有一个读者这样说道："美国的数学白痴已经够多了，不需要全世界智商最高的人来雪上加霜。"另有一封信上说："你居然会犯这种错误，害我们数学系学生嘴都笑歪了。"乔治·梅森大学的萨克斯教授在信中这样写道："……你在胡说些什么！我来解释给你听：主持人把没有汽车的一扇门打开了，剩下的两扇门的后面有平等的机会是一辆车，它们的概率都是二分之一，因此不必换选2号门了"。另一名教授在写给玛丽莲的信中说："身为专业数学家，我对一般大众缺乏数学知识深为遗憾。请你公开认错，好让大家正视这一问题。还有，以后请谨慎一点。"

那么，这些高学历者的一致回答是对的吗？玛丽莲小姐公布的答案错了吗？事实上，不论你是否想得通这个复杂的问题，绝大多数人都是概率盲，就如同有些人天生就是路痴一样。因为这个问题很明显，当你第一次作选择时你选中的概率是1/3，因此剩下的两个没选，其中有汽车，加起来的概率就是2/3。此时在含有2/3概率的两个选择中排除一个错误答案后情况就变成了你最初选的那个有1/3的概率选中，你没选中的那两个中未被排除的一个独占2/3概率。第二次选择时如果你理解为在两扇门中选一扇有汽车的门，所以选中的概率就是各占一半就大错特错了。

如果你还是不太理解，那么我们把问题改编如下：有100扇可供选择的门，其中一扇后面是辆汽车，另外99扇的后面都是一头山羊。你当然想选中汽车。主持人先让你随意挑选。假设你选了第1扇门，这时主持人打开了第2扇至第99扇门，居然都是山羊！这时，主持人问你："为了有较大的机会选中汽车，你是坚持原来的选择，还是愿意换选第100扇门？"

这样一来，你是不是觉得容易理解了？当然，这个问题还有一个隐藏的假设，那就是假设主持人也不知道哪扇门后是汽车，她也是随机打开门的。如果主持人故意"放水"，这道题又要重新讨论了。难怪！马丁·加德纳曾经说过："在各种数学领域中，没有什么比概率更容易让专家出洋相的了。"

第十章 代表性偏差与投资行为

卡尼曼和特维斯基[①]认为，在代表性启发式以偏概全和以小见大的过程中，人们往往只重视条件概率，而忽视了先验概率。章前导读中的第二题和第三题就属于此类情况。我们先来看第二题。对于第二题，其实我们并不关注你为每个专业所填写的百分比是多少，我们所关注的是阿拉伯历史和工程这两个专业。大多数人觉得阿文先生大学时的专业是阿拉伯历史的可能性要比工程的可能性大。他们的理由是，阿文先生对中东历史感兴趣，而且喜欢读埃及小说，这种爱好很像是读阿拉伯历史的人才会有的。况且一般读阿拉伯历史的人也似乎不太喜欢数学。当然也有一小部分人认为阿文先生大学时的专业是工程的可能性大于是阿拉伯历史的可能性。他们相信读什么东西读得多了，往往会对这类东西产生厌倦，转而喜欢与自己所读专业没有关联的东西。比如阿文先生，他可能就是因为工程读多了而不喜欢数学和逻辑，反而对离自己专业比较远的中东历史和埃及小说产生了兴趣。

仔细分析了这段描述之后，有些人可能觉得阿文先生的专业既可能是阿拉伯历史，也可能是工程，似乎难以确定。那么请你想一想，阿文先生是中国某大学一个 MBA 班级上的学生，在 MBA 这样一个人群中间，有多少人的本科专业是工程，又有多少人的本科专业是阿拉伯历史呢？事实上，可能有 40% 的 MBA 学生的本科专业是工程，而本科读阿拉伯历史的人数可能还不到 1%。这样看来，不管阿文先生看起来像是读阿拉伯历史的还是读工程的，他的本科专业是工程的概率要远远超过是阿拉伯历史的概率。

在做这样一个判断的时候，一般有两个步骤：一是看阿文先生的具体信息更符合哪种专业，即相似度或者代表性；二是看他的先验概率，也就是这个群体中读某种专业的人数所占的比例。前者是主观的判断，后者是客观的分布。卡尼曼和特维斯基发现人们往往过分关注相似度即主观判断，而忽视了先验概率即客观分布。

他们采用下例来证实先验概率或基础比率(base rate)被忽视的情况。他们把参加实验的人员分成两组，让两组人员对相同的 100 位职业为工程师或律师的专业人士的职业进行判断。先告诉第一组，这 100 位专业人士中有 70 位工程师和 30 位律师，最后对这 100 位专业人士的个性进行描述。之后告诉第二组，这 100 位专业人士中有 30 位工程师和 70 位律师，最后对这 100 位专业人士的个性进行与第一组相同的描述。实验表明，人们几乎全都是根据个性描述的特征去判断，忽略了两种职业占总人数的比例，结果是两组的判断结果相差很小。换句话说，实验结果得出了与贝叶斯法则相违背的结论，人们认为同一被介绍对象在两种实验条件下，是工程师而不是律师的概率相同。这一结果显然是由于被实验者们在进行判断时，并没有考虑实验对象所在小组中工程师和律师的基本比率，而是直接依据所提供的介绍符合工程师的代表性特征的程度来估计他是工程师而不是律师的概率。此类偏差会造成人们在作出判断时不区分信息的重要程度，在有新的信息出现时，就忘掉了已有的重要信息。

再来看一下第三题，请思考一下，根据题中信息，你觉得正常情况下小张的妹妹得白血病的可能性是多少呢？

大多数人甚至包括医生可能都认为她白血病的可能性就是 95%，即使不到 95%，也有 90%。实际上，这个可能性并没有 95% 这么高，也没有 90% 这么高，而是不到 80%，不到 50%，不到 10%，甚至可能不到 5%。为什么呢？因为人们在得出 95% 或者 90% 的结论时

---

① Tversky A, Kahneman D. 1974. Judgment under uncertainty: Heuristics and biases. Science, 185.

没有考虑到先验概率。事实上，如果考虑了先验概率，正常的人完全没有必要这么担心。我们知道对于一个 25 岁的女子而言，如果其他方面都很健康，那么她得白血病的概率是非常低的，可能还不到千分之一。就算一个 25 岁的、其他方面都很健康的女子得白血病的可能性是千分之一，那么在只有这个验血结果信息的情况下根据概率统计中的贝叶斯定律计算，它得病的概率还不到 2%。

卡尼曼和特维斯基还进一步分析了影响基础比率和代表性特征在判断中的相对权重的因素。他们认为，当所讨论的事件与基本比率相关时，人们更加关注基本比率。设计以下实验：一辆出租车在夜晚肇事后逃跑了，该城市有两家出租车公司，一家的出租车是蓝色的，另一家是绿色的。被实验者们被给予以下数据：①该城市中 85%的出租车是绿色的，15%是蓝色的；②目击者证实肇事的出租车是蓝色的。法庭证实目击者在 80%的时间里能够正确区分蓝色和绿色，在 20%的时间里不能区分这两种颜色。那么肇事的出租车是蓝色的概率有多大？卡尼曼和特维斯基发现，被实验者们所得出的概率均值是 80%，而正确答案为 36.3%，这就表明因为被实验者们认同目击者的描述，所以在判断的过程中将蓝色和绿色的出租车的基本比率忽视了。如果将条件①修改为尽管两家出租车公司在规模上大致相等，但是城市里 85%的肇事出租车是绿色的，15%是蓝色的，这时被实验者们得出肇事的出租车是蓝色的期望概率为 60%。在实验条件改变后，虽然被实验者们依然没有充分地考虑基本比率，但是他们比实验条件改变前对此考虑得更多。卡尼曼和特维斯基认为，基本比率被用来估计概率的程度取决于基本比率与所讨论事件的相关性。实验条件改变前，被实验者们认为蓝色的出租车与绿色的出租车的基本比率与肇事的相关性不强，因而他们认同了目击者的描述，忽视了基本比率。而实验条件改变后，被实验者们认为两种颜色的出租车肇事的基本比率与此例所讨论事件相关性较强，因而在判断中更多地考虑了基础比率。

3. 对样本规模不敏感

在代表性启发式下，人们经常不能正确理解统计样本大小的意义。对全部样本统计的结果才是真正的结果，其样本的数量越接近真实的数量，统计的结果也就越可信；样本的数量越小，与真实数量相差越大，统计的结果越不能反映真实的结果。如果把用小数量样本进行统计得出的结果看成是真实的结果，其判断自然会产生偏差。卡尼曼和特维斯基揭示了小数定律现象。所谓小数定律，是指人们认为一个小样本具有与大样本近似相同的概率分布。例如，投掷 6 次硬币如果出现 4 次正面和 2 次背面，人们会将这个结果"推论"到投掷 1000 次的情况，因而高估出现正面的概率。这也说明人们往往简单地将对不确定事件条件下的判断建立在少量信息的基础上。卡尼曼和特维斯基指出，当人们相信小数定律的时候，显然不相信大数定律，即当人们夸大了小样本与总样本的相似性的时候，通常低估了大样本与总样本的相似性。例如，被实验者们一般认为在给定某天出生的 1000 个小孩儿中，男孩儿多于 750 个的机会超过 1/10，而基于总样本的实际可能性小于 1%，可见被实验者们低估了大样本和总样本的相似性，过高地估计了这一概率。

卡尼曼和特维斯基还发现，人们对样本大小对概率的影响不敏感。他们向被实验者们设计了以下问题：某一小城镇有两家医院，在较大的医院每天有 45 名婴儿出生，在较小的医院每天有 15 名婴儿出生。正如人们所知，大约有 50%的婴儿是男孩。然而精确的百分比每天都有变动，有时高于 50%，有时低于 50%。以一年为限，每家医院记载了每天出生婴儿的60%为男孩的天数。试问：哪一家医院所记载的这样的天数多？22%的被实验者说，较大的医院记载的天数更多；56%的被实验者认为，两家医院记载的天数将是相等的；22%的被实验者说，较小的医院记载的天数多。正确答案是较小的医院记载的天数多。卡尼曼和特维斯基认为，从这个例子可以看出大多数被实验者对样本的大小和概率的影响不敏感，他们依据小数定律推断出小医院和大医院每天出生婴儿的60%为男孩的概率相同，这显然是错误的。

4. 对偶然性的误解

使用代表性启发式可能导致的另一个偏差是人们把随机发生的事件看成是有规律的事件，或是把导致事件发生的一个必要条件看成是充分条件，然后把两个事件进行类比，简单地认为两个事件属于相同的类型。章前导读中第四个小故事讲的正是如此。比如，拿掷5次硬币来讲，不少人都觉得最有可能出现的结果是"正—反—正—反—正"。出现"正—反—正—反—正"当然要比出现"正—正—反—正—正"和"正—正—反—反—反"看上去更具有特征性和代表性，可是这三种结果出现的概率其实是一样的。随着次数的增多，正反面的出现情况会慢慢向我们所认为的代表性形式靠拢，也就是说，如果你投了1000次硬币，那么正面和反面出现的次数大概就接近各500次了。但是硬币是没有记忆的，它是绝对不会自我纠正的。所以，不管你前面掷的四次是正面还是反面，下一次硬币出现正面和反面的概率仍然各是50%。这就好比你同时扔五枚硬币，四枚都是正面向上，但这并不会影响第五枚硬币出现正面或者反面的概率。人们经常错误地认为出现"正—反—正—反—正"是有规律的，而认为"正—正—反—反—正"是不常出现的，从而得出出现前者的概率比后者的高的结论，其实，两者出现的概率是均等的。对偶然性误解的一个结果是产生"赌徒谬误"。所谓的"赌徒谬误"表现为人们知道事件发生的客观概率，但在主观上对已发生的小样本事件进行错误的估计，往往高估未发生的事件出现的概率。例如，虽然人们都知道投掷硬币正反面出现的概率为50%，但如果连续出现多次正面时，人们总认为接下来出现反面的概率很大，这可能使人们的赌博心理增强。卡尼曼和特维斯基将对偶然性的误解归于小数定律引起的"局部代表性"。

5. 对均值回归的误解

一些预测信息的预测能力是有局限的，而人们往往忽视这一点，结果是，他们往往做出"非回归预测"(no regressive predictions)。也就是说，他们用线性的方式对问题进行预测与推断，而没有考虑到，现实中由于种种因素的影响，事情的发展趋势往往存在回归的倾向。下面是卡尼曼和特维斯基所做的一个实验①。

事先告诉被试者，学生高中考试成绩与大学年级平均分(GPA)有一定的相关性。给出如表10-1所示的数据，让被试者预测高中考试成绩为725分的学生，其大学年级平均分。

大多数人认为，高中考试成绩中725分的学生大学年级平均分介于3.5~3.7之间。如果通过高中考试成绩能很好地预测GPA，那么这个答案是有意义的。如果高中考试成绩和大学年级平均分有完全的线性关系，那么高中考试成绩为725分的学生大学年级平均分为3.6。但是，高中考试成绩与大学年级平均分并非完全线性相关，它们只是有一定的线性相

---

① Kahneman D, Tversky A. 1973. On the psychology of prediction. Psychological Review, 80.

关性。因此，对 GPA 最好的预测应该是处于 2.5～3.6 之间。因为考试分数总是回归均值的。

表 10-1　高中考试成绩与大学年级平均分的相关性

学生人数百分点	高中考试成绩	大学年级平均分(GPA)
前 10%	>750	>3.7
前 20%	>700	>3.5
前 30%	>650	>3.2
前 40%	>600	>2.9
前 50%	>500	>2.5

均值回归是一种常见的统计现象。在这里，考试得了很高或者很低的分数后，下一次总是倾向于获得一个较为平常的分数。因为 725 分是一个很高的分数，学生下一次考试可能会获得一个更接近平均分 500 分的成绩，那么，相应的可能会获得一个相对低一些的 GPA 分数。可以这样考虑：如果没有该学生的任何信息，那么 2.5 分的 GPA 是一个最好的预测。如果高中考试成绩与大学 GPA 完全线性相关，那么 3.6 分是一个最好的预测。由于高中考试分数只能适度地预测大学分数，所以，这里的答案是大学年级平均分在 2.5～3.6 之间(比平均分高一些，比 3.6 低一些)。

大多数心理学家认为，考试分数由两个部分组成：真实部分和误差部分。真实部分是指，考试可以完全测试出学生的能力时学生得到的分数；误差部分是指所有与能力无关而又影响一次特定考试分数的所有因素(如前一晚的睡眠时间、血糖含量、情绪、灯光条件等)的综合结果。大多数情况下，这些因素会相互抵消。但是，偶尔的，它们也可能联合起来，以至于显著地增加或者减少一次考试的分数。因为这种波动与真实成绩无关，所以，未来考试的成绩倾向于回归均值。

在随机过程中，变量或者按随机游走分布，或者符合终值回归的趋势。随机游走模型是

$$X_{t+1} = X_t + \varepsilon, \varepsilon \sim N(\mu; \sigma^2)$$

其中，X_t 为 t 时期变量的值；X_{t+1} 为 $t+1$ 时期变量的值；ε 为符合正态分布的随机误差项。预测下一时期价值的最好的变量是当前的价值，一个随机游走的变量没有一个限制的变动，它可能无边界地随意游走。

一个均值回归模型为

$$X_{t+1} = \overline{X} + \rho(\overline{X} - X_t) + \varepsilon, 0 < \rho < 1, \varepsilon \sim N(\mu; \sigma^2)$$

其中，$\overline{X}$ 为变量均值。模型表明，$t+1$ 时期变量的预测值为变量的均值与 t 时期变量偏离均值的函数之和再加上随机误差项，反映了变量回归均值的趋势。

均值回归变量可称为固定量(或趋势—固定量，如果它反转则成为一个趋势增长率)，该变量遵守自我矫正过程，其中矫正的程度由参数 ρ 决定。对于一些如通货膨胀率的变量来说，是很难判断它们是否是固定的，而其他一些如工作业绩变量则很容易判断。均值回归理论认为，未来的收益会接近它们的历史平均值。

由短期结果导致推断过度的倾向，反过来导致对"均值回归"的错误理解，由于看到很多模式都偏离正常状况，对均值回归的误解往往使人们对观察到的一些回归现象做出错误的解释。卡尼曼和特维斯基给出了一个例子。在一个关于飞行训练的讨论中，有经验的

第十章 代表性偏差与投资行为

教官注意到当对飞行员的一次意外平稳着陆进行表扬之后，其通常会在下一次着陆时表现很差，而对飞行员一次粗糙的着陆进行严厉的批评之后，其在下一次着陆时就会有很大的进步。据此，教官错误地得出结论，认为言辞上的奖励对学习不利，而言辞上的惩罚则是有利的。事实上，这一结论是没有根据的，因为业绩是个均值回归的变量。随机性表现在"表现下降"出现在好的着陆之后，而"表现进步"出现在差的着陆之后。

　　章前导读中的第五题和第六题也属于均值回归问题。先来看第五题，知道历年 1 月份中午 12 点的平均温度和今天中午的气温，要预测 5 天以后中午的温度，你觉得 5 天以后中午的温度在什么样的范围是最有可能的呢？总有一部分人认为，15 日那天中午的温度应该大于 10℃，在 20℃左右。为什么呢？他们的理由是既然 1 月份中午的平均温度是 10 度，今天中午才 0℃，那么 15 日那天的中午肯定要到 20℃左右才能达到这个平均值。可是别忘了，天气是没有记忆的，15 日那天的天气并不会知道 10 日那天的中午只有 0℃，天气又怎么会自己根据平均温度去矫正呢？也有人认为，15 日那天中午的温度还是 0℃，其实这种可能性也不大。大多数人忽略了一个普遍存在于自然界中的规律，那就是中值回归。中值回归如同万有引力一样，是事物发生的普遍规律，却往往被正常人忽略。极端的事物随着时间的推移都有往中值回归的趋势。事实上，15 日那天中午的温度最有可能出现在 0~10℃之间，比如 5℃，这其中的原因就是中值回归。今天的 0℃是一个很低的温度，但是五天以后的温度却可能向平均气温靠拢，可能还不到 10℃，但是要比 0℃高一些。这里并不是说 15 日那天中午一定不可能比 0℃更低或者比 10℃更高，所说的是最有可能出现的温度，是我们对 15 日那天中午的温度的期望预测。同样，如果今天中午的温度是 20℃，那么 5 天以后中午的温度最有可能是在 10~20℃之间。

　　再来看一下第六题，对于这道题，你的预测是怎样的？有的人觉得既然第四家店今年的业绩比较差，第五家店今年的业绩比较好，那么明年的状况也许会和今年相同，所以就预测第四家店明年的销售额也是 8，第五家店明年的销售额也是 12。这样的预测对吗？第四家店今年的销售额特别不好，但是明年却会向平均值回归，不会再那么差；同样，第五家店今年销售情况特别好，但是明年也会向平均值回归，不会那么好了。所以，对第四家店明年销售额的预测应该是在 8~10 之间的一个数，比如 9；第五家店明年的销售额最可能是 12~10 之间的一个数字，比如 11。这其中的道理就是中值回归。

　　除了天气和销售额以外，中值回归还可以解释和预测许多其他问题。如果有一个父亲长得很高，比如 1.95 米，那么他的儿子最有可能多高呢？当然，儿子可能比父亲更高，但这并不是最有可能发生的情况。事实上，根据中值回归，儿子最可能的身高是比一般人高一些，但没有父亲那么高。儿子的身高会受父亲身高的影响，因此两者之间是不独立的，但儿子的身高还要受其他因素，包括母亲身高的影响，因此表现为有所回归但没有完全回归。同样，如果有一位父亲长得特别矮，那么他也无须太着急，他的儿子很可能会比一般孩子要矮一点，但是会比他高。

　　一个班级的学生考试，我们经常会发现这次考得好的学生下次往往会差一点，这次考得差的学生下次却往往会有所进步，这是为什么呢？现在你应该知道这是中值回归的道理。考得好的学生下次可能没那么好了，但还是会高于平均水平；考得差的学生下次会有所进步，但还是会比平均水平低一点。至于回归的程度到底有多强，就要取决于考卷的质量了。如果考卷的质量很高，可以完全测试出学生的真实水平，那么学生成绩的回归程度就会很弱,甚至不回归,也就是说前几名的学生一直是这几个,因为他们的确是班里学得最好的。反之,如果考卷不能真实反映学生学习水平,甚至和学生学习水平完全没有关系,那么回归程度就会非常强,大家的成绩都忽上忽下,很不稳定。

看到这里,你可能会觉得奇怪,中值回归告诉我们,极端的东西都会往中间回归,那么这样一来,不是所有的事情都向中间靠拢了吗?拿刚才父子身高的例子来说,如果高的父亲生的儿子往中间回归,矮的父亲生的儿子也往中间回归,那会不会几十年以后所有的人都长得一样高呢?放心吧,这是不会的。因为特别高和特别矮的父亲生出的儿子身高会向中间回归,可是那些本来身高就在平均值附近的父亲,他们生的儿子身高却会向两边发散。我们总是说中值回归,却很少提起中值发散,那是因为中值回归告诉我们回归的方向,能够帮助我们对事物进行更好的预测,而中值发散却不能告诉我们发散的方向,因此没有太多的实用价值。

人们经常会因为不知道中值回归这个自然规律的存在而对一些事情抱有不切实际的期望。李经理每年都会给手下的销售员进行销售业绩排名。通常他会对销售业绩排名特别靠前的几位销售员进行奖励,而对排名靠后的几个进行惩罚。可是几年下来,李经理发现这样一个规律,凡是前一年得到奖励的销售员,下一年的业绩总会下滑;反而是前一年受到惩罚的销售员,下一年的业绩会有所好转。这个现象让李经理总结出一条经验,那就是奖励是没有用的,得到奖励的销售员容易骄傲自满,所以下一年业绩就会下滑;而惩罚却是有用的。其实,了解了中值回归以后你就知道,这只是中值回归的自然现象而已,与奖励和惩罚都没有关系。美国每年年末都会根据业绩好坏给各大公司的股票基金经理排名。排名第一的那个基金经理总是会被许多公司出大价钱哄抢,他们都希望这位业绩最佳的基金经理在下一年为自己公司创造更多的财富。可惜的是,每次抢到了第一名的公司在第二年过后都会失望,因为这位排名第一的经理并不像他们想象中的那么厉害,也没有给公司带来想象中那么丰厚的收益。其实,基金经理的业绩有自己能力的因素,也有随机的因素。根据中值回归的自然规律,第一名的经理在下一年自然会有所下滑,那些公司的失望也就在意料之中了。

讲到这里,我们可以做一下引申。不仅是股票基金经理,在人才市场、婚姻市场或者其他地方,第一名总是特别受人瞩目而被人追捧。其实在很多时候,第一名的价值普遍被高估了。许多人不愿意退而求其次,结果却难免失望。此时,蓦然回首,"第二名"就在灯火阑珊处。

6. 对可预测性的不敏感

代表性启发式有可能导致人们对预测能力和预测的有效性认识不足,因为依据主观感情色彩浓厚的信息做出判断,经常会忽视该信息的可靠程度。一般情况是,人们不理会判断的难易程度,即使面对的是一个复杂的难以判断的问题,也会轻易地去做出判断。章前导读中的第七、八、九题就属于这种情况。先来看第八题,也许你会估计谋杀的比例高于自杀,但你也许会惊讶于真实的数字:死于谋杀的人数大约是 15 000 人,而自杀的竟有 32 000 人之多,足足比被谋杀的人数多出一倍。而在中国,这个比例更为悬殊。为什么人们都倾向于低估自杀的数目呢?这是因为人们陷入了可获得性误区:人们经常忽视样本大小而以记忆中可以想到的例子来帮助判断。能够想到的例子多,就认为这种现象比较普遍;

第十章 代表性偏差与投资行为

能够想到的例子少，就觉得这种现象出现得少。谋杀的事件往往被媒体广泛报道，给人留下了更为深刻的印象。但自杀一般只有近亲好友知道，外人一般并不了解。于是我们自然而然地认为谋杀比自杀要多。

再来看第九题，你的答案中一定包含"癌症""心脏病"和"车祸"中的一种或几种。2000年美国《商业周刊》统计的导致死亡的三个最主要原因是吸烟、肥胖和酗酒。车祸和疾病都是非常显著的死因，我们经常可以在报纸、电视等媒体上注意到，它们总能够鲜明地闪现在人们的脑子里。而吸烟、肥胖和酗酒都是慢性的，它们悄无声息地发生在我们生活中，虽然频繁但是没有引起人们的太大关注，因此由它们所引起的死亡往往被忽略了。

赵三原来所住的那个小区的治安防范工作做得不是很严格，虽然门口有门卫把守，但不管是否住在小区里的人都可以自由出入。那段时间，赵三的爱人丢了好几辆自行车，他们的邻居也反映说自行车失窃比较严重。那个时候，赵三经常对朋友说，上海的治安状况非常差，他估计整个上海的自行车失窃率有百分之七八十那么高。后来，赵三搬了新家，住进了一个现代化小区，那里保安工作做得很不错，进出小区都要用专门的磁卡，这样一来，外来的流动人口就少了，自行车自然也就不太容易被偷了。所以赵三又高兴地告诉朋友们，现在上海的治安得到了很大的改善，自行车的失窃率一下子就降到了不到10%。

赵三用自己身边自行车失窃案的多少来估计整个上海的治安情况，根据周围事情的鲜明性来做判断。他在估计上海自行车失窃率的时候，会想想自己身边有没有发生类似的情况，发生的概率如何。如果自己身边发生的自行车失窃案比较多，他就认为上海的治安比较差。这是人们在对不确切事情进行估计和预测的时候经常会用到的方法，却也可能因此而陷入可获得性误区。

现在回到第七题中的那个人名表。这25人中有男性也有女性，现在请你回忆一下，所列出的人里面，是女性更多还是男性更多？再估计一下男性和女性到底各有多少人。(不准往回看)

来看看列出的名单，25人中有13名为女性，12名为男性，女性比男性要多。你是不是答对了呢？实际上大多数人会认为男性更多一些，这是因为列出的男性相比之下名气可能比列出的女性更大一些，就像乔丹应该比王娟、陆莉这样的名字更具有冲击力一些。所以在看过名单以后，你能更清楚地记住李小龙、刘德华、周恩来，这样回忆起来好像男性更多一些。另外，名单是以男性的名字开头的(贝克汉姆)，又以男性的名字结尾(刘德华)，对于一系列的东西，人们最容易记得的是第一个和最后一个。所以事后人们比较容易记起男性的名字，就感觉好像男的比女的多。

2003年春天，SARS在中国肆虐，报纸、杂志、电视等媒体每天都花大量时间来报道有关SARS的新闻，这段时间市民的注意力也都集中在"抗非典"上，几乎所有人都谈SARS色变，不敢坐公交车，不敢出门逛街。我的一个美国朋友本来打算2003年春天来上海与一家公司做一笔生意，已经定好了所有行程，也请了10天的假，最后还是因为SARS取消了上海之行。之后，他用这空余下来的10天租了一辆车，载着全家人从芝加哥开到佛罗里达的奥兰多度假，往返4000公里。但实际上，如果我们算一下比例关系，就会发现在上海患上SARS而死亡的概率要远远低于从芝加哥开车去奥兰多来回路上由于车祸所增加的死亡概率。但朋友仍然认为自己做出了一个正确决定，殊不知他恰恰主动选择了危险，而且白白丧失了本来可以赚钱的生意机会。很多人在SARS高峰的时候就这样取消了去中国的旅程,但就算在 SARS 最肆虐的时候,出门染病的死亡率仍远远低于在高速公路上开车遇上车祸死亡的可能性。当时在上海,仅仅有两三起 SARS 病例,而且得到了很好的控制,就算 SARS 在 10 天之内突然增加到 100 起,朋友在上海患上 SARS 的概率也远远小于开车往返于芝加哥和奥兰多遭遇车祸的概率。然而人们却注意并高估了 SARS 的概率,而低估了车祸这种相对不引人注目却更危险的事件发生的概率。于是一时间很多人都戴口罩而不系安全带。2002 年中国因车祸死亡的人数超过 13 万人,平均每天有 300 人丧生于车轮下。三分之二的车祸死亡是不遵守交通规则,如超载超速、酒后驾车、忘系安全带等引起的。据中国吸烟与健康协会统计,去年中国烟民人数约 3.2 亿人,死于和吸烟有关的疾病的人数超过 100 万人,也就是说烟草正以每天 2700 多人的速度,直接或间接地吞噬着中国人的生命!大家应该从中得到一些启示,在记得戴好口罩的同时,也要系好安全带,注意戒烟。

2002 年 10 月的时候美国华盛顿地区出现了一个神秘狙击手,对无辜群众放冷枪,在不到三周的时间里流窜作案,杀死了 10 个人。一时间人人惊恐莫名,华盛顿及其附近三个州的人们都不敢出门,天天躲在家里。但如果我们能冷静地分析一下概率,就能发现车祸死亡的概率比被狙击手盯上的概率要大一些。美国大约有 2.8 亿人口,一年车祸死亡的人数是 45 000 人,即每个人一年内遇上车祸死亡的概率是 0.000 000 9。华盛顿及其附近三个州的人口是 1500 万人,三周死了 10 个人,这个概率比 0.000 000 7 要稍微低一些,更低于三周之内遇上车祸死亡的概率。我们并不是说应该在狙击手逍遥法外、猖獗行事的非常时期依旧毫不设防、招摇过市,但人们对于这一概率较低但印象深刻的事件比概率较高的车祸要明显惊恐得多,这便是可获得性的误区了。

要对付可获得性带来的错觉,可用反向调整法。让我们再次回到前面自杀和谋杀的例子。我们的第一感觉往往是谋杀比较多。这时,知道了有可获得性的误区存在,我们就应该检视一下是不是因为我们对谋杀更熟悉、记忆更深刻而高估了其存在的比例。然后,再做相应的反向调整。同样,对于那个男性女性名单,如果我们知道因为男性比较出名而可能会自然地高估男性的数目,我们就应该把男性的比例调低,女性的比例调高。虽然我们不能明确告诉你到底要调多少,但反向调整法至少可以给你指出一个调整方向。

股票市场就属于这种情况。人们在面对一组对事件进行描述的信息时,经常会忽略掉不熟悉或者是看不懂的信息,只凭自己能够理解和熟悉的信息去做出判断。这些忽略掉的信息可能对判断是关键的,而自己能够理解的信息可能对判断是不重要的。例如,假设一个人要根据对某一公司的描述来对该公司未来的利润进行预测。如果该公司被描述得很不错,那么人们容易得出高利润的推断;如果该公司被描述得很一般,那么人们容易得出利润很一般的推断。这样,如果人们只根据描述的有利方面进行决策,他们的预测将对证据的真实性和预测的准确性不敏感。

二、"6124 绝不是顶"的 2008 年中国 A 股市场

"代表性偏差"是心理学中关于"共同错误"的代名词,人们会用它来判断某件事情是否真实抑或其可能发生的概率,判断的依据是这件事情与另一件事情的相似程度。例如,陪审员在判决被告是否有罪时,往往会因为"被告长得像罪犯"就认为他们犯罪的可能性大。事实上,金融市场有时候也会表现出代表性偏差,我们认为某个趋势将会持续下去,

第十章 代表性偏差与投资行为

理由仅仅是到目前为止这个趋势一直保持不变。例如，2007年中国A股大牛市所发生的一系列疯狂现象就是经典的例证。

2002年12月27日，尚福林从周小川手中接过证监会主席的"帅印"，成为了中国证监会第五任主席。当时的A股市场表现没有给走马上任的尚福林一点面子，就在他宣布就职的时候，上证综指几近"拦腰斩断"。之后，股市表现"拾阶而下"，上证综指更是创下10年来998.23点的新低。

2005年6月10日，在中国证监会"统一组织、分散决策"的总原则指导下，抱着"不惜代价，只许成功"的思路，三一重工股改方案最终以高票通过，这是中国证券市场首家通过股权分置改革的企业。公司董事长梁稳根在《中国经济周刊》上表示："股改试点企业的成败，是股改的关键一役。中国可以没有三一，但不能没有一个健康的证券市场。"

2005年6月开始，中国证监会及相关部门又相继颁发规范上市公司股改的一系列文件，以保证股权分置改革的顺利进行。2005年9月，股改战役全面打响。短短一年多时间，上证综指一路高歌从1000点附近冲至4000点。

同年7月中旬，人民币汇率机制改革试水，人民币放弃之前10年盯住美元政策，开始小幅升值，致使QFII开始入市大规模抢盘，境外资本也千方百计挤入中国市场兑换人民币，结果迫使人民银行大量投放基础货币。于是，中国与20世纪80年代的日本、韩国类似，迅速出现了货币推动型大牛市，导致A股股市从998点起步直冲6000点，楼市也急速暴涨。

2007年10月16日，中国A股市场终于创下了6124点的历史新高。从2005年6月6日开始，尽管上证综指从998点开始暴涨了逾6倍，达到6124点的历史高位，但市场热情依然不减，市场人士寻找各种理由来支持他们看好后市的观点。截至2007年12月21日，共计25家权威金融机构发表了对于2008年A股市场走势的预测报告。综观这25家机构报告，大多数机构券商看好2008年A股市场走势，大家普遍预计上证综指能创下7000点新高，其中招商证券更是给出了2008年上证综指的最高点位：10 000点。具体观点摘要如下①。

(1) 东北证券：4900～8000点。

"A股牛市趋势仍将延续，股指可能总体呈现涨幅缩小、振幅加大的格局。看好2008年下半年行情。预计2008年上证综指低点在4900～5074点附近是比较合理的，突发事件下市场情绪恶化才有可能触及4500点。预测当业绩增速达到32%～33%时，上证综指有望挑战8000～8200点新高。"

(2) 上海证券：4200～7500点。

"明年中国经济增长的整体格局不会改变，上证综指的目标在6800点左右。指数年波动范围在4200～7500点，在资金配合下存在阶段性突破8000点的可能性。"

(3) 信达证券：3800～7000点。

"2008年A股市场将可能是大起大落，总体上看先抑后扬的可能性较大。结构调整将深入进行，个股行情将异常活跃。上证综指的运行空间大致在3800～7000点区间。"

(4) 平安证券：4000～7000点。

"2008年将是一个政策主导调控之年。股指的高低点分别在上证指数7000点、4000点附近，宽幅震荡的可能性大。预计上半年以上涨为主，下半年回落概率更大。"

---

① http://news.cnhubei.com/ctdsb/ctdsbsgk/ctdsb07/200801/t191650.shtml.

(5) 华夏基金：4500～6500 点。

"明年股市将处于一个非常难以琢磨的周期，市场将可能在高位震荡中寻找方向。25～35 倍估值是明年市场合理的运行区间，对应的上证综指为 4500～6500 点。"

(6) 广发证券：4500～7100 点。

"2008 年市场的动态市盈率中枢将在 30～35 倍之间。假设 2008 年业绩增长 35%以上，考虑到市场超调的情况，则测算目前上证综指大致运行在 4500～7100 点。"

(7) 招商证券：4500～7500 点。

"在理性繁荣的情境下，2008 年上证综指的波动区间为 4500～7500 点，业绩浪最可能在一季度发生；在非理性繁荣的情境下，上证综指的波动区间在 4500～10000 点，指数将以极大的波幅锯齿型加速上升。股市存在理性繁荣向非理性繁荣转变的可能。"

显然，"代表性偏差"使人们误以为：大牛市趋势将会长期地持续下去，因为到目前为止，这个趋势一直保持不变。然而，现实并非如人们所预想的那么乐观。此后，随着国内外经济形势的迅速恶化、上市公司盈利能力的急转直下、"大小非"的凶猛出逃、机构资金的大肆撤离等，种种利空因素将大盘直接打到谷底，上证综指从 6124 点一路狂泄到 2008 年 10 月 28 日的 1664 点，2008 年全年跌逾 3440 多点，跌幅达到 65%，这期间再也没有回到过 6000 点上方，给广大投资者留下了难以磨灭的惨痛教训。

思考与探索

1. 什么是代表性启发法？它的基本内涵是什么？
2. 试比较实质理性和过程理性的区别，并简述实质理性与过程理性下不同的认知方式。
3. 试用代表性启发法解释章前导读中的案例。
4. 在现实生活中作为一个投资者，你会犯代表性偏差的错误吗？学完本章后你有什么认识？
5. 现实生活中还有别的代表性偏差的例子吗？试举例说明并加以分析。

第十一章 禀赋效应与投资行为

【学习要点】

◆ 掌握禀赋效应的基本内涵。
◆ 了解禀赋效应的具体表现。
◆ 了解预期效用理论的主要内容及其与前景理论的不同之处。
◆ 了解禀赋效应产生的原因。
◆ 掌握处置效应的基本内涵及其产生原因。

【章前导读】

让我们想象一下这样的情境：某天一位老师拿了一批印有校名和校徽的保温杯来到教室，问在场的同学是否愿意花 4 元来买这个杯子。同学们对这种保温杯没有多大兴趣，买的人寥寥无几。接着老师又来到了另外一个教室，与上次不同的是，这次他一进门就先送给每个同学这样一个杯子。但过了不久，这位老师又回来了，此时老师说他愿意花 6 元把之前发下去的杯子买回来，当然学生们可以选择卖还是不卖，但是不存在讨价还价的余地，他问有多少同学愿意把这个杯子以 6 元的价格卖回给老师。没想到这次居然愿意卖的人也是少数，大多数学生都不愿意把杯子以 6 元的价格卖掉。理论上说，同样的一批保温杯，面对差不多的两个班级学生，在第一个教室，学生们不愿意以 4 元买下杯子，说明他们对杯子的价值评价要低于 4 元，即在需要卖出的时候，他们可以以任何高于 4 元的价格卖掉。但是为什么一到要卖出，在第二个教室价格增加到 6 元时又没多少人肯卖呢？这就是损失规避心理的一种行为表现：禀赋效应。

人们对于同样一个东西，往往在得到时觉得不怎么值钱，而一旦拥有后再要放弃时就会感到这样东西的重要性，索取的价格要高于不拥有时购买它愿意支付的价格。也许你一开始没有体会到，可是你仔细想想，如果要你卖掉一个你已经拥有的全新的东西，你索取的价格会不会比你愿意买这个东西的出价高？这就是禀赋效应，即所谓"失去时才觉得可贵"，对绝大多数的正常人来说就是这样的。但这个效应怎么和损失规避心理联系到一起呢？让我们回到杯子的实验上，在买杯子的时候，我们的心理是处在一个"得"的状态中；但要卖杯子的时候，我们的心理是处在一个"失"的状态中。根据损失规避的理论，我们对"失"更加敏感，于是索价也就更高了。

聪明的商家就经常利用大家的这种心理，不知道你注意到没有？让我们看看下面这个例子。有一次，小刘在家电展销会上闲逛，看到有一家品牌的彩电经销商保证在 7 天内可以无条件退货。小刘心想，他家客厅有一台电视，但是卧室里还没有，不如把这台电视买下来先回去看看，要是不好，下星期还可以回来退掉。厂商还安排上门送货和取退货，小刘甚至觉得在这里买彩电，可以每星期来换一次，这样家里的电视永远都是新的。想到这里，他不禁为自己的小聪明一笑，立刻买下了一台 29 寸的大彩电。买回家后，小刘把彩电放到卧室里面，每天晚上和爱人、女儿一起躲在被子里看电视，一家人其乐融融。他们对新买的电视机很爱护，看完后用防尘罩盖好。电视机本身也没有什么大问题，虽然有时候接收某些频道清晰度不够高，但是大家似乎都不介意。一个星期后，没有人提出去退掉彩电，虽然那只需要打一个电话而已。至今，那个 29 寸的彩电还安放在小刘的卧室里呢。

商家为自己节节攀升的彩电销售业绩感到很满意，他们知道这个无条件退货条款给客户带来了保障，使他们能够放心购物。再来看看商家是否因为这个无条件退货策略让自己亏了本呢？事实上，真正来退货的人很少。由于禀赋效应的存在，人们一般不会选择去退货。这就是禀赋效应在商业中的一大应用。事实上，现在已经有越来越多的商家注意到了这种禀赋效应的存在，他们正运用这种禀赋效应来提升自己的销售业绩。许多大商场都打出了无条件退货的口号，想一想，你在购物时，是否会因为厂家所承诺的退货保证，而一时冲动购买了本不需要的物品呢？尽管你确实有权利去退货，但你几乎是不会去使用这个权利的。这时，你就要想想这个禀赋效应了。

第十一章 禀赋效应与投资行为

【关键词】

禀赋效应　预期效用理论　前景理论　风险投资决策　处置效应

第一节　禀赋效应的行为分析

禀赋效应是指人们会高估自己所拥有的物品的价值。禀赋效应的直接表现就是人们为了买入一件商品所愿意支付的最高价格和放弃该商品所愿意接受的最低价格之间存在很大的差距，前者明显低于后者。

人们一旦得到某些物品，如杯子、钢笔、巧克力等，给它们赋予的价值就会有显著增长。在日常生活和工作中，对行为过失和由于疏忽或不采取行动取得同样结果的话，行为过失往往受到的谴责更多。中国的俗话"丢了是个宝，留着是根草"，成语"敝帚自珍"指的也都是这种现象。这些现象都和禀赋效应有关。

一、禀赋效应的基本内涵

禀赋效应是指人们一旦拥有了某个物品，就会高估该物品的价值。换句话说，一旦人们对某个物品的财产权确立了，人们就会赋予该物品更高的价值。经济学理论表明，在竞争性的市场上，买方和卖方都是价格接受者，因此，预测一个人购买或者出售一件商品的价格应当是一样的。然而，禀赋效应表现在商品的交易上，对于同样的物品，该物品的所有者放弃该物品而愿意接受的最低价格总是高于他们为了买入该物品所愿意支付的最高价格。这一现象最早是在20世纪70年代由环境经济学家们所发现的。哈马克(Hammack)和布朗(Brown)曾在1974年发现野鸭涉猎者要以每只野鸭247美元的价格支付费用用以维持适合野鸭生存的湿地，但是要他们放弃在这块湿地涉猎野鸭，他们的要价却高达每只1044美元。关于禀赋效应的研究进展主要如下。

(一)禀赋效应的具体表现：WTP-WTA 缺口

对大量经济现象的观察和实验研究表明，人们为了买入一件商品所愿意支付的最高价格(willingness to pay，WTP)和放弃该商品而愿意接受的最低价格(willingness to accept，WTA)之间存在很大的差距，即 WTA 明显高于 WTP，这被称为 WTP-WTA 缺口，有时也用 WTA/WTP 来描述该缺口。塞勒(1980)研究发现，人们为接受0.1%的突然死亡的风险而要求的最小补偿，比消除0.1%的死亡危险而愿意支付的价格要高得多，他最早将这种现象命名为禀赋效应。经济学家立刻会想到这种现象是否会在重复的市场环境中持续存在。有学者进行了一项类似于松树的家居植物的拍卖，他们得出的平均买价和卖价分别为4.81美元和8美元。在卡尼曼和塞勒合作的一个实验研究中，给第一组被试者每人一个咖啡杯，第二组被试者则什么都不给，第三组被试者可以选择要咖啡杯还是要等量的钱。结果发现，第一组拥有咖啡杯的被试者期望以不低于7.12美元的价格卖出咖啡杯，而第二组被试者则期望以不高于2.87美元的价格得到咖啡杯，第三组被试者对咖啡杯的估价是3.12美元。为了消除实验导语对实验结果的影响，有的学者改变了实验说明，去掉了买方、卖方等一些被认为可能会加大买卖价差的术语，重复进行了上述实验。他们观察到了明显较低的卖价，但是买卖价差仍然很大。这些数据显示市场中的竞争或学习使买卖价差在某些环境中得到了一定程度的减少，但却不能消除它。表 11-1 概括了另一些类似的例子。从这些例子中可以观察到，WTP-WTA 缺口太大了，以至于无法用现有的经济学理论对其做出合理的解释。

表 11-1　1987 年以前禀赋效应的实验结果一览

研究者、年份、标的	均值		
	WTP/美元	WTA/美元	WTA/WTP 比率
假设性调查			
Hammack and Brown，1974，湿地	247	1044	4.2
Banford，1979，鱼饵饼	43	120	2.8
同上，快递服务	22	93	4.2
Bishop，1979，鸭鹅狩猎许可	21	101	4.8
Rowe，1980，可见度	1.33	3.49	2.6
Brookshire，1980，麋鹿狩猎许可	54	143	2.6
Herberlein，1985，鹿的狩猎许可	31	513	16.5
实际交易的实验			

研究者、年份、标的	均值		
	WTP/美元	WTA/美元	WTA/WTP 比率
Knetsch，1984，彩票	1.28	5.18	4.0
Herberlein，1985，鹿的狩猎许可	25	172	6.9
Coursy，1987，品尝苦的液体	3.45	4.71	1.4
Brookshire，1987，公园中的树木	10.12	56.60	5.6

（资料来源：R Thaler. Quasi Rational Economics）

自 20 世纪 70 年代 WTP-WTA 缺口被发现以来，在 30 多年的时间中，从理论探讨到实践检验，该现象得到了广泛的研究。但是对于影响 WTA/WTP 比率的因素到底有哪些、为何不同商品的 WTA/WTP 比率会不同等问题的探讨尚未得出公认的解释。约翰·霍洛维茨(John K.Horowitz)和肯尼斯·麦康奈尔(Kenneth E.McConnell)对涉及巧克力、自来水笔、杯子、电影票、狩猎许可、可见度、核废料、三明治等的 45 项研究结果进行了统计分析，试图通过对这些实验结果的综合分析回答上述问题。

他们的第一个发现是实际检验和假设检验之间的结果差异并不明显，因此，通过假设式的询问得到的结论不会影响 WTA/WTP 比率。所以，实验设计和实验程序的差别不会影响 WTA/WTP 比率。第二个发现是越是市场上的普通商品，其 WTA/WTP 比率越低。公共物品和非市场物品的 WTA/WTP 比率最高，而普通的私人物品，涉及金钱或者类似等价物的 WTA/WTP 比率是最低的(见表 11-2)。对于不同类型商品的 WTA/WTP 比率大小不等的初步解释是，如果一种物品缺少替代品，那么它就会有更高的 WTA/WTP 比率。这就是所谓的替代效应对 WTA/WTP 比率的影响。这里的替代效应并不是传统的微观经济分析中的替代效应，而是指缺少替代品而造成的主观评价价值的上升。行为学家也认为，近似的替代品的缺乏是禀赋效应存在的必要条件。由于货币完全可以互相替代，所以同种货币的交换就不存在禀赋效应，从而其 WTA/WTP 比率为 1。因此，影响 WTA/WTP 比率大小的变量主要是交易商品的类型，诸如是市场商品还是非市场商品，替代品是否存在或者是否易于获得等。正因为如此，环境性产品和消费品的 WTA/WTP 比率大，为消费而购买的产品

第十一章 禀赋效应与投资行为

的 WTA/WTP 比率较大,而赌博投机的彩票类或证券类等定期出售或易于估价的产品的 WTA/WTP 比率就较小。

表 11-2 不同类型物品的 WTA/WTP 比率

	平 均 值	标 准 差	实验个数
公共物品或非市场物品	10.41	2.53	46
保健和安全用品	10.06	2.28	32
普通的私人物品	2.92	0.30	59
彩票	2.10	0.20	25
时间安排	1.95	0.17	39
所有物品	7.17	0.23	201

(资料来源:John K.Horowitz, Kenneth E.McConnell, A Review of WTP/WTA Studies, October 2000, p.26)

(二)禀赋效应与供求均衡

经济学的供求均衡理论认为,人们为获得某商品愿意支付的最大价格 WTP 和失去同样的禀赋所要求的补偿 WTA 应该是没有多大差异的,以至于可以忽略两者之间的差别。从而由不同的 WTP 形成需求曲线,由不同的 WTA 形成供给曲线。供给和需求互相调整,从而自发地实现市场的均衡。

然而,禀赋效应表明 WTA/WTP 比率可能非常大,从而实际的均衡数量明显低于市场均衡,塞勒称这种现象为交易不足。他和卡尼曼等人合作进行了九个系列实验。在这些实验中,使用随机分配的方法来测试禀赋效应。给参与实验的半数人一定的禀赋使其成为市场中潜在的销售者;而另外一半人则成为潜在的购买者。依据传统经济学原理所做的简单预测,半数的商品应该被自发地交换。如果拥有者没有人为的错误评价禀赋价值,那么整个群体对价格的评估应该是一样的,供给和需求曲线应该对称,并在中点相交。也就是说,半数的商品会易手。设这一预测值为 V^*。如果存在禀赋效应,对卖者来说,商品价值将会比买者认为更高。这样观察到的交易量 V 将会小于 V^*,从而 V/V^* 比率小于 1。这种交易不足是否是由于交易成本所导致的呢?为检验这个可能性,可以观察同一交易规则下,虚拟价值市场和实物市场的交易情况。同时这种比较也能消除其他各种解释这种交易不足的理论,诸如是否是对商品的说明中存在误导而导致交易不足的。因为在上述两个市场中,这一效果应该是一样的并可以相互抵消。

前文已经介绍了塞勒的九个系列实验中的第九个,现在详细介绍第八个实验。该实验的被试者是西蒙弗瑞瑟大学(Simon Fraser University)的 35 对学生,分成七组。这些学生来自经济学或者英语专业,每个学生都随机地和同组的另一名学生搭档,但要确保学生在进入团队时没有结成对子。让每组的被试者玩一个很简单的名为 Nim 的游戏。游戏的胜者每人可得到 400 克的瑞士巧克力。然后就开始虚拟价值交易,那些没有赢得巧克力的人得到了一张票子和一个说明,告诉他们这张票子价值 3 美元,因为凭票可以换得 3 美元的钱。票子的所有者同时也得知如果相互之间能达成一致,他们可以把票子卖给他们的搭档。他们的搭档,即巧克力所有者会得到说明,他们只要成功地买到这张票子,就可以得到 5 美元。这样,对任何完成交易的小组来说就会产生 2 美元的增值。

然后允许各小组进行交易且不限定时间。实验中还要事先说明参加实验者的信用是没问题的。实验结果记录在他们的说明书中。在35对实验对象中,有29对同意这样的交易,因此$V/V^*=0.83$。这29笔交易的平均价格是4.09美元,其中12笔交易的价格正好是4美元。一旦交易完成,就马上给票子兑现。为方便交易者,支付都是用美元进行的。当票子被兑现后,巧克力的所有者就可以按照双方达成的协议卖巧克力给他们的搭档。交易程序和票子的交易一样。

巧克力交易的结果再一次证明了不愿意交易的结论。从随机分配这一条件出发,本来预期有17.5笔交易,但结果只有7笔交易($V/V^*=0.4$)。如果认为第一阶段没有成功交易的6组参加实验者是没有理解实验程序而忽略他们的数据不计,那么在预期14.5笔交易中,进行了6笔交易($V/V^*=0.414$)。类似的,如果因为交易价格在3~5美元的范围之外再忽略两笔交易,交易数量就降到4,而V/V^*比率降到0.296。

塞勒和卡尼曼所进行的前七个系列实验中,大部分实验的$V/V^*<1$,表明存在着交易不足的现象。至于对市场规律的学习方面,虽然在每一个实验的最后都反馈了所有的信息,但没有证据表明在重复多次实验后,买价和卖价会趋于一致。这些实验中交易不足的现象反映了潜在的买者和卖者偏好的真实差别。这一结果的反复出现降低了实验中人为造成误差的可能性。这一系列实验的结果表明禀赋效应和交易不足是大量存在的现象。禀赋效应的存在降低了交易中的收益。因为损失厌恶,潜在的交易者更不愿意进行交易。这表明对双方都有利的交易可能比预期的更少,因此交易数量也更少。

(三)禀赋效应与无差异曲线不相交

微观经济学的消费者序数均衡理论认为:任何两条无差异曲线都不相交,无差异曲线的斜率,即边际替代率递减;在预算约束线与无差异曲线的切点上,消费者在既定价格水平和一定数量的消费指数下所能够买到的商品组合使其效用最大化。

禀赋效应的存在使消费者均衡理论受到了挑战,禀赋效应导致无差异曲线相交。微观经济学的消费者序数均衡理论认为,任何两条无差异曲线不相交。其隐含的前提是无差异曲线具有可逆性。一方面,拥有X的人,对他而言保持X或者以X换Y的效用是无差别的;另一方面,拥有Y的人保留Y或者以Y换取X的效用也不变。禀赋效应的存在破坏了可逆性。先来看一个经济学实验。一组被试者收到了5支中等价格的圆珠笔,另一组被试者收到了4.5美元。然后他们做了一系列的可以接受或不接受的报价。通过精心设计,全部报价可以确认出一条无差异曲线。例如,问那些得到了圆珠笔的人是否愿意为了再得到1美元而放弃一支圆珠笔。被接受的某一个报价被随机地选出以便在实验结束时和最初的禀赋共同确定被试者的支付。对每一个被试者而言,通过在其接受和拒绝的报价之间画线,就可以推出他的无差异曲线。接着,画出禀赋分别为圆珠笔和美元的两个组的每位成员的平均无差异曲线。对那些禀赋为圆珠笔的被试者而言,圆珠笔要值更多的钱;对于那些禀赋为美元的被试者而言,圆珠笔反而不值钱。结果两条无差异曲线相交了。初始禀赋不同的代表性个体的无差异曲线相交就顺理成章了。

经济学家假设人们的偏好与禀赋条件是无关的,但实验表明人们的偏好依赖于他们的参考位置——初始禀赋。对商品的偏好程度与禀赋并不是独立的——当商品A是初始禀赋的一部分时,对A的偏好可能大于B,但如果初始参考位置改变,即B是初始禀赋的一部分,那么结果可能也会颠倒。无差异曲线在不同的禀赋点可能会有交点;描述同一方向上

第十一章　禀赋效应与投资行为

交易情形的无差异曲线可能会穿越描述另一方向交易的无差异曲线。

即使是一种临时安排，禀赋效应也会产生。收到一件礼物的人真的比那些没有收到礼物的人更加看重礼物吗？卡尼曼1991年进行的一项实验回答了这个问题。给予一个班级一半的同学圆珠笔，给予另一半的同学可以用来交换各种礼品的有价票据。接下来，要求全部参与者按照吸引力大小排出在下一轮实验中作为奖品的礼物。最后，要求全部被试者在1支圆珠笔和2块巧克力之间做出选择。结果禀赋为圆珠笔的人有56%选择了圆珠笔；其他被试者选择圆珠笔的比例只有24%。但是，当进行奖品的吸引力排名时，禀赋为圆珠笔的人并没有认为圆珠笔更有吸引力。这表明导致禀赋效应的主要因素不是所拥有的物品的吸引力，而是放弃所拥有的物品带来的痛苦。禀赋效应的实验结果对经济现象的解释、经济预测以及经济理论本身都具有直接影响。

(四)禀赋效应与科斯定理

按照科斯定理，在没有交易成本的情况下，资源分配情况与初始产权无关。但是，如果不同商品间的边际替代率受禀赋的影响，那么，对某商品有产权的人会比没有产权时更希望保留这件商品。禀赋效应在法律上也有大量应用。科斯定理假定产权估价与谁拥有权利无关，这一假定受到实验观测出的买卖价差的质疑。在法律上经常认可由于减少禀赋而给某人带来的特殊损失并分配给他产权以将其损失程度降到最低。

在公司和其他组织的运营中也可以观察到禀赋效应现象的存在。假设公司或者个人由于历史原因或偶然性因素而得到某种特定财产，如果要公司或者个人放弃该财产的话，即使提供高于该财产市场价值的补偿所有者也不愿意放弃，如政府颁发的特许经营执照、土地的使用权或环境污染许可等。由于禀赋效应，公司既不愿意舍弃一部分工厂和生产线，也不愿意购买同样的设备。事实上，在公司做出放弃某些部分的决定后，在资本市场上公司的股价通常会上升。禀赋效应的后果不是没有交易，而是交易量的减少。在实际的交易中，很难把禀赋效应引起的低交易量和交易成本等其他因素引起的低交易量区分开来。例如，和预期收益相比，如果交易成本很低，但是仍出现无法解释的低交易量，就可能是禀赋效应引起的。

禀赋效应并不仅限于表现自爱实物商品或法律权利方面。个人和公司经常以早先的交易为参考点，人们不愿意亏本出售商品，这种不情愿能够解释两种交易不足。第一种是房地产价格，当房价下跌的时候，交易量也常会下跌；当房价下跌时，房子比房价上涨时更难出售。第二种是股价，与房地产价格类似，股价下跌时交易量比股价上涨时更低。

二、禀赋效应的行为学解释——前景理论

卡尼曼和特维斯基在1979年的《前景理论：风险条件下的决策分析》(Prospect Theory: An Analysis of Decision under Risk)[①]文章中提出了前景理论。与预期效用理论的公理性形式不同，前景理论是描述式的。卡尼曼和特维斯基在一系列行为实验结果的基础上提出了主要观点：人们更加看重财富的变化量而不是最终量；人们面临条件相当的损失时倾向于冒

---

① Kahneman D. and Tversky A. 1979. Prospect Theory: An Analysis of Decision under Risk. Econometrica, Vol. 47, No. 2, 263～291.

险赌博，而面临条件相当的盈利时倾向于接受确定性盈利；等等。综合这些结果和观点，他们给出了解释人们在不确定条件下的决策行为模型。

卡尼曼和特维斯基将个人的选择和决策过程分成两个阶段，并且利用两种函数来描述个人的选择行为：一种是价值函数(value function)V；另一种是决策权重函数(decision weighting function)$\pi(p)$。其中价值函数取代了传统预期效用理论中的效用函数，决策权重函数则将对预期效用函数的概率p转变成决策权重$\pi(p)$。

(一)个人风险决策过程

预期效用理论认为，投资者面对不确定状态下的投资决策是基于期末财富和结果发生的概率大小而做出的，传统投资理论假设下的投资者的决策框架(见图11-1)依据自身的财富水平和对结果发生的概率而做出一种预期的优化选择，这种决策模式建立在对各种信息咨询的充分占有和对情境的全面分析基础之上。

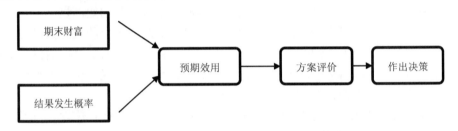

图11-1 传统投资理论视角下的投资心理决策框架

但是在金融市场的现实中，投资者由于受到外部环境的变迁、投资者的知识水平、信息占有的不对称、分析判断工具的先进性及自身心理素质等种种因素的制约，上述的预期效用最优决策是不可能实现的。因此，前景理论对投资者的决策框架进行了修正，该理论指出，个人在做选择和决策的时候会经历两个阶段：事件的发生以及人们对事件结果及相关信息的收集、整理为第一阶段，称为编辑阶段(editing phase)；接下来是第二阶段，进行评估和决策，也就是评价阶段(evaluation phase)。在决策的编辑阶段往往会依据个人决策偏好而面对各种备选方案进行编码；在决策的评价阶段，相对于参考点，投资者对收益和风险的预期决定了最终方案的制订(见图11-2)。

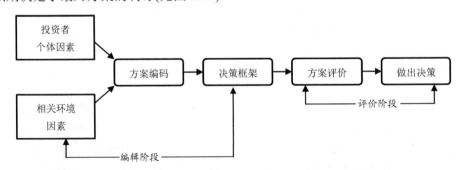

图11-2 前景理论视角下的投资心理决策框架

卡尼曼和特维斯基定义一个"期望"为一个不确定事件，表示为$(x, p; y, q)$，这个事件最多只有两个非零的结局。在这个事件中，个人得到x的概率为p，得到y的概率为q，

第十一章　禀赋效应与投资行为

另外有 $1-p-q$ 的概率得不到任何东西，因此 $p+q<1$。

第一阶段：编辑阶段。编辑阶段的作用主要是按照一定的标准，用规定的方法对各个选项进行描述，以及简化随后的估价和选择，使决策者更容易做出决策。编辑阶段主要包括以下几项内容。

（1）编码(coding)。卡尼曼和特维斯基指出，人们通常关注的是收益和损失，而不是财富或福利的最终状态。收益和损失是相对于某一参考点而言的，而参考点的选择通常又与现有资产状况有关，在这种情况下，收益和损失实际上就是得到或付出的金额。编码就是根据参考点，对现有财富的实际收入和支出，把期望行为组合编译成决策者自己的获利或损失。但是参考点的位置以及收益和损失的编码，会受到提供期望的表达方式和决策者的预期的影响。例如，在一个抛硬币的赌局，若是正面则你获得 5 美元，若是反面则你输 3 美元，对于这个赌局我们可以编码成(5, 0.5; -3, 0.5)，参考点一般就是现有的资产状况。

（2）合成(combination)。期望有时可以将具有相同结局的概率合并，这样可以将问题简化。如期望(100, 0.2; 100, 0.3)可以简化为(100, 0.5)。

（3）分解(segregation)。在编辑阶段，对于严格为正或严格为负的期望，可以将其分解为无风险部分和不确定性部分。例如，期望(500, 0.6; 400, 0.4)就可以被分解为 400 的确定性收益以及(100, 0.6)的不确定性期望两个部分。同样的，期望(-300, 0.7; -200, 0.3)可以看成是-200 的确定性损失和(-100, 0.7)的不确定性期望。

（4）取消(cancellation)。取消有两种情况。一种情况是前面所提到的分离效应，就是说人们在选择中抛开了不同期望中共有的部分。也就是在一个两阶段的期望中，会忽略第一个阶段而只考虑第二个阶段的部分。另一种情况是人们常常抛弃共有的组成部分。例如，在期望(200, 0.2; 100, 0.5; -30, 0.3)和(200, 0.2; 160, 0.5; -100, 0.3)的选择中，就可以通过取消两者的共同因子(200, 0.2)而简化成(100, 0.5; -30, 0.3)和(160, 0.5; -100, 0.3)两项。

（5）简化(simplification)。简化是通过凑整概率或结果而对期望进行简化。例如，(99, 0.51)为了简单就可能重新编码为以 50%的机会获得 100。

因为编辑阶段大大方便了决策，所以假设这一阶段只要有可能的话，决策人就会执行这一阶段。值得一提的是，编辑工作不仅能简化估价，而且有时候能影响决策者的决策，如分离效应的产生就来源于取消过程中对共有部分的抛弃。最后的编辑期望将会依赖于编辑过程的顺序，而这种顺序以期望提供和显示的形式不同而有所不同。

第二阶段：评价阶段。在编辑阶段之后，决策者将对期望进行估值，并选择出最好的期望。卡尼曼和特维斯基改变了传统投资理论评估总效用的方法，转而衡量一个期望的总价值 V。被编辑的全部总价值 V，将用两个尺度进行衡量，即价值函数 $V(x)$和决策权重函数 $\pi(p)$。$V(x)$反映了结果的主观价值，它与传统效用函数衡量结果的最终财富是不一样的，它衡量的是该结果离开参考点的程度，它把参考点在价值的度量中定为 0 点，也就是它衡量的是收益或者损失的价值。$\pi(p)$ 表示与每一个概率 p 相对应的决策权重，它与客观概率 p 有着本质的区别，它反映了概率 p 对期望的全部价值的影响程度。

前面我们假设过，期望的简化形式为$(x, p; y, q)$，这种形式最多有两种非零结果。在这样的期望中，个人得到 x 的概率为 p，得到 y 的概率为 q，另外有 $1-p-q$ 的概率得不到任何东西。这样就会有三种情况：如果所有的可能结果都是正的，用数学语言说就是如果 x,

$y>0$ 以及 $p+q=1$，那么提供的期望是严格正的；如果所有可能的结果都是负的，那么期望就是严格负的；如果一个期望既不是严格正的也不是严格负的，那么这个期望就是一般性期望。

前景理论的基本方程描述了将权重函数和价值函数结合起来确定期望的总价值。如果 $(x, p; y, q)$ 是一般性的期望，即要么 $p+q<1$，要么 $x>0>y$，要么 $x<0<y$，那么

$$V(x, p; y, q) = \pi(p) \cdot V(x) + \pi(q) \cdot V(y) \tag{11-1}$$

其中，$\pi(p)$、$\pi(q)$ 是决策权重函数；$V(x)$ 和 $V(y)$ 分别是期望不同结果的价值。

假如期望是严格为正或严格为负时，个人往往先将其分解成两个部分，其中一个部分是无风险的，如确定获得的最小利得或确定支付的最小损失；另一部分是风险性方面，如可能发生的利得或损失。这种情况的评价方式可以表示成

$$V(x, p; y, q) = V(y) + \pi(p) \cdot [V(x) - V(y)] \tag{11-2}$$

也就是说，严格为正和严格为负的期望的价值等于无风险部分的价值 $V(y)$ 加上不同结果之间的价值差 $[V(x)-V(y)]$ 乘以比较极端(概率极低)的结果的相关权重 $\pi(p)$。进一步，可以转化为

$$V(x, p; y, q) = \pi(p) \cdot V(x) + [1 - \pi(p)] V(y) \tag{11-3}$$

因此，假如 $\pi(p) + \pi(1-p) = 1$，则式(11-3)就可以转化成式(11-1)。我们就可以得出，严格为正(负)的期望的价值与一般性期望的价值是一致的。但是，$\pi(p) + \pi(1-p) = 1$ 这个条件并不是始终成立的。

总的来说，前景理论的价值模型在形式上保留了和预期效用模型一样的乘积和形式。但是，为了解释前面一章所讲的各种效应，卡尼曼和特维斯基假设价值是与财富的变化有关而不是最终状态，而且决策权重与固定的概率并不一致。这些与期望效用理论的差异，必然会导致传统投资理论所不能接受的结果。例如非连续性、非传递性，还有优势性。如果决策者意识到他偏好的非传递性、非连续性等，他的这些偏好就会纠正过来。然而，在很多情况下，决策者并不能或者没有机会发现自己的偏好会违反他所希望遵循的决策规则。在这种情况下，前景理论所指出的各种异象便会出现。

(二)价值函数以及参考点

1. 价值函数的特征

大量投资行为学证据表明，人们通常考虑的不是财富的最终状况，而是财富的变化状况。前景理论一个非常巨大的突破就是用价值函数 v 替代了传统的效用函数，从而将价值载体落实在财富的改变而非最终状态上。总体上来看，价值函数有以下特点。

(1) 价值函数应该是一个单调递增的曲线。因为对于个人来说，任何情况下收益总是要比损失好，而且收益越大，价值越高(或者损失越小，价值越高)。

(2) 价值函数是定义在相对于某个参考点的利得和损失，而不是一般传统理论所重视的期末财富或消费。参考点的决定通常是以目前的财富水平为基准。前景理论的一个重要特征就是人们通常考虑的是财富的变化量而不是财富的最终状态。这一假设与感知和判断的基本规律是一致的。卡尼曼和特维斯基的感知工具就是对变化或差异进行估值而不是对绝对值进行估值。例如，当人们对光、声音和温度作出反应的时候，过去和现在的经验定义了一个适应水平或参考点，所有被感知的变化都是相对于这个参考点而言的。因此，一

第十一章 禀赋效应与投资行为

个给定的温度可能根据一个人可以适应的温度而被确定为热的还是冷的。比如,有三种不同光暗程度(亮、中、暗)的灯,一个人如果长时间在暗的灯下的话,一旦让他再使用中等亮度的灯,他就会认为很亮,这是因为他是以暗灯为参考点的;但是,如果他原来是在亮灯下的话,那么一旦让他使用中等亮度的灯,他就会觉得很暗,这是因为他现在是以亮灯为参考点的。同样的道理也适用于一些非感觉属性,如健康、声望、财富等。同一财富水平可能对一个人意味着贫穷,而对另外一个人来说就可能是巨大的财富,这些都要取决于他们当前财富的多少,也就是说他们参考点的水平。

强调财富变化才是价值判断的依据不应该被简单地理解为财富的变化独立于财富初始的变化量。严格来说,价值应该被看作两个部分的函数:财富的状态也就是参考点;相对于参考点的变化量(正的还是负的)。例如,某个人对待财富的态度可以用一本书来描述,其中,书的每一页表示某一特定财富状况变化的价值函数。显然,按照不同页码描述的价值函数是不相同的;随着财富的增加,它们可能会变得更接近线性。然而,期望的偏好次序并不会因资产状态小的,甚至中等程度的变化而发生重大改变。

因此,在坐标轴上,价值函数就应该是通过参考点(原点)且单调递增的曲线。

(3) 价值函数为反 S 形的函数。也就是说在参考点之上是凹的,这一点体现了风险规避,即在确定性收益与非确定性收益中偏好前者;在参考点之下是凸的,体现风险偏好,即在确定性损失与非确定性损失中偏好后者。

很多行为反应属性都是凹函数。例如,天气变化 2℃和变化 5℃是很容易区别的,而区分变化 12℃和 15℃就不那么容易了。这一原理可以应用到财富变化量的估算中。收益 100 和收益 200 之间的差异显得比收益 1100 和收益 1200 之间的差异要大;同样的,损失 100 和损失 200 之间的差异看起来也要比损失 1100 和损失 1200 之间的差异要大。

卡尼曼和特维斯基通过一个风险状态下个人对收益和损失反映的实验,证实了价值函数的这种特征。

例:假设有两个赌局,让实验者在每个赌局中做出选择。

赌局 1:(6000,0.25)或者(4000,0.25;2000,0.25)

赌局 2:(-6000,0.25)或者(-4000,0.25;-2000,0.25)

实验发现:在赌局 1 中,82%的人选择了后者,而赌局 2 中,70%的人选择了前者。

我们用价值的基本方程来表达以上赌局中的偏好状况。

赌局 1: $q(0.25)v(6000) < q(0.25)[v(4000) + v(2000)]$

赌局 2: $q(0.25)v(-6000) > q(0.25)[v(-4000) + v(-2000)]$

简化这两个不等式,则有

$v(6000) < v(4000) + v(2000)$ 和 $v(-6000) > v(-4000) + v(-2000)$

这与价值函数在收益段呈凹函数,在损失段成凸函数是一致的。这表示处于收益状态时,决策者是风险厌恶的,每增加一单位的收益所增加的效用低于前一单位所带来的效用;处于损失状态时,决策者是风险偏好的,每增加一单位的损失,其失去的效用也低于前一单位所失去的效用。

(4) 决策者在相对应的收益与损失下,其边际损失要比边际收益敏感。也就是说价值函数在损失部分(负轴)上的斜率比获利部分(正轴)上的斜率要大,在图形上就表现为损失部分的曲线要陡于收益部分的曲线。

投资行为学证据表明，对财富变化态度的一个突出特征是损失的影响要大于收益，损失一单位的边际痛苦大于获取一单位的边际利润，也就是个人有损失趋避(loss aversion)的倾向。塞勒将这种情况称为"禀赋效应"。这可以很好地解释为什么人们不愿意对等概率赌局(对称性事件)$(x, 0.5; -x, 0.5)$下注。原因在于同一概率下，收益带来的效应远远抵不上损失带来的负效应。而且，随着 x 增大，其厌恶程度提高。

证明：假设 $x>y>0$，考虑赌局$(x, 0.5; -x, 0.5)$和$(y, 0.5; -y, 0.5)$。我们知道在这个赌局中人们更倾向于前者。

利用价值的基本方程式来表达以上赌局中的偏好状况。

$V(x)+V(-x)>V(y)+V(-y)$，合并同类项，再移项，可得

$V(x)-V(y)>V(-y)-V(-x)$，两边同除以 $x-y$，有 $\dfrac{V(x)-v(y)}{x-y}=\dfrac{V(-y)-V(-x)}{x-y}$

令 $x-y$ 趋向于零，则有 $V'(x)<V'(-x)$。

综合以上四点特征，我们就可以很容易地得到价值函数的大致图形，如图11-3所示。

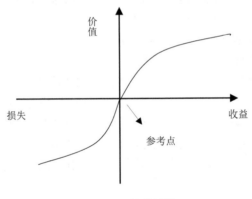

图 11-3　价值函数

2. 参考点的内涵

前景理论的价值函数与预期效用理论中的效用函数一个重要的不同点就是存在着一个拐点，即存在所谓的"参考点"(reference point)。

人们在评价一个事物或作出一个选择时，总要与一定的参照物相比较，当对比的参照物不同时，即使相同的事物也会得到不同的比较结果。因此，参考点作为一种主观评价标准，它是个人主观确定的，而且会因评价主体、环境、时间等的不同而不同。卡尼曼和特维斯基发现，风险收益机会的价值更多地依赖于可能发生的收益或损失是以哪个水平为参考点的，而不是它最终会带来的总价值。也就是说，并不是人们的富有程度影响其决策，而是某项决策会让人们变得穷一点儿还是富一点儿的判断影响其决策。因此，卡尼曼和特维斯基说："我们可以通过改变参考点的方法来操纵人们的决策。"比如百货商场在举行促销活动时，常常会将原价标得特别高，这样使顾客在做出购买选择时如果以原价为参考点，就会形成该商品很便宜的错觉。

塞勒发现，在某些情况下，利得会增加个人参加赌局的意愿，这称为"私房钱效应"(house

money effect)①。他通过一个实验来描述了这个现象。

假设有两组学生来做实验。

A组学生，假设他们刚刚赢得了30美元。现在有一个抛硬币的赌局，正面可以获得9美元，反之要输掉9美元。实验结果表明70%的同学愿意接受赌局。

B组同学，假设刚开始他们没有赢任何钱，再提出抛硬币的赌局，如果正面则可以获得39美元，反之可以获得21美元，如果不参加赌局可以稳获30美元。实验结果：只有43%的学生愿意参加赌局。

实验结果表明，尽管两组学生面临的最终选择是一样的，也就是正面可得39美元，反面可得21美元，不参加则确定有30美元，但是开始拥有财富的同学选择了参加赌局，而开始没有钱的同学则放弃赌局，这说明，个人作决策时会受到前一次收益的影响，也就是自己原有状态的影响。在这里初始状态的30美元和0美元成了他们各自的参考点。

参考点的选择有很多，通常人们是以目前的财富水平为基准，但是也不完全如此。卡尼曼和特维斯基认为，参考点可能会因为投资人对未来财富预期的不同而有不同的考虑。研究者发现，价格的预期走势也会影响参考点。例如，假设有人在房地产正要繁荣之前以500 000元买了一栋房子，预期房地产开始火爆时该房子的价值可达到800 000元，而此时若要出售房子的话，其参考点就不再是初始买价了，而变成了预期财富800 000元。

另外，在一些研究实验中也会出现获利或损失逆转的现象，这是因为人们在决策编辑过程中，用于编码定义获利或者损失的参考点发生了变化。并且参考点的变化，正是因为财富现状在很短的时间内发生了变化或者变化很大，让决策者还没有很快就适应。例如，一个人刚刚损失了2000元，现在面对这样一个赌局：在确定的1000元收入和0.5的概率获得2000元之间进行选择。如果他还没有适应已经损失了2000元后的财富状况，仍然把原来的财富作为参考点，他就会把这个决策编辑成(-1000，1.0)和(-2000，0.5；0，0.5)，而按照这个参考点编码之后的期望比按照现有财富为参考点的编码(1000，1.0)和(2000，0.5；0，0.5)的期望更具有风险偏好的趋向，也就是说，参考点的变化改变了预期行为组合的偏好次序。

(三)决策权重函数

面临不确定性决策时，人们常常需要通过概率来估算不同结果发生的可能性。传统的预期效用理论认为，一个不确定性期望的价值可以通过决策主体对各种可能出现的结果按照出现的概率加权求和后得到，也就是说一个不确定期望的价值是关于其结果发生概率 p 的主观线性函数，即

$$U(E) = Pu(x) + (1-p)U(y)$$

我们知道，概率可以分为客观概率和主观概率。客观概率是指在大量的实验和统计观察中，在一定条件下某一随机事件出现的一种客观存在的频率。它是基于对事件的物理特性的分析，如一个硬币有正反两面，向上抛掷后，任何一面朝上的概率为0.5。主观概率是指人们对某一随机事件可能出现的频率所做的主观估计。主观概率为1，意味着人相信某个事件会出现；主观概率为零，意味着人相信某个事件不会出现，而中间值反映不同的信心

---

① Thaler R. H., Tversky A., Kahneman D. and Schwartz A. 1997. The effect of Myopia and Loss Aversion on Risk Taking: An Experimental Test. Quarterly Journal of Economics.

水平。可以说,客观概率不依赖于人的主观认识,人们可以借助概率论和统计方法,基于对客观情境的分析,计算出客观概率分布;而主观概率则在于个人主观上对客观事物的认识,以及人们的经验和偏好,而且人们在加工不确定性信息时,常常存在一些认知偏差,因此,主观概率和客观概率往往是不相符的。并且,人们对不同的效用值所对应的事件发生的主观概率是不一样的,按照实际概率值可以划分为极可能、很可能、可能、很不可能、极不可能几种情况。不同情况下人们对概率的评价有明显的差异。从不可能事件到另一个可能事件,或者从可能事件到确定性事件的变化所产生的作用大于从一个可能性事件到另一个可能性事件的同等变化而产生的作用,即决策权重存在"类别边际效应"(category boundary effect)。

在前景理论中,所有可能的结果都会乘以一个决策权重,决策权重可以从预期的选择中推断出来。决策权重函数具有以下的特点。

(1) 决策权重并不是概率,但它与客观概率 p 相联系,决策权重是客观概率的一个非线性函数,是客观概率的递增函数。它不符合概率公理,也不能解释为主观概率。除了个人主观认定的事件发生的可能性外,通常决策权重还会受到与事件相关的其他因素的影响,如个人喜好。人们在作决策过程中,对于自己比较偏好的结果常会赋予较大的权重。例如,在购买彩票时,尽管人们明确知道中奖的可能性比较小,但情感的支配(非常希望中奖,或者认为老天会垂青自己等)使购买者认为自己中奖的可能性比较大。

(2) 小概率事件的高估及其次可加性(sub-additives)。

对于概率 p 很小的时候,$\pi(p)>p$,这表示个人对于概率很小的事件会过度重视;但是当一般概率或概率 p 较大时,$\pi(p)<p$,这可以说明个人在过分注意概率很低的事件的同时,往往忽略了例行发生的事。而且,在低概率区域,权重函数是次可加性函数,也就是说,对于任意 $0<r<1$ 时,都有 $\pi(rp) > r \cdot \pi(p)$。

例:假设个人购买彩票,A 为有 0.001 的概率获得 5000 元;B 为稳获 5 元。结果发现,在 100 个参加实验的人中,有 72% 选择了 A,也就是购买彩票。

利用价值方程式,我们可以得到 $\pi(0.001)v(5000)>v(5)$,因此,$\pi(0.001)>v(5)/v(5000)$。由价值函数在收益段是凹函数的性质可知,$0.001v(5000)<v(5)$,所以可以得出 $\pi(0.001)>0.001$。

对小概率事件的高估放大了对偶然性获利的希望,结果,人们常常在对待不可能的盈利时表现出风险偏好。这也解释了在几乎不可能盈利的情况下彩票对彩民具有的诱惑力。

下面,我们来进一步说明权重函数在低概率区域的次可加性。也就是说,对于较小的概率 p,当 $0<r<1$ 时,有 $\pi(rp) > r \cdot \pi(p)$。

例:假设仍然是彩票问题,有两种选择:A 为 0.001 的概率获得 6000 元;B 为 0.002 的概率获得 3000 元。结果在 100 人参加的实验中,有 73% 的人选择了前者。

按照上述偏好,根据价值方程式,则有 $\pi(0.001)v(6000)>\pi(0.002)v(3000)$。

因此,可以得出 $\dfrac{\pi(0.001)}{\pi(0.002)} > \dfrac{v(3000)}{v(6000)}$,前面我们已经知道价值函数在收益段是凹函数,我们就可以推出 $\dfrac{v(3000)}{v(6000)} > 1/2$,于是有 $\dfrac{\pi(0.001)}{\pi(0.002)} > 1/2$。

次可加性说明了小概率事件的作用较大,即 p 值在一个特定的小值范围内,概率放大的倍数会大于权重放大的倍数,当然,如果 p 值超出这个范围以后这种性质就不存在了。

(3) 次确定性(sub-certainty)。即各互补概率事件决策权重之和小于确定性事件的决策权重。也就说，对于 0<*p*<1，有 *f*(*p*)+*f*(1−*p*)<1。卡尼曼和特维斯基将这一属性称为"次确定性"。

例：问题 1：有两种选择 A (2500，0.33；2400，0.66；0，0.1)；B(2400)。

结果在 100 个被测试者中，82%的人选择了 B。

根据价值方程式和问题偏好关系，我们可以得到

$$V(2400) > \pi(0.66)v(2400) + \pi(0.33)v(2500)$$

即
$$[1-\pi(0.66)]v(2400) > \pi(0.33)v(2500) \tag{11-4}$$

问题 2：有两种选择：A(2500，0.33；0，0.67)；B(2400，0.34；0，0.66)。结果在 100 个被测试者中，83%的人选择了 A。

同样，我们根据上面的过程可以得到

$$\pi(0.33)v(2500) > \pi(0.34)v(2400) \tag{11-5}$$

综合式(11-4)和式(11-5)，我们得到 $[1-\pi(0.66)]v(2400) > \pi(0.34)v(2400)$，也就是 $1-\pi(0.66) > \pi(0.34)$。

次确定性表明 *f* 是对 *p* 的回归，即偏好对概率变化的敏感性通常比期望效用理论要求的要低。因此，次确定性描述了人们对于不确定性事件态度的一个重要因素。也就是说，所有互补性事件的权重之和小于确定性事件的权重。由于假定小概率事件的权重大于其确定的概率，次确定性就意味着中、高概率事件的权重小于其确定的概率。

(4) 次比例性(subpropotionality)。当概率比一定时，大概率对应的决策权重的比率小于小概率对应的决策权重比率，即对于任意的 0<*p*，*q*，*r*<1，存在 $\dfrac{\pi(pq)}{\pi(p)} < \dfrac{\pi(pqr)}{\pi(pr)}$。

(5) 当逼近确定性事件的边界时，也就是当概率 *p* 非常接近于 0(极低概率)或 1(极高概率)时，个人对概率的评价处于非常不稳定的突变状态，此时权重常被无端忽视或者突然放大。而且，到底多少可以算作极低的概率或者极高的概率是由投资者的主观判断所决定的。

在有些情况下，人们对极低概率事件有高估倾向，这使人们对可能性很小的盈利表现出风险偏好，同时对可能性很小的损失表现出极度的厌恶。这就解释了彩票和保险为什么具有如此大的吸引力，因为它们都是以较小的固定成本换取可能性小但十分巨大的潜在收益。

综合以上五个特征我们大致可以描绘出决策权重函数的近似图像，见图 11-4 的虚线部分。权重函数是客观概率的非线性函数，单调上升，在低概率段 $\pi(p) > p$，而在相对高概率部分，则 $\pi(p) < p$。

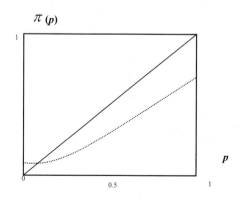

图 11-4　决策权重函数

另外，需要注意的是，在一些情况下，人们对于极低概率事件也会有着将其忽略的倾向。也就是说，人们有时可能把可能性极小的事件简单地视为不可能事件，从而将其决策权重看作 0，同时把极可能发生的事件的权重看作 1。此时，决策权重函数的图形就会有所变化，如图 11-5 所示。

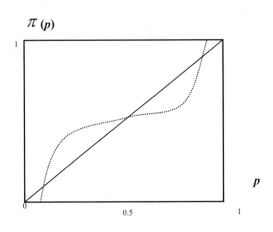

图 11-5 决策权重函数的另一种形式

第二节 投资决策中的禀赋效应——处置效应

禀赋效应所导致的交易不足在证券市场上也同样存在，表现为投资者过早卖出盈利股票和过久持有亏损股票的处置效应。

一、处置效应的含义

一般来说，投资者买入股票是为了获取收益，而卖出股票则是为了实现获利或避免进一步的损失。随着投资者持有股票的账面损失增大，其惜售倾向增加，于是出现了投资者长时间持有亏损的股票，而过早地卖出盈利股票的现象。这种现象被称为处置效应(disposition effect)，处置效应亦称为"恋股情结"，这是由于和享受获利相比，人们更为厌恶损失的实现。因此，相对于买入价而言，出现价值损失的投资者将倾向于继续持有股票，而出现升值的股票会被迅速出手。谢夫林(Shefrin)和斯塔德曼(Statman)[①]把这种投资者倾向于过久持有亏损投资，过早卖出盈利投资的行为趋向正式命名为处置效应。

例如，某投资人在月初以 50 元买进某股票，到了月底，该股票的市价为 40 元，预期该股票未来不是上涨 10 元就是下跌 10 元。此时投资者就要决定卖出股票或是继续持有该股票。谢夫林和斯塔德曼认为投资者会将此决策过程编辑成以下两个期望的选择：A 为立即出售该股票，马上确认 10 元的损失；B 为继续持有该股票，有 50%的可能性损失 10 元，50%的可能性可以扳回损失。根据前景理论，价值函数在损失段是凹函数，此时投资者是风险偏好者。因此投资者不会愿意确认该损失，而会尝试可能的扳平机会，所以投资者会继

---

① Shefrin and Statman. 1985. The Disposition to Sell Winners Too Early and Ride Losers Too Long: Theory and Evidence. Journal of Finance 40.

续持有该股票。这种现象与赌徒在赌输情况下希望翻本的行为动机是一样的。另外,若该股票价格为 60 元,我们同样可以根据价值函数在收益段是凸函数,推断出此时投资者是风险规避者,更倾向于实现确定的盈利,因而会比较早地出售已经盈利的股票,这与赌徒的见好就收的行为动机是一样的。

特伦斯·欧登(Terrance Odean)[①]分析了一个大规模贴现票据经济行为的 10 000 个账户的交易记录,以检验处置效应。这些投资者显示出强烈的售盈持亏的行为趋向。他们的行为无法用组合重组或是避免低价位交易时相对较高的交易成本来解释,而原投资组合随后的表现也并不能证明他们的行为是正确的。

格林布拉特(Grinblatt)和凯勒加合永(Keloharju)将投资者持有期已经实现的亏损或账面损失程度分为损失小于等于 -30% 和损失在 0~-30% 之间两类,分别检验投资者是否具有处置效应并了解处置效应对卖出决策的影响。结果发现,投资者持有期已经实现的亏损或账面损失程度越严重,其卖出股票的概率越小。

二、处置效应的检验方法和结果

为了检验投资者是否倾向于售盈持亏,仅考虑出售的盈利证券数与亏损证券数的比例是不够的。假设售盈售亏对投资者无差别,那么在牛市中,投资者的投资组合中将会有更多的盈利证券,并且他们会倾向于售盈持亏,即使他们没有这种偏好。为了检验投资者是否有售盈持亏的偏好,必须着眼于他们实际出售的盈利和亏损资产与他们有机会出售的各类资产之比。

特伦斯·欧登从 1993 年的芝加哥大学证券价格研究中心(CRSP)的纽约证券交易所、美国证券交易所和纳斯达克每日股票数据库中得到研究所需的拆股、红利和其他价格数据,研究仅限于可以获得这些信息的股票。这 10 000 个账户中,有 6380 个账户买卖 CRSP 数据库中的股票,一共有 97 483 次交易。

每天当组合中有两只或更多只股票被卖出的时候,就将这些股票的卖价和它们的平均购买价格进行比较,以判断是售盈还是持亏。当天开盘前组合中已有但未售出的股票,按账面(未实现)损益计算(或损益为零)。通过比较这些股票当天最高价、最低价(可以从 CRSP 得到)与平均购买价格的差异来决定是否存在账面损益,如果最高价和最低价都高于平均购买价格,按账面盈利计算;如果最高价和最低价都低于平均购买价格,则按账面亏损计算;如果平均购买价格位于最高价和最低价之间,则账面损益为零;如果当天没有股票被出售,则账面损益为零。

举例来说,假设一个投资者的投资组合中有 5 只股票,即 A、B、C、D、E,A、B 的价格高于它们的购买价,C、D、E 低于其购买价。另一个投资者的投资组合中有 3 只股票,即 F、G、H,F、G 高于它们的购买价,H 低于其购买价。在一个特定的日子,第一个投资者卖出股票 A、C,第二天,另一个投资者卖出 F,卖出 A、F 记为实际收益,卖出 C 记为实际亏损。因为可以卖出 B、G 获取利润,但并未卖出,所以记为账面收益;类似地,D、E、H 记为账面损失。因此这两天内对这两个投资者记录到两次实际收益、一次实际损失、两次账面收益和三次账面损失。对每个账户计算实际收益、实际损失、账面收益和账面损

---

① Terrance Odean. 1998. Are Investor Reluctant to Realize Their Losses. Journal of Finance 53, 1775~1798.

失的次数，并加总不同账户的次数，然后计算下面两个比例。

$$\frac{实际收益}{实际收益+账面收益}=实际收益比(PGR)$$

$$\frac{实际损失}{实际损失+账面损失}=实际损失比(PLR)$$

在这个例子中，PGR=1/2，PLR=1/4，PGR 比 PLR 大很多，显示出投资者有售盈持亏的倾向。

任何对处置效应的检验都包含了两部分：一是检验投资者售盈持亏的假设；二是衡量损益的参考点。股票的可选参考点有平均购买价格、最高购买价格、最先购买价格和最近购买价格。无论选择哪个参考点，研究结果本质上都是一样的，这里选择平均购买价格作为参考点。决定参考点和损益的时候，可以考虑也可以不考虑佣金和分红。虽然投资者在回忆其股票购买价格时不会考虑佣金，但佣金确实会影响资本损益。由于红利不会影响出于避税目的出售股票而得的资本损益，因而计算损益时未包含红利。无论是否包括佣金和红利，都不会影响本节的主要结论——投资者倾向于售盈持亏。为了确定在一个特定的日子里投资者出售股票是否会产生损益，假定股票出售时的佣金为购买这个股票时的每股平均佣金，对拆股进行调整后计算所有损益。

这里有两个假设需要检验。第一个是投资者倾向于售盈持亏，用实际收益比和实际亏损比来表示，即假设 1：PGR>PLR(1 年)。这种情况下的虚无假设是 PGR≤PLR。第二个是与一年中的其他月份比较，在 12 月，投资者出售较多的亏损证券、较少的盈利证券，即假设 2：PLR-12 月 PGR>PLR-1 至 11 月 PGR，这种情况的虚无假设是 PLR-12月PGR≤PLR-1至11月PGR。

表 11-3 中列出了 1 年、1 至 11 月以及 12 月的 PGR 和 PLR。可以看到，从一年来说，投资者售盈的比例确实高于售亏的比例，对假设 1 和假设 2，均可以较高的显著性拒绝虚无假设。对第一个虚无假设进行单尾检验得到的 t 统计量大于 35，因而拒绝此假设。第二个虚无假设也被拒绝了(t=16)。在这些检验中，把实际收益、实际亏损、账面收益和账面亏损作为独立的观察结果来计算，并对所有账户进行加总，独立性假设并不理想。举例来说，假设一个投资者决定在不重复的情况下卖出同一只股票，那么他在某日不卖出某只股票的决定同他在另一日不卖出同一只股票的决定之间可能不是独立的。也可能两个投资者因为收到了相同的信息，而决定在同一天卖出同一只股票。虽然缺乏独立性不会影响观测到的数据比例，但会抬高检验的统计量。对假设 1 和假设 2，均以如此高的显著性拒绝虚无假设，缺乏独立性并不会对结果产生什么影响。在随后的讨论中，有时把数据集划分为几个部分，对那些 t 统计量接近统计显著性常规界限的部分，则要考虑缺乏独立性对数据的影响。

表 11-3 数据集的 PGR 和 PLR

	1 年	12 月	1~11 月
PLR	0.098	0.128	0.094
PGR	0.148	0.108	0.152
PLR-PGR	-0.050	0.020	-0.058
t 统计量	-35	4.3	-38

(资料来源：Terrance Odean, "Are Investor Reluctant to Realize Their Losses", Journal of Finance 53, pp.1775-1798, 1998)

第十一章　禀赋效应与投资行为

表 11-3 比较了数据集的总 PGR 和总 PLR。在一段时间内(1989—1993)对数据集中所有账户的实际收益数、账面收益数、实际亏损数和账面亏损数进行加总，按 1 年、12 月以及 1~11 月这三个时间段来计算 PGR 和 PLR。在一年内有 13 883 次实际收益、79 658 次账面收益、11 930 次实际亏损、110 348 次账面亏损，12 月有 866 次实际收益、7131 次账面收益、1555 次实际亏损、10 604 次账面亏损。t 检验的虚无假设是在实际收益、账面收益、实际亏损、账面亏损独立决定的情况下，PGR 和 PLR 的差为 0。

为了说明独立性假设对本节主要结论——投资者倾向于售盈持亏的重要性，考虑另一个有启发性的检验。假设任一个账户的 PGR、PLR 与其他账户的 PGR、PLR 无关，那么对每一个账户估计 PGR、PLR，计算 PGR-PLR；平均账户 PGR 是 0.57，平均账户 PLR 是 0.36，平均 PGR-PLR 是 0.21，t 统计量为 19 拒绝了 PGR-PLR 的值低于或等于 0 的假设。这个检验也试图处理由公共信息带来的相关性，为了解决这个问题，只有在一只股票卖出日的前后一周内未记录过该股票卖出的情况下，再计算此次卖出的损益，即一个星期内不对同一股票的两次卖出都作记录，类似的，不对一星期内同一股票的未实现账面收益或亏损做超过一次的记录。这个检验提供了另一种选择，但并非没有缺陷。第一个检验方法，实际上是把每一个账户的实际和账面损益数作为该账户的权重。第二个检验赋予每个账户相同的权重，意味着忽略了这样一个事实：那些有更多交易的账户提供了对他们的实际 PGR 和 PLR 更准确的估计。换句话说，对每个账户进行同样的处理表明假设这些账户 PGR 和 PLR 是同质离中的，而显然它们是异质离中的。然而准确地衡量异质离中趋势需要知道各个账户交易的独立性程度，这正是这个检验要规避的问题。提出这一点只是为了说明即使有不同的独立性假设，假设 1 的虚无假设仍以很高的显著性水平被拒绝。

应该注意 PGR 和 PLR 依赖于它们所属组合的平均规模，如果组合规模很大，那么这两个指标会较小，频繁交易且拥有较大组合规模的投资者的 PGR 和 PLR 一般小于交易较少、组合规模较小的投资者的 PGR 和 PLR。而我们感兴趣的并不是 PGR 和 PLR 各自的值，而是它们的差和比率。因为卖盈比例和卖亏比例自身的大小并没有特别重要的意义，但这两个比例的相对大小则可以反映投资者卖盈还是卖亏的倾向。如果卖盈比例远大于卖亏比例，则投资者倾向于卖盈；如果卖盈比例远小于卖亏比例，则投资者倾向于卖亏。所以可以用卖盈比例和卖亏比例之差 PGR-PLR 和二者之比 PGR/PLR 来衡量投资者"售盈持亏"的程度，数值越大，则越愿意卖出盈利股票，继续持有亏损股票；数值越小，则越愿意卖出亏损股票，继续持有盈利股票。

表 11-3 中的一年 PGR/PLR 略大于 1，意味着卖出盈利股票的可能性比卖出亏损股票的可能性高 50% 以上，在韦伯(Weber)和卡默勒(Camerer)于 1995 年对处置效应的实验研究中也存在这种现象。表 11-3 中每月的 PGR/PLR 比例从一月的 2.1 下降至 12 月的 0.85，这种向下倾斜的曲线与投资者在年底前出售亏损股票以避税是一致的。从 1 月到 11 月，PGR/PLR 都大于 1。

在国外，投资者为了避税往往在年底卖出亏损股票，因此，12 月的卖盈比例/卖亏比例比较低。在我国，投资者不需要缴纳资本利得税，税收因素不影响个人投资者的行为。但对于机构投资者，特别是上市公司来说，卖亏还是卖盈影响当年利润，如果想增加利润，则卖出盈利股票；如果想减少利润，则卖出亏损股票。基金管理公司存在卖亏的动机，因为卖亏可以降低当年实现的利润，延迟股息的支付。

哈里斯(Harris)提出投资者不愿出售亏损股票,可能是为了避免低价位交易时的较高交易成本。有另一个方法可以对投资者为避免高交易成本而持亏的假设和其他两个行为假设进行比较。为了研究投资者增加购买已持有股票的比例,可以用计算PGR和PLR类似的方法计算再次购买收益比(proportion of gains purchased again,PGPA)和再次购买损失比(proportion of losses purchased again,PLPA)。当再次购买投资组合中已有的股票时,按再次购买收益或再次购买亏损计算。在发生购买的当天,如果没有对投资组合中已有的股票再购买,则记为潜在再次购买损益,于是

$$\frac{再次购买收益}{再次购买收益+潜在再次购买收益}=PGPA$$

$$\frac{再次购买亏损}{再次购买亏损+潜在再次购买亏损}=PLPA$$

如果一个账户购买某只股票后一星期之内再次购买该股票,则不作为再购买计算。这样做是为了避免把那些超过一天完成的一次购买指令记为再购买。

如果整体上存在处置效应,可能会引起价量变化的正相关。拉可尼克(Lakonishok)和斯密迪(Smidt,1986)[①]以及弗雷斯(Ferris)等人(1988)证实了这种情况。处置效应也会引起其他市场,如住宅市场价量走势的正相关。卡斯(Case)和希勒(Shiller)在房地产热前后对私房业主的调查也证实了存在处置效应。

三、处置效应的成因分析

处置效应实质上是禀赋效应在股票市场上的具体表现,是前景理论在投资方面的一个延伸。根据前景理论,当投资者面临的选择是是否购买一个简单的、只有两三个可能结果的彩票时,人们的行为似乎在最优化一个S形的价值函数。价值函数依赖于投资者的损益,价值函数的图像在盈利时上凸,亏损时下凹,并且函数的斜率在亏损时比盈利时陡峭,这意味着投资者一般是风险厌恶的。价值函数的关键是衡量损益的参考点,通常把现状作为参考点。

早先的研究对投资者售盈持亏的假设提供了一些支持,但是这些研究无法一般地区分引起此现象的各种不同动机。投资者可能出于行为动机售盈持亏,即他们可能具有前景理论所描述的价值函数,或者他们错误地认为股价会回归平均。对于售盈持亏现象也有一些理性的解释,例如:①出现股价大幅增长时,未持有市场组合的投资者通过出售获利股票并买入其他股票以分散其投资(拉可尼克(Lakonishok)和斯密迪(Smidt))。根据有利消息买入股票的投资者,当股价上升时,理性地认为目前的股价反映了此信息,因而卖出股票;当股票下跌时,理性地认为股价还没有反映此消息,因而继续持有股票(Lakonishok & Smidt,1986)。②因为低价位股票的交易成本显得相对高昂,并且与盈利股票相比较而言,亏损股票的价格可能较低,因而投资者可能为了避免低价位交易时较高交易成本而继续持有亏损投资。

损失厌恶是指人们面对同样数量的收益和损失时,对损失的感觉要比对收益的感觉强

[①] Lakonishok, Josef and Seymour Smidt. 1986. Olume for Winners and Losers: Taxation and Other Motives for Stock Trading. Journal of Finance, 141, 951~976.

烈得多。也就是说，人们失去 100 美元的痛苦要大于得到 100 美元的快乐。根据卡尼曼和特维斯基的实验，损失带给人们的痛苦是同样的收益带给人们的快乐的两倍之多。损失厌恶反映了人们的风险偏好并不是一致的。当涉及收益时，人们表现为风险厌恶；当涉及损失时，人们则表现为风险寻求。在实际的投资过程中，损失厌恶会使投资者产生处置效应，即投资者太长时间地持有亏损股票而太短时间地卖掉盈利股票的行为倾向。"盈则卖赔则留"的交易行为并不意味着有更好的投资业绩。在 1 万个投资者的股票交易记录中，被卖掉股票的回报率，要高于投资者留在手中尚未售出，但已赔钱的股票的回报率。据估算，一年之中，被卖掉的股票的平均回报率要比留下的股票平均多 3.14%。另一项相关的研究则发现，损失厌恶是交易者亏损获利减少的重要因素之一(洛克(Locke))。通过对芝加哥期货交易所 334 位交易者 1995 年的交易进行记录观察后发现，资金越小的账户，处于获利状态时损失厌恶的程度越高，持有获利交易的时间越短；而处于亏损状态时风险偏好的程度也越高，持有亏损交易的时间也越长。相反，一年之内获利较多的账户，处于获利状态时损失厌恶的程度较低，持有获利交易的时间较长；处于亏损状态时风险偏好的程度也较低，持有亏损交易的时间较短。因此，投资行为因素成为影响交易成功与否的一个重要因素。

在股票投资中，长期收益可能会被周期性的短期损失所打断，短视的投资者把股票市场视为赌场，过分强调潜在的短期损失。投资者不愿意承受这种短期损失的现象被称为短视的损失厌恶(myopic loss aversion)。但是这些投资者可能没有意识到，通货膨胀的长期影响可能会远远超过短期内股票的涨跌。如果人们将注意力集中在长期投资，他们可能会拥有更多的权益资产。投资于股权的长期回报是正值，与赌场不同。由于短视的损失厌恶，人们在长期的资产配置中可能过于保守。如果投资者每年都评价一下他们的投资组合，在很大程度上，损失厌恶就会令很大一部分投资者放弃股票投资的长期高回报率，而投资于具有稳定回报率的债券。

后悔厌恶(regret aversion)也是处置效应产生的原因。后悔是没有做出正确决策时的情绪体验，是人们发现因为太晚作决定而使自己丧失原来比较好的结果的痛苦(卡尼曼和特维斯基)。它和损失相关，但比损失的痛苦更大，是和感到应对损失负责相联系的一种痛苦。因此，后悔厌恶是一种更严重的行为异象(behavior anomaly)，它是指行为人为了避免后悔和失望而不作任何错误决定。但是此种行为方式往往也是一种非理性行为。根据投资行为学的研究发现，由错误决策引发的失望感可能远高于由成功决策带来的兴奋，而且越是容易设想出正确决策的后果，人们越是容易后悔，由错误决策导致的负面效应远比什么都不做带来的损害要大。所以，当人们需要在不确定情形下作出决策时，将采取一种被动而不是主动的态度，比照过去的方法行动。

第三节 案例分析与实践

一、基于禀赋效应的投资行为决策模型①

(一)内隐决策概述

据世界银行估算，过去 20 年间，中国因投资决策失误而造成的损失至少为 24 000 亿元。

---

① 陆剑清. 我国企业经营者投资决策模型研究. 华东师范大学学报(哲学社会科学版)，2005(4).

而几乎所有失败的决策都是在独断中产生的，正如前巨人集团总裁史玉柱在检讨巨人失败的原因时曾坦言："巨人的董事会是空的，决策是一个人说了算。因我一人的失误，给集团整体利益带来了巨大的损失，这也恰好说明，权力必须有制约……决策权过度集中在少数高层决策人手中，尤其是一人手中，特别是这个决策人兼具所有权和经营权，而其他人难干预其决策时危险更大。"不仅是巨人，我国大多数企业的投资决策基本上是独断体制。因此，2000年9月，新希望集团董事长刘永好在《财富》全球论坛上海年会期间接受记者采访，谈及中国企业家失败的原因时坦言："70%~80%是在于投资失败，而投资失败源于决策失败，其主要表现为'决策的浪漫化、决策的模糊性、决策的急躁化'倾向。"

由于投资决策具有较大的风险性，因而投资决策的正确与否直接影响其经营业绩的优劣，甚至决定着经营者的命运成败。经营者的主要职能就是要通过自己的正确决策，使其对于不确定性做出适当反应，从而获得利润。可见，研究投资决策认知过程的心理规律与特点，采取相应的对策与措施，以防范可能出现的决策失误便具有重要的理论与现实意义。因此，笔者对投资决策的心理过程展开系统研究，并在此基础上构建基于禀赋效应的投资决策模型。

1. 关于决策含义分析

"决策"一词最早出现在20世纪30年代美国的管理学文献中，英文为"decision-making"，其含义是在不确定情况下对行动方案做出的最后选择。关于决策的含义，不同的管理文献有着不同的阐述。《辞海》一书中将"决策"定义为：人们在改造世界的过程中，寻求并实现某种最优化目标即选择最佳的目标和行动方案进行的活动。西斯克(Sisk, 1977)认为"决策就是从两个或两个以上的备选方案中确定一个的过程"。现代决策理论的创始人——西蒙(H.A.Simon)在《管理决策新科学》(*The New Science of Management Decision*)(1960)中认为，应把决策理解为对行动目标与手段的探索、判断、评价直至最后选择的全过程。"决策就是从行动方针的备选方案中进行选择"。由上述决策含义的界定可见，尽管不同的文献、学者对于决策的含义进行不同的描述，但却包含了以下共同的内涵：①人是决策的主体；②决策有明确的目的性；③决策是思维活动对有关信息高度加工、处理的最终成果；④决策是主体对若干个备选方案进行分析、比较，选择一个与预期目标一致性程度最高的可施行的行动方案的过程。在决策含义分析中，人类的认知模式对于其决策行动起着关键性的作用。

2. 认知决策的研究进展

认知的加工过程涉及外显的认知加工(explicit cognitive processing)和内隐的认知加工(implicit cognitive processing)两个方面。外显认知(explicit cognition)是与内隐认知(implicit cognition)相对应的概念，指在明确的意识监控下或按严格的逻辑规则对外界环境刺激信息进行的组织和解释。在认知过程中，意识自始至终参与其中，使得认知活动具有明确的目的性、自觉性和逻辑性，体现了认知活动的一系列理性特征。简而言之，外显认知就是在意识的监控下对环境刺激的认知。意识监控的标准是被认知主体所内化的逻辑法则，正是在意识的监督之下人才通过自己的理性把自己的行为活动控制在各种理性规范之内，使其行为沿着有序的、有意义的目标进行。

以往的大多数有关认知方面的研究属于外显认知模式。比较有代表性的理论有F.洛克的"平衡理论"(balance theory)、L.费斯迪格的"认知失调理论"(cognitive dissonance theory)、C.E.奥斯古德和P.H.坦南鲍姆的"一致性理论"(congruity theory)，以及W.J.迈克格雷的"认知相符理论"(cognitive consistence theory)等。这些理论的一个共同的前提假设是，人一般都认为自己是理性的，做出的选择判断是合乎逻辑的；在日常生活中，人们总是试图将自己的内部状态与其外部行为保持一致，避免逻辑矛盾来维护自己的理性形象。事实上，在大多数情况下，人对自身的认识过程都具有明确的意识监控作用。

可见，以往的大多数研究，包括F.洛克、C.E.奥斯古德、L.费斯迪格以及凯利等人更加注重人的认知对环境刺激此时此刻的组织和解释，并且是在明确的意识监控之下进行严格的逻辑推理的理性过程，并不考虑认知者的过去经验(past experience)对现时的认知影响。直到A.G.格林瓦尔德等人，于1995年比较系统地提出了"内隐认知"(implicit cognition)的概念，才把研究重点转向了内隐认知的信息加工过程。

所谓内隐认知是指在缺乏意识监控或在意识状态不明确的条件下主体对外界环境刺激的组织和解释过程。此外，许多研究者(格林瓦尔德、史密斯、萨尔斯、迈尔斯)都认为，内隐认知是指在认知过程中虽然主体自身不能报告或内省某些过去的经验，但这些经验潜在地对主体的判断和行为产生着影响。实际上，主体对于自身的认知过程并不是完全意识到的，人们常常是这样想，但并没有这样做。这种意识到的和行为表现之间的不一致，至少可以部分地解释为这是内隐认知所致。在我们的认知过程中，除了有些是明确意识到的之外，尚有一部分认知活动只处于很低的意识水平。从基本特征来讲，内隐认知包括：①间接性，因为它不存在于我们的意识之内，它脱离了意识的监控，不能为我们的意识所直接控制；②直觉性，在内隐认知过程中，对认知结果的获得，认知主体无法详细分析其过程，往往"知其然，而不知其所以然"；③不自觉性，表现为主体对环境刺激的认知并没有表现出明显的目的；④自动化，由于没有表现出明确的目的，因此就没有围绕某个目标而出现的意识监控，主体对环境刺激的内隐认知似乎是完全自动化的，就像一个程序预存在头脑中一样。

3. 内隐决策模式的提出

在以往外显认知决策的研究中，可以根据不同的标准对决策进行分类，西方有关社会决策的研究分为两大类：确定性社会决策和不确定性社会决策。在确定性社会决策的研究方面，J.V.诺伊曼和O.摩根斯坦于1944年提出了"N-M效用理论"。后来，L.J.萨维奇通过"主观概率"的研究进一步丰富和发展了这一领域中的研究内容。在不确定性社会决策中，五六十年代以来比较典型的研究有：米尔(P.Meehl)等人对"临床预测和统计分析"所做的比较研究，他们发现被试在预测任务中获得成功的客观结果，与被试事先对自己成绩的主观信念之间有着很大的差异；J.Bruner进行的有关"思维策略"的研究，发现了人们在决策过程中常用的思维策略。

西蒙(Simon)进行的有关"推理的启发式"和"有限理性"的研究，发现了人们在不确定的条件下常采用的几种典型的启发式(heuristic)以及人们在实际生活的决策过程中所表现出来的有限理性。由于启发式决策在人们的生活中是一种常见的普遍现象，20世纪70年代以来引发了心理学家对启发式决策及其认知偏差的大量研究。比较有代表性的研究有卡尼曼和特维斯基进行的有关"代表性启发式""易利用性启发式"和"模拟启发式"等方面的研究，他们发现人们在不确定性决策中存在着大量的、系统的和基本的认知偏差。至此，关于决策的研究由外显决策的研究转向内隐认知决策研究的范围，而内隐认知决策的研究也日益成为决策研究中的大势所趋。据此，笔者认为，内隐认知决策就是在缺乏意识监控或在意识状态不明确的条件下，组织或个人为了实现某种目标而对未来一定时期内有关活动的方式及内容的选择或调整过程。

在现实的市场环境中，个体所做的决策大多是面向未来的不确定性决策，其主要特点是决策所需的信息不完备，决策行为与结果之间不存在明确已知的对应关系。因此，任何决策都包含着成功和失败的可能性。正是决策的不确定性构成了巨大的挑战性，而决策就是在风险与机遇并存的不确定环境下所进行的决策活动，深入研究基于禀赋效应的内隐决策模型将为不确定性决策的研究提供新的视角。

(二)内隐决策的相关理论阐述

与内隐决策相关的投资行为学理论主要包括以下两个方面的内容。

1. 前景理论

1944 年冯·纽曼和摩根斯坦提出"期望效用理论"(expected utility theory)以假设风险规避。人们将某几种可能收益的效用值 U_i 分别乘以该收益发生的概率 P_i，求出期望效用值 EU，用公式表示为 $EU=\sum P_i \cdot U(X_i)$。在不确定情况下做决策时，人们会选择期望效用较大的项目。

然而，人们也不是在任何时候都是风险规避的，在 20 世纪 50 年代初期，1988 年诺贝尔经济学奖得主莫里斯·阿莱斯(Maurice Allais)首先指出期望效用理论对许多在风险和不确定情况下的实际决策问题不适用，同时他还建立了所谓的阿莱斯悖论(Allais paradox)。例如，试验显示，许多人宁愿选择 A "无风险(即有 100%的机会)地获得 3000 美元"，而不会选择 B "有 80%的机会赢得 4000 美元"；然而，同样的这些人会偏爱 D "有 20%的机会赢得 4000 美元"，而不会选择 C "有 25%的机会赢得 3000 美元"。实际上，C 仅是 0.25×A，而 D 仅是 0.25×B。这样的偏好行为直接违背了期望效用理论中最关键的假设——替代性公理(substitution axiom)。

基于以上情况，2002 年度诺贝尔经济学奖得主卡尼曼与特维斯基在 1979 年提出了"前景理论"(prospect theory)加以解释。前景理论认为，面对"获得"，人们倾向于"风险规避"；面临"损失"，人们倾向于"追求风险"；获得和损失是相对于"参照点"而言的。

具体来说，前景理论假设有两个实值函数，v 和 π 使得决策者选择 A 而非 B 当且仅当 $\sum_i \pi(p_i)v(\Delta W_i) > \sum_i \pi(q_i)v(\Delta W_i)$。这里的 $\Delta W=W_i-W_0$，是财富值 W_i 相对于一个参考水平 W_0 的偏离值。

前景理论具有以下主要观点。

(1) 决策者关心的并不是财富的绝对水平，而是相对于某一参考水平的变化 ΔW。这一参考值常常是决策者当期的财富水平，也就是说货币损益根据现状定义。参考水平也可以是某个希望值：在既定的当期财富和期望下，决策者试图获取的财富水平。卡尼曼和特维斯基认为，决策问题可以分为两个阶段处理。它首先被"编辑"，以便为决策建立适当的参考点。决策结果如果超过参考点就被视为收益；低于参考点则被视为损失。在编辑阶段之后是评估阶段，建立在上述公式的标准基础之上。

(2) 与价值函数 v 有关。除了定义根据财富变化以外，这一函数是 S 型的，对收益而言它是凹的，对损失而言它是凸的，对两个方向的变化呈现敏感性递减趋势。而且，它在原点上发生弯曲。在与原点右方收益很小的情况相比，在原点左方，当损失很小时，函数更加陡峭。相反，在期望效用理论当中函数通常处处平滑并且为凹函数。总之，与期望效用理论相比，前景理论及其发展向着更准确地描述风险条件下的个人行为迈出了重要的一步。现在，它是这一领域里许多应用性经验实证研究的基础。

2. 认知不协调理论

认知不协调理论(cognitive dissonance)是由 Leon Festinger(1957)率先提出[1]，它描述了人们各种认知之间的关系。认知不协调理论认为个体具有保持认知一致性的倾向，当两个认知内容出现矛盾时，个体会产生心理上的紧张感，进而采取努力以减少这种不适的感觉。研究表明，人们愿意相信自己已经做出的决定是正确的。例如，在赛马场赌马的人群中，刚刚离开下注窗口的人(已经确定自己要赌的马)对于"他们的马"会愿意赔上更高的胜率，这远远高于还在等候下注的人所判断的胜率[2]。

认知不协调理论的另一个重要内容是，当人们选择了自己的"信念"之后，或是被迫接受了一种新认知，会为了避免产生认知不协调而努力避免了解那些可能与已接受"信念"相矛盾的信息，并且这种被接受了的"信念"有一定的持久性，会对个体今后的行为产生影响。

例如在一个实验中，参与者被要求对两件产品做出评价，并被告知可以选择其中一个作为礼物带回家。在被试已经做出选择，但还没有拿到礼物的时候，试验者给他们两篇介绍文章：一篇是关于被他们拒绝的产品的 A 文章；另一篇是关于与他们已选择的产品相类似，但是在选择范围之外的产品的 B 文章。研究结果发现，人们倾向于花更多的时间来阅读 B 文章[3]。

以上这个理论认为：人们不是根据可得信息而被动选择的贝叶斯主义者，而有可能是主动选择自己认知的行动者，并且这种选择一旦确立就具有一定的持久性。当然这种选择是有成本的：行动者可能会做出"错误"的决策。然而，贝叶斯法则同样是有成本的：行动者需要忍受一些内心的痛苦。人们所需要做的仅是在这两者之间加以权衡。

(三)内隐决策模型解析

1. 内隐决策模型表述

以下通过把认知不协调成本 C_S 纳入预期理论模型中，以更完整地展示投资决策过程，如表 11-4 所示。

---

[1] Festinger L. 1989. Extending Psychological Fronties:Selected Works of Festinger.

[2] Akerlof G. and Dickens W. 1982. The Economic Consequences of Cognitive Dissonance. American Economic Review,June:123～141.

[3] Simon H. 1956. Rational Choice and the Structure of the Environment. Psychological Review, 63, 120～138.

表 11-4 各时期条件及效用函数

时期	T_1		T_2		T_3
任务	π_a	π_b	π_a	π_b	π_a
收益点	W_a	W_b	W_a	W_b	W_a
参照点	W_0	W_0	W_a	W_a	W_a
ΔW	$\Delta W_a = W_a - W_0$	$\Delta W_b = W_b - W_0$	$\Delta W_a' = W_a - W_a$	$\Delta W_b' = W_b - W_a$	$\Delta W_a' = W_a - W_a$
成功概率	P_a	P_b	P_a'	P_b	P_a^*
既定成本			$(1-P_a'/P_a)\cdot C_S$	C	$(1-P_a^*/P_a)\cdot C_S$
任务收益	$W_a - W_0$	$W_b - W_0$	$P_a'/P_a \cdot C_S - C_S$	$W_b - W_a - C$	$P_a^*/P_a \cdot C_S - C_S$
任务损失	W_0	W_0	$C_S - P_a'/P_a \cdot C_S + W_a$	$W_a + C$	$C_S - P_a^*/P_a \cdot C_S + W_a$
效用函数	$P_a \cdot v_a(\Delta W_a)$	$P_b \cdot v_b(\Delta W_b)$	$P_a' v_a(\Delta W_a') - (1-P_a'/P_a)\cdot C_S$	$P_b \cdot v_b(\Delta W_b') - C$	$P_a^* v_a(\Delta W_a') - (1-P_a^*/P_a)\cdot C_S$

给定三个离散的时期 T_1、T_2、T_3,一个投资者在三个时期分别面对不同的决策和信息条件。由表 11-4 可知,T_1 时期的主观效用函数的简单形式为

$$\begin{cases} P_a \cdot v_a(\Delta W_a) & \pi_a \\ P_b \cdot v_b(\Delta W_b) & \pi_b \end{cases}$$

T_2 时期的效用函数为

$$\begin{cases} P_a' v_a(\Delta W_a') - (1-P_a'/P_a)\cdot C_S & \pi_a \\ P_b \cdot v_b(\Delta W_b') - C & \pi_b \end{cases}$$

T_3 时期的效用函数为

$$P_a^* \cdot v_a(\Delta W_a') - (1-P_a^*/P_a)\cdot C_S \qquad \pi_a$$

2. 内隐决策模型解释

在 T_1 期,投资者面对两个任务,其中第一个任务 π_a 的收益点是 W_a,收益发生的概率为 P_a;第二个任务 π_b 的预期收益点是 W_b,收益发生的概率为 P_b,参照点 W_0 为投资者现有的起始财富或是在对未来预期基础上渴望达到的财富水平,具体应视投资者而言,假设 $P_a < P_b$ 且 $W_a > W_b$,根据以上条件,投资者在 T_1 期会优先选择任务 π_a 而非 π_b,当且仅当 $P_a \cdot v_a(\Delta W_a) > P_b \cdot v_b(\Delta W_b)$。

在 T_2 期,由于投资者开始执行任务 π_a,因而已投入了一定的执行成本 C,当投资者发现 π_a 的成功概率降低,用 P_a' 表示($P_a' < P_a$),风险要比原先估计的大时,由于这一新认知与 T_1 期的认知产生了冲突,因而会带来额外的认知不协调成本,如果以 C_S 表示一单位的认知不协调成本,那么投资者的认知不协调成本 P 表示为 $(1-P_a'/P_a)\cdot C_S$。可见,由于投资者的参照点已从 W_0 上升到 W_a,因而继续选择执行任务 π_a,这样任务成功的概率由 P_a 下降至 P_a',

收益则由 T_1 期的 (W_a-W_0) 下降为 T_2 期的 $(P_a'/P_a-1)\cdot C_S$，而任务失败的概率由 T_1 期的 $(1-P_a)$ 上升为 T_2 期的 $(1-P_a')$，损失由 T_1 期的 W_0 上升为 T_2 期的 $(1-P_a'/P_a)\cdot C_S+W_a$。如果投资者转而选择任务 π_b，那么尽管任务成功的概率仍为 P_b 不变，但是收益由 T_1 期的 (W_b-W_0) 下降为 T_2 期的 (W_b-W_a-C)，损失则由 T_1 期的 W_0 上升为 (W_a+C)。可见，当面对收益的减少与损失的增长时，投资者的风险偏好发生偏转，投资决策倾向于"追求风险"。因此，投资者会孤注一掷，冒险一搏，选择忍受认知不协调成本 $(1-P_a'/P_a)\cdot C_S$，继续执行原任务 π_a。

在 T_3 期，由于投资者继续选择执行任务 π_a 的投资决策，为了减少因成功概率下降所引发的认知不协调成本，投资者会选择一个可接受的虚拟概率水平 P_a^* 作为其新的认知信念 $(P_a'\leqslant P_a^*\leqslant P_a)$，并在 T_3 以及以后的时期采取"鸵鸟策略"，通过避免接触新的信息以维护这一认知信念，从而有效地降低因认知不协调所导致的内心焦虑。

由以上的模型分析可知，虽然个体的投资行为是复杂的，却也是有规律可循的。

(四)内隐决策模型应用

为了便于理解上述模型，笔者通过运用该模型，对巨人集团主要经营者史玉柱建造巨人大厦这一投资决策过程展开系统研究，从而对这一模型做进一步深入阐释。

1. 案例背景

1993 年随着 IBM、康柏、惠普等西方各大电脑公司全面进入中国市场，电脑业务作为当时巨人集团的主营业务遭受重创，投资收益进入低谷。据此，当家人史玉柱决定开展多元化经营，投资房地产与生物保健品这两个新兴领域。

2. 模型分析

(1) T_1 期史玉柱面临两种选择，假定第一项业务 π_a 建造巨人大厦，投资收益点为 W_a，收益发生的概率为 P_a；第二个任务 π_b 开发生物保健品，投资收益点为 W_b，发生的概率为 P_b；收益参照点 W_0 为建 18 层巨人大厦。显然，史玉柱基于市场经验认为，尽管房地产的投资风险 P_a 大于保健品的投资风险 P_b，但是前者的预期收益 W_a 要大于后者的预期收益 W_b，因而经史玉柱得出判断，建造巨人大厦的投资收益 $P_a\cdot v_a(\Delta W_a)$ 要大于生物保健品的投资收益 $P_b\cdot v_b(\Delta W_b)$ 这一结论后，便做出了优先建造巨人大厦的投资决策。

(2) T_2 期为巨人大厦进入全面施工阶段，当史玉柱投入了一定的建造成本 C 时，大厦施工碰上断裂带以及珠海两次发生大水，地基受淹的意外事故，史玉柱感到房地产投资风险要比原先估计的大(即 $P_a'<P_a$)。由于这一新的认知与其原先的认知产生冲突，因而使史玉柱内心产生了心理压力，即给史玉柱带来了额外的认知不协调成本 $(1-P_a'/P_a)\cdot C_S$。

同时，由于史玉柱急于扩张投资规模，大厦高度由最初的 18 层不断增高至最后的 70 层，投资预算规模由最初的 2 亿元追加至 12 亿元，因而其收益参照点也由原先的 W_0(18 层巨人大厦投资收益点)上升至 W_a(70 层巨人大厦投资收益点)。这样，大厦建造成功的概率由 P_a 下降至 P_a'，项目收益则由原先的 (W_a-W_b) 下降至此时的 $(P_a'/P_a-1)\cdot C_S$，而建造失败的概率由原先的 $(1-P_a)$ 上升至此时的 $(1-P_a')$，项目损失则由原先的 W_0 上升至此时的 $(1-P_a'/P_a)\cdot C_S+W_a$。如果史玉柱此时选择放弃巨人大厦项目转而集中投资生物保健品，那么尽管保健品项目成功的概率仍为 P_b 不变，但是项目收益由原先的 (W_b-W_0) 下降至此时的 (W_b-W_a-C)，项目损失由原先的 W_0 上升至此时的 (W_a+C)。面对着投资收益的减少与损失的增大，史玉柱的投资决策倾向开始向"追求风险"偏移,即史玉柱选择了孤注一掷,冒险一搏。他在忍受认知不协调所带来的内心痛苦与焦虑的同时,决定冒险,甚至不惜从生物保健品项目中抽调资金去支持巨人大厦的建造,从而为巨人集团最终陷入财务危机埋下了伏笔。

(3) T_3 期的史玉柱继续建造巨人大厦,为了减轻认知不协调所导致的内心焦虑与不安,选择一个内心愿意接受的虚拟 P_a^* 作为大厦建造成功的概率水平,并在以后通过采取"鸵鸟策略"即与之相悖的信息,以维护这一新的认知理念。这样,尽管史玉柱本人有效地降低了认知不协调所导致的内心痛苦,但是巨人集团却因此在错误决策的泥沼中越陷越深,最终丧失了挽回败局的宝贵时机。

(五)内隐决策模型的启示

1. 模型的启示意义

(1) 决策持久性。从模型中可以看出,一旦选定了一个决策 π_a,即使在执行的过程中发现目前实现的效益并没有预估的好、风险概率比预估的更高,但是由于已投入的既定成本的影响,以及参照点的变化而导致的对收益判断的影响都会使决策者冒险继续执行决策,以期能获得预期的收益,而不愿接受一个确定的损失。正如上述分析的开发建立巨人大厦的过程,决策者一旦作了决定就没有中途改变,就是因为已经投入了相当大的成本,如果停止大厦不能按期完工,此时的损失是确定的;如果再继续追加成本,使资金到位,说不定可以起死回生,收回成本,赢得利润,此时的损失是不确定的。在这种情况下决策者还是决定冒险一试,继续执行初始的决策,由此可见决策的持久性。

(2) 认知不协调导致对风险的忽视。在不确定决策的情况下执行了一项决策后,决策者就会获得关于决策更为真实的信息,若这时获得的信息与原先的估计产生冲突就会发生认知不协调,产生心理成本。为了避免这种心理负担,在随后决策执行的时候,决策者会倾向忽视不利的信息,甚至避免接触新的信息以维持 P^* 的风险水平。这种情况不利于决策的执行,会使决策者有如鸵鸟,忽视决策执行中的某些重要现象。在决策者有了这种"鸵鸟心态"之后,很难做出正确的决策,此时若没有权力的制约,就很容易导致投资失败。而巨人集团正是由史玉柱一人说了算的,基本上他决定的事就这样定了。如巨人大厦从 64 层增加至 70 层便是他一夜之间做出的决定,听不进别人的意见,这时,就很需要权力的制约。

(3) 设置合适的决策参照点。由于参照点的高低能影响决策者对决策结果的判断,进而影响其风险倾向,选择合适的参照点有利于规避损失。第一,如果投资决策者与决策结果之间有着直接高度的相关,这种关联会使决策者提高对决策的预期,使决策的实际结果很有可能被判断为损失而继续追加投资。巨人集团决策者史玉柱正是与决策结果有着直接高度关联,结果不断地在巨人大厦上追加投资,从而导致巨人集团的失败。第二,巨人集团 90% 的股份都集中在史玉柱一个人手中,董事会是被架空的,在大型投资上没有采取民主决策制度,没有运用专业咨询公司的专业知识以及利用其与决策结果不相关性的特点,进而决策参照值没有降到一个适当的水平。在经历了巨人的失败之后,史玉柱也认识到自己冒险性的问题,在携"脑白金"复出,接受中央电视台采访时,史玉柱如是说:"冒险肯定还是要冒的。做企业不可能不冒险,关键是你冒险冒多大的程度。过去我可能是一个亿的资产我按五个亿的规模去冒险。今后我们上市后,我们的资产将分为三块……

第三块才是真正的冒险，看中好项目，就以兼并的方式介入，这一块不能超过公司净资产的三分之一。"虽然史玉柱并没有意识到这是参照点在起作用，但他所设想的控制冒险的方式——将风险控制在企业资产的三分之一内，确实是降低参照点的一种有效方式。

(4) 当事人在企业中的不同身份会影响其对决策的评价。由于参照点影响风险倾向，因而可以提出一个全新的观点，决策者的身份会对其参照点产生影响，进而影响投资决策。这也就可以解释为什么面对同样一个决策，企业经营者往往比员工更愿意冒险，因为经营者是从整个企业的角度来考虑决策收益，而员工往往只是从个人利益角度考虑，前者参照点高，而后者低，于是同样的收益往往对员工而言已经足够了，但是对企业经营者而言仍然是损失，还未达到目标。对于巨人集团来讲，由于史玉柱的身份是集团总裁，是企业的所有者、经营者，他对于企业的收益大小自然比普通员工更为关注，希望获得最大的收益，而收益是与风险相联系的，要获取收益自然要冒更大的风险，所以他做出决策都是以整个企业的利益为参照点的。而普通员工只是从自身的利益出发，他们的参照点比前者低，所以他们对决策的评价便会不同。

2. 对策与建议

针对内隐决策过程的心理特点，笔者提出防范失误的对策与措施如下。

(1) 拒绝决策中的认知不协调。个人在作决策时会因为先前失误的选择而痛苦，产生认知不协调，故人们往往会倾向于选择那些给自己带来较少心理冲突的方案。为了避免认知不协调，个人会没有强烈的动机去改变现状，他们可能会依循过去的原则，目的就是使未来心理冲突的可能性降到最低，因此在决策中要注意不要被认知不协调蒙蔽了心智。

(2) 正视沉没成本。沉没成本是指业已发生或承诺、无法回收的成本支出。沉没成本是一种历史成本，对现有决策而言是不可控成本，不会影响当前行为或未来决策。从这个意义上说，在投资决策时应排除沉没成本的干扰。事实上，沉没成本很容易使决策者在面临再次选择时固守原决策。

(3) 设置合理的参照点，避免投资决策者与决策结果有直接高度的关联，在大型投资上采用民主决策制度，运用专业咨询公司的专业知识以及与决策结果的不相关性，将决策参照点设置在一个科学的水平。即建立现代企业制度，加强制度的制约，使权力不能集中于一人之手，因为权力需要制度的制约。

(4) 防范心理因素的干扰，重视投资决策者心理素质的培养。投资决策者在决策时还容易受过度自信、过度乐观、盲目跟风等心理因素的影响，造成决策失误，因此，需要注意与防范。可见，心理素质的培养对投资者自身整体素质的提高至关重要，而投资者自身素质直接关系到投资的成败。

二、意料之外与情理之中

2011年3月11日，日本东北部海域发生里氏9.0级大地震，并引发海啸，造成重大人员伤亡和财产损失。此次地震是日本有观测记录以来规模最大的地震，引起的海啸也是最为严重的。然而，最令世界震惊的则是地震造成日本福岛第一核电站1～4号机组发生了核泄漏事故，这是继20世纪80年代苏联切尔诺贝利核电站4号反应堆爆炸后人类所面临的又一次核灾难。

福岛第一核电站是属于沸水堆核电站，对于沸水堆核电站而言，一旦发生事故，操作员有两种选择：其一是注入清水，万一侥幸逃过这一劫以后还能再用，这是保守的处理方法；其二是注入硼酸，反应堆以后可能就不能再使用了，但它能够比清水更好地降温，还能保证停堆温度。在日本核危机爆发之初的数小时内，因担心花费巨大的核电站有可能会毁于一旦，日本东京电力公司高层始终在犹豫是否要使用海水冷却反应堆。因此，尽管有机会，但直至氢气爆炸发生也没有向反应堆注入硼酸。事实上，早在3月12日上午(即地震过后的第二天)，东电公司就曾考虑过从附近海中取水，用于冷却6个反应堆中的一个，但却迟迟未能付诸行动，直到当天晚上核电站发生了氢气爆炸，并且在日本首相菅直人下令后才开始采取注水措施，用海水冷却核反应堆。

可见，东电公司高层的决策显然是受到了禀赋效应的影响。所谓禀赋效应，是指人们会过高地估计自己所拥有物品的价值。换言之，一旦人们对某个物品的财产权确立了，人们就会赋予该物品更高的价值。禀赋效应的直接表现就是，人们为了买入一件商品所愿意支付的最高价格和放弃该商品所愿意接受的最低价格之间存在很大差距，前者要明显低于后者，这就使人们不愿意放弃已有的物品。因此，禀赋效应使东电公司怀着侥幸的心理使用清水冷却，以期达到反应堆可以继续使用的目的。东电公司之所以不愿意使用海水，是因为一旦注入海水就会使核反应堆永久废弃。要知道对东电公司而言，福岛第一核电站就是一件为公司所长期拥有的物品，该核电站从20世纪70年代运营至今已近40年，东电公司与其可谓是建立了深厚的"感情"。这样深厚的感情所引发的禀赋效应必然会对东电公司的决策产生重大影响。所以，尽管福岛核电站已超期服役、年久失修，但东电公司却仍然不愿意废弃它，而是将其使用寿命又"延长"了20年，可见"放弃旧核电站的痛苦"要远远大于"修建新核电站以保证安全的快乐"。

事实上，东电公司对其拥有了40年的福岛第一核电站，其内心价值估计早已远超当初建设时的价值了，要使东电公司的决策者们果断作出放弃自己心爱物品的决策，可想而知这会有多难。然而，严酷的现实则对人类非理性的禀赋效应提出了警示，因此，当人们在指责东电公司决策迟缓、反应迟钝之时，我们是否也应该好好反省一下自己身上的种种非理性行为呢？

思考与探索

1. 什么是禀赋效应？禀赋效应的具体表现有哪些？
2. 请回顾预期效用理论的主要内容，并讨论前景理论与之的不同之处。
3. 试用前景理论来解释禀赋效应产生的原因。
4. 试分别运用传统投资理论和前景理论分析投资者是如何进行风险投资决策的？它们各自有什么特点，并简要做出评价。
5. 什么是处置效应？导致处置效应产生的原因有哪些？
6. 你还能举出生活中其他的关于禀赋效应和处置效应的例子吗？请加以分析说明。

第十二章 羊群效应与投资行为

【学习要点】

◆ 掌握羊群效应的基本内涵。
◆ 掌握从众行为的分类。
◆ 了解羊群效应的表现形式及影响因素。
◆ 了解中小投资者的羊群效应的特征及成因。
◆ 了解防范机构投资者的羊群效应的措施。

【章前导读】

有这样一则小幽默，一位石油大亨死后到天堂去参加会议，进入会议室后发现已经座无虚席。于是他灵机一动，大喊一声："地狱里发现石油了！"这一喊不要紧，天堂里的人们纷纷向地狱跑去。很快，天堂里就只剩下那位大亨了。这时，大亨心想，大家都跑了过去，莫非地狱里真的发现石油了？于是，他也急匆匆地向地狱跑去。但地狱里并没有一滴石油，有的只是苦难。这个故事说明人都有一种从众心理，这种心理倾向很容易导致盲从，而盲从往往要付出惨重的代价。

在现实生活中，个体与个体、个体与群体之间发生相互作用，从而使个体的全部心理活动，不论是人的认知还是情感，不论意向还是行为，都或多或少地受到群体和个体的影响。作为个体，面对外界的各种影响，可能是自觉地接受，也可能是出于无奈而被迫接受，结果表现为个体行为与群体行为相一致，或使群体中少数人的行为与多数人的行为相一致，这就是我们通常所说的从众行为(conforming behavior)。从众行为是人类社会的一种普遍现象。例如，在开会时，对于一个领导提出来的方案，大部分人投赞成票，即使自己有不同意见，为了不得罪领导，也会举手表示同意，这时就可能给公司带来损失，或者错过其他可带来更多利润的机会。这就是一个简单的从众现象，这种现象也被称为"羊群效应"。可以说，从众行为对个体的决策行为起到了重要的作用。

【关键词】

羊群效应　从众行为　博弈论　中小投资者　机构投资者

第一节　羊群效应的行为分析

一、羊群效应的基本内涵

坊间流传着这样一个故事：一个老者携孙子去集市卖驴，开始时孙子骑驴，爷爷在地上走，有人指责孙子不孝。爷孙二人立刻调换了位置，结果又有人指责老头虐待孩子。于是二人都骑上了驴，一位老太太看到后又为驴鸣不平，说他们不顾驴的死活。最后爷孙二人都下了驴，徒步跟驴走，不久又听到有人讥笑，"看！一定是两个傻瓜，不然为什么放着现成的驴不骑呢？"爷爷听罢，叹口气说"还有一种选择就是咱俩抬着驴走了"。

这虽是一则笑话，但是却深刻地反映了我们在日常生活中习焉不察的一种现象——羊群效应。在生活中，每个人都有不同程度的从众心理，总是倾向于跟随大多数人的想法或态度，以证明自己并不孤立。研究发现，持某种意见的人数的多少是影响从众的最重要的一个因素，"人多"本身就是说服力的一个明证，很少有人能够在众口一词的情况下还坚持自己的不同意见。你会因别人的态度改变自己的初衷吗？周围人的意见对你的判断影响究竟会有多大？

美国的真人秀节目中有这样的游戏场景：前面开着两道门，其中一扇门通向游泳池，另外一扇门通向奖品区。打开通向奖品区的门，就能获得奖品；打开通往游泳池的门，就要跳下游泳池。通常参加游戏的有30人左右，这些人在接到游戏开始指令后，会随着人群

第十二章 羊群效应与投资行为

不断地更换位置。最后往往会出现这样一个景象：某一扇门前人特别多，某一扇门前人特别少。这个时候，主持人会问大家要不要改变位置，而站在多数人那边的人通常都不会再作任何更改。因为有这么多人在，他们觉得很安心。如果多数人都掉进游泳池时，会表现出开心、雀跃的神情，甚至在水里嬉戏一番。当少数人掉进游泳池时，这些人就会看起来很沮丧，有些人还咒骂运气不好。

对此，心理学家认为，当人们追随大众选择失败后，其挫败感会比一个人承担失败的挫败感低。并且，随着失败人数的增加，人们的挫败感会降到最低。换句话说，越多人失败，那么犯同样错误的人就会越感到安心。这就好比是当整个班级学生的成绩都不及格，那么大家就会感觉"还好"；当所有人的都及格了，只有自己不及格，那么就会感觉"天塌了一样"。这也是人们常有的典型的"黑锅不独背""倒霉不垫底"的从众心理。

在现实生活中，当我们听到某个关于自己的不好的消息，我们会下意识地问告知我们坏消息的人："那某人呢？某某的情况怎么样？"这个人可能是你的好朋友，也可能是你的死敌。但是，如果你问的是你好朋友的情况，千万不要为自己的善良而沾沾自喜，因为你并不是关心他(她)的情况，而只不过想多个"垫背"而已。不信？当你听到某人很好的时候，会发现其实你心里有那么点不开心。当听到别人也不好的时候，你会觉得很安心。如果你没被录取，如果你没有及格，你会希望多少人跟你一样倒霉呢？如果你说一个、两个、很多个……那么，你又被从众心理忽悠了。因为你应该关注的是如何让自己更出色，如何更了解自己，而不是多少人跟自己一样。瞧，这就是从众心理让你迷失了自己。

生活在信息时代，面对庞杂猛烈的"信息轰炸"，即使很有个性的人也会受到群体的影响而怀疑、改变自己的观点和行为，以和他人保持一致。心理学史上著名的"阿希实验"能够证明这一有趣的从众现象：20世纪30年代，美国一位著名的社会心理学家阿希曾经做了一个非常有趣的行为实验。他让7个男大学生被试围坐在一张会议桌周围，并依次指定为1～7号。实际上只有7号是真的被试，其余6个人是实验者的助手，只是瞒着被试而已。实验者事先准备了18套卡片，每套两张，一张上画着一条标准线段x，另一张上画着长度不等的三条线段a、b、c，其中一条与线段x等长。实验者告诉被试，将要进行的是一项视觉判断实验，然后拿出一套卡片，让那7个人依次回答线段a、b、c中哪一条与线段x等长。这是非常容易判断的。前6次实验，实验助手们都做出了正确的回答，被试的回答也是正确的。但是从第7次开始，实验助手们异口同声地做出了错误的回答，轮到被试回答了，他显得无所适从甚至惊慌失措。这样的实验进行了多次，结果令人非常吃惊，被试中居然有1/3人次跟着实验助手做了错误的回答；其中约3/4的被试至少有一次跟着实验助手做了错误的回答。

为什么会产生这样的结果呢？当一个人生活在群体中的时候，总是会受到别人的影响，感觉到别人的存在，而且要遵守群体的规范。群体压力就是指群体借助于规范的力量形成的一种对其成员心理上的压迫力量，对其成员行为有束缚作用。阿希实验中的被试就是屈从了群体压力，而做出了错误的回答。

但是，被试为什么会屈从于群体压力呢？这与许多因素都有关系。首先，它与一个人的个性特征有关。有的人缺乏自信心，虽然知道自己看到的与别人回答的不一样，但他们认为真理是掌握在大多数人手里的，因此，从众以求心安。属于这种情况的人最多。其次，它与问题情境是否清晰有关。当刺激物的特性不鲜明(如阿希的实验中a、b、c三条线段的差别非常不明显)或刺激物非常模糊(如在没有参照物的黑暗环境中判断光点离自己的距离)的时候,从众行为就非常容易发生。这时人们会以别人的判断作为自己的判断标准,把别人的判断看成正确的。但是当问题情境非常清晰的时候,极少发生这种情况。还有一种情况就是,明明知道别人的判断是错误的,但是不愿意使自己成为"离群之马",表面上会采取从众行为,但群体压力一解除,他可能就会说出自己的意见。

可见,所谓从众(conformity)是指由于真实的或想象的群体压力而导致行为或态度的变化。换言之,从众是个人在社会群体压力下,放弃自己的意见,转变原有的态度,采取与大多数人一致的行为[1]。这种现象被称为从众现象,或羊群效应。通常情况下,多数人的意见往往是对的,也就是说,从众服从多数,一般是不错的。但缺乏分析,不作独立思考,不顾是非曲直地一概服从多数,随大流走,则是消极的,这是不可取的"盲目从众行为"。

对羊群效应有一个很形象的描述:在一群羊前面横放一根木棍,第一只羊跳了过去,第二只、第三只也会跟着跳过去。这时,如果把那根棍子撤走,后面的羊走到这里,仍然会像前面的羊一样向上跳一下,尽管拦路的棍子已经不在了。或者说,羊群(集体)是一个很散乱的组织,平时大家在一起盲目地左冲右撞,此时如果有一只头羊到另外一片草地上去吃,其他的羊便会不假思索地一哄而上,争抢那里的青草,全然不顾旁边虎视眈眈的狼,或者看不到其他地方还有更好的青草。由此可见,"羊群效应"就是形象地比喻人都有一种从众倾向,从众倾向很容易导致盲从,而盲从往往会使人陷入骗局或遭到失败。

从众行为具体可以分为两种不同的形式:一种为表面上顺从;另一种为内心真正地接受。前者虽然是因受到群体的压力而表现出符合外界要求的行为,但内心仍然坚持自己的观点,保留自己的意见,仅仅是表面上的顺从,因此是一种"伪从众"。后者是指在信念和行动上都完全接受,出于自愿地接受了大多数人的主张,而完全放弃了自己原有的态度或行为方式,因此是一种真正的从众。很显然,两者的共同点都是迫于外界压力而产生的相符行为,两者的区别在于是否出自内心的自愿。

从行为学的角度来讲,从众行为的出现对于社会具有双重影响,其积极意义表现为一个人的知识能力总是有限的,因此,为了更好地适应社会,人们会倾向于与社会的大多数人保持一致。当然,从众行为也具有不可避免的消极意义。例如,人们为了避免受到伤害而强调与大多数人保持一致,他们往往会放弃自己原来的正确主张,甚至顺从了错误的行为方式。通过进一步的研究发现,个体是否产生或是否易于产生从众行为受到下列情境的影响。

(1) 任务难度:难度越高,个体顺从社会压力的倾向就越高。
(2) 反应性质:个人的反应将会被群体大众所知道时,个体较容易表现出从众行为。
(3) 同伴压力:群体成员感受到其他同伴的能力远胜于自己时,较容易表现出从众行为。
(4) 群体特征:群体的凝聚力越好,群体成员越容易表现出从众行为。
(5) 群体大小:群体至少有三名成员,并且他们的反应一致的时候,成员较容易表现出从众行为[2]。

---

[1] Myers, D.G. 1993. Social Psychology. New York: McGraw-Hill.
[2] 刘利,张圣平,张峥等. 信念、偏好与行为金融学[M]. 北京:北京大学出版社,2007.

第十二章 羊群效应与投资行为

总而言之，群体成员的行为，通常具有跟从群体的倾向，当个人发现自己的行为和意见与群体不一致，或与群体中大多数人有分歧时，会感受到一种无形的压力，这种压力驱使他们趋向于与群体保持一致，产生从众行为。

在日常生活中，"随波逐流""人云亦云"都是从众行为的最好例证。例如，在进行投资时，很多投资者就很难排除外界的干扰，别人投资什么，投资者就跟风而上；而在结伴消费时，同伴的消费行为也会对自己的消费产生行为上的影响。

美国人詹姆斯·瑟伯有一段十分传神的文字来描述人们的从众行为：突然，一个人跑了起来，也许是他猛然想起了与情人的约会，现在已经过时很久了。不管他想些什么吧，反正他在大街上跑了起来，向东跑去(可能是去马拉莫饭店，那里正是男女情人见面的最佳地点)。另一个人也跑了起来，这可能是个兴致勃勃的报童。第三个人，一个有急事的胖胖的绅士，也小跑起来……十分钟之内，这条大街上所有的人都跑了起来。嘈杂的声音逐渐清晰了，可以听清"大堤"这个词。"决堤了！"这充满恐怖的声音，可能是电车上一位老妇人喊的，或许是一个交警说的，也可能是一个男孩子说的。没有人知道是谁说的，也没有人知道真正发生了什么事，但是几千人都突然奔跑起来。"向东！"人群喊叫了起来——东边远离大河，东边安全。"向东去！向东去！"一个又高又瘦、神色坚定的妇女从我身边擦过，跑到马路中央。而我呢？虽然所有的人都在喊叫，我却不明白发生了什么事情。我费了好大劲才赶上这个妇女，别看她已经快 60 了，可跑起来倒很轻松、姿态优美，看上去还相当健壮。"这是怎么了？"我气喘吁吁地问她，她急匆匆地瞥了我一眼，然后又向前望去，并且稍稍加大了步子，对我说："别问我，问上帝去！"①

从上面的例子可以看出，从众行为对人的影响确实是很大的。一个人可能出于某个原因开始在大街上跑起来，不久，很多人也跟着跑起来，这是为什么呢？因为别人在跑。当人们最终明白大堤没有决口时，他们会感到自己非常傻。但是，如果他们因为没有采取从众行为而出现什么闪失的话，他们会感到自己更傻。在群体中由于个体不愿因标新立异、与众不同而感到孤立，当他的行为、态度与意见同别人一致时，会有"没有错"的安全感，这会迫使一些成员违心地产生与自己意愿相反的行为。

法国科学家让亨利·法布尔曾经做过一个松毛虫的实验。他把若干松毛虫放在一只花盆的边缘，使其首尾相接成一圈，在花盆的不远处，又撒了一些松毛虫喜欢吃的松叶，松毛虫开始一个跟一个绕着花盆一圈又一圈地走。这一走就是七天七夜，饥饿劳累的松毛虫尽数死去。而可悲的是，只要其中任何一只稍微改变路线就能吃到嘴边的松叶。

动物如此，人也不见得更高明。社会心理学家研究发现，影响从众行为的最重要的因素不是某个意见本身，而是持这种意见的人数多少。人多本身就很有说服力，很少有人会在众口一词的情况下仍然坚持自己的不同意见。"群众的眼睛是雪亮的""出头的椽子先烂""木秀于林，风必摧之"这些教条紧紧束缚了我们的思想与行动。

学者阿希曾进行过从众行为实验，发现在测试人群中仅有 1/4～1/3 的被试者没有发生过从众行为，保持了自己的独立性。可见从众行为普遍存在于现实生活中。根据研究发现，不同类型的人，从众行为的程度是有区别的。一般来说，女性从众多于男性；年龄小的人多于年龄大的人；性格内向、有自卑感的人多于外向、自信的人；社会阅历浅的人多于社

---

① 王稳. 行为金融学[M]. 北京：对外经济贸易大学出版社，2004.

会阅历丰富的人；文化程度低的人多于文化程度高的人。

正因为很多人都有盲目跟风的情况，因而就有一些人专门利用这种现象达到某种目的。生活中确实有些震撼人心的大事会引起轰动效应，群众竞相传播、议论和参与。但也有许多情况是经有计划地进行宣传而引起大众关注的。常常是舆论一"炒"，人们就跟着"热"。广告宣传、新闻媒介报道本属平常之事，但是具有从众倾向的人常常会跟着"凑热闹"。

当然，任何东西总有其存在的合理性，羊群效应并不见得就一无是处。这是自然界的优选法则，在信息不对称和预期不确定条件下，看别人怎么做确实是风险比较低的(这在博弈论、纳什均衡中也有所说明)。羊群效应可以产生一定的示范学习作用和聚集协同作用，这对于弱势群体的保护和成长是很有帮助的。

羊群效应告诉我们：对他人的信息要有选择地相信，不可全信也不可不信，凡事要有自己的判断，出奇方能制胜，但跟随者也有后发优势。

二、羊群效应的理论分析

(一)从众行为的心理分析

社会心理学通过实验证实，当"客观现实"很模糊时，大众的行为就成了信息源，或者说大众的行为提供了一个人应如何行动的信息。通常有效信息的确定是比较了各种可获信息在决策中的价值和获取成本后得到的。例如，在某一种环境下，大众行为所传递的如何行动的信息成为可获得信息中的有效信息时，人们的决策就会以此为依据，因此就出现了我们所看到的从众行为。

最早提出"从众行为"的是凯恩斯(Keynes)，他在1936年指出，"在投资收益日复一日的波动中，显然存在着某种莫名的群体偏激，甚至是一种荒谬的情绪在影响着整个市场的行为"[①]。这种莫名的群体偏激就是大众行为的信息源，凯恩斯意识到了市场中的一种群体情绪的存在，并且其影响是不可忽视的。在《就业、利息和货币通论》中，他用选美博弈的例子来说明投资者的从众行为。在选美比赛中，由于众人所选择对象必须与最终选举结果一致才能获奖，因而，每一个参与者所要挑选的并不是他自己认为最漂亮的人，而是他设想其他参与者所要挑选的人。所有参与者都能如此进行例行的思考，这样的选美就"不是根据个人判断力来选出最漂亮的人，甚至也不是根据真正的平均的判断力来选出最漂亮的人，而是运用智力来推断一般人的意见是什么"。结合股票市场投资，凯恩斯认为，根据真正的长期预算进行投资的人要比那些根据预测大众的行为进行投资的人会费更多的精力并且会冒更大风险。这就意味着当收集、处理信息的成本很大时，投资者的理性选择是去预测大众的行为，并抢在大众投资行为之前先行一步。如果投资者对此认同，在观察到市场上可供参考的投资行为后，它的理性选择无疑就是模仿，这样从众行为就会产生。可见，从众行为的本质特征就是一个投资者的投资决策受到其他投资者的影响。

费斯廷格(Festinger)在1957年[②]也指出，当个体与群体遇到冲突时，我们的思想会潜意识地剔除那些与整体关联性最弱的看法，不自觉地寻求平衡。这种现象被称为"认知的不

---

① Keynes J. M. 1936. The general theory of employment, interest and money.
② Festinger L. 1957. A Theory of Cognitive Dissonance. Stanford, CA: Stanford University Press.

一致消减"(cognitive dissonance reduction),随着对不一致的消减,必然就会出现从众行为。

(二)从众行为的具体分类

按不同的划分标准,从众行为可分为以下几类。

(1) 按照参与从众行为是否能获得收益,可以把它分成理性从众行为和非理性从众行为。如果参与从众行为可以增加个人的经济福利,那么这种从众行为就是理性从众行为。理性的从众行为认为,由于信息获取的困难、行为主体的激励因素以及支付外部性的存在,经过理性分析后,从众行为成为行为主体的最优策略。非理性的从众行为主要研究行为主体的心理动机,认为行为主体忽视了理性分析的重要性,只会盲目地相互模仿。理性的从众行为有利于投资者做出正确的投资选择,而非理性的从众行为的特征是:率先做出决定的投资者的行为作为新信息进入市场,对后面大多数投资者的投资决策具有非同一般的影响。证券投资的"羊群效应"往往导致投资者做出逆向选择,形成错误的投资决策。当投资者发现决策错误之后,会先后根据更新的信息或已有的经验做出相反的决策,这一过程看上去却产生了新一轮的"羊群效应"。非理性的从众行为的这些特征,加剧了证券市场的不稳定性和波动性,在涨时助涨,在跌时助跌,容易引发高度的投机和市场泡沫,使市场不能有效配置资源。在我国的证券市场就存在着明显的交易量大价升、量小价跌的现象,反映出投资者相当典型的羊群效应,不利于市场健康有序地发展①。

(2) 按照内生发生机制来看,可以把它划分为虚假从众行为(spurious herding)和故意从众行为(intentional herding)。虚假从众行为就是指群体中的成员面临相似的决策问题,拥有相同的信息而因此采取了相似的决策;而故意从众行为则是指投资者观察并模仿他人的交易行为,反映出投资者之间的相互影响。由此我们可以知道,虚假从众行为只是表面上与从众行为一样的现象,决策者并没有受其他决策者的影响,而是由于对自己信息的有效利用得出了与其他人一样的结果。例如,利率忽然下跌,导致股票的吸引力大幅上升,投资者纷纷投入资金到股票市场上。这实际上是投资者对共同的经济基本面所采取的行为,并非根据他人的行为而改变自己的决策。这种行为并非真正的从众行为,我们称之为虚假从众行为。虚假从众行为是信息被有效利用而产生的结果,而故意从众行为则并不一定是有效的。但对于我们观察者来说,如果不知道决策者的私有信息,所观察到的两种从众行为的外在表现是相同的。因此,有效区分虚假从众行为和故意从众行为并非易事。

(3) 根据投资者的决策次序,从众行为可以分为序列性、非序列性和随机性三类。在序列性从众行为中,每个决策者在进行决策时都观察其前面的决策者做出的决策,对该决策者而言,这种行为是理性的,因为其前面的决策者可能拥有一些重要的信息,于是他可能会模仿别人的决策而不是使用自己的信息。非序列性从众行为假设任意两个投资主体之间的模仿倾向是固定相同的,当模仿倾向较强时,市场主体表现是崩溃;当模仿倾向较弱时,市场主体表现是收益服从高斯分布。而随机性从众行为则假定相互联系的一群人之间相互产生影响,形成了一个组,但同时组与组之间的决策相互独立。

(4) 根据观察从众行为的出发点以及实证的方法、羊群效应的形成动机,可以把从众行为划分为先验型从众行为和后验型从众行为。先验型从众行为是指投资者根据先验数据

---

① 张玉明,刘凤娟. "羊群效应"的内在原因及防范[J]. 湖南社会科学,2005.3.

主动积极产生跟从行为，即从众行为的根源是历史数据对投资者的启示或是投资者自身对历史信息的正反馈。后验型从众行为是指投资者不考虑历史的数据，而是收集相关的平行时间的投资策略，别人怎么做自己就怎么做，投资的目标盲目，动机仅仅是跟从，在市场行为上表现为较强的传染特性和并行投资策略。

(三)从众行为的层次划分

赫什利弗(Hirshleifer，2003)从社会学的角度考察研究从众行为，认为个人的思想、感情、行为可以通过语言、对他人行为的观察和对他人行为结果的观察等几种途径受到他人的影响。这种影响可能包括完全理性的学习、准确性的过程甚至是一种对个人决策毫无帮助的更新过程。这种影响可能导致个体的行为聚集(convergence)[①]。

图 12-1 描述了对行为聚集的两种分层方法[②]。矩形说明了观测性的分层(a，b，c，d)，顶层是最具有包含性的层次——羊群，从信息来源的角度说明了从众行为的机理。它包括：a. 羊群；b. 观测性影响(observational influence)，即基于观测他人行为或行为结果的行为依赖，可能是非理性的；c. 理性观测性学习，即通过对他人行为或行为结果反映的信息的理性贝叶斯推断导致的观测性影响；d. 信息串联，即对他人行动、报酬甚至谈话的观测性学习，以至个人行动并非基于该投资者个人的私有信息。当个人处于信息串联的时候，他的行动选择对后面的观察者来说是无信息的。这样，信息串联就和信息阻塞联系在一起。这种阻塞可以看作信息外部性的一方面，个人做决策时并不会考虑对其他人有没有潜在的信息利益。

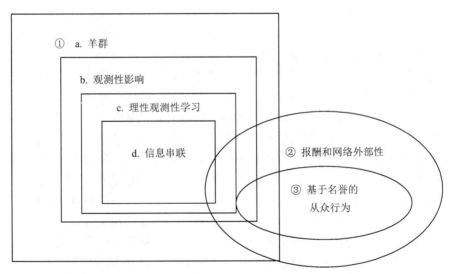

资料来源：Hirshleifer(2001)

图 12-1 羊群效应(从众行为)的层次划分

---

① 行为聚集(Behaviour Convergence)就是指广泛的群体行为，范围更广，而从众行为(羊群效应)是其中的一种表现形式。

② Hirshleifer. 2001. Investor Psychology and Asset Pricing. Journal of Finance 56, 1533～1598.

图 12-1 中的椭圆说明了报酬相互影响的分层(①，②，③)，这是从另一个不同的角度来描述从众行为。具体包括：①羊群。②报酬和网络外部性。它包括由于个人行动影响到其他采取同样行动的人的报酬而引起的行为聚集。③基于名誉的从众行为。这种行为的收敛是基于个人试图在别的观察者心中保持良好的名誉努力。这种希望保持好声誉的愿望可能造成报酬的外部性，从而使③成为②的子集。

(四)从众行为的成因分析

关于从众行为的成因，哲学家认为是人类理性的有限性，心理学家认为是人类的从众心理，社会学家认为是人类的集体无意识，而经济学家则从信息不完全、委托代理等角度来解释。

从经济学角度考虑，从众行为模型可以分为支付外部性模型、声誉模型、报酬模型、模仿传染模型和信息模型五个主要的分支。这些模型从不同的角度对从众行为的成因、效率等问题进行了探讨。

1. 支付外部性模型

支付外部性模型是最早被关注的一类羊群效应现象。这一模型的主要思想是，当市场情况突然发生了不利的变化，使得总财富不足以支付所有人的权益，而先到者采取的行动会危及后到者的利益(即存在外部性)的时候，所有参与者的理性选择就是争先。这一模型的经典案例就是银行的挤兑行为。下面我们就以银行挤兑来简要介绍此类模型。

存款人之所以愿意将自己的钱存在银行，就是因为银行不但承诺支付本金和利息，而且可以随时提现，这是银行能够吸收到资金的关键因素。如果某家银行的流动性出现了不利的变化趋势，那么存款人就会担心自己存放在银行的钱的安全性。而按照银行业的惯例，银行总是按照先来后到的顺序依次处理存款人的提现要求。显然，当银行存在难以满足所有存款人提款要求的风险时，对理性的存款人而言，最佳的选择无疑就是尽量赶在别人之前去银行取出自己的存款。当所有的人都怀着这种想法而争先恐后地赶去银行要求提取现金时，就会导致该银行的流动性出现问题，甚至可能倒闭。如 1999 年 3 月至 4 月 22 日，在有关"交通银行郑州分行行长携款潜逃"谣言的影响下，不明真相的储户争相到交通银行郑州分行各营业网点大额提取现金、提前支取现金或销户。从 4 月 19 日至 4 月 22 日，交通银行郑州分行各网点更出现挤兑现象，4 月 21 日挤兑达到高潮，造成该行直接经济损失 1252 万元，间接损失 2050 万元。

由此可以看出，这一从众行为模型主要是用来解释那些对有限资源争夺情况下出现的从众现象。其本质上是一种多人的常和博弈行为，每一个参与者都是为了保护自己的利益不受到损害而不约而同地采取了一个相同的行动选择，从而出现了从众现象(羊群效应)。

2. 声誉模型

沙尔夫斯坦(Scharfstein)和施泰因(Stein)[①]从投资经理人声誉的角度提出了一个解释从众

---

① Scharfstein D., Stein J. 1990. Herd Behavior and Investment. The American Economic Review, 80, 465～479.

行为(羊群效应)产生的模型。格兰汉(Graham)[①]继承并发展了该模型，建立了从众行为的声誉模型。它的基本思想是：由于雇主和其他人都是通过与其他投资经理的业绩进行比较来判断经理人的业绩的，因而投资经理会倾向于模仿其他经理的投资决策。当一个投资经理对于自己的投资决策没有把握时，那么对他而言，最可取的做法是与其他投资专家保持一致，而当其他投资专家也这样考虑时，羊群效应就产生了。

考虑有甲、乙两个投资经理，他们面临一个同样的投资机会。假设投资经理有高能力和低能力之分。低能力经理掌握的信息纯粹是噪声，而高能力经理能收集到关于投资回报的有用信息。甲和乙能力水平的决定是相互独立的，他们均有可能是高能力的或低能力的，而且每一位经理本人和他的雇主均不知道该经理属于哪种能力类型，但他们都对此有一个先验且一致的看法，即该经理的声誉。这个看法在投资决策后随着对投资回报的观察而修正。假设经理甲先作出决策，他对收集的信息进行分析并作出是否投资的决策。由于经理乙不能确定自己属于高能力还是低能力，不管他自己对投资前景的判断如何，他的最优选择都是跟随经理甲的决策，即使该决策被证明是错误的，也可以将其归因于坏运气，从而维持先前的能力评价。当有多名经理依次进行决策时，后继的经理们将模仿第一个经理的决策，从而产生羊群效应。这种羊群效应同样会导致市场的无效率。

在推导方面声誉模型大量应用了贝叶斯法则，它对于羊群效应的解释是建立在代理人问题基础上的，在这一模型中代理人总是要尽量使委托人相信自己行为的正确性。这一激励机制上的扭曲就在很大程度上导致了羊群效应的产生。现实中许多从众行为的产生都与委托代理问题有关，因此可以说，声誉模型相对比较完善，而且具体区分了各个因素对羊群效应产生影响的方向和大小。

3. 报酬模型

投资经理采取模仿行为不仅关系到声誉问题，而且还关系到报酬问题。如果投资经理的报酬依赖于他们相对其他的投资经理人的业绩表现，这将扭曲投资经理的激励机制，并导致投资经理选择一个无效率的投资组合，这样也可能导致羊群效应的发生。

芒格和纳依克(Maug and Naik)在 1996 年[②]考察了风险厌恶的投资者。他的报酬随着他的相对业绩的增加而增加，也随着他的相对业绩的减少而减少。经理人和他的基准投资经理人(也就是投资收益的对比者)都有着关于投资回报的私有信息。基准投资经理人先进行投资，而投资人在观察基准投资经理人的选择后选择投资组合。投资人的投资组合选择将倾向于和基准投资经理人相同或相近。而且，报酬制度也鼓励投资人模仿基准投资经理人的选择。因为，如果他的投资绩效低于市场的平均绩效，他的报酬将受到影响。

这种从众行为本身是一种道德风险行为。芒格和纳依克[③]认为，雇主与代理人之所以采取这种薪酬合约安排，是为了减少代理人的道德风险行为以及避免事前的逆向选择。芒格和纳依克指出，在与基准挂钩的报酬结构下，如果投资经理的表现落后于基准经理人，那

---

① Graham J. R. 1999. Herding among Investment News Letters:Theory and Evidence. Journal of Finance, 54, 237~268.

② Maug and Naik. 1996. Herding and Delegated Portfolio Management: The Impact of Relative Performance Evaluation on Asset Allocation. LBS, working paper 223.

③ Maug and Naik. 1996. Herding and Delegated Portfolio Management. Mimeo.London Business School.

么投资经理将面临极大的压力，甚至职位不保。谨慎的决策是舍弃自己的信息或信念，尽量避免使用过于独特的投资策略，以免业绩落后于指数或同行。这种基于报酬的从众行为在某种程度上可以达到有限制的效率。这种限制是由道德风险或逆向选择导致的。但这种报酬结构会扭曲经理人的激励机制，间接鼓励投资经理追随指数或同行进行投资决策，最终导致无效的投资组合，产生了从众行为。

4. 模仿传染模型

传统投资学理论假设，投资者的决策是在理性约束下相互独立的随机过程。然而，大量实证研究证明，在现实证券市场中，投资者的决策要受其他投资者的影响，投资者之间存在相互学习和相互模仿。模仿是指仿照一定榜样做出相同或类似动作和行为的过程。相对创新而言，模仿可以节约所有的创新成本，由此可以获得模仿优势。模仿可分为理性模仿与非理性模仿。理性模仿是投资者经过博弈后得到的有利的结果。当模仿的预期边际收益大于模仿的预期边际成本时，模仿行为就会产生。比如，一项技术发明需要大量的开发成本、试制成本，而且可能面临失败带来的风险成本等，而技术模仿就可以节约这些成本，从而获得模仿收益。非理性模仿则是指人们所表现出的"羊群效应"。

模仿传染模型是一个由于观念行为的传染而造成的市场动态模式，主要是从"模仿传染"机制出发，考察投资者的"羊群效应"。人与人之间和各种媒体之间思想或行为的相互传染性使个体倾向于与其他人的判断或行为保持一致，形成所谓的"趋同性效应"(the conformity effect)。在资本市场上，总有一批非理性的投资者，他们对未来的预期主要依赖于市场上其他人的行为和预期，从而通过其他人的行为来选择投资策略。这种模仿传染会成倍放大股票价格。1989年希勒认为，投资者往往是在直接的人际交流之后才把注意力集中于某只股票并择机买入，所以说，人际间的交谈对于金融市场投资者的相互传染起着关键作用。

在资本市场上，股票价格走势的一个永恒的主题是波动，并且这种波动反映了金融市场各参与主体的情绪变化，即市场价格走势能够展示出投资者悲观或乐观情绪的波动。当投机者不能从价格的变动中提取完全的信息，而从其他人的行为中提取信息，即采取从众模仿策略时，市场就会出现过度波动。当市场体现悲观情绪时，泡沫就会逐渐萎缩，警示和悲观的声音会在市场上出现，价格上涨越来越少，最终导致市场的逆转，直到低位均衡点；当市场体现乐观情绪时，就会逐渐形成泡沫，并随着乐观的声音和看多言论的盛行不断膨胀，直到达到高位均衡点。传统投资学理论认为，市场波动主要是由预期的内在价值的变动引起的，而模仿传染模型认为，市场波动主要是由模仿传染导致的羊群效应引起的，因而羊群效应成为价格泡沫的主要原因，并且投资者的从众行为会加速泡沫不断膨胀和不断破灭的过程。

1995年，卢克斯(Lux)模型企图刻画市场上投资者的从众行为或相互模仿的传染现象，描述了对基本面不完全知情的投资者的预期的形成。这些预期主要依赖于其他投资者的预期和行为，模型刻画了投资者之间相互模仿传染的过程。模型通过对投资者交易行为的变化的分析来描述市场供需状况的变化，供需状况进而影响价格的变化，而对投资者买和卖两种态度转变的概率的分析又引入了协同学的方法。卢克斯模型能很好地解释股市泡沫的形成、破灭(过度波动)和均值回复，较好地刻画了市场中的羊群效应。

5. 信息模型

传统投资学的有效市场假说认为，当价格已反映了所有信息时，没有人能够持续地获得超额利润。只有占有那些未反映在价格中的信息的人才可从中获利，占有这种信息的人越少，其获利的可能性就越大。在这一机制作用下，更多的投资者会试图去收集、研究新的信息，并从交易中得到回报，从而形成一种良性循环。因此，高效率的资本市场正是众多投资者追求信息的结果。但事实上，即使在信息传播高度发达的现代社会，信息也是不充分的。在信息不充分和不确定的金融市场环境下，每个投资者都拥有对某种证券的私有信息，这些信息可能是投资者自己研究的结果，或是通过私下渠道所获得；另外，与该股票有关的公开信息已经完全披露，但投资者不能确定这些信息的真假。投资者如果能掌握市场中的所有信息，那么他就不需要通过观察他人的决策来决定自己的决策。但是由于金融市场是完全开放的，同时不断有新的信息流入市场中，信息变化速度很快且十分不确定。因此，在这种市场环境下，投资者无法直接获得别人的私有信息，但可以通过观察别人的交易情况来推测其私有信息，这样就容易产生从众行为。一般而言，机构投资者相互之间更多地了解同行的交易情况，并且具有较高的信息推断能力，因此，他们相比个体投资者更容易产生羊群效应。

1977年，罗斯等人发现了决策者处理信息的所谓"虚假的同感效应"(the false consensus effect)，指出投资者总是错误地认为别人比自己拥有的信息多，并且投资者不愿意被人发现自己由于与别人产生不同而犯有明显的或低级的错误。投资者趋向于模仿自己认为拥有信息较多的人的信念和行为，从而产生从众行为。

1992年，福罗特(Froot)等人称基于噪声交易的投资者为"大街上的羊群"(herd on the street)。他们认为，机构投资者具有高度的同质性，他们通常关注同样的市场信息，采用相似的经济模型、信息处理技术及对冲策略。在这种情况下，机构投资者很可能会对证券分析师的建议或盈利预警等相同外部信息做出相似的反应，从而在交易活动中出现羊群效应。

在无效市场假定条件下，交易者会聚集在某些信息甚至是与基础价值毫不相关的信息或谣言上进行交易。当大量的交易者都聚集于某一信息并发生极端反应的时候，就会导致"羊群效应"，它会在一定程度上引起信息资源的不合理配置以及价格与价值的明显偏离。如交易者持续地大量买入证券，不断推升价格，形成价格泡沫。信息聚集的正溢出效应揭示了投机市场存在的一个重要原因是缺乏关于信息结构的"共同知识"。在投机市场上，一个人相信一个事实是真的并不意味着该事实本身就是真实的，一个人知道一个事实本身也是一个事实。关于一个特定的事实的知识，这个过程可以任意重复多次。因此，可以定义在一群人中一个事实是共同知识，对任意的 $m>0$，该事实被知道到 m 层。也就是说，一个事实是共同知识，如果每个人都知道该事实，每个人知道每个人都知道这个事实，每个人知道每个人知道每个人都知道这个事实……这个过程直到无穷。在投机市场上，如果存在共同知识，如投资者对股票市场中未来利润的概率分布的认识是相同的(信息是完全的)，那么交易股票的唯一理由是风险态度的差异，但是如果这样的话，股票的作用完全可以由保险来替代。

在噪声交易者和短期性投资者存在的市场中，交易者都拥有自己的信息。在他拥有的信息集合中，利用其中某一信息的投资者越多，他就越可能利用该信息获利，这些信息可能是与基础价值有关的信息，也可能是与基础价值毫无关系的噪声，这就是信息聚集的正溢出效应(大量的而不是全部的投资者对某一事实或是虚假信息的掌握)。当然,这一效应可能使努力获取新信息的交易者无法得到相应的回报,因为他无法保证其他投资者会相信并聚集在这一信息上。投机者"理性地"在某一信息上聚集,而忽视了对其他相关的基础信息的搜寻,甚至聚集在与基础价值毫无关系的噪声上,往往造成与资产基础价值有关的信息不能完全从价格中反映出来,从而使资产价格的信息质量降低。因此,信息聚集的正溢出效应不利于资本市场效率的提高。

信息聚集效应在金融市场上可以得到很多验证。在金融市场上,许多交易者采用技术分析法进行交易,就是信息聚集效应的表现。技术交易者忽视基本面信息而"聚集"在某一个技术方面的信息上。这种正的信息溢出效应使专业投资者不关注基础信息,而是关注大家关注什么信息。信息聚集效应降低了资产价格的信息质量,并使那些依赖资产价格决定生产行为的经营者不能做出正确的决策。

三、羊群效应的理论探索[①]

2007年8月,美国次贷市场危机爆发……进入2008年下半年以来,"金融海啸"有愈演愈烈之趋势,先是房利美和房地美股价在一周之内被"腰斩",纽约股市三大股指全面暴跌进入"熊市",紧接着便是世界五大投行之一的雷曼兄弟宣布申请破产保护……国际金融形势的急剧动荡正影响着国内经济的健康发展,国内股市也持续下跌陷入了动荡低迷的熊市之中,随着股市进入新一轮大起大落、暴涨暴跌的恶性循环,广大投资者又一次经历了"大喜——贪婪——大悲——恐惧"的心理"轮回",投资者情绪陷入了严重的紧张、焦虑与不安之中,股市再次出现了投资者追涨杀跌的"股疯"现象(即在牛市时失去理性而狂热投资,熊市时则市场低迷、交投萎缩的现象)。

众所周知,市场信心是股市生存的重要基础,投资者的心理稳定更是股市稳定健康发展的重要基石。据此,笔者提出了股市"羊群效应"的共振成因假说,认为造成"股疯"现象的根本原因在于:微观层面上的投资者对于市场信息的认知偏差,诱发了宏观层面上的股市"共振效应"。

(一)股市共振效应假说的基本内涵

共振效应(resonance effect)是指当一个系统受外界刺激而做强迫振动时,若外界刺激的频率接近于系统频率(即所谓的共振频率),强迫振动的振幅会达到最大值的趋势。在法国拿破仑时期,一队士兵在指挥官的口令下,步调一致整齐地通过法国昂热市的一座大桥,快走到桥中间时,桥梁突然发生强烈的颤动并且最终断裂坍塌,造成许多官兵和市民落入水中丧生的惨剧。其实,造成这幕惨剧发生的罪魁祸首就在于士兵步伐的频率与大桥自身的频率恰好一致,从而引发共振效应。

股市作为一个复杂的动态系统,同样也存在着"共振效应"。当股市面临拐点,投资者的心理预期与市场中的正面或负面信息(利好或利空信号)两者之间出现协同倾向,

---

① 陆剑清,李建华. 中国股市共振效应假说的机制初探. 未来十年的世界:对话·改革·治理/东方学术文库(世界经济·国际政治·国际关系学科卷)(上海市社会科学界联合会编). 上海人民出版社,2010, 224~227.

产生共鸣效果时，股民紧张、焦虑、烦躁、不安的个体不良情绪便会以加速度扩散的方式(即规模由小到大、速度由缓到急)逐步演变为群体性的恐慌心理，并在股市系统中急速蔓延——面对市场利好信号，投资者因怕"踏空"而盲目追涨；面对市场利空信号，投资者则更怕被"套牢"而疯狂杀跌，这样股市便出现了大起大落的"共振现象"。此时的投资者置身于股市之中便宛如身处惊涛骇浪之中，最初这种振荡是非常微弱的，而渐渐地振荡的幅度越来越强，并最终引发了共振，从而在短时间内释放出巨大能量，令股市出现非理性的急剧波动，产生巨大的破坏性效果，引发股市的动荡甚至崩溃。

(二)股市共振效应假说的微观机制

股市共振效应假说的微观机制是基于美国哈佛大学教授阿吉瑞·斯(2002)研究提出的"心智模式"运作过程理论——"推论的阶梯"，该理论认为人类是以一种跳跃式的推论进行"行动中的反射"(reflection in action)。即人们能够意识到的只是阶梯底部的、可观察到的原始资料以及阶梯顶部所决定采取的行动，中间的推论过程则被飞快地跳跃过去。人们的概括性想法(看法)即是通过"跳跃式的推论"产生的：通过将具体事项概念化——以简单的概念替代许多细节，然后以这些概念来进行推论，从而导致了认知偏差的出现。因此，就投资者的心智模式而言，其在对市场信息的认知形态上，会形成信号反射环路(即产生循环加速式的扩音器效果)。诸如金融危机等市场信号所引发的心理压力会严重干扰投资者心智模式的正常运行，对其产生了显著的"屏蔽效应"(即投资者个体为了避免自身的认知失调，对于与其认知不一致的市场信息进行了信号屏蔽，而只对与其认知态度相一致的市场信息开放通路，详见图 12-2)。

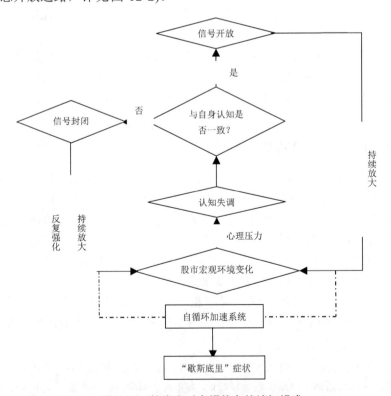

图 12-2 投资者对市场信息的认知模式

可见，"屏蔽效应"使投资者的心智模式成为了选择性半封闭的自循环加速系统。在这一微系统中，投资者个体对于所选择的市场信号会连续不停地进行自我反馈、反复强化、不断放大其对股价走势等市场信息的认知偏差，从而由量变引发质变，达到市场心理临界点，最终触发了股市宏观系统中的"共振效应"，导致股市泡沫破裂、股价跳水，致使股市对投资者而言成为了其不幸乘上的一列大起大落、动荡不已、惊心动魄的"高危过山车"。这样，投资者在精神上表现出本杰明·格雷厄姆所言的："歇斯底里"的"精神抑郁症"(即所谓"时狂"股民)，致使市场出现了"情绪周期"(emotional cycle)。统计研究表明，在市场周期的极端，投资者情绪具有典型性。在牛市的顶峰，投资者因盲目自信而无视风险；在熊市的低谷，则因过度自卑而彷徨无助，如图12-3所示。

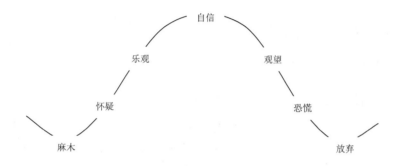

图 12-3 股市共振效应下的投资者情绪周期

四、启示与意义

笔者认为，股市共振效应假说的提出具有以下三点启示。

(1) 为股市监管提供了新的思路。股市共振效应假说表明，通过及时发现股市的"共振频率"(即市场心理临界点)，尽早发现股市动荡的迹象，力争对股市的大起大落能够做到"可防""可控""可治"，在预防、控制与救助这三个阶段上实现股市监管模式的治理重心"前移"，力争在股市"大起大落"之前便做到"预防"与"控制"相结合，双管齐下，使监管思路变被动为主动，即由"事后救助"向"事前介入、有效干预、积极控制"转变，并且重在"预防"与"控制"，将股市"共振效应"所引发的市场动荡最大限度地消弭于萌芽状态。

(2) 为股市干预提供了新的模式。股市共振效应假说表明，通过寻找认知拐点(即投资者对市场信息的认知由不关注到关注、不敏感到敏感的市场心理临界点)，适时采取具有针对性的舆论介入、政策干预等调控措施，可以有效地调整投资者心理，阻断市场恐慌情绪的蔓延，引导其向稳定、健康、理性的层面转化，从而关闭了引发股市"共振效应"的"循环加速器"，达到"熨平"股市波动、保持股市这一动态系统稳定的效果。同时，防止股价随着非理性的市场情绪波动而大起大落，这样一来便能从根本上消除股民情绪等市场心理因素对于股价的"噪声"干扰，为股市的心理稳定提供切实有力的监管抓手，从而极大地降低了"救市成本"，成功实现对于股市稳定健康发展的调控和引导。

(3) 为广大投资者构建健康的心智模式提供科学指南。由于当心理失控的"时狂"股民人数达到一定的规模而触动了市场心理临界点时，便会引发新一轮剧烈的股市"共振效应",因而厘清投资者对于市场信息的解码机理,深入研究当前金融危机等市场信号(及其所引发的心理压力)对于投资者心智模式的干扰过程,从而有针对性地提出投资者心理稳定的调适预案,能有效地解决投资者的心理失控问题,将其从盲目被动的从众状态中解放出来。

综上所述,股市"共振效应"这一新理论假说的提出,能够破解"股疯"现象的成因,从而构建起有效的调控干预机制,最大限度地熨平市场波动,因而对于重塑市场信心,推动中国股市稳定健康、可持续的发展具有重要的理论与现实意义。

第二节 投资决策中的羊群效应

一、中小投资者的羊群效应

(一)中小投资者羊群效应的特征

1. 中小投资者模仿机构投资者的羊群效应

中小投资者放弃自己原本的信息而跟随机构投资者的羊群效应,是中小投资者根据智猪博弈中大猪—小猪博弈均衡原理[①],对双方力量和利益进行对比之后采取的合理措施。对中小投资者而言,机构投资者是资金充裕、信息灵敏和操作专业的代名词,实力雄厚,相当于智猪博弈中的大猪;而中小投资者由于资金较少、信息不充分、投资经验不足,力量薄弱,相当于智猪博弈中的小猪。中小投资者正是基于这样的考虑以及对风险的厌恶,受操作失败的后悔和利益受损的恐惧心理影响,所以当出现信息不一致的时候,他们不愿意也没有能力去辨别真伪,宁愿选择"安全"的投资策略:跟随机构投资者的投资行为,与他们保持一致,以此获取部分"安全"的收益。

现在我们可以根据这个原理来观察机构和中小投资者之间的博弈过程,即把它看成智猪博弈的一种变形。我们不妨假设机构投资者和中小投资者都投资于股市,机构投资者由于资金雄厚、操作专业,如果依据正确的信息,可以得到 100 的投资收益;而个人由于资金实力较弱,操作不熟练,即使依据正确的信息投资,也只可以得到 10 的投资收益。双方都可以选择收集并分析信息,但是收集信息是要花成本的,我们假设机构和中小投资者要收集正确信息的成本费用是 20;而如果只是收集对方的情报,搭便车的话所需花费的成本是 5;若双方都放弃收集信息,产生收益为 0。现在我们可以计算在各种可能的情况下,机构投资者的投资收益和中小投资者的投资收益。如果机构投资者和中小投资者都同时收集到正确信息,则机构的投资收益为(100-20=80),而中小投资者的投资收益为(10-20=-10);而如果机构投资者收集正确信息且中小投资者跟随机构,只有机构收集信息的情况下,机构的收益不变,而中小投资者的收益为(10-5=5);反之中小投资者收集正确信息而机构搭便车,则中小投资者的收益为-10,而机构的收益为(100-5=95);最后一种情况就是两者都不收集正确的信息,那也无对方信息可收集,显然两者的收益都为 0。与信息收集所对应的收益矩阵如表 12-1 所示。

[①] 朱·弗登伯格. 博弈学习理论[M]. 北京:中国人民大学出版社,2004.

表 12-1　收益矩阵表

		机构投资者	
		收集信息	不收集信息
中小投资者	收集信息	(-10，80)	(-10，95)
	不收集信息	(5，80)	(0，0)

从上面的收益矩阵中我们可以看出，中小投资者具有严优策略——不收集信息而坐享其成。在这种情况下，机构投资者若不去收集与分析信息，那最后的结果是大家的收益都是零。而机构投资者去收集并分析信息，虽然会让中小投资者占到了便宜，但是毕竟有所得，因此这个博弈的纳什均衡是：机构投资者收集并分析信息，中小投资者分析机构投资者的行为并跟随。因此也就产生了中小投资者对机构投资者的从众行为。

2. 中小投资者模仿其他中小投资者的羊群效应

在现实中，出于各种原因，中小投资者在投资中，除了经常跟随机构的投资策略外，还倾向于跟随其他中小投资者的投资行为。中小投资者出于对损失和后悔的厌恶，但是又担负不起获取确切信息的费用，而且缺乏正确分析信息的经验和能力，所以经常采用观察的方式来间接揣摩别的投资者的投资思路，近而模仿成功的中小投资者的投资策略。如果中小投资者乙，通过对中小投资者甲进行多次观察，发现他连续多次在投资中获利颇丰，他就会相信投资者甲的信息比较可靠，那么以后他就会采取和甲相同的投资策略；同样，中小投资者丙也在密切关注投资者乙的投资行为，发现投资者乙的收益较为可观，并且自己在原来的投资中有几次和投资者乙的投资策略相反而被套牢，他就越发相信投资者乙有内幕信息，跟随他应该是安全的，所以以后当自己的信息和投资者乙不一致时，就会毫不犹豫地放弃自己的信息跟从乙，或是自己根本不再花金钱和时间收集信息，完全模仿投资者乙的投资策略……经过一系列的传染过程，市场上存在越来越多的投资者效仿中小投资者甲的投资行为，这就形成一定程度的羊群效应。

(二)中小投资者非理性羊群效应的成因分析

1. 信息不对称因素

投资者之间信息不对称是非理性羊群效应产生的重要原因。面对市场上大量的不确定信息，中小投资者因自身能力的不足，往往无法筛选出有效信息。在证券市场中，投资者之间信息不对称是一种常态，而投资者之间在有效信息的获取上具有极大的差异，这是因为许多有效信息并没有在市场上及时公开和证实，而且信息的获取需要支付相应的时间成本和经济成本。通常，机构投资者由于拥有雄厚的资金、专业的技术以及人才方面的优势，往往能够及时获取有效信息。而中小投资者作为证券市场中的弱势群体，在信息成本的支付上与机构投资者不能相提并论，他们处在一个相对不利的地位。在没有获得有效信息的条件下，中小投资者是无法优化其投资决策的，因此不得不面临极大的投资风险。为了趋利避害，中小投资者往往会放弃自己独立的判断与分析，而趋向于追寻自认为可靠的权威信息和某些所谓的"内幕消息"，甚至会依附于市场中某些具有影响力的投资人。

2. 缺乏自信心因素

在中小投资者中,仅有少部分人对自我投资能力有较高的评价,而多数中小投资者因缺乏专业知识和实际操作经验,对自我投资决策能力严重缺乏信心。他们在高风险、高收益的证券投资活动中,为了追求收益,避免损失,往往以专业投资者的认知与判断作为自己投资决策的依据,其结果是盲目听从专业人士的意见。大量实证研究已经证实,人们在面临高度不确定性和模糊性时,容易以他人的认识和判断作为自己决策的"锚定"。而股票市场是一个信息高度不确定的市场,所以中小投资者通常采取与他人趋同的投资策略,而不轻易自行判断和决策。显然,在这种情况下,专业人士扮演着"头羊"的角色,而广大中小投资者则顺理成章地成为"羊群"。

3. 博弈格局因素

中国证券市场中的中小投资者尽管人数众多、绝对资金量大,但其投资分散而不能形成同向合力。在缺乏有效信息和投资经验的情况下,中小投资者的投资行为具有相当严重的盲目性。相对而言,机构投资者在信息、人才、设备和资金投向的集中度方面均占有绝对优势。在沪深股市中,我们可以明显看到,中小投资者成了机构投资者共同博弈的对象。机构投资者借助各类消息、传闻操纵市场,诱导大量处于弱势的中小投资者跟风投资。如果不对这种格局进行有效调控,将会引发股价的剧烈波动,导致整个证券市场股价体系的紊乱,甚至会阻碍证券市场有效配置资源。

4. 投机因素

事实上,证券市场是一个投资与投机两相宜的场所。众所周知,沪深股市还是一个不成熟不规范的证券市场,投资者难以获得应有的投资回报,做投资需要承受更大的风险,导致投机盛行。众多参与者不重视对上市公司经济效益的分析和研究,而只重视股票差价带来的收益。垃圾股被众人追捧,绩优股却少人问津,投资者少,投机者众。过度投机必然会导致大量的非理性从众行为。毫无疑问,如何减少股票市场中的投机成分,使沪深股市成为一个良好的价值投资场所,是摆在证券监管者面前的一个重要课题。

(三) 中小投资者羊群效应的影响分析

沪深股市起步较晚,证券市场和大多数投资人都不成熟,和成熟市场相比,中小投资者的非理性从众行为导致股市行情过度波动的情况尤为严重,使交易量与股价之间表现出共涨共落的高度相关性。可以说非理性羊群效应使股市行情像大海的波涛一样此起彼伏,即市场上的交易量具有明显的单向性,投资者对证券价格走势的观点认同度偏高,或者说投资者的投资行为趋同度高。这种羊群效应的发生不是偶然的,市场中的庄家和机构常常是羊群效应的"领头羊",中小投资者往往成为盲目跟风的"羊群",这种推波助澜的作用使股价原本正常的上调成为过度超涨,或者使股价原本正常的下调成为过度超跌。这种过度波动不仅给中小投资者带来了重大的利益损失,势必也会影响中国证券市场的健康发展[1]。

---

[1] 李心丹. 行为金融学——理论及中国的证据[M]. 上海:上海三联书店,2004.

非理性羊群效应导致的过度波动一直是困扰我国证券市场发展的一个严重障碍。分析和研究中小投资者的非理性从众行为的特征、影响及成因，对于我国证券市场的健康有序发展、政府的有效监管和规范以及促使投资者形成理性投资决策有着重要的现实意义。

(四)中小投资者规避非理性从众行为的策略分析

1. 坚定价值投资理念

博弈论将经济博弈分为零和博弈和非零和博弈。零和博弈又称"零和游戏"，属非合作博弈，指参与博弈的各方，一方的收益必然意味着另一方的损失，博弈各方的收益和损失相加总和永远为"零"。非零和博弈又分为正和博弈和负和博弈。一般而言，赌场即是一个零和博弈或者是负和博弈的场所。一个不成熟、不规范的证券市场，也可能是一个零和博弈，甚至是一个负和博弈的场所。在这样的场所里，投资者无法投资而只能投机。中国证券市场从建立起经历了艰难险阻，正在从它的幼年期慢慢成长。如今，中国股市的不良状况得到了很大的改善。

在中国经济高速发展的宏观背景下，中国的证券市场正在成为优良的资本投资场所。因为在一个成熟、规范的股票市场中，多数上市公司都是业绩优良且具有良好成长性的投资品种，所以我们可以将这样的股票市场看成一个正和博弈的金融场所。股神巴菲特曾说，短期股市的预测是毒药，应该把它放在最安全的地方，远离儿童以及那些在股市中的行为像儿童般幼稚的投资者。非理性的从众行为却诱导无数中小投资者追涨杀跌，到头来落得高位套牢，甚至血本无归，而只是为券商交足了手续费。其实巴菲特的做法很简单，可归纳为八个字：精选股票，长期持有。这就是巴菲特股市投资的制胜法宝。最简单的道理往往是最伟大的真理，"大道归一"就是这个意思。巴菲特在过去40多年里，坚定地持有自己精心挑选的股票，获得了2000多倍的投资收益，成为全世界投资者顶礼膜拜的股神。巴菲特认为应做到以下四点来选择有真正投资价值的股票：①我们能够了解的企业；②有良好发展前景的企业；③由诚实正直的人经营管理的企业；④能以较便宜的价格买入该企业的股票。具体到沪深股市，我们可将有投资价值的股票理解为能代表中国经济高速增长的优质上市公司，它应该是蓝筹股，也是有高成长性的龙头股。在沪深股市2000多只股票中，挑选几只有投资价值的股票，应该不是什么特别困难的事情。关键在于，中小投资者能否坚持价值投资，把眼光放得远一点。

2. 调整投资策略，提高操作技巧

在许多机构投资者眼里，中小散户不过是一群容易受其掌控和驱使的羊群。他们依靠强大的资金实力，利用信息不对称的优势，翻云覆雨，兴风作浪，再利用非理性的羊群效应让市场做出极端过度的反应，诱使中小投资者追涨杀跌、超买超卖。

中小投资者即使处于不利地位，也能争取到主动的投资机会。他们应该依据自己的理性分析，尽量减少投资的盲目性，争取投资的主动性。在股票投资中，中小投资者很难获取有效信息，因此仔细观察和分析某些机构投资者的投资举动，把握好投资节奏，就会取得事半功倍的效果。这似乎也可算作一种理性的从众行为。但是值得注意的是，机构投资者会千方百计地企图改变博弈规则，阻止中小投资者抢先获利。因此，中小投资者要防止被机构投资者制造的假象所欺骗。

二、机构投资者的羊群效应

(一)经理人之间的博弈

经理人之间的博弈行为比较复杂,但我们可以用一个比较简单的模型[①]对它进行大致的分析。假设有两位互相竞争的经理人,对于目前市场上已经产生的某一经理人投资行为,有两种选择:跟随与不跟随。我们假设此投资策略的成功率 $P_1=0.5$,若成功的话将得到 20 的收益;若失败,则产生 20 的损失。当然,他们也可以选择不跟随这一投资行为,利用自己的信息进行投资决策,这样成功率 $P_2=0.6$,收益状况不变。这样我们可以计算各个策略的收益期望值。

跟随的收益期望为:$E_1=20×0.5+(-20×0.5)=0$

不跟随的收益期望为:$E_2=20×0.6+(-20×0.4)=4$

显然,最后博弈得到一个最优解,这同时也是一个有效解,就是这两个经理都不跟随,而是根据自己的信息进行决策。但这是基于一个相当理想化的假设,即对于经理人而言,效用=收益,实际上这是不可能的。上述收益期望值的计算并没有反映上文所述的对经理人名誉及报酬的考虑,而我们可以断定对于经理人来说,与其他投资者一起决策失误跟单独决策失误,其损失是有很大差别的,不跟随行为产生的决策失误,除了金钱上的损失,还有名誉上的风险,即被认为是愚蠢的投资经理,这会带来失去工作的可能。而职业经理人对于名誉及工作机会的担忧,无疑会对其决策立场产生相当大的影响,因此必须用经理人效用矩阵来代替收益期望矩阵。对于经理人而言,由于不跟随而产生的决策失误,其损失为:账面损失+经理人个人名誉及报酬损失=20+30=50,由此我们可以得出

跟随的效用期望为 $U_1=20×0.5+(-20×0.5)=0$

不跟随的效用期望为 $U_2=20×0.6+(-50×0.4)=-8$

在这种情况下,跟随—跟随便是博弈的均衡解,这也证明了羊群效应的一个直接原因,就是在很多情况下,职业经理人为了达到他本人职业的稳定与名誉的提高,会去跟随一个未知的投资策略,而舍弃自己相对正确的信息与投资策略。

(二)机构投资者羊群效应的影响

1. 影响金融市场价格的稳定[②]

首先,羊群效应导致投资者的最后行为决策不能反映个人的私人信息,投资经理往往跟随别的投资经理做出决策,这削弱了市场基本面因素对未来价格走势的作用。当机构投资者存在"从众行为"时,许多机构投资者将在同一时间买卖相同股票,买卖压力将超过市场所能提供的流动性,股票的超额需求对股价变化具有重要影响,当机构净卖出股票时,将使这些股票的价格出现一定幅度的下跌;当机构净买入股票时,则使这些股票在当季度出现大幅上涨。从而导致股价的不连续性和大幅变动,破坏了市场的稳定运行。其次,如

---

① 周毓萍,徐光. 证券市场上的羊群效应及其博弈分析[J]. 科技创业月刊,2004(9).

② David S. Scharfstein, Jeremy C. Stein. 1990. Herd Behavior and Investment[J]. American Economic Review, 80, 465~479.

果"从众行为"的出现是因为投资者对相同的基础信息做出了迅速反应,那么投资者的"从众行为"将会加快股价对信息的吸收速度,促使市场更为有效。

2. 羊群效应导致市场对信息的反应过于敏感

如果"从众行为"超过某一限度,将诱发另一个重要的市场现象——过度反应的出现。经研究发现,基金对历史收益率较高的股票具有羊群倾向,而且收益率越高,"羊群效应"越明显。这表明基金在购买时采取的是"追涨"的交易策略。在上升的市场中(如牛市),盲目地追涨越过价值的限度,只能是制造泡沫;在下降的市场中(如熊市),由于人们的逐利思想驱使投资者出现群体偏差或"羊群效应"而导致投资或投资组合中的决策偏差,盲目地杀跌,只能是危机的加深。

3. 羊群效应的发生基础是不完全的信息,这将加剧金融价格的不稳定性和脆弱性

因为羊群效应下的群体行为完全取决于很少的一部分信息,一旦市场的信息状态发生变化,如新信息的到来,"从众行为"就会瓦解。这时由"从众行为"造成的股价过度上涨或过度下跌,就会停止,甚至还会向相反的方向过度回归。这意味着"从众行为"具有高度的不稳定性和脆弱性。

(三)防范机构投资者羊群效应的主要对策

从以上的研究可以看出,对声誉和报酬的需求、信息的不确定性、信息成本过高都可能导致机构投资者从众行为的产生。从监管部门来看,从众行为对于市场稳定具有消极的作用,全球市场范围的从众行为还可能引发深层次的金融动荡。因此,要减少从众行为的产生,正确引导证券投资行为,特别是引导证券投资基金等机构投资者的投资行为,应该从以下几个方面着手。

1. 倡导价值投资,树立正确的投资理念

虽然在市场经济条件下,投资者投资的目的就是追逐利益最大化,但我们还需要明白,价格是围绕价值上下波动的,我们不能脱离这一点,不能根据自己的意愿和想象,期望总是出现股市暴富的例子,而应该把眼光放得长远一些,培养长期投资、组合投资的观念。还要鼓励合理、合法致富,从整体上提高国民素质。

2. 增加市场透明度

降低各种信息成本、交易成本以及组织方面的限制;规范信息披露制度,增加信息的透明度,降低信息的不确定性。在信息传递机制方面,加强我国股票市场信息披露的及时性、完整性和准确性,尽量控制内幕交易。另外,也要防范机构投资者利用资金优势与上市公司联合散布虚假信息,而引发其他投资者的从众行为。

3. 完善机构投资者内部运行机制

目前我国机构投资者较国外的机构投资者而言从众行为更为严重,其原因除了国内机构投资者规模相对较小、经验相对不足之外,最主要的是国内机构投资者内部运行机制不够完善。因此,要不断完善机构投资者内部运行机制,提高机构投资者的能力,注重提高从业人员的素质,培养一批优秀的投资团队和战略投资专家,建立长期投资的思想意识,充分发挥投资专家的理财优势。另外，要不断完善机构投资者内部的激励机制和约束机制；优化机构投资经理的报酬结构；鼓励投资风格创新，改变投资者投资的短期行为。针对投资者的从众行为，可以设定报酬下限，同时对业绩突出的投资者给予一定的奖励。

4. 提高上市公司的质量

虽然我国股票市场已经取得了长足的发展，但与成熟市场相比还有很大的差距。市场规模有限，上市公司质量良莠不齐，优质公司数量太少。这样便造成了众多机构投资者追逐少数蓝筹股的现象。解决这一问题的有效途径在于扩大市场容量，重点在于提高上市公司的质量。上市公司良好的行业前景、高速的业绩成长性、及时的信息披露、完善的市场监管，是市场稳定发展的关键因素，也是消除从众行为不利影响的根本。

5. 减少政策对证券市场的过度干预，建立市场自主调节机制，改善证券市场的外部环境

很多人把我国的证券市场称为"政策市"，这充分说明了我国的政府在证券市场中起的作用很大，投资者的投资行为甚至受到了政策的过多干预和影响。在今后，应加强市场的自主调节职能，使政府在合理的范围内进行调节，还要注重调节的力度和强度，循序渐进地发展。

6. 加快证券市场建设，发展股指期货等多种金融工具

我国股市中的"从众行为"相当显著，这在很大程度上是由于我国可供投资者选择的金融工具太少。因此，发展股指期货等多种金融工具既可以使投资经理有足够的风险对冲工具，给投资者以稳定的回报，也可以为投资者开拓更广阔的投资空间，从而避免投资者投资对象过度集中，减少"从众行为"的发生概率。同时，推出有效的做空机制将会给基金带来更大的操作空间，避免基金操作手法趋同。

7. 股市需要多元化的机构投资者

可持续发展的证券市场不可能是一个少数股票维持高位而大部分股票长期低迷的市场，也不可能是一个只有一种投资理念、一种投资风格的市场，更不可能是一个大部分投资者缺乏投资机会的市场。要造就一个百花齐放的繁荣局面，多元化的投资者结构必不可少。

总之，解决目前股市中羊群效应明显的问题，关键在于改变目前机构投资者机构过于单一的局面。应当广开源头，创造更为公平合理的市场环境，提倡和鼓励适合各类投资机构的金融创新。当然，任何事物的发展都有一个过程，机构投资者的多元化也同样如此，多元化目标的实现应当是有步骤地渐进。事实上，我们已经可以体会到这些渐进的变化，如 QFII 规模的不断增大、券商融资渠道的拓宽、社保基金对证券市场投资力度的加强、保险资金的直接入市等。当各种投资主体都能在市场中各安其位的时候，一个更加充满生机的证券市场必将呈现在我们眼前。

三、证券市场中的羊群效应

证券市场中的羊群效应发生在两个阶段：一是在信息收集和分析加工过程中，如果所有的投资者都寻找同样的信息，且他们都是短视的，就会发生羊群效应；二是在交易过程

中。在此，本文主要介绍发生在第一阶段的羊群效应。

(一)证券调查研究过程中的羊群效应

布伦南(Brennan)注意了交易者之间在信息收集决策上的相互依赖性。如果某一资产的红利很高，但没有多少人获得此信息，该信息的价值就可能非常小。如果很多的投资者都收集这个信息，股票价格才会调整，从而首先收集到该信息的人会得到好处。可见，协调信息的收集活动可以是互惠互利的。

在弗鲁特(Froot)、沙尔夫斯坦(Scharfstein)和施泰因(Stein)[①]的模型中，投资者只有在所获得的信息被反映在后来的价格上时，才可以从中获利。只有在足够多的交易者观察了同样信息的情况下，价格才会反映该信息。因此，如果所有投资者都是短视的(即不关心最后的变现值而只关心价格的短期发展)，信息就是无效的。由于存在"正信息遗漏"和信息获得的正反馈机制，交易者的最优信息收集取决于其他人的信息收集，他们会将注意力集中于某一特定信息(可能只是噪声信号)。随着对该变量关注的增多，有关它的新信息会变得更有价值，市场中就会有很强的刺激去获得这类信息，而放弃那些可能与资产内在价值关系更大的变量。这些交易者一起买入并驱动价格上升，然后他们在价格高点一起卖出。值得注意的是，这样的从众行为是有利可图的，尽管它是基于噪声的。当然，如果交易者不是短视的，即关心最后的变现值，信息的溢出效应就是负的，羊群效应就不会发生。这时，拥有其他人没有的基础信息是最好的。

施莱弗(Shleifer)和维什尼(Vishiny)分析了投资者的短视原因：由于存在信贷限制、风险不能完全被分担等市场的不完全现象，对短期资产套利比长期资产要便宜。赫什利弗(Hirshleifer)、苏伯兰汉曼亚姆(Subrahamanyam)和蒂特(Titman)考察了风险厌恶投资者的证券分析和交易决策过程，其中对证券的调查分析会导致一些投资者比其他人先得到信息。他们发现了从众行为的倾向：先获得信息的人将价格推向对后获得信息的人不利的方向发展，而后得到信息的投资者使价格朝有利于先获得信息的投资者的方向发展。后来者让先行者比他们更快地结清了头寸而获利，这是模型中形成羊群效应的关键。这就导致了先行者能够减少他们必须承受的外来风险，这种风险是他们为了从他们的信息中获利而不得不更久地持有头寸而带来的。投资者对于自己能够成为先行者的过度自信进一步加剧了从众行为。霍顿和苏伯兰汉曼的模型表明，在选择对短期还是长期信息进行研究时也可能产生从众行为。

(二)股票分析师和其他预测者的羊群效应

关于股票分析师的理论文献着眼于基于名誉的理性错误。分析师通常过度乐观，尤其是在期限超过一年的预测时(大帕塔夫(Capataff)；布朗(Brown))，所以他们在预测每股收益时是有偏的。近来的研究表明，分析师的预测在期限低于 3 个月时变得悲观；在收益报告发布时，预期收益低(松本(Matsumoto)；理查德森(Richardson))。

斯特克尔(Stickel)发现在《机构投资者》杂志对最佳分析师的排名与他们的收入有关。

---

① Kenneth A. Froot, David S. Scharfstein and Jeremy C. Stein. 1992. Herd on the Street: Informational Inefficiencies in a Market with Short-Term Speculation. The Journal of Finance, Vol. 47, 4, 247 1461～1484.

Hong(2000)发现了支持分析师因为名誉动机而发生从众行为的证据：能力尚未得到认可的资历较浅的分析师面临建立自己声誉的最大压力，因为他们与资历较深的分析师相比，更可能因为发表与普通分析不一致的"大胆"预测而被淘汰。特鲁曼(Trueman)提出了一个模型说明分析师倾向于发表与以前的收益预期不一致的预测，并且也倾向于在与前面的分析师发表的预测不一致时产生羊群效应。在他的分析中，如果分析师预测收益的能力较差，他就更倾向于发生从众行为。

羊群效应也存在于分析师的股票推荐中。韦尔奇(Welch)发现证券分析师对自己的买卖股票建议上的修正与后两名分析师的修正正相关。他把这种影响归结于短期信息，并通过检验，在预测后续回报上的修正能力得到验证。韦尔奇还发现分析师的选择与流行预测有关。韦尔奇进一步发现当股票回报普遍预测较好时，这种普遍预测对分析师的影响不是那么强，也就是说，分析师可能会在普遍预测较差时参与从众行为。这反映了部分分析师的不完全理性。

第三节 案例分析与实践

一、荷兰郁金香的"投资泡沫"

1636年发生在荷兰的崩盘故事，虽然距今已有360多年，但仍然是人们了解投资者羊群效应的经典案例。虽然它将整个国家带入歇斯底里的状态，虽然其后果也是破产和萧条，但其投资对象既不是股票，也不是债券或商品期货，而是郁金香球茎。

郁金香原产于小亚细亚，1593年传入荷兰。17世纪前半期，由于郁金香被引种到欧洲的时间很短，数量非常有限，因此价格极其昂贵。在崇尚浮华和奢侈的法国，很多达官显贵家里都摆有郁金香，作为观赏品和奢侈品向外人炫耀。1608年，就有法国人用价值3万法郎的珠宝去换取一只郁金香球茎。不过与荷兰比起来，这一切都显得微不足道。

当郁金香开始在荷兰流传后，一些机敏的投机商就开始大量囤积郁金香球茎以待价格上涨。不久，在舆论的鼓吹下，人们对郁金香表现出一种病态的倾慕与热忱，并开始竞相抢购郁金香球茎。1634年，炒买郁金香的热潮蔓延为荷兰的全民运动。1636年，一株稀有品种的郁金香竟然达到了与一辆马车、几匹马等值的地步。面对如此暴利，所有的人都冲昏了头脑。他们变卖家产，只是为了购买一株郁金香。就在这一年，为了方便郁金香交易，人们干脆在阿姆斯特丹的证券交易所内开设了固定的交易市场。正如当时一名历史学家所描述的："谁都相信，郁金香热将永远持续下去，世界各地的有钱人都会向荷兰发出订单，无论什么样的价格都会有人付账。在受到如此恩惠的荷兰，贫困将会一去不复返。无论是贵族、市民、农民，还是工匠、船夫、随从、伙计，甚至是扫烟囱的工人和旧衣服店里的老妇，都加入了郁金香的投机。无论处在哪个阶层，人们都将财产变换成现金，投资于这种花卉。"1637年，郁金香的价格已经涨到了骇人听闻的水平，与上一年相比，郁金香总涨幅高达5900%！1637年2月，一株名为"永远的奥古斯都"的郁金香售价高达6700荷兰盾，这笔钱足以买下阿姆斯特丹运河边的一幢豪宅，而当时荷兰人的平均年收入只有150荷兰盾。

就当人们沉浸在郁金香狂热中时，一场大崩溃已经近在眼前。由于卖方突然大量抛售，

第十二章 羊群效应与投资行为

公众开始陷入恐慌，导致郁金香市场在 1637 年 2 月 4 日突然崩溃。一夜之间，郁金香球茎的价格一泻千里。虽然荷兰政府发出紧急声明，认为郁金香球茎价格无理由下跌，劝告市民停止抛售，并试图以合同价格的 10% 来了结所有的合同，但这些努力毫无用处。一个星期后，郁金香的价格已平均下跌了 90%，而那些普通的品种甚至不如一棵洋葱的售价。绝望之中，人们纷纷涌向法院，希望能够借助法律的力量挽回损失。但在 1637 年 4 月，荷兰政府决定终止所有合同，禁止投机式的郁金香交易，从而彻底击破了这次历史上空前的经济泡沫。

由上可见，"羊群效应"和金融泡沫是紧密联系的，非理性的思维最终导致了泡沫的破灭，其结果也是毁灭性的。因此，投资者须谨慎对待市场中非理性的一面，尽可能避免参与其中，不要使自己成为疯狂的羊群的一分子。此时，我们耳边仿佛又回响起了查尔斯·迈克①(Charles Mackay)的名言："突然间，全社会的注意力都被某个玩意儿吸引过去，疯狂地追逐它；亿万人同时被一个梦幻迷住，对此紧追不舍，直到他们的注意力被一个新的比先前那个更有幻想力的玩意儿吸引过去。"

二、股市中的羊群效应及启示

在股票市场中，对羊群效应的定义说法不一。例如，兰考居有科(Lakonishok)、施莱弗(Shleifer)和维什尼(Vishiny)②认为羊群效应是指在同一时间段，与其他投资者一样购买或出售相同的股票，这是一种比较狭义的概念。沙尔夫斯坦和施泰因认为羊群效应是指投资者违反贝叶斯理性人的后验分布法则，只做其他人都做的事情，而忽略了私有信息。根据比赫昌达尼(Bikhchandani)的定义，羊群效应是指投资者在交易过程中存在学习和模仿现象，从而导致他们在某段时期内买卖相同的股票。

从众行为是出于归属感、安全感和信息成本的考虑，小投资者会采取追随大众和追随领导者的方针，直接模仿大众和领导者的交易决策。就个体而言，这一行为是理性还是非理性的，经济学家们还没有得出统一的结论。比较极端的理性主义者如美国芝加哥大学教授加里·S. 贝克尔认为："人类所有的经济行为都是理性的，经济学家们之所以不能解释是因为他们情不自禁地用非理性行为、粗心大意、愚蠢行为、价值的特别改变等臆断说明他们解释不了的现象以掩盖他们知识上的缺乏，而这些臆断恰恰暴露了他们所掩饰的失败。"贝克尔的观点虽然比较极端，但却可以让我们相信只要我们不臆断地分析，个体股市参与者的"从众行为"多少是有几分理性的。一些投资者可能会认为同一群体中的其他人更具有信息优势，从而引发羊群效应。它也可能由系统机制引发。例如，当资产价格突然下跌造成亏损时，为了遵守交易规则的限制或者满足追加保证金的要求，一些投资者不得不将其持有的资产割仓卖出。在目前投资股票积极性大增的情况下，个体投资者能量迅速积聚，极易形成趋同性的羊群效应，追涨时信心百倍蜂拥而至，大盘跳水时恐慌心理也

---

① 投资名著《非同寻常的大众幻想与群众性癫狂》的作者，该书对 1636 年荷兰的"郁金香疯狂"、1720 年英国的"南海泡沫"和 1720 年法国的"密西西比阴谋"这三次金融投机狂潮的故事作出了生动翔实的记述。

② Lakonishok J., Shleifer A. and Vishiny R. 1992. The Impact of Institutional Trading on Stock Prices. Journal of Financial Economics, 32.

开始连锁反应，纷纷恐慌出逃，这样跳水时量能放大也属正常，只是在这时容易将股票杀在地板价上。这就是牛市中慢涨快跌，而杀跌又往往一次到位的根本原因。但我们需牢记，一般情况下急速杀跌不是出局的时候。

当市场处于低迷状态时，其实正是进行投资布局，等待未来高点收成的绝佳时机。不过，由于大多数投资人存在"羊群效应"的心理倾向，当大家都不看好时，即使具有最佳成长前景的投资品种也无人问津；而等到市场热度增高，投资人才争先恐后地进场抢购，一旦市场稍有调整，大家又会一窝蜂地杀出，这似乎是大多数投资人无法克服的投资陋习。

投资人应结合自身的投资目标、风险承受度等因素，设定获利点和止损点，同时控制自己的情绪来面对各种起落，加强个人"戒急用忍"能力，这样才能尽量避免跟风操作，顺利达成投资目标。

基金投资虽然不应像股票投资一样短线进出，但适度调整或转换投资组合也是必要的。设定止损点则可以锁定人们的投资风险，以避免可能产生的更大损失。设定获利点可以提醒人们投资目标已经达到，避免陷入人性贪婪的弱点，最终反而错失赎回时机，使获利缩水。当基金回报率达到损益条件时，人们就应该判断是否获利了结或认赔赎回。设定获利点和止损点的参考依据很多，一般而言，投资人可以结合自身的获利期望值、风险承受度、家庭经济状况、目前所处年龄阶段以及所在的市场特征加以考虑，同时定期检查投资回报情况，这样才能找出最适合自己投资组合的获利及止损区间。这里特别强调每季度的定期检查，虽然基金投资适合懒人，但为了能为最终的赎回或转换提供决策依据，以免错失最佳卖点或过早出局，仍须每季度检查基金表现、排名变化、投资标的增减。需要指出的是，当基金回报达到自己设定的获利点或止损点时，并不一定要立刻获利了结或认赔卖出，此时应评估基金操作方向是否正确、市场长线走势是否仍看好，以及自己设定的获利点或止损点是否符合当时市场情况，再决定如何调整投资组合。如果是因为市场短期调整而触及止损点，此时不宜贸然赎回，以免市场马上反弹。如果基金业绩在同类型基金中表现突出，同时所在市场长线也看好，只是因为短期波动达到止损点，此时如果能容忍继续持有的风险，就应该重新设定警示条件，甚至可趁机加码，以达到逢低摊平的目的。反之，当市场由多头转为空头已成定局，或者市场市盈率过高，市场风险增大时，无论是否达到获利点，都应尽快寻求最佳赎回时机。

三、楼市中的羊群效应及启示

我们必须先对住房购买者的行为需求进行区分，才能更好地认识我国房地产市场中的羊群效应行为。一般认为，如果购买住房是为了出租以获得租金收入，那么这是将房地产作为资本品的投资需求；如果购买住房是为了等待房地产价格上涨后直接出售，那么这种购房行为属于房地产的投机需求；如果购买住房是为了自己居住，那么这种购房行为反映的是住房的商品(作为消费品)需求。如果投机者购房后价格不涨或者反而下跌，这时他将房屋出租就由投机行为变成了投资行为；而本来为了收取房租的投资者看到住房价格上涨而将房产出售，这时投资行为就变成了投机行为。因此说住房的投资需求和投机需求是可以相互转化的。尽管这两种需求是可以相互转化的，但为了下面的分析而进行上面的区分是有必要的。

第十二章 羊群效应与投资行为

目前在我国住房购买者中，很多人是出于投资和投机的目的。上海《解放日报》调查了 25 个小区 23 694 户，其中有 3885 户，即 26.5%的购买者是进行房地产业的投资或者投机，而不是为了直接居住。我们完全有理由相信，还有一部分购买新房用于居住的人也属于住房的投资或投机者，因为这部分人购买新房以后把旧房出租，以房租支付新房贷款，或待房价上涨后出售。

房地产作为资本品是否有投资价值关键要看租金收入和最终住房出售收入的贴现值是否大于购买时的价格支付[①]。从我国北京、上海、深圳等地目前的情况来看，在北京房地产市场目前一套 80 万元的房子的月租金收入约为 2500 元。如果按出租 70 年之后住房价值为 0 计算，利率水平只有低于 3.75%时才是赢利的。从这一计算来看，目前我国作为资本品的房地产价格已经偏高，不具有投资价值。

但是投机只要求住房价格的年上涨幅度高于年利率就可以进行，所以从投机的角度来看，问题就有所不同。目前我国的商品房价格涨幅，1998—2003 年分别为 3.29%、-0.11%、2.88%、2.76%、5.7%、5%。2004 年，全国商品房平均销售价格每平方米 2759 元，上涨 12.5%，住宅上涨 11.5%[②]。2005 年全国住房价格指数上涨为 19.2%，2006 年 1～9 月，全国 70 个大中城市新建住房价格较前年上涨 6.1%，其中三季度，全国 70 个大中城市新建商品住房销售价格同比上涨 6.7%，涨幅较高的主要城市包括深圳 12.3%，北京 10.9%，厦门 10%，成都 8.9%，呼和浩特 8.4%和广州 8.3%。从这一结果来看，投机是值得的。

主要由国民收入决定住房作为商品(消费品)的需求，主要由住房租赁价格和市场利率两者共同决定作为资本品的投资需求，这两部分需求构成房地产市场的正常需求，是真实需求，一般是不会产生羊群效应行为的；主要由住房的价格上涨幅度和市场利率决定住房的投机需求，因为其购买目的不是为了自用或出租他用，而只是为了囤积待价格上涨后出售，所以从理论上讲，这部分需求不是房地产市场的真实需求，这种需求极易产生房地产市场上的羊群效应。

从以上的分析可以看出，我国购房者行为中的投资和投机部分主要是投机行为。住房空置率是衡量住房投机行为是否过度，或者说是否有羊群效应产生的一个重要指标。住房空置率高说明房地产市场存在羊群效应行为，而住房空置率的国际通行标准是 10%。住房空置率的计算公式如下。

住房空置率=[(新建商品房的空置面积+存量房的空置面积) /房屋总量]×100%

住房空置率反映了住房需求强度，影响未来走势的判断，空置率居高不下时，市场价格稳定甚至反升，伴随投机膨胀，说明市场运行酝酿着更大的羊群效应，会引发越来越大的房地产泡沫。我国商品房屋空置率 1999—2003 年分别为 41.13%、36.48%、34.78%、31.88%和 28.46%[③]。

从我国目前的住房价格上涨趋势来看，投机行为是必然的；从住房空置率来看，房地产市场羊群效应行为已经产生；两项指标综合起来看，房地产泡沫已经形成。

[①] 高鸿业. 西方经济学[M]. 北京：人民出版社，2000.
[②] 杨帆，李宏谨，李勇. 泡沫经济理论与中国房地产市场[EB/OL]. http://finance.sina.com.cn/economist.
[③] 费杨生. 三季度全国普通住房价格上涨 6.1%深圳涨幅居首[EB/OL]. http://cn.realestate.yahoo.com/061102/356/27df 2.html(来源新华网).

四、我国投资者从众行为的实证研究[①]

随着我国证券市场的迅猛发展,证券投资已成为当代中国人经济生活的重要组成部分。由于广大投资者的行为决策与心理因素密切相关,因而深入分析从众行为对投资决策的影响,相信对于推动我国股民投资心理的成熟具有非常重要的现实意义。同时,这也成为了投资行为学中一个具有重要意义的理论课题。

本研究的目的一方面是深入研究影响投资者从众行为的特征因素;另一方面则是对我国投资者进行从众行为分类并判别其从众行为特征,相信这对于推动我国证券市场的健康发展以及促进广大投资者的心理成熟将具有积极的理论和现实意义。

本研究首先采取开放式描述性问卷的方式随机抽取了华东师范大学商学院研究生课程班学员 132 人,共撰写出 400 多条关于投资者从众行为的影响因素条目,然后经筛选、合并后制定出关于投资者从众行为影响因素的试行问卷,并向华东师范大学和复旦大学部分二、三年级金融专业研究生(男女性别均衡)发放 100 份进行预测,回收有效问卷 96 份,经分析修订,形成正式问卷,共 33 项。问卷分为两个部分,第一部分为被试的基本情况,第二部分为《投资者从众行为影响因素量表》,采取四级评分法。

根据简单随机抽样的方法,共发放问卷 220 份,回收有效问卷 187 份,有效率为 85%。被试的具体构成为:①性别,男性 99 人,女性 88 人;②年龄,30 岁以下 106 人,30~45 岁 47 人,45 岁以上 34 人;③学历,高中及高中以下 60 人,大学 88 人,研究生及研究生以上 39 人;④月收入,1000 元以下 77 人,1000~2000 元 50 人,2000~3000 元 30 人,3000~5000 元 17 人,5000 元以上 13 人;⑤职业股民 51 人,非职业股民 136 人;⑥大中户 39 人,散户 148 人;⑦入市时间,1 年以下 19 人,1~2 年 28 人,2~3 年 37 人,3~4 年 38 人,4~5 年 30 人,5~6 年 22 人,6 年以上 13 人;⑧投资方式,长线 50 人,中线 67 人,短线 70 人;⑨单位性质,国有企业 48 人,机关事业单位 55 人,三资企业 25 人,民营企业 20 人,自由职业者 39 人。

在 PC586 计算机上,用 WIN3.1 支持下的 SPSS8.0 软件进行基本的统计检验与因素分析,即把每个项目的原始分数,根据项目因素负荷换算成因素分数,进行统计处理。统计分析表明,问卷的分半信度和 α 系数均达到可接受水平。然后,利用因素分析得分先进行快速样本聚类,再进行判别分析处理。

(一)投资者从众行为特征体系的因素分析

对问卷上 33 个项目的百分比进行 Bartlett 球形检验,发现 Bartlett 值为 2082.506,显著性水平 $P=0.000<0.01$,说明总体相关矩阵不是单位矩阵,可以采用因素分析方法。同时,本研究取样适当性度量值 KMO=0.836,说明本测试采用因素分析是恰当的。据此,对施测数据进行主成分分析和 Varimax 因素旋转,获得八个主成分解,累积方差贡献率为 60.505%。结果见表 12-2 和表 12-3。

[①] 陆剑清. 关于我国投资者从众行为的实证研究. 心理科学,2007(2).

表 12-2 主成分分析结果

因 素	特征根	方差贡献率	累积方差贡献率
1	8.502	25.762	25.762
2	3.093	9.372	35.134
3	1.685	5.106	40.240
4	1.588	4.812	45.052
5	1.456	4.411	49.463
6	1.335	4.046	53.509
7	1.252	3.795	57.304
8	1.056	3.201	60.505

表 12-3 从众行为特征因素负荷矩阵

项 目	因素							
	1	2	3	4	5	6	7	8
A29	.740							
A26	.702							
A14	.595							
A10	.581							
A18	.572							
A28	.435							
A8		.724						
A13		.679						
A2		.556						
A11			.819					
A19			.722					
A27			.680					
A6			.649					
A33				.706				
A31				.661				
A32				.603				
A15				.525				
A22					.749			
A3					.737			
A12					.579			
A7					.478			
A17					.393			
A5						.692		
A1						.530		
A4						.517		
A9						.494		
A23							.634	
A21							.632	
A25							.524	
A20							.456	
A30								.771
A24								.632
A16								.485

由表 12-2 和表 12-3 可知,第一主成分负荷量最大的项目为"信息权威性";第二主成分负荷量最大的项目为"关系亲密性";第三主成分负荷量最大的项目为"环境一致性";第四主成分负荷量最大的项目为"团组压力性";第五主成分负荷量最大的项目为"知识充分性";第六主成分负荷量最大的项目为"情绪稳定性";第七主成分负荷量最大的项目为"专注耐心性";第八主成分负荷量最大的项目为"信息敏感性"。

(二)投资者从众行为的快速聚类与判别分析

快速样本聚类可将目前的投资者分为三类,其线性判别方程分别为

$Y_1=0.72F_1+0.83F_2+0.41F_3+0.23F_4-0.25F_5-0.70F_6-0.38F_7+0.35F_8$

$Y_2=0.56F_1+0.36F_2+0.32F_3+0.03F_4+0.17F_5+0.12F_6+0.18F_7+0.12F_8$

$Y_3=-0.28F_1-0.25F_2-0.26F_3-0.56F_4-0.07F_5+0.52F_6+0.69F_7-0.32F_8$

可见,这三类投资者在从众行为八个影响因素上的特征状况分别为:第一类投资者的信息权威性最高、关系亲密性最高、环境一致性最高、团组压力性最高、知识充分性最低、情绪稳定性最低、专注耐心性最低、信息敏感性最高;第二类投资者的信息权威性居中、关系亲密性居中、环境一致性居中、团组压力性居中、知识充分性最高、情绪稳定性居中、专注耐心性居中、信息敏感性居中;第三类投资者的信息权威性最低、关系亲密性最低、环境一致性最低、团组压力性最低、知识充分性居中、情绪稳定性最高、专注耐心性最高、信息敏感性最低。

我们对数据进行判别分析,可获得两个典则判别函数,分别如下。

Function1$=0.187F_1-0.306F_2+0.298F_3+0.256F_4+0.125F_5-0.089F_6+0.635F_7-0.549F_8$

Function2$=0.298F_1-0.429F_2-0.153F_3-0.169F_4+0.035F_5+0.239F_6-0.096F_7+0.076F_8$

据此,现将第一类投资者命名为"从众追风型",第二类投资者命名为"环境适应型",第三类投资者命名为"独立稳定型",三类投资者分别占调查样本的 22.7%、48.7%、28.6%,详见图 12-4。

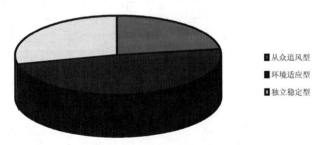

图 12-4 我国投资者从众行为的人群分类

(三)分析与讨论

(1) 研究结果表明,我国投资者从众行为的特征体系是由八个因素构成的,分别是:F_1 信息权威性、F_2 关系亲密性、F_3 环境一致性、F4 团组压力性、F_5 知识充分性、F_6 情绪稳定性、F_7 专注耐心性、F_8 信息敏感性。其中既包含了源于外界环境的诸如信息权威性、关系亲密性、环境一致性、团组压力性、知识充分性等因素,又包含了源于人格特质的诸如情绪稳定性、专注耐心性、信息敏感性等因素。这说明投资者从众行为的发生既受到外界

环境因素的影响，同时还受到其内在人格特质的制约。

（2）我国投资者从众行为的分类研究结果将调查样本分为三类，分别命名为"从众追风型""环境适应型"以及"独立稳定型"。由投资者从众行为影响因素的特征差异可见，"从众追风型"投资者倾向于将外界环境信息作为行为决策判断的依据；而"独立稳定型"投资者倾向于依据其内在人格特质做出行为决策判断；"环境适应型"投资者则介于两者之间，而处于中间状态。在调查样本中，处于中间状态的"环境适应型"投资者人数最多，而处于极端状态的"独立稳定型"以及"从众追风型"投资者则人数较少。可见，在我国证券市场中，从众行为变量对于投资者人群呈现正态分布性影响。

思考与探索

1. 什么是羊群效应？举一投资行为的例子来进行解释。
2. 从众行为是如何进行分类的？
3. 消费者羊群效应的表现形式及影响因素是什么？
4. 用博弈论分析为什么基金经理容易出现从众行为。
5. 如何避免职场中的羊群效应？
6. 试分析中小投资者的羊群效应的特征及成因。
7. 试述防范机构投资者的羊群效应的措施。

第十三章　黑天鹅效应与投资行为

【学习要点】

- ◆ 掌握黑天鹅效应的基本内涵。
- ◆ 理解平均斯坦和极端斯坦的含义和区别。
- ◆ 了解黑天鹅效应的行为表现。
- ◆ 了解投资决策中的黑天鹅效应。

【章前导读】

中国人常说，天下乌鸦一般黑。其实，在印度就有白乌鸦。早在17世纪，当第一只黑天鹅在澳洲被发现以前，欧洲人同样认为所有的天鹅都是白色的。但只要出现了一只黑天鹅，就足以证明你之前的观念都是错的，从而颠覆了之前的一切判断与结论。

西方存在主义哲学家萨特[①]认为，人偶然地来到了这个世界上，面对着瞬息万变的、没有理性、没有秩序、纯粹偶然的、混乱的世界。在现实生活中，人们会遇到各种"瞬息万变、没有理性、没有秩序、纯粹偶然的"事物。因此，人类理性的归纳主义思维模式未必能准确地反映纷繁复杂的现实世界。

英国哲学家伯特兰·罗素(Bertrand Russell)[②]曾讲述过一个关于"归纳主义者"火鸡的故事。有一只火鸡智商特别突出，它发现每天上午主人都会给它喂食。然而，作为一个高智商的"归纳主义者"，这只火鸡并不急于下结论。就这样，从第1天，……，到第1000天，每天上午主人都会定时给它喂食。于是，这只火鸡终于得出了以下结论："主人是关心我的福祉的，他总会在每天上午给我喂食。"然而，当第1001天来临之时，也就是在圣诞节前夕，主人却把它给宰了，做成了一顿圣诞大餐。就这样，这只火鸡通过归纳法所获得的结论最终被无情地推翻了。

可见，如果你坐在湖边数天鹅，尽管在你眼前连续飞过的1000只天鹅都是白色的，但也不能因此得出结论认为：未来飞过的第1001只天鹅也一定是白色的。

事实上，几乎这世上的一切都逃不过"黑天鹅"的影响，当今世界正在被"黑天鹅"们所左右：从金融危机到东南亚海啸，从"泰坦尼克号"的沉没到"美国9·11恐怖袭击事件"，从食品安全问题到东日本大地震，从非典、禽流感、动车追尾、校车车祸到泰国洪灾，"黑天鹅"出现在人类社会的各个领域，无论金融市场、商业活动还是个人生活，都无法摆脱它的阴影。

总之，在当今社会中，"黑天鹅"随时随地会降临我们的身边，这些"黑天鹅"们与我们的距离正越来越近……请问，您做好心理准备了吗？

【关键词】

黑天鹅　平均斯坦　极端斯坦　狙击"黑天鹅"策略

第一节　黑天鹅效应的行为分析

一、黑天鹅效应的基本内涵

所谓"黑天鹅"是指看似极不可能发生，但实际又发生的事件，即指不可预测的重大事件。它鲜有发生，但一旦出现，就具有很大的影响力。黑天鹅具有以下三大特性。

---

① 让·保罗·萨特(Jean Paul Sartre，1905—1980)，1905年6月21日生于巴黎，法国作家、哲学家、社会活动专家。

② 伯特兰·罗素是20世纪英国哲学家、数学家、逻辑学家、历史学家、无神论或者不可知论者，也是20世纪西方最著名、影响最大的学者与和平主义社会活动家之一，1950年诺贝尔文学奖得主。

第十三章　黑天鹅效应与投资行为

首先，它具有意外性，即这个事件是个离群值(outlier)，它在通常的预期之外，也就是在过去没有任何能够确定它会发生的可能性的依据。因为它出现在一般的期望范围之外，所以过去的经验让人不相信其出现的可能性。

其次，它会产生极端影响，会带来极大的冲击，甚至从根本上改变人们的思想和生活。

最后，尽管事件因处于离群值而具有意外性，但一旦发生了，人的本性将促使我们在事后会为它的发生做出某种合理化的解释，以满足心理上的控制感和优越感，从而自负地认为该事件的发生是可解释和可预测的。

简而言之，这三点概括起来就是：稀有性、冲击性和事后(而不是事前)可预测性(即所谓"事后诸葛亮")。因此，我们可以这样定义黑天鹅事件：黑天鹅事件是指那些往往出乎意料的能够产生重大影响的小概率事件。现在，就让我们历数一下众所周知的黑天鹅事件。

(1) 美国次贷危机：过去20年来，华尔街各大金融机构聘请了来自美国顶尖高校的数学人才，编制了针对股市的电脑自动交易系统。理论上，电脑交易出现大崩盘的概率为"10万年才会发生一次"。但在2010年夏天，因为次级债市突变，高盛旗下由电脑交易的"全球配置基金"在一周的时间里价值缩水30%，损失14亿美元。

(2) 9·11事件：2001年9月11日上午，美国人刚准备开始一天的工作，恐怖分子劫持了四架飞机撞向美国纽约世贸中心与华盛顿五角大楼，轰然倒塌的双子塔化为一片废墟，3000多人罹难。

(3) 泰坦尼克号沉船事件：1909年3月31日，超级邮轮"泰坦尼克号"开始建造于北爱尔兰的哈南德·沃尔夫造船厂。这艘当时世界上最大的豪华客轮被称为"永不沉没的梦幻客轮"。它在1912年4月10日从英国南安普顿驶往纽约，但就在其处女航的第4天晚上，因为在北大西洋撞上冰山而沉没，1500人葬身海底，这是迄今为止最著名的一次海难。

(4) 长期资本管理公司破产事件：长期资本管理公司依据历史数据建立了复杂的定量模型，并认为新兴市场利率将降低，发达国家的利率走向相反，于是大量买入新兴市场债券，同时抛空美国国债。然而1998年8月，俄罗斯宣布卢布贬值延迟三个月偿还外债，俄罗斯国债大幅贬值并完全丧失流动性。从1998年5月俄罗斯金融风暴掀起到9月全面溃败，这家声名显赫的对冲基金在短短150多天内资产净值下降90%，出现43亿美元的巨额亏损，仅剩5亿美元，致使破产。

(5) 2011年3月11日，日本气象厅表示，日本于当地时间11日14时46分发生里氏8.9级地震，震中位于宫城县以东太平洋海域，震源深度20公里。东京有强烈震感。美国地质勘探局将日本当天发生的地震震级从里氏8.9级修正为里氏8.8级。北京小部分区域有震感，地震对中国大陆不会有明显影响。不过，此次地震可能引发的海啸将影响太平洋大部分地区。北京时间3月13日，日本气象厅再次将震级修改为9.0级。

那么，为什么黑天鹅事件在发生之前没有被人及时发现呢？换言之，即为什么在黑天鹅被发现之前，没有人去设想一下其他颜色的天鹅也有可能存在呢？这是源于人们的思想受到了禁锢，人们的心智受到了局限，因为人们总是习惯于重视已知的事物，忘记了去了解未知的可能。这正如400多年前，英国哲学家弗朗西斯·培根[①]所言："当心我们被自己

---

① 弗朗西斯·培根(1561—1626)，英国文艺复兴时期最重要的散文家、哲学家。他不但在文学、哲学上多有建树，在自然科学领域里也取得了重大成就。

思想的丝线所束缚。"

然而事实上，人们总是犯这种错误，总是自以为过去发生过的事情很有可能会再次发生，所以免不了会凭经验办事，就像人们无法预知在未来的某一天股市会涨还是会跌，据以往推断预测的理由要么过于简单化，要么根本就是错误的。

事实上，真正重大的事件是无法预知的，因为人们无法通过观察、归纳已经发生过的事情，来预知未来的"黑天鹅"。而这一切现象的发生则是源于人性的弱点，它源于人类心理机制中确认偏差所致的自我欺骗效应，即人类在认知过程中，其心智模式会主动搜寻那些用于证实而非证伪假设的信息，从而对那些能够证伪假设的重要信息往往熟视无睹、置若罔闻，结果导致了人们的自以为是、过度自信，根本无视小概率事件发生的可能性(详见图13-1)。例如，悉尼歌剧院这座著名建筑物按原计划应于1963年年初完工，历时4年，费用为700万澳元。但实际上，直到1963年，也仅完成了建筑底部的基础结构。事实上，该建筑的最终完工时间是1973年，最终耗费1.04亿澳元，相当于现在的6亿多澳元。这一案例充分反映了人类心智认知上的骄傲自大。

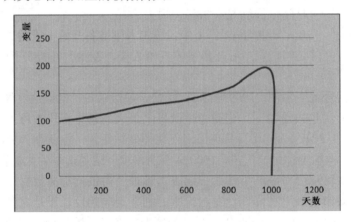

图 13-1 黑天鹅效应的示意图

由图13-1可见，当你对一个假设变量观察了1000天，它可以是任何事物(可以有一些不大的变化)，如图书销量、犯罪、你的个人收入、某只股票或贷款利率等，然后，你仅仅从过去的数据中得出了关于其变化趋势特征的某些结论，并预测未来1000天甚至5000天的趋势。结果，在第1001天——砰！一个过去毫无准备的巨大变化却发生了！可见，古希腊哲学家苏格拉底所谓"唯一我所知道的就是我不知道！"确实是至理名言！

请你设想一下，在1914年"一战"爆发的前夜，你能想象得到接下来的世界会发生如此惊人的变化吗？你能想象得到希特勒的上台以及后来的战争进程吗？你能想象得到苏联会发生剧变吗？你能想象得到1987年美国股市的大崩盘(以及更出乎人们预料的随后复苏)吗？你能想象得到当今世界互联网的迅速普及和巨大影响吗？你能想象得到乔布斯[①]及其苹果公司所取得的惊人成功吗？事实上，所有这些事件的发生都是典型的黑天鹅。

---

① 史蒂夫·乔布斯(1955—2011)，发明家、企业家，美国苹果公司联合创办人、前行政总裁。人称"苹果之父"。

二、黑天鹅效应的理论分析

在对待一般问题时，人类的心智模式会犯以下三个错误，我们称之为"三重迷雾"。分别如下。

(1) 假象的理解，也就是人们都以为自己知道复杂的(或更具随机性)世界中正在发生什么，哪怕它已经超出了他们认知的范围。

(2) 反省的偏差，也就是我们往往喜欢在事后评价事物，而事前我们经常毫无准备，盲目自信。

(3) 高估事实性信息的价值。我们一直把时间花在讨论琐碎的事情上，只关注已知和重复发生的事物，而忽视了那些看似不太可能发生的事。

下面就让我们做以下这个心智实验以证实上述观点。

假设你从普通人群中随机挑选 1000 人，让他们在一个体育馆里并排站着。他们之间可能包含各种职业、各个地区的人。

把你所能想到的体重最重的人加入样本。即使他的体重是平均体重的 3 倍，但在总体重中也非常微不足道(在这个实验中大概占 0.5%)。

你还可以更极端一点。即使你挑选了从生物学上说可能是地球上最重的人，他也不会再重多少，比如占到总体重的 0.6%，增加的量微乎其微。假如你挑选了一万人，他占的比重几乎可以忽略不计。

在理想的平均斯坦[①]，单独的特定事件影响很小，只有群体影响才大。可以这样陈述平均斯坦的最高法则：当你的样本量足够大时，任何个例都不会对整体产生重大影响。最大的观察值虽然令人吃惊，但对整体而言几乎微不足道。

现在考虑一下体育馆里那 1000 人的净资产。把世界上最富有的人加入他们之间，比如微软创始人比尔·盖茨。假设他的净资产接近 800 亿美元，而其余人大约几百万美元。他的净资产占总资产的多少呢？99.9%？实际上，所有其他人的资产只不过是他的资产数字四舍五入的误差，或者他的净资产在刚刚过去的一秒的变化。如果某个人的体重要达到这样的比例，他需要 5000 万磅的体重，这是不可能的！

再来看一个例子，比如图书的销量。挑选 1000 名作家看看他们作品的销量。然后加上 J. K. 罗琳[②](在世的、目前拥有读者最多的作家)，她的《哈利·波特》系列的销量已达亿册。这将使余下的 1000 名作者变成侏儒，他们的销量加起来也就几百万册。

在极端斯坦，不平均是指个体能够对整体产生不成比例的影响。虽然身高、体重和卡路里摄入量来自平均斯坦，但财富不是。几乎所有的社会问题都来自极端斯坦。换句话说，社会变量是信息化的，不是物理的，你无法触碰它们，银行账户里的钱是重要的东西，它显然不是物理的。同样，它可以是任何数值，因为它只是一个数字。

如果你处理的是极端斯坦的数据，从任何样本求得平均值都是令人困扰的，因为它受

---

① 斯坦：指一系列事物所组成的集合，在这里可以理解为国度。

② 乔安妮·凯瑟琳·罗琳，作家，代表作品为《哈利·波特》系列小说。1965 年 7 月 31 日，生于英国格温特郡的 Chipping Sodbury 普通医院。毕业于英国 University Of Exeter(埃克塞特大学)，学习法语和古典文学，获文理学士学位。

单个观察值影响比较大。这就是困难所在,在极端斯坦,个体能够轻易地以不成比例的方式影响整体。在这个世界里,你总是会对你从数据中获得的知识表示怀疑。这是能让你区别两类不同随机性的非常简单的测试方法。

平均斯坦与极端斯坦之间的差别还有另一种说法:在平均斯坦,我们受到集体事件、常规事件、已知事件和已预测的事件的统治;在极端斯坦,我们受到单个事件、意外事件、未知事件和未预测到的事件的统治。

你可以看到,假设我们生活在平均斯坦是非常容易的。为什么?因为这可以让你不用考虑黑天鹅事件发生的意外!如果你生活在平均斯坦,黑天鹅问题要么不存在,要么只有微小的影响力。而生活在极端斯坦则不然,谁也不知道下一只黑天鹅什么时候来,会发生在哪里。表13-1总结了平均斯坦与极端斯坦的差别,将左右两栏混淆可以导致可怕的结果。

表13-1 平均斯坦与极端斯坦的差别

平均斯坦	极端斯坦
不具突破性	具有突破性
温和的第一类随机现象	疯狂的第二类随机现象
最典型的成员为中庸成员派	最典型的成员要么是巨人,要么是侏儒
赢者获得整块蛋糕的一小部分	赢家通吃
举例:留声机发明之前某个歌剧演员的观众数量	今天某位艺术家的观众数量
更可能存在于古代环境	更可能存在于现代环境
不受黑天鹅现象的影响	受黑天鹅现象的影响
数量上有限制	数量上没有物理限制
主要与物理量有关	与数字相关,比如财富
达到现实所能提供的乌托邦公平	受赢家通吃的极端不公平统治
容易通过观测到的东西做出预测并推广到没有观察的部分	很难从过去的信息中做出推测
历史缓慢发展	历史跳跃发展
观察一段时间就能够了解情况	需要花很长时间了解情况
集体事件占统治地位	意外事件占统治地位

事实上,人们并不是生活在平均斯坦里,因为人们实际的生活环境要比其所意识到的更为复杂。当今世界是极端斯坦的,被不经常发生及非常不经常发生的事件左右,它会在无数白天鹅之后抛出一只黑天鹅。所以黑天鹅现象要求人们换一种思考方式。我们不能把问题隐藏起来,只能更深入地挖掘它。

三、黑天鹅效应的行为表现

一般来说,大型企业会依赖企业危机管理(ERM)部门来识别潜在的商业灾难,列举可能发生的后果,制定出缓解方案和预防措施降低危机发生的概率。经过过去几十年中一系列严重的灾难事件的冲击,从2001年的"9·11"事件开始,大多数企业的ERM部门都充实了员工,他们努力工作,以保护自己的公司免受战略、运营、财务等各种风险的冲击。由此,ERM成为多数大型企业中不可或缺的全球性职能部门。

大多数ERM团队把工作的重点放在企业最经常遇到的风险上(如企业经营是否合规,

是否适当地为自己的经营行为担负了相应的责任，是否合乎道德和法律)，而不是针对黑天鹅事件。这种做法是合理的。首先，ERM 部门的资源有限，必须首先用于缓解高频率风险，满足萨班斯—奥克斯利法案[①]以及其他金融和监管部门的要求。其次，小概率、大影响的黑天鹅事件的源头往往过于复杂，ERM 部门无法一一识别。最后，很多大型企业内部的公司政治文化无意中会形成一些盲点，从而使内部员工无法凭借标准 ERM 工具洞察得到。

因此，大多数 ERM 团队可以向董事会和管理团队保证，他们已经对合规、道德伦理、财务会计以及安全、质量和客户体验等领域的风险做了防范。但是，ERM 团队就是不能持续地监控小概率、大影响的黑天鹅事件。

这并不是说黑天鹅事件可以或者应当被视而不见。此类事件能够威胁到公司的生存，而董事会和高管团队是对股东和其他利益相关方负有责任的，他们必须追问这样的问题：还有可能会出什么问题？

这一难题的答案是破坏因素分析。破坏因素分析并不是试图去预测黑天鹅事件，那是不可能做到的事情。它也不是取代 ERM，而是要对 ERM 起到补充的作用。破坏因素分析需要定期对大型组织进行压力测试，以评估其承受黑天鹅事件冲击的能力。破坏因素分析一般由一个单独的团队来执行，需要与 ERM 团队、职能部门和业务部门的领导以及公司高管协作。

与专业的 ERM 流程类似，破坏因素分析包括四个步骤。它需要快速高效地绘制企业的轮廓，识别潜在的破坏因素的范围，通过追问"如果……会如何"来认清特定事件对公司影响的严重程度，最后是提供应急预案。

不管怎么说，随着国际商业的发展，黑天鹅事件可能会对你所在的企业带来更加严峻的威胁，对你的客户、供应商、合作伙伴、资产、运营、雇员以及股东造成负面的影响。因此，企业应确保对小概率、大影响的事件给予了足够的关注，对危机发生时企业能否应对做了压力测试，对意料不到的灾难后果做了充分的准备。

第二节　投资决策中的黑天鹅效应

一、狙击"黑天鹅"策略

"黑天鹅"是一个比喻，指的是不可预测的重大稀有事件，它在意料之外却又改变一切。"黑天鹅"事件有两类，一类是负面的黑天鹅，如恐怖主义、金融危机、欧债危机、地震、海啸等，这些事件事先不可预料，事后追溯起来却似乎有迹可循。这些事件重大稀有，过程短暂却影响深远。对于负面黑天鹅，人们要尽量避开。还有一类是正面的黑天鹅，需要积极捕捉。比如，技术革命、金融创新，或是找到了治愈癌症的好方法等。

面对黑天鹅效应，有的人如同待宰的火鸡，面临巨大的灾难却不知情。有的人则相反，他们已做好埋伏，时刻准备正面狙击黑天鹅。然而，怎样才能够狙击到黑天鹅呢？其实，

---

① 萨班斯—奥克斯利法案(Sarbanes-Oxley Act)，起源于美国安然公司倒闭后引起的美国股市剧烈动荡，投资人纷纷抽逃资金。为保证上市公司财务丑闻不再发生，由美国参议员 Sarbanes 和美国众议员 Oxley 联合提出了一项法案，该法案即以他们的名字命名。

所谓狙击"黑天鹅"可以简化为以下两个不对称的赌局。

A. 赌1001把，你有1000次可能会赢1元。在这1001次中有1次可能你会输掉10 000元。

B. 赌1001把，你有1000次可能会输1元。在这1001次中有1次可能你会赢10 000元。

请问，您会选择玩哪一个呢？

A. 赌局的期望值大约是-9900元。

B. 赌局的期望值大约是+9900元。

理性的人当然会选择B赌局。然而事实上，却有很多人会选择A赌局。之所以会出现上述结果，不仅仅是因为人们贪图小利。卡尼曼的S型价值函数曲线表明，连续赢1000次，尽管每次才赢1元钱，但这1000次快乐累加起来的心理效果要大于一次性赢1000元。同样，连续输掉的1000次，虽然总共才损失1000元，但其痛苦累积起来，却远大于一次性输掉1000元。

于是，不够理性的人往往会选择A赌局，而不是B赌局。这一看似正常不过的选择，其实既愚蠢又危险，当事人却还沾沾自喜、浑然不知。事实上，A赌局中隐藏着负面的黑天鹅，B赌局中隐藏着正面的黑天鹅。

总之，黑天鹅事件具有以下三个特征：第一是无法预知。由于人类的"所知障"，总有一些事件超出了人类的预测能力。第二是重大稀少，影响深远。人类历史就是被极小概率事件主导的。第三是事后诸葛亮。这符合人类大脑认知的本能，人类对不解之事总有解释的冲动，哪怕找一个似是而非的解释，也会比没有解释感到安心。

投资大师查理·芒格[①]说过："人类并没有被赋予随时随地感知一切、了解一切的天赋。但是人类如果努力去了解，去感知……就一定能找到一个错位的赌注。"查理·芒格所谓的"错位的赌注"意指：避开心理的盲区，用理性去下注。即在一场"输有上限，赢无上限"的游戏里，聪明的人会在成功概率很高时下大赌注，而其余时间，懂得"用蜡把耳朵封住"，防止被来自市场的噪声扰乱心绪。因此，狙击"黑天鹅"不失为一个积极有效的投资策略。

二、股票市场中的黑天鹅

著名作家路遥[②]在《人生》开篇引用柳青[③]的一句名言："人生的道路虽然漫长，但紧要处常常只有几步，特别是当人年轻的时候。没有一个人的生活道路是笔直的、没有岔道的。有些岔道口，譬如事业上的岔道口、个人生活的岔道口，你走错一步，可以影响人生的一个时期，也可以影响一生。"

其实，在投资中又何尝不是如此呢？股市看似漫长，但关键的只有几天，市场不会爬行，只会跳跃。一旦你把握了涨幅最大的几天，仅仅是几天，你的总收益率就会大幅提高。同样，如果你碰到了跌幅最大的几天，你的收益率就会大幅减少。不要小看这几天，遇到正面黑天鹅和遇到负面黑天鹅的结果大相径庭，我们先来看看国外的数据。

---

① 查理·芒格(Charles Thomas Munger)，美国投资家，沃伦·巴菲特的黄金搭档，伯克夏·哈撒韦公司的副主席。

② 路遥(1949—1992)，中国当代作家，生于陕北一个世代农民家庭，其代表作是《平凡的世界》。

③ 柳青(1916—1978)，原名刘蕴华，陕西省吴堡县人，著名作家。

第十三章　黑天鹅效应与投资行为

密歇根大学金融学教授内贾特·赛亨(H. Nejat Seyhun)[①]对1926—1993年美国市场所有指数的研究发现，1.2%的交易日贡献了95%的市场收益。十年之后Seyhun更新了他的研究，其样本数据扩充为1926—2004年，得到的研究结果与之前十分类似：不到1%的交易日贡献了96%的市场回报。

查尔斯·D.艾里斯[②]在其经典名著《赢利输家的游戏》中也用数据说明漫长的股市中短短几天有多么关键。

总体上来说，1980—2000年间，标普500指数复合收益率年均为18%。但是如果扣除涨幅最大的10天(仅占整个评估期间交易日总数的1/400)，年均复合收益率从18%降到15%，降幅超过1/6。如果扣除涨幅最大的20天(仅占整个评估期间交易日总数的1/200)，年均复合收益率从18%降到12%，降幅高达1/3。如果扣除涨幅最大的30天(仅占整个评估期间交易日总数的1/150)，年均复合收益率从18%降到11%，降幅超过1/3。再把时间延长的话，影响会更加巨大。

可见，黑天鹅事件无处不在，我们再来看看国内的数据。

西南财经大学金融学院刘阳和刘强2010年11月在《证券市场导报》上发表的《择时交易的小概率困境》一文认为，中国股市极少数具有超常收益的交易日对股票市场的长期收益具有巨大的影响。

作者选取上证综指日收益率序列为1992年5月21日至2010年1月29日之间的4329个交易日，深证成指日收益率序列为1991年8月17日至2010年1月29日之间的4527个交易日。分析表明："总的来看，收益最好的25天的A股平均收益率，都至少超过了所有样本时段平均日收益率的100倍，收益最差的25天平均收益的绝对值也都在所有样本平均日收益率的60倍以上。"

"从整个时段来看，错过上海市场最好的5天、10天和25天，尽管这些交易日占整个交易时段的很小比例，长期来看，如果错过了这些交易日，整个样本期间的投资会使终值分别减少82.2%、91.9%和98.3%，错过深圳市场涨幅最好的5天、10天和25天，会使终值减少62.3%、80.6%和95.4%。"

"正常情况下，完全的被动投资上证综指和深证成指可以获得9.11%和16.88%的平均年收益，而如果没有抓住收益率最高的25个交易日，那么任何指数的平均年收益率都为负，也就是说，在整个投资期间每年都会亏损；同时，如果能躲过收益率最差的25个交易日，所有指数投资的年收益率都将至少翻番，甚至达到原收益率3倍以上。"

结果是令人震惊的，我们通过对国内外股市的分析得出：短短的几天竟然对股市产生如此巨大的影响。千万不要忽略黑天鹅事件对我们的影响，它虽然鲜有发生，偶尔光顾，但一旦降临，就能带来翻天覆地的变化。

投资者都非常希望自己不会错过市场最好的那几天，并且又能够足够幸运地躲过市场最糟糕的那几天，可是无论是5天、10天还是25天，在整个交易时间段里都只是百里挑一甚至千里挑一，而且这几天并不连续，全能抓住的概率连百万分之一也不到，比中彩票还

---

① H. Nejat Seyhun. The Jerome B. & Eilene M. York Professor of Business Administration. Professor of Finance.

② 查尔斯·D.艾里斯，投资管理思潮的前行者之一，现任美国格林威治投资公司总经理。

要难。

所以，艾里斯坚决地提出了这个著名的论断："闪电打下来的时候，你必须在场。"换言之，当极其罕见的幸运黑天鹅事件来临时，你一定要在股市里待着。因为幸运黑天鹅事件哪一天突然来临，谁也无法提前预测。

三、黑天鹅之灾与投资机遇

在过去的 20 年间，世界经历了多次重大灾难，其中，比较突出的有 1995 年日本阪神大地震、1997 年的东亚金融危机、2003 年集中发生在中国香港和大陆的 SARS、2004 年席卷东南亚的大海啸、2008 年中国汶川大地震和 2011 年日本大地震及核泄漏风险。这些灾难无一例外地给人民的生活、生产活动造成了极大的伤害。

面对这样的灾难事件，个人或者机构投资者需要做出的第一个判断，是估计灾难对总体经济的影响程度。比如，在 2008 年汶川大地震时大片房屋倒塌、数万居民丧生，惨不忍睹。不过，汶川四周并非中国经济重心，因此，地震对全国经济的影响有限，主要的挑战是救灾和重建。再拿日本的两次大地震比较，1995 年阪神大地震也摧毁了许多楼房与生命，但其所覆盖的经济活动相对较小。而这次大东京地区的地震，虽然房屋和生命相对损失较小，但是，大东京是日本经济的核心地带，对经济造成的冲击可能更大，延续的时间会更长。

同样的，2004 年东南亚大海啸，受冲击的主要是这些国家的沿海地区，像印尼的巴厘岛和泰国的普吉岛，除了个别的石油企业，经济活动主要是旅游业，因此经济活动的损失相对比较容易估计。但是，美国的恐怖事件和中国的 SARS 事件的经济损失就很难估计，尤其是在灾难发生的时候。这两大灾难的一个共同特点，是对人们信心的影响。当初一些投资者判断，这两大事件之后可能极大地提高经济活动的交易成本，包括对安全、卫生等因素的监控，因此，涉及面很广。比如，日本的核泄漏风险导致中国多个地方食盐脱销，就是一个始料不及的结果。

投资者需要做的第二个判断，是灾难的后果可能持续的时间，灾难发生的时间可能只是持续一小段时间，但对经济社会的影响也许会持续很长时间。2008 年年初，中国南方发生雪灾，虽然灾情很快就过去了，但是雪灾可能影响春季作物，因此，对全年的农产品供应及其价格会产生重大影响，而这就可能冲击宏观经济，特别是引起通货膨胀。同样，汶川大地震之后的形势其实在几周之后就完全控制了，但是，人们的安置、房屋的重建可能会持续两三年的时间。当然，影响并不全是负面的，因为重建活动也能够拉动经济的增长。

金融危机的后果同样难以预料。1997 年东亚金融危机大约延续了两年时间，到 2000 年，绝大部分经济体已经从危机中走了出来，但是，这些国家的一些市场指标可能到现在尚未完全恢复。2008 年的全球金融危机也较快被控制住了，但是，直到现在，我们还在不断地看到许多后续的发展，包括去年爆发的欧洲债务危机、美国"两房"事件和加州等一些州政府的财政困难。比较极端的例子是 1929 年发生的大萧条，一直延续了十年才借助战争真正得到恢复。后续效应延续的时间，对投资决策至关重要。

投资者需要做的第三个判断，是政府救助和重建的能力。2008 年中国南方雪灾和后来的汶川大地震发生后，没有投资者对中国政府支持重建的能力表示怀疑，尽管一部分投资者预计中国的通货膨胀压力可能会提高，但是，政府健康的财政状况，尤其是不断增长的财政收入，表明政府完全有能力增加支出，修建房屋、道路和其他交通设施。这在一定意义上还能加快 GDP 的增长速度。当初有投资者估计雪灾和地震造成的直接损失大致在 GDP 的 0.25%，而重建却可能让 GDP 扩大 0.5%。同样，尽管日本政府已经负债累累，但是，很少有投资者担心日本政府发债筹资的能力。但是，当年大海啸发生时，市场对印尼和菲律宾政府的筹资能力却有一定程度的担忧。

投资者需要做出的最后一个，也是最难的判断，是大多数其他投资者会如何反应。通常，灾难之后投资者的第一个反应是极度悲观，因此，抛售是常见现象，从而导致资产价格的大幅下降。不过，同样是抛售，不同投资者的考虑却不一样，有一些人是对长期前景悲观，因此不愿意再持有资产；有些人则是基于市场压力，无法承受短期损失。无论如何，灾难发生之后的一段时期内，资产价格下降是很普遍的现象。

资产价格走势，除了风险因素发挥很大的决定性作用，短期更多地受到流动性影响，中长期则受基本面因素左右。如果投资者看到经济活动和市场信心可能很快得到稳定，投资的信心就会增加，更重要的是市场的反弹往往会领先于经济活动的复苏。这就是为什么香港股市在 SARS 事件和美国股市在恐怖事件之后，出现了"V"字形的反弹。而投资者从过去 20 多年的经验中得到的一条结论是，金融市场在灾难之后很快就会迅速反弹。因此，任何一次市场的下滑，都可能是"抄底"的好机会。

投资者如果能在上述四个基本判断的基础上决定投资策略，就更有可能避免盲目地被短期情绪化的因素推着走的情形。当然，投资决策其实是个非常个人化的过程，没有简单的成功秘籍，起码无法从书本上学到。上面提到的四个方面的因素只是提醒我们，在决策以前要考虑到这些问题，但是，对这些问题的答案，相信也是见仁见智的。更重要的是，成功投资者的一个重要特点，就是能想到大家还没有想到的东西，即能够先于别人看到"黑天鹅"。

第三节　案例分析与实践

一、欧债危机：又一只"黑天鹅"来临

谁都知道全球性金融危机不会轻易过去，但谁也没有想到第二波冲击是以主权债务危机的形式出现——起源于国家信用，即政府的资产负债表出现了问题。

实际上，早在 2008 年 10 月，北欧小国冰岛的主权债务问题就浮出了水面，其后是中东欧国家。由于这些国家经济规模较小，国际金融救助也比较及时，主权债务问题没有酿成较大的国际金融动荡。2009 年 12 月，全球三大评级公司标普、穆迪和惠誉分别下调希腊的主权债务评级。起初，很多人仍然认为希腊只是个案，但是，希腊问题不仅仅是希腊的问题，之后欧洲多个国家也开始陷入了危机，"欧洲五国 PIIGS"(Portugal—葡萄牙、Italy—意大利、Ireland—爱尔兰、Greece—希腊、Spain—西班牙)的信用评级被调低，经济下滑，债台高筑，赤字和债务像两座大山压在这些国家身上。

近期，欧元大幅下跌，国际社会对欧元的信心减弱，德国等欧洲大国也开始感受到危机的影响，整个欧洲面临严峻的考验。受欧洲主权债务危机愈演愈烈影响，全球主要金融市场动荡不已。如果危机久拖不决，将对投资者信心造成打击。在当前世界经济复苏基础

仍非常脆弱的情况下，特别需要警惕欧洲主权债务危机蔓延对欧元区乃至世界经济复苏带来不利影响。随着债务危机不断恶化，欧洲经济前景愈发黯淡，并有可能出现"双底衰退"。如果欧洲经济再次走软，其负面影响将会通过贸易、资本、信心等渠道对全球经济产生重压。香港《亚洲周刊》2010年5月23日发表文章称，欧洲主权债务危机表明全球金融海啸并未过去，而是进入了一个表面稳定、实际更脆弱的新阶段，更大的挑战随时会出现。世界银行首席经济学家林毅夫[①]表示，欧洲主权债务危机导致的全球金融市场动荡，可能会促使各国推迟实施退出策略。

二、中国股市中的医药"黑天鹅"

随着中国老龄化的即将到来，看好医药股的投资者越来越多。庞大的人口基数、社保的不断完善、欧美的医药股历史上佳表现，很多理由都足以说明，这是一个欣欣向荣的朝阳行业。

不过，这种全民看好的行业实则隐埋了黑天鹅。越是看似安全的地方往往蕴含了更大的风险，今年以来，医药板块突发性的事件频出，康芝药业尼美舒利事件、华兰生物血站关门、紫鑫药业造假、中恒集团诡异跌停……为什么这里总是飞来"黑天鹅"？

(一)康芝药业：第一只医药"黑天鹅"

事件回顾：央视2011年2月报道，2010年11月26日，在北京儿童用药安全国际论坛上，专家提醒家长，在儿童发热用药的选择上需慎用尼美舒利。康芝药业的主打产品瑞芝清(尼美舒利颗粒)，正是针对儿童市场，并且占主营业务的七成。

消息一出，康芝药业的股价应声大跌。随后，国家食品药品监督管理局发布通知，修改尼美舒利说明书，并禁止尼美舒利口服制剂用于12岁以下儿童，对康芝药业造成严重打击，康芝药业成为第一只"黑天鹅"。

股价表现：2011年2月14日消息曝出之后，康芝药业复权价由70元跌至37元，将近腰斩。后来因其主动挽回不利局面，股价有所回升。

业绩表现：公司上半年净利润2213万元，同比下降近六成。产品销售毛利率为50.67%，较上年同期下降了19.14%。

(二)华兰生物：血站关门"一"字跌停

事件回顾：2011年7月13日，华兰生物宣布，根据贵州省卫生厅的通知，公司在贵州的6家采血浆站中，3家单采血浆站从8月1日起停止采浆。14日晚间华兰生物又表示，贵州省卫生厅电话表示收回通知。

但随后又立即停牌，待25日公告时，停止采浆的血站由3家变成5家，采浆量分别占公司2010年、2011年上半年总采浆量的59.91%和55.08%。

---

① 林毅夫，男，原名林正义(到大陆后改名)，原北京大学中国经济研究中心主任、教授、博士生导师，中华人民共和国第七、八、九、十届政协全国委员会委员、全国政协经济委员会副主任、中华全国工商业联合会副主席，于2005年获选第三世界科学院院士，现任世界银行首席经济学家兼负责发展经济学的高级副行长。

第十三章　黑天鹅效应与投资行为

股价表现：华兰生物复牌后直接"一"字跌停，全天成交金额仅 5797 万元，至今下跌 21%。

业绩表现：公司今年上半年实现净利润 2.18 亿元，同比减少 29.67%。

2011 年，对于医药股来说，可谓是多事之秋。从康芝药业开始，一旦爆发"黑天鹅"事件，就是连续跌停，不但散户遭殃，连基金都喊扛不住，为何这个行业会接二连三出现问题呢？

首先，医药行业很复杂，仅医药板块下就可分为医院医疗、化学制药、中药、生物医药、医药商业、医疗器械多种类别，而且技术含量高和准入门槛高。若不是对行业十分熟悉，普通投资者很难把握其中的利害关系。

其次，医药类企业技术含量高，但巨大的研发投入未必会带来巨大的收益。尤其是专注某一类产品的，其风险—收益性质更类似科技企业，研发和创新是前进的主要动力，但也必然要冒研发失败的风险。

最后，药物与消费者的生命息息相关，总会有医疗事故的风险。综合性的医药企业可能成长速度比不上单一型公司，但总体风险也相对小一些。

思考与探索

1. 简述"黑天鹅"事件的特点与定义。
2. 什么是人类认知的三重迷雾？
3. 什么是平均斯坦和极端斯坦，两者有什么区别？
4. 如何避免"黑天鹅"事件对我们的影响？
5. 为什么说漫长的股市中短短几天有多么关键？
6. 举一个最近十年发生的灾难，并谈谈它对投资者投资决策的影响。
7. 欧洲债务危机是如何酿成的，它对欧洲证券市场会有怎样的影响？
8. 谈谈你对中国医药板块"黑天鹅"事件频发的看法。
9. 简述破坏因素分析的步骤。
10. 你觉得下一次"黑天鹅"事件可能发生在什么领域？

第十四章 心智控制与投资行为

【学习要点】

◆ 掌握心智控制的基本内涵。
◆ 掌握心智控制所引发的认知偏差的具体表现。
◆ 了解容易导致控制幻觉的具体因素。
◆ 了解心智控制偏差在投资行为中如何表现出"皮格马利翁效应"。
◆ 了解情绪与心态的控制在投资行为中的重要作用。

【章前导读】

《庄子·齐物论》中有这样一个故事,庄子有一次做梦,忽然发现自己变成了一只蝴蝶,但是他醒来之后,思绪却陷入了长久的迷糊之中:"不知周之梦为蝴蝶欤,蝴蝶之梦为周欤?"(即不知道是庄子梦中变成了蝴蝶呢,还是蝴蝶梦见自己变成了庄子?)这就是十分著名的"庄周梦蝶"。唐代大诗人李白还创造性地将这一典故写入了自己的诗中:"庄周梦蝴蝶,蝴蝶梦庄周,一体更变易,万事良悠悠。"

庄周作为中国古代最为著名的思想家之一,早在两千多年前就提出了这样一个让人困惑至今的哲学命题:我是谁?谁又是我?我是如何控制自己的?而自己的心态、感知,又受到什么因素的影响而不断变化?

20世纪美国哈佛大学教授梅奥(G. Mayo)在西屋电气公司的霍桑工厂做过这样一个实验。他主要是调查工厂的照明条件、环境质量、工人的休息和作业时间、工资形态等条件的变化,与工人的心智控制与作业效率的变化这两者之间有着什么样的关系。

实验研究的结论是:生产效率的决定因素并不是工作条件,而是员工自己的情绪。而这种最终控制人的心态与劳动生产的情绪,主要是由车间内的综合环境以及人际间相互关系所决定的。据此梅奥指出:人并不是传统意义上所认为的"经济人",而更应该是一种"社会人",需要很好地进行心智控制,工人们所需要的不仅仅是报酬和休息,更需要一种让人觉得满足的心理感受,其中包括慰藉、安全感、和谐、归属感等诸多情感。只有这种综合的条件获得高度的满足,工人们才能够发挥出很大的劳动积极性,生产效率才能得以大幅度地提升。而这,正是非常著名的"霍桑实验"。

上述两个故事一古一今、一中一外,所要体现的含义都是关于人类如何看待自己、如何认识自己并发挥自我的主观能动性。而这正是本章所要详细讨论的内容。

【关键词】

心智控制　　心智控制偏差　　心智控制效应　　控制幻觉　　皮格马利翁效应

第一节　心智控制的行为分析

一、心智控制的基本内涵

所谓"心智控制"(mind-control)是指:控制自己的情绪,并能够在保持理性的前提下,对各种事件做出自认为最合理、最有利的判断和决定。具体到证券投资市场上,每一个投资者都有自觉的"自我控制动机":渴望能够使自己把握住局面,以有效应对瞬息万变的交易市场,不要让自己成为市场博弈下的"输家"。

著名的投资行为学家塞勒(Thaler)和谢夫林(Shefrin)早在20世纪80年代就发表专著,对于"自我控制"的定义做出如下表述[①]:在每个人的内心深处都存在理性的部分,我们可以将其形象称为计划者或者导航者(leader),同时也存在着原始的情绪冲动的非理性部分,我

---

① Richard Thaler,Hersh Shefrin. 1981. An Economic Theory of Self-Control. Journal of Political Economy, 89.

们称之为实施者或者代理者(substituter)。虽然计划者的意愿能够在开始的计划过程中以及所制定的买卖契约中得到贯彻和体现，但实施者的实际操作仍将在很大程度上影响到个人的决策行为。

据此他们认为，投资者从内心深处认为自己是能改变其所处境遇的导航者，但在实践中，计划者会在与实施者的对抗中处于劣势，换言之，投资者并不能很好地做到心智控制。

二、心智控制的认知偏差

一般而言，投资者的终极目标都是为了最大限度地获取收益。为了达到这个目标，其途径也无非是通过调查研究、技术分析，在适当时机做出合理行动决策并付诸执行。然而在实际操作过程中，十有八九会出现与"理想化"预期不相符的认知偏差。投资行为学研究表明，对于人类而言，其本性中都在不停歇地试图尽可能地解决客观感受与主观思维之间的冲突和不协调。所有的人都试图努力想要最大程度支配自己和周遭的环境。但事与愿违，世界从不轻易地以个人的意志为转移。于是，一种未能实现的控制欲就会对个体的情绪造成比较大的负面影响，具体包括悲观失落、对现实把握能力的削弱、对损失的厌恶与恐惧等。一旦人们意识到原本很有信心的"自控能力"正在不断减弱和消失的时候，这种令人不适的感觉就会迅速蔓延到其日常生活的方方面面中去，从而让人感受到生活的痛苦与压抑。

心智控制所引发的认知偏差具体表现为以下三个方面。

(一)风险过分规避

风险过分规避(risk averse)并不是指传统投资学中所谓的风险偏好，而是投资者违背自身的风险偏好，过分地远离可能会造成损失的所有风险。传统投资学认为人们在投资过程中，普遍存在着风险厌恶的倾向。然而，投资行为学的研究表明：人们的风险偏好并不是固有不变的，它在很大程度上取决于个体意识中心智控制能力的大小。

例如，工程师老王几十年工作勤勤恳恳，工资节余全部存入了银行，前两年周围的同事纷纷投身股市，做起了"股民"，但他觉得自己投资理财能力十分欠缺，始终不涉足股市。不过近来，出国留学攻读经济学的儿子学成归来，经过一番分析后认为现在的中国股市是一个具有很大投资潜力的市场，于是建议老王拿出几十年的辛苦钱"转战"股市。老王自身对于"炒股"可谓一窍不通，但他还是毫不犹豫地取出存款，让儿子代为操作投资。

事实上，老王对于投资股市的心态转变过程就非常具有典型意义，刚开始时他认为自己无法控制炒股所带来的风险，于是选择了回避；之后因为相信儿子的专业能力，实际上这提升了其针对股市风险的控制能力(他自认为儿子是经济学方面的内行人，有能力抵御风险赚取比银行存款更多的收益)，于是老王转变成一个并不规避风险，甚至是爱好风险的投资者。在此我们应意识到，并没有任何事实能够证明老王的儿子就一定能很好地控制风险而获取投资收益，但基于对儿子的信任，基于一种对风险控制能力的盲目判断，老王对于股市风险的偏好态度就来了个 180 度的大转弯，这一例子很好地说明了人们对待风险的态度是很容易根据某些因素的变化而发生极大改变的。

然而不幸的是，老王的儿子没有能够给他带来预期的回报，反而亏损了一部分本金。

可想而知，老王的心情糟糕至极，他甚至宣称一旦"割肉"，将永不踏足股市。显然，他不但回到了原先的风险厌恶状态之下，甚至是有过之而无不及。这也就是所谓的心智控制的认知偏差所导致的风险过分规避。

可见，风险过分规避是由心智控制不足所造成，其规避程度将由心智控制不足的因素所决定。即所投入的资金量越大，事后偏差效应也越大，在投资遭受损失的时候体现得尤为明显，在此之后将会保留"后悔厌恶"的心态，并意识到自控能力的下降，在将来的类似事件上，风险规避的倾向将体现得更为明显。

(二)控制幻觉[①]

当投资者自信满满地认为"一切尽在掌握中"(但事实上却并没有能力控制时)，就会出现控制幻觉(control illusion)。这是一种与金融市场相关的非常重要的现象，因为在金融市场上，交易之所以能够达成，就是因为不同的参与者各自拥有不同的预测值及对这些预测值的信心。在市场上，只有交易一方坚定地认为价格将会上升，而另一方则坚持相反的观点时，才能够达成一笔交易。如果大家都没有心智控制的信心，无法辨别到底市场趋势如何，那市场观望气氛就会很浓，所能达成的交易就会很少，市场也就会变得很冷清。然而，如果人们因为心智控制的认知偏差导致出现控制幻觉，那就很可能会低估市场风险。例如，投资者张先生在过去一段时间内，每笔交易都被市场证明其判断是正确的，他因此而幸运地获得了一定的收益，于是产生了过度自信的骄傲情绪，开始高估自己的投资能力。此时的控制幻觉就会导致他不断加大投资规模，使他无法冷静地做出决策，即使在市场发生"牛熊"反转，应该及时抽身退出时他还是会去冒险，最终被"套牢"而无法自拔。

一般而言，当控制幻觉被施加到对事件的预测上时，最容易产生"过度自信"，而过分相信自己的能力则会导致个体感知产生偏差(本书已有专门的章节介绍"过度自信效应")。导致控制幻觉发生的具体因素[②]如下。

1. 代表性偏差

绝大多数的投资者相信，当自己对某样事物的控制程度越高，他就越能够对这个事物产生其想要的影响。然而，正是基于这种惯性思维方式，即个体代表性偏差一旦幸运地接连成功了几次，那么他就会百分之百地坚信事物完全在自己的控制之中。可见，代表性偏差(representation)为心智控制幻觉提供了确凿的证据(Abramson and Alloy，1980)。

2. 自我成就归因偏差

自我成就归因偏差(self-esteem serving attribution)是指人们普遍存在着这样一种归因倾向，即成功的事情都归于自己的功劳，而失败则由他人或者某些客观因素所造成。在证券市场上，投资者的这种归因偏差现象表现得尤为明显。总之，没有一个投身到股市中的人承认自己不具备投资的天赋，然而在具体的交易之后，如果有人取得了成功，他就会当然地认为这是因为自己投资手段高、技术分析能力强、把握时机很准、挑选股票的眼光独到等。可是，一旦投资失败，他便会不自觉地将责任推卸到诸如大盘掉头、基本面不好、负

---

① Langer, Ellen J. 1975. The illusion of control. Journal of Personality and Social Psychology.
② Langer, Ellen J. 1975. The illusion of control. Journal of Personality and Social Psychology.

面消息的突发影响等原因上去，甚至会自我安慰："股票买卖其实还不是看运气么，这次亏了仅仅是因为自己这两天运气不好罢了……"

3. 浅尝辄止偏差

浅尝辄止偏差(learned carelessness bias)是指投资者一旦拥有一系列成功的投资经历之后，他就会处在一种自以为掌控一切的幻觉中，从而不再顾及市场风险，贸然踏入更大的风险中去(Frey and Schulz-Hardt et al., 1996)。例如，在著名的巴林银行倒闭事件中，交易员里森(Leeson)在出事之前曾被业界称赞为"明星交易员"，长期操作股指期货的他也曾为巴林银行带来了相当丰厚的利润，但正是长时间的成功，让他变得越来越骄傲自大，视风险为无物，最终在遭受一系列损失后把一个窟窿越填越大。最终，一个曾被同事称之为拥有"点石成金"能力的人，就这样在与日俱增的漫不经心和妄自尊大中，将拥有百年历史的老牌英国投行巴林银行毁于一旦。

4. 有效性偏差

有效性偏差(availability bias)是指人们普遍存在着这样的记忆规律，越早发生的事情往往记得越模糊，越不幸的事情更是被人们选择性地遗忘。在投资过程中，这种情况也体现得尤为明显，伴随着事件有效性的逐步下降，事件的重要性也随之下降。当损失发生后的时间间隔越长(在记忆中越不引人注目)，风险评价对投资决策的影响就会越小，而这种心智控制上的偏差会直接导致在以后的投资过程中，交易风险被不断地放大。

5. 事后诸葛亮偏差

事后诸葛亮偏差(hindsight bias)是指人们通常容易高估自己对客体的了解程度。例如，投资者几乎都有这么一种经历，自己曾经看好某只股票，但因为资金或者其他一些因素而没有实际购入，也许过了几天该股票确实有一定程度的上升。于是投资者内心会涌现出这样的想法："我就知道这个股票有戏，怎么上次就没有买进呢？"事实上，没有谁能够准确知道股价究竟会发生怎样的变动，只是当我们在回首的时候，会发觉自己曾经预感到它将要上涨。反之，如果这个股票过了几天跌去了10%，我们更有理由会说："哈哈！还好我有先见之明，没有买进，一直看跌真是明智哦。"这就是典型的事后诸葛亮偏差。"后见之明"帮助投资者构建起了一个对过去决策似乎是永远合理的事后法则，使其对自己的决策能力感到自豪。由于人们在潜意识中不愿意承认自己对某股价波动几乎没有控制能力，倾向于认为自己实际上在当时就知道将要发生的一切，因此事后诸葛亮偏差也被卡尼曼称为"回顾性控制幻觉"(retrospective control illusion)。受到这种事后诸葛亮偏差效应影响的投资者，会不适当地将以前的一些类似情形套用到当前的事件上。例如，张先生手中持有某ST股票A，以前该股票曾有过涨停，而张先生则过早地卖出了该只股票。可它一涨就连续不断地在几个交易日内被封涨停板。因此，当它再一次涨停时，张先生便会毫不犹豫地坚定持有，坚信它会像以前那样继续疯长，可事实却是该股票为报复性反弹，继而掉头向下一泻千里，张先生再一次受到严重损失。可见，这种认知上的偏差具有以下两方面的危害：其一是它会让人产生过度自信，会助长投资者误以为事情是可预测的错觉；其二是投资者在股票下跌之后，基于这种认知偏差会责问那些股票分析师们"为什么你们作为专业人士也不能在下跌前事先发现风险，从而给出卖出股票的警示呢？"事实上，股市有风险，没有一个人敢说自己的判断和预测是永远正确的，而这种认知偏差不但导致投资者遭受损失，也会使相关的从业分析人员在判断时受到影响。

(三)失去控制

投资行为学家米勒(Miller)和诺曼(Norman)早在20世纪80年代，就曾做过许多涉及心智控制的行为实验。其主要研究的是失去控制(loss of control)现象。即当某个人从一开始时，非常坚定地认为自己有能力控制某特定的事件或者情形，或者至少能够对其施加非常强烈的影响，但之后，事物的实际发展进程已完全不受其约束或与预测不符，直至最后此人必须承认其根本不能进行其所谓的"控制"时，一些自尊心较强而抗压能力又相对较弱的投资者就会产生这种"失去控制"的现象。失去控制将会使人们体会到严重的挫折感，不确定性折磨着人的思维，进而使人产生抑郁、害怕甚至恐慌，无法理性地作出决策。

两位学者分析了投资者在产生"失去控制"状态之后，可能出现的三种反应[1]，具体如下。

(1) 投资者会转而过分依赖那些似乎能够控制情形、把握局势的"专家"，比如某著名经济分析师或者股评家。在斯坎特(Schachter)等人的一项调查研究中发现：当股市处于上升通道中时，那些著名股评家关于金融市场目前与未来发展的观点对投资者的行为仅有很小的影响。大牛市中似乎人人都能赚钱，人人都是"杨百万"，自然没有人会既耐心又虚心地去听专家建议。但当股市处于下降通道时，专家们就立刻变得受欢迎起来，其言论会产生较大的市场影响。换言之，这个时候的广大投资者普遍遇到失去控制的问题。

(2) 投资者会努力去寻找与自己具有相似观点的人群。因为人群中的相同观点会让人产生有效性幻觉，这种幻觉有助于提升投资者的自信心，恢复投资者以往的控制感。中国古时候有个"三人成虎"的故事。某人某日于家中独坐，忽然门外跑来一邻人，大呼："城内大街上不知道从哪里跑来一斑斓猛虎，正朝这边跑来。"某人大笑："城中安得有虎哉？"须臾，门外又路过一相识之人，对其曰："城中有虎"。某人仍然不信，但心中也已开始有些犹豫。再者，当门外又跑过一个陌生路人，边跑边喊"有虎"之时，此人也开始相信真有老虎出没，于是也跟着一块逃命去也。可事实上，热闹的县城又不比那荒郊野地景阳冈，哪里真会跑出一只大老虎呢？其实这个故事能很好地反映现在的股民心态：一个说要跌，你不屑一顾，坚决做多；五个人说要跌，你心中开始升起疑问，于是持币观望；如果整个交易大厅一片"唱空"声，你十有八九也就跟着"坚定看跌"了。

又如，尽管之前的股价走势与你的预测相去甚远，让你甚为灰心，但是如果进入一个集体环境中，你突然发现还是有人认同你的判断，那么你就会好像抓到一根救命稻草般兴奋，因为你认为这么多人不可能都犯错误，于是你就不再感到孤单。然而请注意，整个股市可不会因为你个人的情绪和心态而改变运行，它该涨还是会涨，该跌还是会跌，控制感仅仅是一种你个人的内心感觉，它根本不是"金手指"或者"魔术棒"，不会那么容易就让你赚到想象中的"大钱"。

(3) 如果投资者接连不断地出现判断失误，备受打击，并且得不到重新获得控制的感觉，就有可能因此变得非常紧张而心态失衡。在这种紧张和压力之下，人的情绪会变得愤

---

[1] 乔齐姆·高德伯格. 行为金融[M]. 中文版. 中国人民大学出版社，2004.

怒、烦躁，既可能因头脑发热而做出非理性行为，也可能因一蹶不振而彻底退却，甚至产生抑郁、悲观的心态。

总之，失去控制是一种结果性的反应，我们应该做到尽力避免这种不良心态的出现。如何才能不被这种不良情绪所困扰，问题的关键在于决策初期的"心智控制"，即在开始的时候就不断提醒自己应该冷静，不要过度自信，尽量科学理性地分析形势做出投资决策。只有这样，我们才能最大限度地做到对自身财富的有效保值和增值。换言之，只有清楚地认识自我，才能科学决策，快乐理财，从而获取精神上和物质上的双重丰收。

三、心智控制的偏差效应——皮格马利翁效应

"自我实现的预言"(self-fulfilling prophecy)一词，最早出现于心理学家罗伯特·默顿(Robert Merton)[①]的著作之中，用默顿的话说："起初，自我实现的预言是指由情况的错误定义所引发的一种新行为，这种新行为使得最初的错误概念变成了真实的情形。自我实现预言的外在效果是使得错误得以延续，因为预言者会引用真实的事件进程来证明他从一开始就是正确的……这就是社会逻辑意义上的反常之处。"

早在1968年，罗森塔尔和雅各布森两位学者就发表过一篇著名的研究报告，其主要内容就是关于自我实现预言方面的实验研究。在该研究中，两位学者做了如下极具典型意义的实验：他们找到一些在小学教学的普通教师，然后向其提供了许多关于班上学生的各方面诊断性信息，在这些信息中，他们有意反复提供了一种强烈的信息暗示，告知这些教师在班中约有20%的学生拥有相对较大的智力优势，将会在未来的学业中获得长足发展。

当18个月后，两位学者又一次找到这些学生，并对其进行IQ测试。结果发现，无论是学习成绩还是智商发展，这些20%范围内的孩子都远比其他学生进步得快。这个所谓的"有优势的"学生群体，在18个月之后被研究表明确实高人一等。但是，请注意在最初的时候，他们仅仅是被"随机"选择出来的。换言之，两位学者在一开始给出的所谓"强烈的信息暗示"，事实上并无任何的科学依据，纯属误导。那么，为什么一开始只是被"随机"选出的普通孩子，在经历了短暂18个月后竟真的成为了相对优秀的一个群体呢？很显然，原因在于教育他们的教师给予了这些学生更多的赞扬和关注，结果导致这些学生确实比其他人发展得更好。

罗森塔尔和雅各布森将上述现象称为"皮格马利翁效应"(其来源于萧伯纳的著名戏剧《皮格马利翁》，剧中希金斯教授通过教给一个卖花姑娘如何着装和说话，使她真正变成了一位"淑女")。

自罗森塔尔和雅各布森的研究开始，迄今为止大约有400多个实验对于人际期望中的自我实现问题进行了探究，其中，专门对教师期望的效果进行检验的实验总数超过100例。这些研究结果表明：即使是中等程度的教师期望，其对于学生的表现仍具有相当重要的影响力。可见，正是心智控制的效应偏差导致了教师对于某些学生的期望不同于一般群体，并通过日常行为的关怀，使其变成了真正的优秀学生。

罗森塔尔和雅各布森两位学者所探讨的是师生之间的互动，然而"皮格马利翁效应"却绝不仅仅局限于教室之内。对皮格马利翁效应最富有戏剧性的描述之一就是由马克·斯

---

① Robert Merton. Principle of Psychology.

奈德(Mark Snyder)、伊丽莎白·坦克(Elizabeth Tanke)和艾伦·伯奇德(Ellen Berscheid)三人于1977年所做的研究，该研究探讨了男人对女人吸引力的刻板印象是如何能够通过心智控制效应来实现的。

首先，是让男性与女性随机配对，并通过电话进行一个长度10分钟左右的谈话，让其相互认识和了解。男性被试者分别照了相，并得到一张女性照片(表面上就是他们的谈话搭档)。事实上，女性照片是从事先准备好的8张照片中随机选择的。其中4张被人们普遍评价为是相当具有吸引力的女性，而另一半则恰恰相反，十分平常毫无特点可言。于是，当男性被试者在随机抽取照片后就相信了其谈话搭档是外表吸引人的还是外表缺乏吸引力的。然而另一方面，女性被试者则没有得到任何与照片以及交谈对象美丑的相关信息。经过交谈之后，男性被试者被要求完成一份问卷，所填内容是关于他对搭档女性的感觉印象。结果那些"有幸"抽到美女照片的男性被试者在其评价中，认为同伴更加亲切、镇定、幽默以及善于社交的比率要远远大于那些抽到普通照片的男性被试者。

此外，研究者还找来一些独立的评分者，让他们倾听了谈话录音的剪辑。一组评分者在每段谈话中仅倾听男性的声音，另一组则仅倾听女性的声音，然后要求他们做出自己的判断。评分者们既不知道试验的假设也不知道被试验者真实的外表吸引力，而是单纯根据谈话做出判断。结果表明：与认为交谈女伴没有吸引力的男性相比，那些认为自己正在与一位有吸引力的女性交谈的男性被试者的声音听起来明显更加善于交际、温情、宽容、有趣、大胆、外向、幽默，并具有更强的社会适应性；与此同时，与被认为不具有吸引力的女性相比，那些被交谈男伴知觉为外表具有吸引力的女性在实验中的谈话声音听起来也更加富有吸引力，尽管所有这些被试者都只是被随机分配到各种实验条件之下，并且男性的预想与女性的真实外表吸引力并没有任何关系。

因此，斯奈德、坦克和伯奇德得出结论认为，"最初在男人们头脑里形成的事实，现在已经在与他们互动的女人的行为中变成了真正的事实——一个即使是最幼稚的观察判断者也能加以辨别的行为事实，这些观察者仅仅评估了谈话录音中女性的贡献……知觉者最初的错误归因已经变得真实：心智控制所造成的刻板印象真正已经作为了一种自我实现的预言而发挥了它的作用"。

由此可见，心智控制的偏差效应在我们的日常生活中是极其常见的，尤其是当某些主观因素受到外在条件事先影响的时候，从而会引发出似是而非的错误，因为心智控制的偏差效应会不断冲击强化影响效果，导致其最终演变为一个"被证明是正确"的命题。总之，理解自我实现的预言，知道皮格马利翁效应，无疑对于我们深入认识、理解投资行为决策中的心智控制偏差效应有着积极的作用。

第二节 投资决策中的心智控制

一、心智控制效应与投资者的情绪

通常，当投资专家、股评人士在解释股价波动时，人气因素必定是重要的原因之一。这些所谓的人气因素指的就是投资者的情绪。在证券市场中，股票价格的变化会导致人们产生各种各样的情绪，如乐观与悲观、反应过度与反应不足、市场心态、悲观主义、忧郁情绪等，而这些情绪又会进一步加剧股价波动。

当情绪被用于解释投资行为时，可以描述整个市场的状况。诸如"市场完全失去了信心，人气很差！"斯坎特(Schachter)教授于1986年系统阐述了情绪效应这一假说，认为如果牛市使人们情绪乐观，那么人们将会更多地谈论股市，为其成功而得意，此时人们相比熊市会更愿意进行股票交易。这一点也恰好解释了在2007年我国股市一路上扬过程中，为何股民热情高涨，"日开户数"屡创新高的原因。

投资者的情绪容易传染，使更多的投资者产生共鸣，出现相同的情绪状态，并对其操作行为产生严重影响。所谓的"追涨杀跌"正是这种情况的典型表现。简而言之，悲观的情绪会引起市场恐慌，而乐观的情绪则会激发市场人气。

考夫曼(Kaufman)教授于1999年发表论文，系统阐述了其"情绪化是个体有限理性的来源"这一观点，并详细分析了"觉悟水平"与个体决策质量高低的直接关系[①]。首先，当个体的觉悟水平很低时，其经历着沮丧、忧郁或无聊等悲观情绪，这种状态有损于决策质量。因为个体投入信息采集和问题处理中的心理能力太小，其注意力更多地集中在手头工作之外的事物上，大脑记忆也因为多余的想法而阻塞或者用于思考所需决策工作之外的事情，这种情形下，投资者难免会做出低劣甚至是错误的决策。

然而，当觉悟获得了某种提升，比如由沮丧向兴奋或由无聊向愉悦转变，这时，个体就会付出更多的努力去收集信息和处理问题，其大脑也会更加集中于手头的工作，短期记忆也将获得改善。这些因素的转变事实上间接地帮助提高了决策质量，这样一来更正确的投资决策就导致了更高的投资回报。这一过程一直进行至最优觉悟水平。

当情绪化的强度超过了最优觉悟水平，决策的质量曲线则在经历拐点后开始降低，此时，觉悟水平的边际产出为负。因为过高强度的情绪化会阻塞短期记忆，使得逻辑思维过程混乱，从而导致投资行为不合理以及遭受损失的结果发生。

可见，证券交易的实时性、变化性和复杂性无时无刻不在考验着投资者，而交易损失的沮丧和轻松获利的喜悦都必然会极大地影响他们的判断和决策。

考夫曼认为理性的有限性可以被分解成两部分：一部分来源于认知限制，另一部分则来源于情绪觉悟的极限。投资者要想提高心智控制的能力可以像飞行员那样通过接受训练来应对危险情况下所产生的巨大压力。如今许多国际著名投资银行都对其交易员采用了"压力测试"训练，以保证其投资行为的理性和操作的稳定性，从而获取高水平的决策正确率和投资收益率。

二、心智控制效应与投资者的心态

投资者的心态可以被简单地归纳为乐观和悲观，进而被表现为一个人稳定的个性特征，如我们常会说某人永远都是那么乐观。但事实上乐观和悲观并不是个体稳定的个性和特征，它会随外部环境的变化而发生改变。人们通常在牛市中会很乐观，而在熊市中则很悲观。就股票市场而言，过分悲观的人不太会进入股市，而过分乐观的人则会因过度投机而遭遇

[①] Kaufman, B, E. Emotion arousal as a source of bounded rationality. Journal of Emotion Behavior & Organization.

亏损后离开股市。投资行为学研究认为，谨慎的悲观主义者(defensive pessimists)要比单纯的乐观主义者拥有更好的投资前景，因为他们通过有效的行为决策以解除其对未来的焦虑和不确定性的影响，从而规避风险，获得令人羡慕的投资收益。

著名的经济学家凯恩斯曾经提出"空中楼阁理论"，其中就包含了关于心态对投资决策影响的分析。他将投资的非理性乐观创新性地称为"动物的本性"(animal spirits)。他认为"动物本性"是一种自发的、盲目的乐观，这种心态偏差使得人们以一种过度的热情争先恐后地对某些产业或市场热点一窝蜂地进行投资。这些投资者虽然尽可能地做出理性的选择，但是经常会受到周边环境的影响进而产生情绪上的波动，其最终投资决策往往被证明是"非理性的"。

凯恩斯在分析1929年美国股市暴跌并引起之后全球的经济大萧条时认为，股市崩溃的最大不利因素并不是上市公司与持股股东们的损失额有多少，而是悲观和失望的气氛严重打击了投资者的积极性。因为投资者们被普遍套牢，人的弱点导致绝大多数人不能"壮士断腕"般果断地清仓离场，而是选择继续持有股票进而越套越深。与此同时，社会投资与消费大幅衰减，债务的偿还率急剧降低，投资者因股价暴跌而产生的心理阴影将持续许久。资本市场的衰退会如瘟疫般一步步传染到商品市场的方方面面，进而影响整个社会经济体系的正常运行。

如今当我们回顾1999年美国证券市场上IT股、网络股泡沫崩溃事件时，我们惊讶地发现事态的发展与前人的"预言"是多么的相似。无数投资者们在"动物本性"的驱使之下，竞相投资于当时最火的网络股，致使这一类股票的价格个个如坐了火箭般笔直升空。但是，当股票价格与其实际价值的偏离发展到人们单纯靠"乐观心态"所不能够承受的时候，当上市公司年报上的实际数字与人们的心理预期根本无法协调的时候，这个泡沫便瞬间崩溃了。

综上可见，在牛市中，投资者通常表现为过度乐观，股价上升促使其不经过深思熟虑就去选择新的投资对象，而不再认真评估投资风险的大小。斯坎特教授在20世纪90年代曾经对纽约证券交易所进行深入观察，并得出如下结论：当投资者在股价上涨获利时，他们普遍会更加独立行事，更加轻易地选择股票；当股价下跌造成损失时，他们就会变得更加具有依赖性，并对专业人士的指导与推荐更加持怀疑态度。费索诺密克(Psychonomics)和凯比特(Capital)两位德国学者也在对德国投资者的一项问卷调查中得出了类似结论：人们普遍认为在牛市中赚钱的人比在熊市中不赔钱的人更有成就感。但事实上，专业操盘人士们的体会则是，如果能在熊市中损失较少，则更能体现出一个投资者的操作水平。

塞勒(Thaler)和约翰逊(Johnson)于1992年提出了"记得收入效应"(the house money effect)[①]，以揭示乐观心态对投资决策的影响。研究发现，先期的收益会使投资者过度乐观，从而提升其进一步冒险投机的意愿，而这样的冒险决策在此之前是不能被其本人所接受的。这一发现与传统投资学理论所认为的"先期的收益或者损失对于后期的决策是没有影响的"观点是相矛盾的。"记得收入效应"认为，投资者先期的收益、损失以及成本将影响后期的投资决策，而这一影响过程是通过心智控制的心态偏差实现的。

---

① Richard H. Thaler. 1999. The End of Behavioral Finance. Financial Analysts Journal.

三、投资者如何实施心智控制

人们如想要成为一个能够获取一定投资收益的成功者,其必须有能力进行心智控制,具体而言有以下四个方面。

1. 通过影响力进行控制

其表现为人们能够在很大程度上影响某一事件发展的进程,这种影响力能够最大限度地满足控制的需要。举个例子,对于绝大多数的驾驶员来说,他们倾向于确信自己拥有过硬的驾驶技术以及迅速的判断与处理能力,能够在大多数情况下对驾驶中的突发情况做出及时正确的估计和反应,因此,他们会认为只有在自己驾车的时候,才有一种真正的安全感和一种有能力避免事故发生的主动感。一旦他们自己变成了乘客,其安全则必须依赖所乘车辆驾驶员的能力,此时自己所能够施加的影响力就非常之小,而无法进行控制。

事实上,普通的投资者也是没有什么机会或能力来影响整个大盘或者某只股票的价格走势的。因此,他们也就不能对其施加重要的控制,即使单方面注入相对大量的资金,常常也并不能大到足够掌控市场方向的程度。事实上,市场上的确存在极少数的人或者机构可以通过较大的成交量和资金量来控制市场,但那其中包含到你的概率真可谓微乎其微,即使是一些成功的股票交易专家或者股评人士,一般也只能在短期内影响市场,而这更多也是只会出现在较小规模的市场或者投资产品上。

2. 通过预测进行控制

尽管投资者不能直接控制或者影响股价的走势,但其未来状况至少是可以根据事件的发展而进行设计和预测的。如果投资者能够在一定程度上进行有效的预测,那么投资者就能对事态发展进行全面的考虑,并按照事件最终出现的尽可能有利的结果来决策自己的投资行为。

例如,某公司经理王先生根据其掌握的内部消息,诸如产品的成本与利润率、销售的情况或者可能发生的关联收购等,对自己公司未来的股价走势做出大体准确的预测,那么如果他以此来进行股票买卖交易,就可以有效控制其资本风险并赚取高额收益。然而,这种做法在世界上绝大多数国家和证券投资交易市场,都被法律明文规定为违法行为,一旦证据确凿,将会受到法律的严厉制裁。

除了上述这种例外情况,绝大多数投资者都不能很好地预测股价未来的发展趋势。但事实上,预测能够引起人们控制市场的感觉,而现代投资分析理论已越来越倾向于将投资者的行为预期作为研究金融市场兴衰与否、投资交易是否健康有序的重要分析变量之一。

然而,理性的投资者需要意识到,即使专家也不是百发百中的"神枪手",也有判断失误的时候,如果只是一味地盲从,那么心中的控制欲望就变得强烈,这样的话就使投资者很可能遭到损失,并产生上文中所述的控制幻觉情况。因为股票市场始终遵循着那一道"二八法则",即在证券市场上真正获益的成功投资者只占投资者总人数的 20%左右,其余的人则是会亏损。

3. 通过以往经验进行控制

我们知道,分析一个过往事件所发生的原因并进一步去把握,无疑将有助于人们在未来出现类似事件的时候能够控制局面。在证券市场上,一个投资者以往的投资经验,对于以后的操作或者决策而言,将会有着重要的影响,至少也具有一定的参考价值。例如,一个在牛市环境中投身股市的投资者,通常都会表现出过于乐观、风险意识淡薄的行为特点,因为他没有股市下跌时的经历和应对经验;相反,一个在股市中浸淫了多年的老股民,相对来说其投资决策就会更加稳重和考虑周详;再比如第三个投资者,他不幸刚在一个阶段的股市大跌中遭受惨重损失,那么他就很可能在一段时间内变得风险规避。即所谓"一朝被蛇咬,十年怕井绳",会导致其因噎废食,不敢做合理投资。

需要注意的是,这种做法相对来说虽然比较理性,但也同时存在一定风险,根据事件发生的复杂程度以及投资者个人的总结、分析、归纳能力的优劣,在记忆并解释过往事件的过程中,人们往往可能会因为急于达到控制的目的,或者限于知识水平的程度,而仓促得出一个不一定是客观正确的结论。一旦这种情况产生的话,那么越是忠于"分析经验,总结教训"的人,越会导致其在将来继续做出类似错误的投资决策。

4. 通过看淡消极后果进行控制

无论是国外还是国内的行为学家,都曾发现在普通人群中,有一部分会比较迅速地忘记那些相对让人痛苦的事件,或者在思想上尽可能放大积极的一面。这种行为特征,被学者们称为"看淡消极的后果"。存在这种特点的投资者往往很容易说服自己:"既往的损失不过也是整个投资计划的一部分而已,不过是自己所交的一点学费而已。"然而,我们需要认识到,这种刻意贬低损失的态度,其实也是一种自我安慰式的控制形式,而这种形式的特点是最终通过改变对情形的感知,来使自己减轻原来的痛苦从而获得更大的满足。需要强调的是,这种某种程度上的"阿Q精神",虽然能让自己的心态放松,降低痛苦感,但是外部的实际环境却不会因为个体态度而发生任何改变,尤其是在复杂多变的证券市场上,幸运女神肯定不会因为你的这种看淡消极后果的"良好"心态而朝你微笑,选择轻易忘记而不吸取过往损失的教训,只会让投资者在将来的操作中继续失败。

第三节 案例分析与实践

一、投资家巴菲特的成功之道

股票投资大亨巴菲特曾经购买过俄罗斯的石油类股票,他为了避免该项投资可能带来的相关风险,花费了相当大的人力与财力去研究几乎所有能够对其产生影响的各类风险因素,其中包括了汇率因素、国际油价、信贷能力及信用风险问题、当地金融监管体系以及政治稳定性问题等[①]。

当然,不同情形下的控制程度是不相同的。例如,汇率风险可以通过互换、远期、期权等套期保值手段以及金融衍生工具来锁定;一个国家的政治稳定程度则是无法控制的。不过可以肯定的是,如果一个决策者通过各种手段和渠道能够相对获取比较充分的信息,并且实际达到有能力掌控的程度的话,那么他要做的决策就能相对正确地计算和控制风险。

事实也证明,这种控制形式是相对而言比较科学和有效的,尤其是在做较大规模的投

---

① Mary Buffett. 2003. Buffettology Workbook.

第十四章 心智控制与投资行为

资决策之前。虽然这种控制形式需要投入一定的初始成本,但却是科学理性的投资决策所必需的一个步骤。如果知道决策的这种情形在将来会重复出现的话,那么投资者所做的这些努力对其未来的交易就会更加有利。要知道,这些调查和研究,尤其是一些宏观基本面分析与中观的行业分析,其作用和效果往往并不局限于当前的某一次投资,它甚至可以应用到更加广泛的决策情形中去。事实上,巴菲特就是这么做的,他充分利用了其所掌握的有价值信息反复操作。因此,短短几年之内仅在俄罗斯市场上,靠几只股票他就赚取了惊人的财富。

以上是巴菲特成功的例子,但是,我们也要清楚地认识到,这种依靠充分信息、明确指示以及严谨的分析来掌握投资目标走势的可靠发生概率的特征,并不是绝大多数普通投资者在金融市场中操作时所能够做到的。投资者经常会发现,对于即将进行的投资而言,其个体所掌握的信息是相对十分有限的,如果能够做出估计的话,也只能知道一个大概发生的概率,而且,市场上各种声音层出不穷,往往真相会被大量的相关"噪声"信息所掩盖,更让人难以发现某一事实的真伪。此外,不同的角色站在不同的角度或者立场上发表自己的观点,往往也带有明显的主观色彩。另外,收集信息的人,对不同地位、能力或者名气的专家的"信赖程度"也是非常不一样的。例如,如果某著名经济学家近期对目前的利率态势作了大量的研究后预测说,利率有超过 60%的可能性会下跌,那么这个言论非常有可能获取市场的信任,并被市场理解为针对股市的一个利好消息,指数就非常有可能应声上涨。但是,如果同样的分析结果并不是由专家发布的,而是由他告知朋友或者他的学生,之后再传到外界的话,那么其可信度就会大不相同。即使是一个正确的、非常有价值的信息,人们往往也不会加以关注,更不会利用其所带来的机会果断操作获取收益。

总之,在证券市场上,投资者的情绪无时无刻不受到多变环境的影响,而最终成功与否则在很大程度上取决于是否能够很好地做到对自我的控制。

然而,遗憾的是,绝大多数的投资者无法很好地控制自我。在投资决策之前,几乎所有人表面上都有着很强的自信心,认为他们所购买的股票是优质的潜力股,可一旦实际买入的股票忽然开始掉头下跌时,大家就会产生一种失望无助感,甚至是愤怒感,因为他们认为这只股票伤害了自己。可事实上,作出决策的是他本人,并不能责怪股票的走势。相反,当股票价格开始上涨,并迅速超出投资者自身的预期时,人们又会变得扬扬得意起来,好像自己忽然充满了智慧,有些人甚至还会变得异常兴奋。

投资工具的走势无论是下跌还是上涨都会让人的情绪产生波动,并最终体现在是否影响人们未来投资行为上。如果一个人拥有很好的心智控制能力,那么就能把情绪对操作的影响降到最低程度。问题是人们是否能够意识到这一点并冷静下来?

我们看到,在各种各样的媒体上,很多股评人士经常批评大众投资者们忽视持有股票的长期性。与此同时,各种金融理论家、股票经纪人、金融咨询师或者各大媒体的专栏作家们,却又都在鼓励人们要持续关注金融市场的变化情况,并赞成根据形势来经常进行买卖交易。到底该怎么做呢?实际上,投资者进行有效的心智控制的方法是:在持有股票的时候,既要关心大势的变动情况,又要保持良好的自控能力,尽力让自己拥有一个放松的心态,这样会导致你既减少交易次数,又同时能让所持有股票有更大的升值空间。

心智控制意味着对那些可能会产生错误行为的冲动加以控制。进行控制的重要原因在于,需要警惕人们对投资盈利机会的过度乐观以及投资过程中超出投资者承受能力的风险。

而一旦人们在股市中获得了一定的成功，那么自我归因与自身的技术水平又将会很容易导致投资者夸大对未来盈利的预期。投资者在进行实际操作时，都会比较关心到底什么因素会导致自己发生心智控制的偏差，并希望在了解成因的基础上，有意识地注意并且避免自身受到其影响，进而使自己的决策成功率更高，最终获得更大的投资收益。那么，在各种投资活动中，除了上述强调的内容之外，还有哪些特别重要的因素会影响到投资者的情绪以及心智控制效果呢？

研究认为，以下三个因素对心智控制的影响最为显著，分别为资金规模和盈亏情况、能力高低和对投资风险的把握程度，以及对投资结果的评价方式。具体如下。

1. 资金规模和盈亏情况

首先存在一个比例的问题。当投资者的总资本为一万元时不幸损失了五千元，与拥有十万元时损失五千元的感受相比，是完全不同的。虽然损失的绝对值相同，但带来的痛苦程度却是完全不具有可比性。所以很明显，投资者参与市场交易时，资金规模和盈亏的状况对其决策有着最为重要的影响。

其次是一个盈亏大小对风险承受程度的影响问题。因为如果你家财万贯，投入股市的那笔钱对于你的总资产而言不过是九牛一毛，那么无论是亏损还是盈利，人们心里的感受程度就不会相差很大。这种时候，所谓的市场风险对你而言，更加类似于一种博彩游戏。

塞勒(Thaler)和约翰逊(Johnson)在1990年时曾联合撰文论述道：小额资金的投资可能会导致一种所谓的"私房钱效应"(house money effect)，即如果某君在赌场试手气，在已经赢得了一些筹码的情况下，十有八九会像传统意义上的冒险者一般，用先前所赢得那一部分筹码继续参与赌博。此时，毫无疑问他抱着轻松的心态去面对可能发生的盈亏，而成为了一个无视风险，甚至享受风险的风险偏好者。但如果，在下一把赌注中，一旦失手会导致自己损失的钱大于以前所赢得的筹码，某君对于风险的态度就很容易来个180度的大转弯，重新成为风险厌恶者。我们把这种截然不同的态度称为盈亏平衡效应(break-even effect)或者赌场的钱效应(gambling house effect)。

另一方面，如果投资者在交易中盈亏的资金规模占其所拥有的总资产的规模很大，尤其是亏损规模非常大的时候，他们决策就会受到这个规模的拖累，受到其很大的影响。以购买保险为例，在某些交易活动中，如果没有进行保险，那么一旦交易受损，随之而来的巨额支付有可能会使投资者终生的财富发生相当程度的缩水。正是为了避免这种风险，人们会产生十分强烈的控制欲望，而购买保险就是满足这种控制欲望的唯一选择。其实在国际贸易中，这种预先锁定收益、避免风险的手段更是屡见不鲜，如果某一个出口商有一笔高额的未收账款，为了避免不利的价格波动或者汇率风险所可能带来的巨大损失，就可以签订一个期货合约或者利用远期交易来进行对冲，以此来实现控制风险的欲望。

2. 能力高低和对投资风险的把握程度

特维斯基教授曾经做过相关研究并发现，一个普通投资者如果尝试在某只股票上进行投资的话，需要先对这只股票进行一定的了解和熟悉，并依赖于自己的知识或者能力做出是否购买的决策。假定该投资者知道影响股价升降的主要因素，并能很清楚地估计出有利或不利事件所可能发生的概率分布，对于以上所有的估计和判断都有着极高的正确率，那么他就能相信自己能够合理地控制投资事务和整体局面；反之，如果一个投资者相对而言能力有限，只知道一些与其进行的投资所相关的部分信息，且仅能模糊地估计概率，那么作为一个当事人，在对待股票的涨跌起伏时，他就会有比较强的、不能控制局面的糟糕感觉，并丧失心智控制感。

事实上，无论人们的自我感觉如何，绝大多数的投资者在这个纷繁复杂的金融市场中都毫无疑问属于后一类人群，也正由于不愿意让自己始终身处不安和无助的感觉之中，因而多数的投资者都会比较努力地避免自我失控。此外，只有在投资数量极少，并且能够跟踪损失风险的情况下，大部分投资者才会积极地尝试投资。因为投资金额越大，则因能力不济而引起的失控感就会越强烈。

3. 对投资结果的评价方式

投资者对投资结果的评价方式，与其"心理账户"有紧密的联系。事实上，人们在对待一系列事件的结果时，是采用单独评价(分账)还是整体评价(合账)，这对心智控制而言同样有重要的影响。如果决策者把所有的结果登记在一个心理账户中考虑(即采用合账的方法)，那么一旦事态的发展超出人们的预期或者损失超过了其可接受的幅度之后，他们所产生的自我失控的不良感觉，会比单独评价时(即采用分账的方法)要低一些。这个特点主要体现在实践和内容两个方面。在金融市场上，如果投资者要在很长一段时间之后才评价其业绩，那么自我失控的感觉就会较小；而如果投资者每天都关注某股票细微的价格波动，时不时要核对自己的投资盈亏，那么他就会感到市场风险很大，从而很快会产生强烈的自我失控的感觉。

塞勒教授和他的助手曾于1995年在做过一个研究后发现，那些密切关注价格波动情况的普通投资者，要比相对而言更多考虑市场长期变化的投资者更加倾向于回避风险，而最终收益与盈亏的状况也普遍要比长期投资者略逊一筹。如果投资者非常依赖分别通过几个具体而不同的心理账户来进行决策，那么他们就比较容易因为不能控制的程度相对较高而最终拒绝对其进行分开的多个投资。换一个角度看这个问题，我们会发现，投资者采用合账方式对两种或两种以上投资进行分析和估值，就会意识到风险可能会相互抵消，自然地，自我失控的感觉也会因此而降低许多。

以上这个分析告诉广大的投资者，当你把钱财分开投资于几种股票或者理财产品上的时候，最好有意识地不要在心中也把它们分成不相关的项目，记住在这种情况下分账会给你带来不利的心理感受，从而影响你的正确决策和判断。

二、经济学家教会你心智控制

欧文·费雪(Irving Fisher，1867—1947)作为20世纪美国最著名的经济学家之一，被学术界公认为是经济计量学的先驱之一，同时也是常春藤名校耶鲁大学的著名教授。他曾经为人们规范和定义储蓄与投资行为做出了很大的贡献，而以他的名字所命名的"费雪效应"则是任何一本严谨的经济学教材所必须包含的内容之一。

这样一位经济学领域的著名专家，曾经通过自己的辛勤工作与股票投资，一度成为一个十分富有的人。然而好景不长，1929年美国发生了著名的股市大危机，即使智慧如费雪这般的教授专家，也不可避免地将自己的所有财富都折损在股市中，在这一次大股灾以及之后的大萧条中，欧文·费雪失去了一切财富，并直至终身都背负着巨额的债务。无比惨痛的切身经历使费雪教授在之后的几年中致力于研究投资者在遭遇股市风险时的心理状态，并著书加以分析，在他之后完成的书中，教授向那些热衷于通过资本市场买卖活动而发财致富的投机者们给出了善意的提醒和警告："不需要任何的运气，一般来说，储蓄最终能够使得那些坚持储蓄的人变得富有，虽然，这个储蓄的过程，与某些人凭借好运气来快速发财致富的过程相比较，是比较缓慢的。但是请注意，那些寄希望于快速敛财的投机者们，你们所要因此承担的巨大风险，往往会使你们不但无法达成夙愿，甚至很容易让你血本无归！即使你们偶尔能够猜测正确，压对走势，可你们同时也要意识到，普通人即使因为浪费会损失掉他们的小部分财产，而你们却会因为自己的猜测错误，让自己以难以置信的速度变得贫穷。请注意，这种不负责任的渴望致富的投机心态，通常会让一个原本富有的人，在几年之内就变得身无分文，有的时候，这个过程甚至只需要几天。而我，则正是这样一个鲜活的例子。"

可见，费雪教导我们最重要的是：即使你是一个专业人士，即使你自恃消息灵通，但作为一个理性的投资者，你仍然要时常提醒自己注意心智控制，绝不应该高估自己的能力，低估市场的巨大风险，尤其是中国国内的股票市场，既可以在一片热烈的气氛中一路高升轻松突破 6000 点大关，也同样能在一两个月之内就深度回调到 3000 点的低位。我们鼓励理性投资，但千万不要一窝蜂地将自己绝大多数的财富投入股市，爱财之心人皆有之，但仍然要控制住自己的贪欲，千万不要被财富遮蔽了自己的眼睛，最终得不偿失。

与欧文·费雪所对应的则是西方经济学最著名的学者之一约翰·梅纳德·凯恩斯(John Maynard Keynes，1883—1946)，与费雪不同，他可以被称作一位很成功的投资者。曾经有人简单估计过，凯恩斯通过自己对投资的深刻理解，曾经为他所供职的大学带来巨额的收益，而他本人的财富也因其独特的投资手法和观念而在短短几年内暴增数十倍。一次接受某杂志记者的采访，当凯恩斯被问及"您能否向那些不懂得经济学的普通大众传授一些简单的投资技巧"这一问题时，他思索良久，最终给出了如下这么一段话："一个没有经济学基础的人，就等同于一个没有一点点赌博天分的人，在这种情况下，专业的投资与赌博的输赢一样，都是非常令人厌烦、让人头疼的(意为基本上都是输多赢少)，即使你学富五车，极有这方面的天资，你也几乎肯定要为这种嗜好(意为热衷于投资致富)付出相当的代价。如果非要我说出自己成功的秘密，那就是相信长期投资。注意，在这种情况下，你就需要与自己时常作斗争，因为人总是存在这样一种冲动，想要尽快赚钱。而正是这种人、这种心态，让他们比较容易成为失败者。请记住，我们最为需要的不是频繁的交易，而是心智控制。"

在此，我们如果好好体会一下凯恩斯与费雪的话，则不难发现，如果投资者希望自己能够有效地做到心智控制，不被其不利影响所困扰，那么做到以下几点就非常重要。

第一，投资目标应该放得更长远，多关注大势，关注未来。很多著名的投资行为学家都指出：培养远见与克服贪婪是提高心智控制能力的有效方法。事实证明，合理地设想拥有美好的未来远景对于调整人们的投资心态有着很重要的意义。研究表明，那些没有办法想象出美好未来的人，或者是那些不愿意将注意力集中在未来消费可能性上的人，往往就会把自己所有的钱都花费在当前消费上(即时消费)。试想，一个典型的"月光族"(意指那些每个月赚多少钱，就要花掉多少钱的人群)，连起码的投资本金都没有，又如何能进行投资活动呢？

第二，在日常生活中，投资者要学会控制不同目标的优先次序的排列。这个心智控制的有效方法能够让人全面地关注自己的工作、消费和投资活动，使得投资这一相对长期的人生目标能够获得应有的关注以及资源的适当投入。几乎所有人都有过这样的经历：我们对某件事情毫无兴趣可又必须去从事它。此时，良好的心智控制就能够帮助我们认清事情的必要性与重要性，也许它并不是你的最终目标，但却是你在达成目标的路途中所必经的过程。心智控制能力能够保证我们在预期的动机没有完成之前，保护其不被其他事件所影响或者削弱，这样更有利于我们最终完成自己预期的投资，并取得让人满意的收益效果，达到预期目标。

第三，从投资行为学的角度出发，往往会强调一些所谓的"行为战略"，即每个人都可以拥有自己的战略准则，据此来管理其行为决策。在这里，我们也提出一些值得培养的、让人更好地做到心智控制的通用的行为策略。

(1) 选择性地关注那些支持当前动机的信息。往往即时性的欲望和思想容易打乱人们原来的合理部署，造成不利后果，所以我们在对待这类信息时，要有意识地慎重。

(2) 选择性地将与目标相连的新信息记录编码。简单地说，就是关心与自己投资相关的各类有益信息及其发展情况，并能够做出自己的分析和判断，以尽可能地降低投资的风险，提高投资成功率。

(3) 适当控制内、外在的激励结构。这将非常有助于及时有效地做出投资决策，我们都知道金融市场上的涨跌情况可谓瞬息万变，决策的及时性是非常重要的，机会稍纵即逝，我们要通过外部条件与自身情况的结合，激励自己赶在时间的前面，这样才有可能抓住市场上的机会。

(4) 刺激产生积极的情绪。在本章前面，我们就已经详细论述了情绪对于投资者所做决策的重要意义和价值，因此，我们必须要很好地控制自己的情绪，有能力和途径让自己无论在盈利情况下还是在亏损情况下，都能够产生积极的、乐观的，而又不盲目的情绪。

第四，投资者应给自己制定一些有效规则。因为"规则"是一种很好的心智控制的工具。例如，酗酒者要想得到心智控制，那么"一周只买一瓶酒"就不失为一个好的规则；对于那些难以抵制商场促销广告诱惑的"月光族"而言，"每月工资的一半优先转入一个按期定投的稳健型基金"就非常有助于其控制自己的消费欲望；而对于那些能买到好股票，但却不知道何时抛出，从而账面利润常常被擦掉的投资者而言，那么"无论大盘如何，基本面走势怎样，只要有20%的收益就坚决套现离场"也不失为一个理想的操作策略。总之，通过建立一个合理的、有益的规则，能够让自己的投资变得更轻松有序。

三、成功投资者的心理素质研究[①]

随着我国证券市场的迅猛发展，证券投资正日益成为当代中国人经济生活的重要组成部分。由于广大股民的投资行为与其心理素质密切相关，因而深入分析心理因素对于成功投资的影响，对于推动我国股民投资心理与行为的成熟具有非常重要的理论意义。同时，面对日趋成熟的证券市场，如何才能成为一个成功的投资者，他应具备何种心理素质，正日益成为投资行为学中一个具有现实意义的重大课题。

---

① 陆剑清. 关于我国成功投资者心理素质的实证研究. 心理科学，2003(6).

心理学中所谓素质是指人生而具有的、带有遗传特性的某些解剖生理特征，尤其是神经系统、感觉器官、运动器官等的解剖生理特点，它是能力形成的自然性前提。人的先天素质加上专项训练，便组成了从事一项活动所必须具备的能力。因此，投资行为学便从心理素质这一独特视角来分析成功投资者的基本素质。

国内有关股民心理素质特征的唯一的一例实证研究是彭星辉等于1994年对上海股民的投资心理与个性特征做的研究，他们得出了成功投资者的九个心理素质特征，分别为股票知识、分析能力、决策果断性、性格倾向、信息敏感性、冒险性、自信心、心理承受力以及社会经济环境。

多年时间过去了，今天股市的规模、股市的规范性、股市的成熟度都远非当时所能比拟，股民的心理素质也在多年的股市实战中得到磨炼，那么对今天的投资者而言，哪些心理素质对于投资成功具有重大意义呢？然而，对于当前成功投资者所应具备的心理素质尚没有人进行过系统研究，这对于正处于幼年期的我国投资行为学的研究与发展而言是远远不够的。

本研究的目的一方面是在前人研究的基础上，深入研究影响个体投资成功的行为特征，进一步分析成功投资者所应具备的心理素质；另一方面则对我国目前成功投资者群体进行有效分类并判别其心理素质特征，相信这对于推动我国证券市场的发展以及促进广大股民投资心理的成熟将具有积极的理论和现实意义。

本研究首先采取开放式描述性问卷的方式随机抽取了华东师范大学78名文理科本科生和66名社会在职人员，共撰写出400多条关于成功投资者心理素质的条目，然后经筛选、合并后制定出关于成功投资者心理素质的试行问卷，并向华东师范大学和华东理工大学部分二、三年级本科生(文理科兼有，男女性别均衡)发放100份进行预测，回收有效问卷92份，经分析修订，形成正式问卷，共33项。问卷分为两个部分，第一部分为被试的基本情况，第二部分为《成功投资者心理素质量表》，采取四级评分法。

根据简单随机抽样的方法，共发放问卷210份，回收有效问卷167份，有效率为75.9%。被试的具体构成为：①性别，男性89人，女性78人；②年龄，30岁以下106人，30～45岁37人，45岁以上24人；③学历，高中及高中以下57人，大学81人，研究生及研究生以上29人；④月收入，1000元以下72人，1000～2000元48人，2000～3000元27人，3000～5000元11人，5000元以上9人；⑤职业股民41人，非职业股民126人；⑥大中户29人，散户138人；⑦入市时间，1年以下17人，1～2年25人，2～3年32人，3～4年34人，4～5年29人，5～6年19人，6年以上11人；⑧投资方式，长线48人，中线57人，短线62人；⑨单位性质，国有企业44人，机关事业单位45人，三资企业20人，民营企业15人，自由职业者43人。

在PC586计算机上，用WIN3.1支持下的SPSS 8.0软件进行基本的统计检验与因素分析，即把每个项目的原始分数，根据项目因素负荷换算成因素分数，进行统计处理。统计分析表明，问卷的分半信度和α系数均达到可接受水平。然后，利用因素分析得分先进行快速样本聚类，再进行判别分析处理。

(一)成功投资者心理素质特征体系的因素分析

对问卷上33个项目的百分比进行Bartlett球形检验，发现Bartlett值为2102.603，显著

性水平 $P=0.000<0.01$，说明总体相关矩阵不是单位矩阵，可以采用因素分析方法。同时，其取样适当性度量值 KMO=0.843，说明本测试采用因素分析是恰当的。据此，对施测数据进行主成分分析和 Varimax 因素旋转，获得八个主成分解，其累积方差贡献率为 60.505%。结果如表 14-1 所示。

表 14-1　主成分分析结果

因素	特征根	方差贡献率	累积方差贡献率
1	8.502	25.762	25.762
2	3.093	9.372	35.134
3	1.685	5.106	40.240
4	1.588	4.812	45.052
5	1.456	4.411	49.463
6	1.335	4.046	53.509
7	1.252	3.795	57.304
8	1.056	3.201	60.505

其中，第一主成分负荷量最大的项目为"决策力"；第二主成分负荷量最大的项目为"情绪稳定性"；第三主成分负荷量最大的项目为"情绪波动性"；第四主成分负荷量最大的项目为"独立性"；第五主成分负荷量最大的项目为"冒险性"；第六主成分负荷量最大的项目为"聪慧性"；第七主成分负荷量最大的项目为"专注耐心"；第八主成分负荷量最大的项目为"贪婪性"。具体如表 14-2 所示。

表 14-2　成功投资者心理素质的特征体系

F_1 决策力	判断决策力；思维分析力；有与投资相关的知识；洞察力；心理承受力；接受新事物力
F_2 情绪稳定性	冷静；情绪稳定；细心
F_3 情绪波动性	浮躁；犹豫不决；依赖；冲动
F_4 独立性	独立性；诚实；进取；现实
F_5 冒险性	冒险敢为；大胆；自信；豁达；对信息的敏感性
F_6 聪慧性	聪慧；乐观；理智；精明
F_7 专注耐心	专注认真；谨慎；耐心；轻松
F_8 贪婪性	占有欲(-)；紧张(-)；果断

(二)快速聚类与判别分析

快速样本聚类可将目前的成功投资者分为三类，其线性判别方程分别为

$Y_1=-0.27F_1+0.93F_2-0.11F_3-0.03F_4-0.22F_5-0.72F_6-0.38F_7-0.30F_8$

$Y_2=-0.22F_1-0.39F_2+0.32F_3+0.30F_4+0.17F_5+0.11F_6+0.58F_7+0.01F_8$

$Y_3=0.68F_1-0.27F_2-0.46F_3-0.51F_4-0.08F_5+0.55F_6-0.64F_7+0.29F_8$

可见，这三类成功投资者在成功投资者心理素质八个因素上的特征状况分别为：第一类成功投资者的决策力最低，情绪稳定性最好，情绪波动性居中，独立性居中，冒险性最低，聪慧性最低，专注耐心居中，贪婪性最低；第二类成功投资者的决策力居中，情绪稳定性最低，情绪波动性最高，独立性最高，冒险性最高，聪慧性居中，专注耐心最高，贪

婪性居中；第三类成功投资者的决策力最高，情绪稳定性居中，情绪波动性最低，独立性最低，冒险性居中，聪慧性最高，专注耐心最低，贪婪性最高。

通过对数据进行判别分析，可获得两个典则判别函数，分别为

Function1=$-0.156F_1-0.304F_2+0.219F_3+0.206F_4+0.111F_5+0.079F_6+0.445F_7+0.005F_8$

Function2=$0.291F_1-0.403F_2-0.106F_3-0.142F_4+0.040F_5+0.399F_6-0.090F_7+0.168F_8$

可见，典则判别函数 1 代表"高专注耐心、高情绪波动性、高独立性、高冒险性"，可命名为"专注耐-保守性"函数；典则判别函数 2 代表"低情绪稳定性、高聪慧性、高决策力、高贪婪性"，可命名为"情绪稳定-贪婪性"函数(关于成功投资者的群体分类详见图 14-1)。我们根据图 14-1，可将第一类成功投资者定义为"情绪稳定保守型"，第二类成功投资者定义为"专注耐心型"，第三类成功投资者定义为"贪婪型"，三类成功投资者分别占调查样本的 26.9%、46.7%和 26.3%(关于三类成功投资者群体的分布状况详见图 14-2)。

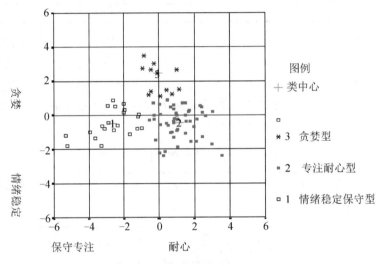

图 14-1　成功投资者的群体分类

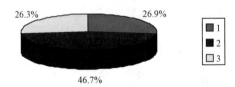

图 14-2　三类成功投资者群体的分布状况

(三)分析与讨论

(1) 研究结果表明，成功投资者心理素质的特征体系由八个因素构成：F_1 决策力；F_2 情绪稳定性；F_3 情绪波动性；F_4 独立性；F_5 冒险性；F_6 聪慧性；F_7 专注耐心；F_8 贪婪性。这说明目前在广大投资者的心理素质特征中，既包含了对投资成功有益的心理素质(决策力、情绪稳定性、独立性、冒险性、聪慧性、专注耐心)，又包含了对投资成功有害的心理素质(情绪波动性、贪婪性)，因此投资者要取得成功，就必须积极培养有益于投资成功的心理素质，

同时对有害于投资成功的心理素质应努力加以改造。

（2）本研究结果中既包括了彭星辉等研究所得的一些心理因素，同时也增加了一些新的心理因素，诸如决策力、情绪稳定性和贪婪性等。这三个心理因素对于投资者的影响很大，如情绪稳定性因素，几乎所有的投资者都认为它有益于投资成功，而大的情绪波动则不利于投资成功；又如贪婪性，大多数投资失败者都认为失利在这一心理因素上。我们从八年前后对于成功投资者心理素质特征体系的差异性比较中可见，广大股民对于证券投资的认识正趋成熟理性。1994年时，人们注重股票知识分析能力、决策果断性、性格倾向、信息敏感性、冒险性、自信心、心理承受力；八年后，股民们更注重自己的投资决策能力、情绪的稳定性、独立性、聪慧性、专注耐心、贪婪性。而情绪的稳定性、独立性、专注耐心、贪婪性等都是新增加的心理因素，可见目前的投资者更加关注情绪稳定、独立、专注耐心等成功投资者心理素质的培养，并注意克服自己的贪婪性，而对于性格倾向则不再重视。

（3）研究结果还表明：性别、年龄、收入、单位性质、入市时间以及投资方式不同的投资者在八个心理因素上的平均数没有显著性差异。不过，有人认为专注、耐心、谨慎、不太强的占有欲对于成功投资影响重大。不同学历的投资者在八个心理因素上的平均数存在显著性差异，学历层次越低，越认为聪慧性对成功投资影响重大。职业股民与非职业股民在认知上存在显著性差异，非职业股民认为情绪波动性与成功投资相关；而职业股民则认为冒险性与聪慧性对成功投资影响重大。大中户与散户对八个心理因素在认知上存在显著性差异，大中户认为冒险性对成功投资影响重大，散户则认为情绪波动性对成功投资有害。

从成功投资者心理素质特征体系的八个因素入手，可将成功投资者分为三类：稳定保守型、专注耐心型与贪婪型。其中以第二类人数居多，这说明专注耐心的心理素质对于成功投资尤为重要。同时，成功投资者的多类型特点也说明，个体的心理素质对其投资绩效的影响机制还有待于我们做进一步的深入研究。

思考与探索

1. 何谓心智控制？试述心智控制偏差在投资行为学方面的定义。
2. 心智控制效应所产生的具体偏差的三个层次分别是什么？
3. 容易导致控制幻觉的具体因素有哪几个方面？
4. 试用自己的语言描述心智控制偏差在具体投资行为中如何表现出"皮格马利翁效应"。
5. 心智控制主要体现为哪两个方面的控制，为什么？
6. 请分别详述情绪与心态的控制在投资行为学中的重要作用。
7. 哪些因素的变化对心智控制的影响最为显著？
8. 从著名的经济学家关于投资与心智控制的言论中，我们能获得怎样的有益启示？
9. 谈谈自己学习了这章后的体会，如何让自己在生活中做到很好的心智控制？
10. 如何利用自身对心智控制偏差效应的理解，让自己在做投资决策时少犯错误？

参 考 文 献

[1] Adam Smith, LL. D. An Inquiry into the Nature and Causes of the Wealth on Nations, 1776.
[2] Jegadeesh, N. Evidence of Predictable Behavior of Security Returns[J]. Journal of Finance.
[3] Kahneman D., P. Slovic and Tversky. Choices, Values and Frames[M]. Cambridge. England: Cambridge University Press, 2000.
[4] Kahneman D. and Tversky A. Choices, Values, Frames[J]. American Psychologist, Vol. 39, 1984, 341～350.
[5] Kenneth A. Froot, David S. Scharfstein and Jeremy C. Stein. Herd on the Street: Informational Inefficiencies in a Market with Short-Term Speculation[J]. The Journal of Finance, Vol. 47, No. 4 1992, 1461～1484.
[6] Lord C., Ross L., Lepper M. Biased assimilation and attitude polarization: The effects of prior theories on subsequently considered evidence[J]. Journal of Personality and Social Psychology, 1979, 37.
[7] Ola Svenson, John Maule A. Time Pressure and Stress in Human Judgment and Decision Making [M]. Plenum Press, New York and London, 1993.
[8] Quattrone G. A., Lawrence C. P., Finkel S. E. and Andrus D. C. Explorations in Anchoring : The Effects of Prior Range, Anchor Extremity, and Suggestive Hints. Unpublished Manuscript, Stanford University, 1981.
[9] 杨帆，李宏谨，李勇. 泡沫经济理论与中国房地产市场[EB/OL]．http：//finance.sina.com.cn/economist.
[10] 陆剑清等. 投资心理学[M]. 大连：东北财经大学出版社，2000.
[11] 陆剑清. 行为金融学[M]. 上海：立信会计出版社，2009.
[12] 陆剑清等. 关于成功证券投资人群分类及其行为特征的实证研究[J]. 华东师大学报，2001.
[13] 陆剑清. 关于我国成功投资者心理素质的实证研究[J]. 心理科学，2003(6).
[14] 陆剑清. 我国投资者心理特质与心理分类的研究[J]. 心理科学，2004(3).
[15] 陆剑清. 决策之道——我国企业经营决策探析[J]. 上海商业，2005(5).
[16] 陆剑清等. 我国企业经营者投资决策模型研究[J]. 华东师大学报，2005(4).
[17] 陆剑清. 关于我国投资者从众行为的实证研究[J]. 心理科学，2007(2).
[18] 李新路. 后悔厌恶心理对投资心理影响的实证分析[J]. 河北经贸大学学报，2006，27(2).
[19] 敖卿，唐元虎. 认知失调理论及其在证券市场中的应用[J]. 科技进步理论与管理.
[20] 谭跃，马洪娟. 并购失败的行为公司金融解释[J]. 商场现代化，2005(26).
[21] 谢海东. 基于过度自信理论的公司并购行为分析[J]. 现代财经，2006(10).
[22] 陆宇建，张继袖，吴爱平. "中航油"事件的行为金融学思考[J]. 软科学，2007(8).
[23] 杨明. 银行对中小企业惜贷现象的行为金融学分析[EB/OL]. 财经论坛.
[24] 郝颖，刘星，林朝南. 我国上市公司高管人员过度自信与投资决策的实证研究[J]. 中国管理科学，2005(5).
[25] 景治中，任志安. 行为金融视角下我国上市公司兼并重组风险分析[J]. 科技情报开发与经济，2006(22).
[26] 施俊琦，李峥，王垒等. 沉没成本效应中的心理学问题[J]. 心理科学，2005(6).
[27] 张华，张俊喜. 我国盈利公告效应的动态特征[J]. 经济学，2004(1).
[28] 杨善林，王素凤. 股市中的过度反应与反应不足[J]. 华东经济管理，2005(2).
[29] 刘玉珍，谢政能. 台湾股票市场过度反应研究[J]. 科学发展月刊，1990，19(1)：34～47.
[30] 王永宏，赵学军. 中国股市"惯性策略"和"反转策略"的实证分析[J]. 经济研究，2001(6)：56～61.
[31] 张人骥，朱平方，王怀芳. 上海证券市场过度反应的实证检验 [J]. 经济研究，1998(5)：59～65.

[32] 沈艺峰，吴世农. 我国证券市场过度反应了吗？[J]. 经济研究，1999(2)：23～28.

[33] 贺学会，陈诤. 基于牛市和熊市不同周期的股票市场动量效应研究[J]. 财经理论与实践，2006(5)：40～44.

[34] 王巍. 中国并购报告[M]. 北京：人民邮电出版社，2005.

[35] 冯根富，吴林江. 中国上市公司并购绩效的实证研究[J]. 经济研究，2001(1).

[36] 严武，谢海东. 上市公司收购绩效分析：模型与实证[J]. 商业研究，2004(4).

[37] 张玉明，刘凤娟. "羊群效应"的内在原因及防范[J]. 湖南社会科学，2005(3).

[38] 赵洪涛，李新路. 中国股市个体投资者代表性偏差行为的实证分析[J]. 济南金融，2005(7)：43～46.

[39] 杨奇志. 中国股票市场处置效应的实证检验[J]. 集团经济研究，2006，131～132.

[40] 周毓萍，徐光. 证券市场上的羊群效应及其博弈分析[J]. 科技创业月刊，2004(9).

[41] 高鸿业. 西方经济学[M]. 北京：人民出版社，2000.

[42] 斯蒂格利茨. 经济学[M]. 2版. 梁小民，黄险峰，译. 北京：中国人民大学出版社，2000.

[43] 斯滕伯格. 认知心理学[M]. 杨炳钧，等，译. 北京：中国轻工业出版社，2006.

[44] 薛求知等. 行为经济学——理论与应用[M]. 上海：复旦大学出版社，2003.

[45] 韩泽县，任有泉. 投资者情绪与证券市场收益[M]. 北京：中国时代经济出版社，2006.

[46] 戴维·迈尔斯. 社会心理学[M]. 8版. 北京：人民邮电出版社，2006.

[47] 石善冲，齐安甜. 行为金融学与证券投资博弈[M]. 北京：清华大学出版社，2006.

[48] 玛丽·巴菲特大卫·克拉克. 新巴菲特法则——震荡市中的大师策略[M]. 海德堡，译. 广州：广东经济出版社，2007.

[49] 乔纳森·布朗. 自我[M]. 陈浩莺，译. 北京：人民邮电出版社，2004.

[50] 陈野华. 行为金融学[M]. 成都：西南财经大学出版社，2006.

[51] 周战强. 行为金融——理论与应用[M]. 北京：清华大学出版社，2004.

[52] 饶育蕾，张轮. 行为金融学[M]. 第2版. 上海：复旦大学出版社，2005.

[53] 苏同华. 行为金融学教程[M]. 北京：中国金融出版社，2006.

[54] 刘利，张圣平，张峥等. 信念、偏好与行为金融学[M]. 北京：北京大学出版社，2007.

[55] 王稳. 行为金融学[M]. 北京：对外经济贸易大学出版社，2004.

[56] 蒙蒂尔. 行为金融：洞察非理性心理和市场[M]. 赵英军，译. 北京：中国人民大学出版社，2007.

[57] 但斌. 时间的玫瑰[M]. 太原：山西人民出版社，2007.

[58] 赵新顺. 行为金融与投资心理[M]. 北京：社会科学文献出版社，2005.

[59] 卢华. 制度变迁与投资心理[M]. 上海：上海财经大学出版社，2006.

[60] 泰勒. 赢者的诅咒——经济生活中悖论与反常现象[M]. 陈宇峰，等，译. 北京：中国人民大学出版社，2007.

[61] 戴永良. 新股民炒股指南——新编股市操作学全书[M]. 北京：企业管理出版社，2007.

[62] 安德烈·科斯托拉尼. 大投机家的证券心理学[M]. 林琼娟，译. 重庆：重庆出版社，2007.

[63] 莫布森. 魔鬼投资学[M]. 刘寅龙，译. 广州：广东经济出版社，2007.

[64] 陈收. 行为金融理论与实证[M]. 长沙：湖南大学出版社，2004.

[65] 斯蒂恩博格. 重塑证券交易心理：把握股市博弈的方法和技巧[M]. 王云霞，郭晓飞，译. 北京：清华大学出版社，2004.

[66] 约翰·诺夫辛格. 投资心理学[M]. 2版. 刘丰源，张春安，译. 北京：北京大学出版社，2005.

[67] 莫杰. 穷女人，富女人[M]. 北京：中国经济出版社，2004.

[68] 程超泽. 长牛市，改变炒[M]. 北京：北京大学出版社，2007.

[69] 胡昌生. 金融异象与投资者心理[M]. 武汉：武汉大学出版社，2005.

[70] 乔齐姆，高德伯格. 行为金融[M]. 北京：中国人民大学出版社，2004.

[71] 肖振华. 理财, 可以很简单[M]. 上海: 上海远东出版社, 2004.

[72] 斯科特·普劳斯. 决策与判断[M]. 北京: 人民邮电出版社, 2005.

[73] 朱·弗登伯格. 博弈学习理论[M]. 北京: 中国人民大学出版社, 2004.

[74] 李心丹. 行为金融学——理论及中国的证据[M]. 上海: 上海三联书店, 2004.

[75] 奚恺元. 别做正常的傻瓜[M]. 2版. 北京: 机械工业出版社, 2006.

[76] 约翰·迈吉. 股市心理博弈(修订版)[M]. 吴溪, 译. 北京: 机械工业出版社, 2007.

[77] 张荣亮. 像彼得·林奇一样投资[M]. 北京: 机械工业出版社, 2007.

[78] 凡禹. 炒股致富心理学[M]. 北京: 企业管理出版社, 2007.

[79] 潘伟荣. 职业股民-股市精英透视[M]. 北京: 社会科学文献出版社, 2005.

[80] 俞文钊. 当代经济心理学[M]. 上海: 上海教育出版社, 2004.

[81] 汪中求. 细节决定成败[M]. 北京: 新华出版社, 2004.

[82] 吴为善. 经营理财能力[M]. 上海: 上海辞书出版社, 2002.

[83] 安东尼·M. 加利亚. 牛市生财熊市生财[M]. 赵湘桂, 译. 北京: 中信出版社, 2004.

[84] 磐音. 爱德华·诺顿·洛伦兹蝴蝶效应创始人[J]. 创新科技, 2011(8).

[85] 李志敏. 蝴蝶效应[J]. 老区建设, 2010(7).

[86] 王祥兵, 严广乐, 何建佳. 货币政策传导系统复杂性研究[J]. 学术界, 2010(7).

[87] 狄瑞鸿. 透视美国金融危机中的金融创新"蝴蝶效应"[J]. 兰州商学院学报, 2009(4).

[88] 史常力. 史记叙事中"蝴蝶效应"[J]. 东北师大学报, 2009(3).

[89] 李维安. 从安然到雷曼: 警惕"繁荣"背后治理风险的累积[J]. 南开管理评论, 2008(5).

[90] 武红军. 蝴蝶效应的变数[J]. 中国高新区, 2009(10).

[91] 纳西姆·尼古拉斯·塔勒布. 黑天鹅: 如何应对不可预知的未来[M]. 北京: 中信出版社, 2010.

[92] 纳西姆·尼古拉斯·塔勒布. 黑天鹅的事件[M]. 北京: 中信出版社, 2009.

[93] 博迪等. 投资学[M]. 北京: 机械工业出版社, 2009.

[94] 马修·勒·默尔等. 迎接黑天鹅[J]. 21世纪商业评论, 2011(11).

[95] 莫若. 从跨期决策角度分析处置效应的原因[J]. 经济研究, 2011(2).